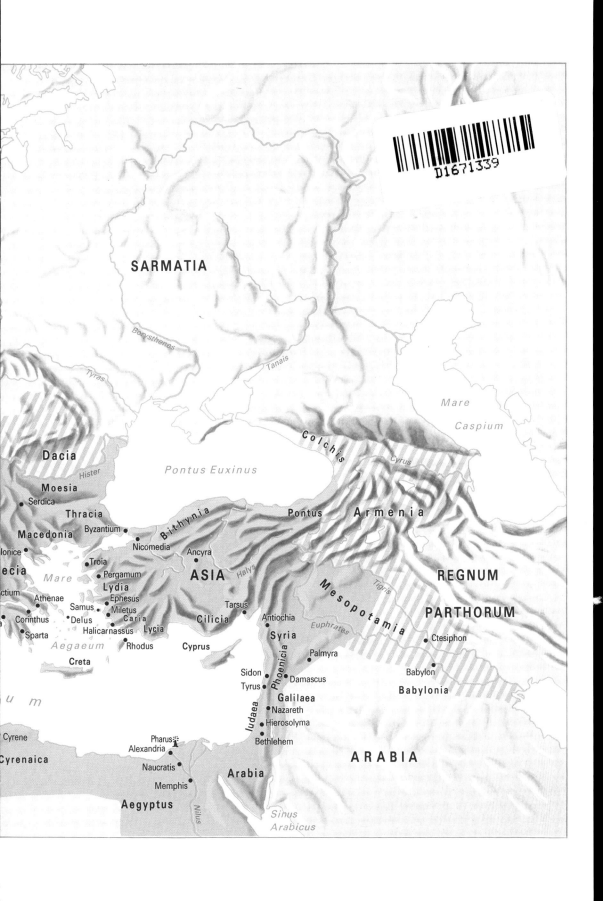

SARMATIA

Dacia

Moesia

Serdica

Thracia

Macedonia

lonice

ecia

Mare

ctium

Athenae

Corinthus

Sparta

Aegaeum

Creta

u m

Cyrene

Cyrenaica

Bosysthenes

Tyras

Tanais

Pontus Euxinus

Colchis

Cyrus

Mare Caspium

Armenia

Pontus

Bithynia

Byzantium

Nicomedia

Ancyra

Troia

Pergamum

ASIA

Halys

Lydia

Ephesus

Samus

Miletus

Delus

Caria

Halicarnassus

Lycia

Tarsus

Cilicia

Antiochia

Rhodus

Cyprus

Syria

Sidon

Tyrus

Phoenicia

Damascus

Palmyra

Galilaea

Nazareth

Iudaea

Hierosolyma

Bethlehem

Pharus

Alexandria

Naucratis

Memphis

Arabia

Aegyptus

Nilus

Sinus Arabicus

Mesopotamia

Tigris

Euphrates

REGNUM

PARTHORUM

Ctesiphon

Babylon

Babylonia

ARABIA

ITINERA
Lateinisches Unterrichtswerk

Teil 1
Texte und Übungen

Dieter Kolschöwsky
Angela Steinmeyer
Hermann Tischleder
Klaus Weddigen

Ernst Klett Schulbuchverlag Leipzig
Leipzig Stuttgart Düsseldorf

ITINERA

Lateinisches Unterrichtswerk

für Latein als 3. Fremdsprache

Teil 1: Texte und Übungen

Das Werk wurde erarbeitet von

StD Dieter Kolschöwsky, Bad Segeberg
Dr. Angela Steinmeyer, Filderstadt
OStR Hermann Tischleder, Trier
StD Klaus Weddigen, Herford

Beratende Mitarbeit: OStR Walter Siewert,
Neunkirchen/Saar

Dieses Werk folgt der reformierten Rechtschreibung
und Zeichensetzung. Ausnahmen bilden Texte, bei
denen künstlerische, philologische oder lizenzrecht-
liche Gründe einer Änderung entgegenstehen.

2. Auflage   2 13 12 11 10 | 2015 2014 2013 2012

Alle Drucke dieser und der 1. Auflage können im
Unterricht nebeneinander benutzt werden, sie sind
untereinander bis auf Fehlerberichtigungen unverän-
dert. Die letzte Zahl bezeichnet das Jahr dieses
Druckes.
© Ernst Klett Schulbuchverlag Leipzig GmbH, Leipzig
1997

Redaktion: Dr. Helmut Schareika/Regine Becker

Einbandgestaltung: Manfred Muraro, Stuttgart
Zeichnungen und Grafik: Martin Frei Stuttgart;
Dieter Gebhardt, Asperg
Karten: Joachim Krüger, Stuttgart
Satz: Ernst Klett Schulbuchverlag Leipzig GmbH,
Leipzig; Fotosatz Kaufmann Stuttgart
Druck: Firmengruppe APPL, aprinta druck, Wemding
ISBN: 3-12-626110-8

9 783126 261104

Der Teil 2 enthält:

• Cursus grammaticus
• Lesevokabular: Texte
                              Übungen

Umschlagbild:
Wanderer und Magierin vor einer Hütte. Fresko aus
Pompeji (Casa dei Dioscuri)

Bildnachweise: S. 248

Inhalt

Caput quīntum

Caput sextum

Caput septimum

Caput octāvum

Caput nōnum

Caput decimum

Inhalt

5

Im Teilband 2

- **Cursus grammaticus I-XV**
- Tabellenanhang zur Formenlehre
- Tipps zur Texterschließung
- Das Lexikon – Hilfsmittel bei der Texterschließung
- Übersicht:
  Die Funktionen der Satzglieder und ihre Füllungsarten
- Register zum Cursus grammaticus
- Stammformen (Perfektbildung) wichtiger Verben
- **Lesevokabular**

Abkürzungen

Abkürzungen

L	Lesestück
PE	Pensa exercitanda
CG	Cursus grammaticus
↗	siehe, vgl.
Abl.	Ablativ
Abl. abs.	Ablativus absolutus
AcI	Akusativ mit Infinitiv
Adj.	Adjektiv
Adv.	Adverb
adv. Best.	adverbiale Bestimmung
Akk.	Akkusativ
Akt.	Aktiv
Dat.	Dativ
Dekl.	Deklination
f.	femininum
Fem.	Femininum
Gen.	Genitiv
GS	Gliedsatz
Gz I/II	Konjunktiv der Gleichzeitigkeit I/II
HS	Hauptsatz
Imp.	Imperativ
Impf.	Imperfekt
Ind.	Indikativ
Inf.	Infinitiv
KNG	Kasus-Numerus-Genus (-Kongruenz)
Konj.	Konjunktion / Konjunktiv
kons.	konsonantisch
m.	masculinum
Mask.	Maskulinum
med.	medial

n.	neutrum
Nom.	Nominativ
Ntr.	Neutrum
Obj.	Objekt
P.	Person
Part.	Partizip
Part. coni.	Participium coniunctum
Pass.	Passiv
Pf.	Perfekt
PGA	Partizip der Gleichzeitigkeit Aktiv
Pl.	Plural/Pluralwort
Plpf.	Plusquamperfekt
PNA	Partizip der Nachzeitigkeit Aktiv
Präd.	Prädikativum
Präs.	Präsens
Pron.	Pronomen
PVP	Partizip der Vorzeitigkeit Passiv
Sg.	Singular
Subj.	Subjekt
Subst.	Substantiv
Vok.	Vokativ
Vz I/II	Konjunktiv der Vorzeitigkeit I/II

In den Pensa exercitanda

✐	Übung ins Heft übertragen bzw. im Heft lösen!
D	Diskussion
E	Einsetzübung
F	Formenlehre

K	Kombinieren!
P	Projekt
R	Rezeption (Nachwirken der Antike)
S	Satzlehre
T	Texterschließung
Ü	Übersetzungsübung
W	Wortkunde/Wortbildung/ Wortschatz
Wh	Wiederholung
Z	Zusammenfassung
◆	fakultative Übung
❖	Gruppenarbeit

Im Vokabular

St.	Stamm (eines Wortes)
, ... ʼ	Hinweis auf urverwandte Wörter bzw. Lehnwörter
E	Englisch
F	Französisch
D	Deutsch
L	Latein
?	Bedeutung kann erschlossen werden
≈	entspricht
(griech.)	Fremdwort aus dem Griechischen

> **Im Übrigen werden gegebenenfalls gängige Abkürzungen verwendet!**

Zur Einführung

Welt der lateinischen Sprache

Itinera – *Wege, Reisen:* Dieses Buch unternimmt mit dir eine Reise in die Welt des Lateinischen. Das ist zunächst die *Welt der lateinischen Sprache* selbst, die du mit Hilfe dieses Buches kennen lernst und lernst, so dass du in der Lage sein wirst, Werke lateinischer Autoren selbst zu lesen. Es ist aber auch die Welt derjenigen, die diese Sprache gesprochen haben: Auch sie wirst du auf dieser Reise kennen lernen. Das ist in erster Linie die Welt der Römer, aber auch, wenngleich nur ansatzweise in wenigen Beispielen, das lateinische Mittelalter und die frühe Neuzeit, in der das Latein als „internationale Sprache" in vielen Bereichen des kulturellen Lebens lebendig geblieben ist.

Eine Reise steht aber auch im Mittelpunkt dieses Buches: In den Texten begegnest du Aristoxenus, einem jungen Griechen aus Ephesus in Kleinasien, und Gaius, einem jungen Römer aus dem Süden Italiens, die gemeinsam einen Teil des Römischen Reiches von Lukanien bis nach Germanien durchwandern und durchfahren und dir dabei einen Einblick in ihre damalige Welt zur Zeit des Kaisers Hadrian im 2. Jahrhundert n. Chr. vermitteln (undenkbar wäre es damals gewesen, dass sich ein Mädchen auf eine solche oder auch nur eine kleinere Reise machte!).

Weite des Imperium Romanum

Ein Grieche und ein Römer: Das Römische Reich umspannte viele Völker, die die Römer nach und nach unterworfen hatten. Es war aber auch eine Welt, in der nationale Grenzen nicht existierten, weil es keine Nationen gab. Bei aller römischen Dominanz lebten die vielen Kulturen friedlich nebeneinander, in der griechischen und ägyptischen hatten die Römer sogar ihre Vorbilder gesehen, sie nachgeahmt und viel von ihnen übernommen. Als das Römische Reich schließlich zerfiel, traten andere Völker auf die Bühne und übernahmen ihr Erbe – die Araber genauso wie Völker aus dem Norden Europas. In der östlichen Mittelmeerwelt lebte das Römische Reich in unterschiedlicher Ausdehnung als „Byzantinisches Reich" bis ins 15. Jahrhundert fort.

Nähe

Die „alten Römer" sind uns einerseits sehr nah, weil sie – nach den Griechen – viele Grundlagen von dem geschaffen haben, worauf unsere heutige (westliche) Welt basiert. Daher ist es in jedem Fall ein spannendes Erlebnis, diese große Kultur in Literatur und Kunst, Wis-

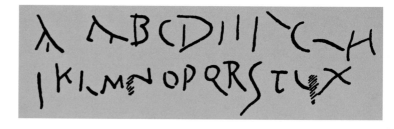

▶ ABCDEFGH
IKLMNOPQRSTUVX
Kritzelei (Graffito) an einer
Hauswand in Pompeji

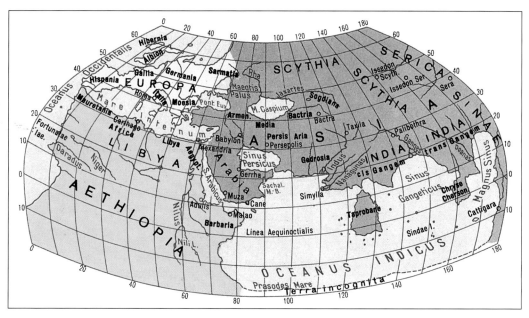

▲ *Das Bild der Erde nach Ptolemaios (Claudius Ptolemaeus) um 150 n. Chr.*

senschaft und Politik, in der Buntheit des täglichen Lebens und ihren Visionen von der Welt genauer kennen zu lernen. Dabei können wir auch lernen, unsere eigenen Positionen – im Guten wie im Schlechten – besser zu beurteilen.

Aber die „alten Römer" sind uns auch genauso fern: wohl die meisten Seiten ihrer Denkweise, ihre Vorstellungen von der Welt und den Menschen, ihre Religion, brutale „Volksbelustigungen" in der Arena, Sklaverei und anderes mehr.

Ferne

Jemand, der nie verreist, kennt am Ende nicht mehr als seine enge Umgebung – allenfalls noch das, was andere über die Welt erzählen. Man wird so die Fragen, mit denen man konfrontiert wird, nur mit den Antworten versehen können, die einem die eigene enge Erfahrung erlaubt. Jedes Erlernen einer Sprache führt aus einer solchen geistigen Enge hinaus. Es eröffnet demjenigen, der nicht nur Sprache, sondern Kultur in der Sprache lernt, neue Horizonte. Von hier aus lernt er Probleme mit neuen Augen sehen; er erkennt leichter richtige Problemlösungen und kann sie von vorschnellen, unüberlegten Antworten unterscheiden. Die Voraussetzung dafür allerdings ist, daß er bereit ist, die Lösungen anderer ernst zu nehmen – auch alter Völker, vor allem, wenn die eigene Kultur so mit einer vergangenen verflochten ist wie unsere mit der griechisch-römischen Antike. So führt eine Reise in die Welt der Antike letztlich zu einem besseren Kennenlernen und Verständnis der heutigen Zeit. Die Beschäftigung mit der lateinischen Sprache kann, so verstanden, also eine ganz moderne Sache sein.

Neue Horizonte in der fremden Sprache

9

Zum Aufbau von „Itinera"

Dieses Buch vermittelt dir, wie wohl schon klar geworden ist, nicht nur lateinische Grammatik, sondern gleichzeitig viele – wie wir hoffen: interessante – Einsichten und Kenntnisse. Grammatik lernt man am besten, wenn man sie dort kennen lernt, wo ihre Aufgabe liegt: Informationen in Texten so zu ordnen, dass man die Texte besser versteht.

Im Mittelpunkt dieses Lehrgangs stehen daher **Lesestücke**, also **Texte**. In ihnen ist die lateinische Grammatik Schritt für Schritt so vertreten, dass du sie, soweit es möglich ist, über den Inhalt der Texte verstehst. Die Lesestücke sind einzelnen **Capita** („Kapitel"; Singular: caput) zugeordnet, die jeweils einen thematischen Kreis bilden.

Nach dem Lesen und Übersetzen der Texte helfen die **Pensa exercitanda** (Übungen), das Gelernte durch Anwendung und Vertiefung noch besser zu verstehen.

In den Texten können nicht alle Informationen enthalten sein, die zum Verstehen der römischen Welt nötig sind. Daher ergänzen **Sachtexte** und **Abbildungen** die Inhalte der Texte. Du kannst sie für dich lesen, aber genauso werden sie Stoff für Fragen und Diskussionen im Unterricht bilden – ebenso wie die Texte selbst.

Die **Wörter** bilden den wichtigsten Bestandteil jeder Sprache: In ihnen ist die Welt enthalten, über die sie spricht. Ohne Wörter gibt es also keine interessanten Texte. Aber nicht alle Wörter, die in den Texten vorkommen, musst du lernen. Zum Erfassen der Texte gibt es das **Lesevokabular**; in ihm sind alle unbekannten Wörter in der Reihenfolge ihres Vorkommens aufgeführt. Die Wörter, die du im Laufe dieses Lehrgangs lernen sollst, finden sich dann nochmals separat im **Lernvokabular** aufgeführt. Nur diese Wörter werden anschließend in Texten und Übungen als bekannt vorausgesetzt. Solltest du die Bedeutung eines Wortes vergessen haben, kannst du im **alphabetischen Gesamtvokabular** nachschlagen.

Beachte in den Pensa exercitanda:

Ein ◆ kennzeichnet Übungen, die nicht zum Pflichtstoff des Lehrgangs gehören.

Ein ❖ weist darauf hin, dass diese Übung besonders zur Gruppenarbeit geeignet ist.

Im **Cursus grammaticus** (Begleitgrammatik) werden die einzelnen Grammatikthemen nach der Reihenfolge der Capita beschrieben. Alles, was im Deutschen und Lateinischen sprachgleich ist, wird gar nicht oder nur ganz kurz behandelt. Ausführlicher dargestellt wird das, was „typisch lateinisch" ist oder vielleicht größere Schwierigkeiten macht. Sämtliche Formen, die du nach und nach lernen musst, werden zunächst in der Begleitgrammatik behandelt und anschließend nochmals übersichtlich in einem **Tabellenanhang** zusammengefasst. **Tipps zur Texterschließung** und zum **Lexikon** als **Hilfsmittel bei der Texterschließung** zeigen dir zum Schluss noch einmal zusammenfassend, wie du erfolgreich mit lateinischen Texten umgehen kannst.

Ein Hof in Lucania

1 ▬

In Lukanien, im Süden Italiens, nicht weit von der kleinen Seestadt Buxentum …

Ecce − illīc casa parva est; illīc est ager lapidōsus, illīc hortus fēcundus est. Ager casam parvam et hortum fēcundum cingit.

Hīc Simylus rūsticus et Megilla rūstica vīvunt. Hīc labōrant, hīc vītam agunt dūram.

5 Casa parva, sed nōn misera est. Eam incolunt praeter Megillam Simylumque līberī quattuor (fīliī duo: Gāius et Tertius, et fīliae duae: Secunda et Paula) et ūnus servus, Āfer.

Neque casam vērō neque hortum neque agrum Simylus Megillaque possident: Colōnī sunt.

10 Prope casam est stabulum parvum. Eō Simylus frūmentum condit; praeterea nōnnūlla īnstrūmenta rūstica īnsunt. Duo Molossī, canēs validī, aedificia cūstōdiunt et lupōs aliāsque bēstiās, etiam fūrunculōs terrent fugantque.

Molossus: Molosserhund

◀ *Römischer Bauer bei der Arbeit. Das Relief aus dem 1. Jh. v. Chr. stellt eine (idealisierte) Wirklichkeit dar, die es zur Zeit seiner Entstehung nicht mehr gab, da der freie selbständige Bauer mit eigenem Land längst von den großen Latifundien an die Seite gedrängt worden war.*

▲ *Exotische Tiere bei der venatio in der Arena (Vatikanische Museen)*

▬ 2   Der Fremde

via pūblica: Staatsstraße; an Buxentum führt die *Via Domitiana* vorbei.

vēnātiō: Tierhetze im Amphitheater als öffentliches Schauspiel, in der Provinz meist mit heimischem Wild durchgeführt, seltener (wegen der hohen Kosten) mit exotischen Tieren; wo keine steinernen Amphitheater existierten, wurden – wie im Falle des heutigen Zirkus – manchmal Anlagen aus Holzgerüsten errichtet.

camēlus, leō, elephantus, panthēra: Kamel, Löwe, Elefant, Panther

Māne est. Et Simylus et Megilla et līberī et servus – id est cūncta familia – labōrēs suōs suscipiunt: Simylus Āferque bovēs iungunt et in agrum agunt. Gāius in fabricam contendit. Megilla īgnem hesternum excitat. Intereā sorōrēs aquam, farīnam, sālem miscent; tum mässam in orbēs parvōs dīvidunt et in fŏcum īnferunt. Sīc pā- 5
nem parant.

Tertius quoque casam relinquit: Lūdum petit – ut parentēs crēdunt. Neque vērō magistrum hodiē adit, sed ad viam pūblicam currit. Domitōrēs enim bēstiās aliēnās ad vēnātiōnem dūcunt: camēlōs, leōnēs, elephantōs quoque et panthērās. 10

Multī hominēs adsunt et agmen spectant. Inter eōs adulēscēns quīdam cōnspicuus est. Aliēnus est, asinum sēcum habet. Itaque Tertius nōn modo bēstiās, sed etiam adulēscentem aspicit.

Einladung

3 ▬

Aliēnus circumstantēs appellat:

„Cīvēs – audīte! Ēsuriō et dēfessus sum. Prandium atque dēversōrium vel tēctum certē quaerō!"

Statim vir respondet: „Tēctumne quaeris? Et prandium bonum
5 dēsīderās? Certē etiam vīnum optimum? Venī in pulchram tabernam meam! Proxima est! Audī: Habeō hodiē in cēnā ..."

habeō in cēnā: ich habe auf der Speisekarte (cēna: Essen, Mahlzeit)

Tum undique hominēs accēdunt, clāmant, rīdent:

„Vīnum optimum, dīcis? Acētum est!"

„Nōn īgnōrō vīnum tuum: Fūrunculus es, venēficus!"

10 „Discēde hinc et alium locum pollue!"

„Vĭdēte: Nec mu nec ma dīcit!"

„Quid ergō est? Quid nunc stupēs tamquam hircus in erviliā?"

hircus in erviliā: der Bock in den (Kicher-)Erbsen (Redensart)

Dum eum sīc illūdunt, Tertius ad adulēscentem aliēnum accēdit:
„Sciō tēctum, putō – vāde mēcum!"

mit Zitaten aus Petron 57, 11

Reisen, ferne Länder ...

4 ▬

Einen Gast – der natürlich für die Unterkunft zu zahlen hatte – nahm Simylus gern auf. Und so entging Tertius auch lästigen Fragen, wieso er an der *via publica* und nicht in der Schule gewesen war. Allzu wichtig erschien seinen Eltern der Unterricht (Lesen, Schreiben, Rechnen) ohnehin nicht. Dieser Gast mit dem griechischen Namen Aristóxenus kam von weit her, aus Éphesus nämlich. Über Land und See war er schon viele Wochen unterwegs. Zum Schluss hatte ihn sein Weg von Tarentum über Heraclea und Grumentum hierher geführt. Sein Ziel, so sagte er, sei Rom – dort war noch keiner aus der *familia* des Simylus je gewesen. Nur gehört hatten sie natürlich von dieser wohl prächtigen Stadt, in der auch über ihr Schicksal entschieden wurde.

▼ *Molosserhund; römische Bronzefigur*

▶ *Rekonstruktion einer römischen Küche in Kaiseraugst bei Basel. Es handelt sich um eine Küche in einem besseren Hause.*

Zum Zweck seiner Reise äußerte Aristoxenus sich zurückhaltend; er meinte nur, sein Vater habe ihn geschickt und die Reise auch bezahlt. Da er nun einmal unterwegs sei, wolle er aber nicht nur den Auftrag seines Vaters ausführen, sondern auch etwas von der Welt sehen.

Am Abend unterhalten sich die Mutter, Aristoxenus, Paula und der älteste Sohn, Gaius.

Paula: „Hūc illūc ambulāre, terrās extrēmās vĭdēre, oppida cōgnōscere et hominēs – id est vīvere! Egō, quia virgō sum, domī mănēre dēbeō, dēbeō marītum exspectāre. Meum est coquere, tractāre lānam, hortum cŏlere; ad summam: domī esse. Tū autem, Aristoxene, quia vir es et habēs pecūniam, vītam variam agere potes." 5

Māter: „Tū semper garrīs: Per terrās extrēmās īre, id est in perīcula sē committere. Casa nostra nostrum castellum est! Domī beātae sumus, domī tūtae – nōn fŏrīs."

Aristoxenō (Dativ) **invideō:** ich bin neidisch auf Aristoxenus

Gāius: „Dissentiō, māter. Valdē Aristoxenō invideō, nam vītam agit beātam. Egō iam vir sum, perīcula nōn timeō." 10

Aristoxenus rīdet: „Ubī perīculum est, ibī virī vērī sunt – tamquam Gāius."

nocturnae mălae: Geister der Nacht
penātēs: Hausgötter, Schutzgötter der Familie, deren Bilder sich am Herd befanden

Dum nārrat, Simylus intrat, eōs vĭdet, clāmat: „Num hominēs otiōsī sumus? Num fēriās agimus? Numquid impiī estis? Ūsque ad multam noctem hīc sedētis et garrītis! Et ... quid vĭdeō: Etiam ŏleum 15 perditis! Circumspicite! Iam multa nox est: Nocturnae malae nunc ambulant. Vōs deōs penātēs prīmum advocāte, deinde somnum petite!"

PENSA EXERCITANDA

S 1
Satztypen

a) Ager lapidōsus est.
b) Rūsticus labōrat.
c) Canēs ... cūstōdiunt.

- Vergleiche die äußere Form der Prädikate.
- Beschreibe die jeweiligen Bedeutungs- und Signalteile.
- Welche notwendige Information fehlt in Satz c? Suche ein passendes Wort aus dem Text des Lesestücks 1.

S 2
Verdecktes Subjekt

① a) Die beiden folgenden Satzpaare enthalten sog. verdeckte Subjekte. Von wem ist in der zweiten Satzhälfte jeweils die Rede? Welches Wort fügst du im Deutschen ein?

- Āfra serva est; vītam miseram agit.
- Ager parvus est; parvum hortum parvamque casam circumcingit.

b) Übersetze entsprechend:

Simylus colōnus est;
vītam dūram agit.
Megilla colōna est;

② Agrum possidet.
Warum ist dieser Einzelsatz nicht zu übersetzen?

S 3
Wortstellungen

a) Colōnī vītam dūram agunt.
b) Colōnī vītam agunt dūram.

Welche Verschiebung der Betonung ergibt sich durch die unterschiedliche Wortstellung?

S 4
Artikelwahl

Tertius ist zur via pūblica gelaufen, um sich exotische Tiere anzusehen; aber:

Tertius nōn modo bēstiās, sed etiam adulēscentem aliēnum aspicit. Adulēscēns cōnspicuus est, nam vestēs peregrīnās gerit.

Übersetze und erkläre, warum du im Deutschen keinen oder den bestimmten oder unbestimmten Artikel setzt.

S/F
Sinn und Grammatik

① Wähle das dem Sinn nach passende Subjekt; achte dabei auf Sinn und Grammatik:

ager puellae casa	**?**	parva est.
fīliae hortus canēs	**?**	fēcundus est.
canēs sorōrēs hortī	**?**	validī sunt.
īnstrūmenta Simylus colōnī	**?**	casās incolunt.

② Vervollständige die folgenden Sätze, indem du ein Substantiv oder Adjektiv (Prädikatsnomen) ergänzt. Nach welchen grammatischen und inhaltlichen Gesichtspunkten nimmst du die Ergänzungen vor?
Casa ... est. – Gāius et Tertius ... sunt. – Molossī ... sunt. – Stabulum ... est.

③ Vervollständige die beiden folgenden Texte, indem du beim ersten die Prädikate, beim zweiten die Objekte entsprechend deiner Erwartung an den Text ergänzt.

- Prope casam stabulum .... Eo Simylus frūmentum .... Duo canēs stabulum .... Canēs validī .... Et bēstiās et fūrunculōs ....
- Parentēs ... suscipiunt. Pater ... in agrum dūcit. Tertius nōn ... petit, ut parentēs crēdunt, sed ... et ... aspicit.

④ Vervollständige den folgenden Text mit Hilfe der adjektivischen Attribute aus dem Kästchen. Nach welchen Gesichtspunkten verfährst du?
Nōn modo Tertius, sed etiam ... līberī ad viam ... currunt und agmen ... spectant: leōnēs ... et elephantōs .... Bēstiae ... līberōs ... terrent, sed domitōrēs bēstiās ... cūstōdiunt.

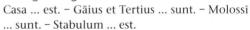

aliēnae – aliēnās – aliī – pūblicam – māgnōs – mīrum – parvōs – validōs

3 **E/S**
Mehrdeutig? – Eindeutig!

a) Wodurch wird die Endung a eindeutig bestimmbar?

Fīlia labōrat.

Aedificia parva sunt.

b) Im folgenden Text sind die Endungen durch Unterstriche ersetzt. Lies zunächst jeweils einen Absatz, dann ergänze die richtigen Endungen.

Ein Mann ruft:

„Audī_, hominēs. Audī, adulēscēns. Habe_ pulchr_ tabern_."

Sed hominēs undique concurr_ et clāma_: „Scīmus: fūrunculus es, venēfic_. Nōn pulchr_ tabern_ habēs, sed stabul_."

F 1
Störenfriede

spectā	venīte	cēna
curre	certē	vīta
abī	quaerite	parva
videō	respondēte	famĭlia

fīlia	servus	es
aedificia	lūdus	terrēs
via	sumus	clāmās
aqua	fīlius	cīvēs

F 2
Formen- und Vokabeltraining: Substantive

	Sg.	Pl.
Nom.		
Akk.		

a) Zeichne in deinem Heft eine Tabelle nach obigem Muster und trage die folgenden Substantive nach ihrem Kasus geordnet ein. Welche Wörter musst du in mehrere Felder einfügen?

aqua – cīvem – lūdum – famĭlia – hominēs – viās – agrī – parentēs – vītam – frūmenta – sorōrēs – adulēscentem – fīlius – fīliās – līberōs – vir – īgnem – homō – servum – pater – locum – labor – tēctum – servae – vītae – labōrēs – orbis – agmen – aedificium.

b) Gib die deutsche Bedeutung der Wörter an.

◆ **K 1**
Graffiti

Auch in der Antike haben Jungen und Mädchen mancherlei an die Hauswände geschrieben. Das konnte dann z. B. so aussehen:

> CAIVSVENEFICVSEST
> HERCVLESCANISOPTIMVSESTQVIAFV
> RVNCVLOSFVGAT

Trenne die einzelnen Wörter ab und übersetze.

F 3
Formensynthese

Setze die Formen zusammen. Welche vier benötigen einen Sprechvokal? Wie heißen die zugehörigen Infinitive?

ag			t
es			tis
dīc			ō
vīv			nt
audi	i	i	s
terre			nt
labōrā	u	u	s
cǎp			mus
s			nt
venī			te

T
Clāmor nocturnus

Texte enthalten Schlüsselwörter; hier sind sie hervorgehoben. Sie geben dir einen Hinweis auf das Gesamtthema des Textes.

Nox est. Et parentēs et līberī et bēstiae dormiunt. Subitō undique **clāmor**: *Molossī* **latrant**. Clāmor famĭliam excitat. Simylus **clāmat**: „*Fūrunculī* prope stabulum!" *Molossī* ad stabulum currunt, sed *fūrunculī* ēvādere possunt.

Welche Erwartung wird durch den 3. Satz geweckt?

"TIPP" Du siehst, dass Sätze in einem Sinn- und Beziehungsgeflecht zueinander stehen. Sätze (oder Satzgruppen) haben jeweils eine eigene Aussage, ihr *Rhema,* und geben damit dem Folgesatz eine Vorgabe, sein *Thema.*

◆ F4
Aenigma Latinum

D	U	C	I	T
A	U	D	I	T

Verändere das Wort in der ersten Reihe des Rätsels Schritt für Schritt so, dass das Wort in der fünften Reihe dabei herauskommt. Zwei Regeln sind dabei zu beachten:
1. Von Wort zu Wort müssen immer zwei Buchstaben verändert werden, drei bleiben also gleich.
2. Die Buchstabenfolge kann verändert werden.

◆ K 2

Römische Zahlen
a) Wie alt sind die Mitglieder unserer „familia Romana"?

Simylus: XLII = ___
Megilla: XXXVI = ___
Gāius: XVII = ___
Secunda: XV = ___
Tertius: XII = ___
Paula: IX = ___
Āfer: XXIX = ___

b) Schreibe in römischen Zahlzeichen dein Geburtsjahr und das deiner Eltern, Geschwister oder deines Lieblingstieres.

D
Falsche Gleichung
Die Personen, die du in Lesestück 1 kennen lernst, bilden alle (!) zusammen eine *famīlia Rōmāna*. Beschreibe die Unterschiede zu deiner eigenen Familie und erkläre, warum eine Wortgleichung *familia – Familie* missverständlich wäre.

◆ K 3
Chronogramm

En fVgIt VMbra, fVgIt taCIto peDe et annVs et aetas

(Sieh, es schwindet der Schatten, auf leisen Sohlen entschwinden die Jahre des Lebens.)

Ein Chronogramm ist ein auf ein bestimmtes Jahr bezogener lateinischer Satz. Das Beispiel stammt von einem Haus in Koblenz. Wenn du die durch Großschreibung hervorgehobenen Buchstaben, die zugleich Zahlzeichen sind, addierst, kannst du das Entstehungsjahr der Inschrift entschlüsseln.

◆ R

Aus Flora und Fauna
Biologische Pflanzen- und Tiernamen bestehen mindestens aus zwei Benennungen. Die erste gibt die große Gattung an, die zweite beschreibt die besondere Art, z.B. nach ihrem Aussehen oder ihrem Lebensraum. Bestimme entsprechend die folgenden Pflanzen bzw. Tiere, und suche ihre deutschen Namen. Beachte: Bäume sind lateinisch Feminina.

a) Pflanzen:

ulmus – Ulme: ulmus montāna – ___
betula – Birke: betula pendula – ___
clemātis – Waldrebe: clemātis Alpīna – ___
prūnus – Pflaume: prūnus Persica – ___

b) Tiere:

lepus – Hase: lepus Eurōpaeus – ___
rattus – Ratte: rattus Norvēgicus – ___
larus – Möwe: larus argentātus – ___
fēlis – Katze: fēlis silvestris Caucasia – ___

Itīnera Eurōpaea
Anfang 1993 beschloss die damalige EG (Europäische Gemeinschaft, jetzt EU) gegen deutschen Protest, den Bananenimport neu zu regeln. Dieser Beschluss führte zur Verteuerung der Bananen in Deutschland. Kurz darauf erschien die folgende Karikatur:

a) Beschreibe das Bild.
b) Versuche die Bedeutung der Personen und des Stiers zu erklären.

Das Leben auf dem Lande ━━━━━━

Städter und Bauern

In der Antike, wie noch bis zum 19. Jahrhundert in Europa, lebte der größte Teil der Bevölkerung auf dem Lande, nur ca. 10–20 % in Städten; von der Stadtbevölkerung wiederum lebten viele von den Erzeugnissen ihrer nahe gelegenen Felder, die sie entweder selbst bearbeiteten oder verpachtet hatten (s. unten „Die Kolonen"). Vom Leben, Denken und Handeln der Städter ist allerdings viel mehr überliefert als von dem der Landbevölkerung, denn über deren als einförmig angesehenes Leben zu berichten, war den römischen Schriftstellern und dem städtischen Publikum zu uninteressant.

Der freie Bauer

Der *freie römische Bauer* bearbeitete den von seinem Vater ererbten Hof zusammen mit seiner Familie und einigen Sklaven. Das Minimum für die Existenz einer Familie lag bei etwa 2,5 ha. Die Bauern lebten in schlichten Häusern, die außer Küche und Schlafräu-

men für die Familie Ställe, Vorrats- und Geräteräume enthielten. Grundsätzlich wurde möglichst alles selbst produziert, was die Familie benötigte: Getreide, Gemüse, Obst, Öl und Wein; man hielt Vieh, bevorzugt Ziegen und Schafe, und Hühner; darüber hinaus benötigte man Flachs, um Leinen für die Kleidung herzustellen, Tongefäße als Koch- und Essgeschirr sowie für die Vorratshaltung, Körbe und Holz. Der kluge Landwirt, so Cato (s. Namensverzeichnis), kaufte möglichst wenig hinzu. Zu diesem wenigen gehörten in erster Linie alle landwirtschaftlichen Geräte aus Eisen:

> *„Ein leichtfertiger Bauer ist, wer etwas kauft, was ihm sein Acker bieten kann; ein schlechter, welcher eine Arbeit, die er nachts verrichten könnte, untertags erledigt, es sei denn, es herrsche schlechtes Wetter; ein noch schlechterer ist der, welcher das, was er an Feiertagen hätte tun sollen, an Werktagen verrichtet; der schlechteste aber der, welcher an heiteren Tagen lieber im Hause arbeitet als auf dem Feld."*

(Plinius, *Naturalis Historia*, Buch 18, 40)

▼ *Die vier Jahreszeiten auf einem afrikanischen Landgut; Mosaik aus dem 4. Jh. Oben und unten links Szenen mit der domina, unten rechts mit dem dominus*

Die Erträge aus der Landwirtschaft

Die landwirtschaftlichen Erträge waren nach unseren Maßstäben ziemlich gering, so dass Überschüsse nur in bescheidenem Umfang erwirtschaftet wurden, die dann im nächsten größeren Ort verkauft wurden. Am einträglichsten war, antiken Autoren zufolge, der Anbau von Wein und Olivenbäumen.

Rom war seit seinem Aufstieg nach den Punischen Kriegen (3. Jh. v. Chr.; s. Kap. „Hannibal") nicht in der Lage, die Bevölkerung des eigenen Landes zu versorgen. Hauptgetreidelieferant war zunächst Sizilien, die erste Provinz Roms, später zusätzlich die jeweils neu unterworfenen Provinzen Africa (146 v. Chr.) und Ägypten (30 v. Chr.).

Die Kolonen

„Colōnus" (colere = Ackerbau treiben) nannten die Römer den Bauern, der von einem Grundbesitzer Land gepachtet hatte, weil sein eigenes nicht ausreichte, um sich und seine Familie zu ernähren. Wenn auch arm, so war der Kolone doch, anders als der Sklave, ein freier Bürger.

In Abhängigkeit von einem Grundbesitzer geriet jemand durch Verschuldung, die eine Folge von Missernten, Krankheiten oder Todesfällen sein konnte. Die Pacht wurde mit unterschiedlich hohem Anteil an der Ernte – z. B. einem Drittel aller Früchte – oder mit Geld bezahlt. Ein Kolone hatte keine Möglichkeit das für einen Landkauf erforderliche Vermögen jemals zu erwerben: Er selbst wie auch seine Kinder und Kindeskinder blieben für ihr ganzes Leben Kolonen. Der einzige Ausweg aus diesem Verhältnis war der Eintritt in die Armee, die ja in der Kaiserzeit ausschließlich aus Berufssoldaten bestand: Einem nach 20 Berufsjahren ehrenvoll entlassenen Legionär wurde ein größerer Geldbetrag ausgezahlt oder er wurde mit einem Stück Land entlohnt.

Für römische (meist adlige) Grundbesitzer war die Verpachtung einzelner kleinerer Güter an Kolonen, die das Land mit ihrer Familie bewirtschafteten, die allgemein übliche und auch die bequemste Form der Landbewirtschaftung, denn so mussten sie ihre oft weit auseinander liegenden Güter nicht selbst beaufsichtigen (lassen); darüber hinaus war es die politisch erwünschte Praxis, denn die Tätigkeit möglichst vieler römischer Bürger in der Landwirtschaft wurde von allen Kaisern als Grundlage für das Wohlergehen des Römischen Reiches betrachtet. Nachteilig für den Besitzer war dagegen, dass er nie sicher war, ob ein Kolone z. B. nach einer schlechten Ernte die Pacht entrichten konnte oder nicht. Die Klagen eines Gutsherrn über Zahlungsausfälle seiner Pächter sind dokumentiert.

Für die Besitzer sehr großer Ländereien bestand eine andere Bewirtschaftungsmethode darin, eigene Sklaven unter der Aufsicht eines Verwalters für die Feldarbeiten einzusetzen. Auch die kaiserlichen Domänen (Güter) außerhalb Italiens wurden so bewirtschaftet.

In der späten Kaiserzeit (4./5. Jh.) verwischte sich der Unterschied zwischen Kolone und Sklave, denn dem Kolonen wurde verboten, sein Land zu verlassen: Als „Leibeigener" durfte er auch bei bitterster Armut nicht fortziehen, um anderswo bessere Bedingungen zu suchen, und war insofern dem Willen seines Herrn unterworfen wie ein Sklave. Die „Leibeigenschaft" von Bauern war dann ein Charakteristikum des Mittelalters, z. T. existierte sie in Europa noch im 19. Jahrhundert!

Schule und Unterricht ▬▬▬▬▬▬▬

Die Bildungsstufen

Wenn es in Rom auch keine Schulpflicht und keine öffentlichen Schulen gab, so hatte sich doch ein von den Griechen übernommenes Schulwesen seit dem 3. Jh. v. Chr. entwickelt, das aus drei Stufen bestand:

1. Den **Elementarunterricht** (lūdus litterārius) besuchten Jungen und Mädchen im Alter von sieben bis zwölf Jahren gemeinsam. Ihr Lehrer wurde von den Eltern bezahlt. Er (Lehrerinnen gab es nicht) hielt den Unterricht in einer „pergula", einem Laden am Forum, und stellte auch das bescheidene Unterrichtsmaterial, Wachstafeln und Griffel. In der Elementarschule wurde Lesen und Schreiben geübt und auch etwas Rechnen. Die Schüler dieser Stufe hatten keine Lehrbücher. Viele besuchten den Elementarunterricht, weil ihre Eltern Wert darauf legten, dass sie Lesen und Schreiben lernten, und der Lehrer nicht viel kostete.

2. Die folgende Bildungsstufe war den Mädchen bereits verschlossen. Sie galten mit zwölf Jahren als heiratsfähig und wurden von ihren Eltern schon in diesem Alter mit oftmals viel älteren Männern verheiratet. – Jungen im Alter von 12 bis 17 besuchten die **Grammatikschule**, sofern ihre Eltern an einer höheren Bildung für ihre Söhne interessiert waren und sie sich finanziell leisten konnten. Der Lehrer, der „grammaticus", las mit den Schülern Texte griechischer und lateinischer Klassiker, vor allem Homer und Vergil. Um sich als gebildeter Mensch auszuweisen, musste man diese Sprache beherrschen.

3. Wer in der Politik etwas erreichen wollte, entschied sich für weitere Studien bei griechischen Philosophen und Rednern in einer **Rhetorikschule**. Reden zu können war die wichtigste Voraussetzung für die Karriere. So zogen viele junge Leute nach Athen, Rhodos oder

▲ *Eine Frau stellt ihre Tochter zwei Lehrern vor; Nachzeichnung eines Wandgemäldes aus Pompeji (1. Jh.)*

Milet, um bei einem berühmten Rhetoriklehrer zu studieren.

Der Unterricht

Der Schulunterricht, die Rhetorikschulen ausgenommen, war offenbar für Schüler und Lehrer sehr strapaziös: Die Schüler litten unter dem monotonen Unterricht und den Schlägen, die unweigerlich folgten, wenn man nicht aufpasste oder Unfug machte; die Lehrer litten unter den hohen Ansprüchen der Eltern und unter Geldmangel, wenn diese zu wenig oder unpünktlich zahlten:

> *Ihr aber verfügt strengste Gesetze,*
> *dass der Lehrer die Regeln der Sprache beherrsche,*
> *dass er alle Geschichtswerke lese, alle Autoren kenne*
> *wie seine eigenen Nägel und Finger, so dass er, zufällig gefragt,*
> *wenn er die Thermen aufsuchen will oder das Bad des Phoebus, angeben kann*
> *die Amme des Anchises, den Namen und die Heimat der Stiefmutter des Anchemolus, angeben kann, wie viel Jahre Acestes gelebt,*
> *wie viele Krüge sizilischen Weins er den Phrygern geschenkt habe.*
> *Ihr fordert, dass er die jugendlichen Sitten gleichsam mit dem Daumen*
> *forme wie einer, der aus Wachs ein Gesicht bildet; ihr fordert, dass er auch*
> *der Vater der Klasse selbst sei [...].*
> *„Darum kümmere dich", heißt es, „aber wenn das Jahr sich gewendet hat,*
> *dann nimm so viel Gold in Empfang, wie das Volk für einen Sieger fordert."*

(Juvenal, *7. Satire,* Übs. von J. Adamietz)

(Mit dem letzten Vers ist gemeint: viel zu wenig für ein ganzes Jahr Arbeit, so viel wie ein Gladiator für einen einzigen Sieg erhält.)

Sport

Römische Jugendliche trieben auch viel Sport, doch der hatte nichts mit der Schule zu tun. In der Palästra trainierten die Jungen nach griechischem Vorbild Leichtathletik, Speerwerfen und Ringen. Auf dem Marsfeld gab es außerdem die Möglichkeit zu reiten – damals reine Männersache – und Kampfsport zu betreiben.

Auf allen öffentlichen Plätzen und auf speziellen Spielfeldern in den Thermen wurden verschiedene Ballspiele gespielt.

▲ *Ein Schüler wird vor versammelter Klasse von seinem Lehrer mit dem Stock gezüchtigt; Nachzeichnung eines Wandgemäldes aus Pompeji (1. Jh.)*

Aberglaube

Schon in der Antike gab es all die Gruselgestalten, vor denen sich auch die Menschen späterer Jahrhunderte, vor allem nachts, fürchteten. Man gruselte sich vor Werwölfen, skelettgestaltigen Gespenstern, in Vögel verwandelten Zauberinnen, vor Hexen und Blut saugenden Vampiren; solche Wesen spukten vorzugsweise an Gräbern oder in unheimlichen Häusern herum.

Das Treiben von Hexen lässt der römische Dichter Horaz eine Statue des Gottes Priapos beschreiben; in einem Garten, der früher eine Begräbnisstätte für Sklaven war, beobachtet Priapos zwei Hexen bei ihren verwerflichen Ritualen:

Bronzenes Zaubertischchen,

gefunden in Pergamon (Türkei).

Sah ich doch selber Canidia kommen, den düsteren Mantel
hoch geschürzt, barfuß, die Haare gelöst; im Verein mit der ältren
Sagana hört ich sie heulen: Totenblässe ließ beide
schrecklich dem Auge erscheinen. Sie fingen mit Nägeln die Erde
an zu zerscharren, mit Zähnen ein schwarzes Lamm zu zerreißen.
In die Grube ergoss sich das Blut, um heraufzubeschwören
Totengeister der Tiefe, die Antwort verkünden sollten.
[…] Die eine ruft Hekate an, die
andre die wilde Tisiphone: Da sah man Nattern sich winden,
Hunde der Unterwelt streunen, den Mond hinter ragendem Mal sich
schamrot verbergen, um nicht solchen Treibens noch Zeuge zu werden.

(Horaz, *Satiren* 1,8 [Auszug],
Übs. von Wolfgang Ritschel)

Es sind auch Zaubersprüche überliefert, mit deren Hilfe eine geliebte Person augenblicklich in rasendes Verlangen nach dem bisher Verschmähten versetzt werden sollte:

Alimbeu, Columbeu, Petalimbeu, macht die Victoria, Tochter der Suavulva, verliebt, rasend vor Liebe zu mir, und möge sie, bis sie zu mir kommt, keinen Schlaf finden, die Lieblichste unter den Mädchen.

(aus: *Antike Zaubersprüche*,
hg. von Alf Önnerfors, S. 41)

Um Unheil, Krankheit und Tod abzuwehren, trug man magische Amulette mit Tierbildern oder mit zauberkräftigen Zeichen ständig bei sich.

Im Alltagsleben war der Mensch umstellt von Vorzeichen: Widerfuhr ihm ein Missgeschick, so hatte er be-

stimmt ein warnendes Zeichen nicht beachtet: einen schlimmen Traum, ein Stolpern, ein Niesen, einen umgestoßenen Krug, verschütteten Wein oder Öl usw.

Astrologie und Horoskope genossen höchstes Ansehen in allen Schichten; Kaiser Tiberius ließ sich sogar in diese „Wissenschaft" einführen.

Magie diente nicht nur dem eigenen Schutz, sondern wurde auch angewandt, um andere zu schädigen: Im Zwölftafelgesetz aus der Frühzeit Roms wird eigens unter Strafe gestellt Feldfrüchte wegzuzaubern oder die Saat eines anderen durch Zauber zu sich herüberzuziehen, und dies war Jahrhunderte später offenbar immer noch Praxis.

Auch im Großstadtleben gab es genug Anlässe jemanden so zu hassen, dass man zum Mittel der auf einem Täfelchen niedergeschriebenen Verfluchung (dēfīxiō) griff:

> „Tötet ihr, unterirdische Götter, die Seele und das Herz! … vernichtet sie und brecht ihr alle Knochen! … würgt ihr die Kehle … verdreht, zermalmt ihren Körper …"

(U. E. Paoli, *Vita Romana*, S. 316)

▼ *Amulett gegen Magenkrankheiten (aus Ägypten)*

5 Verlockendes Angebot

Aristoxenus wird sehr früh dadurch geweckt, dass Gaius aufsteht. Etwas ungehalten beginnt er ein Gespräch.

„Eho – dēbēsne vērē surgere ante lūcem?" – „Id officium meum est", Gāius respondet, „surgō statim, cum gallum canere audiō."

Aristoxenus rīdet: „Itaque gallus parvus virum māgnum tamquam tē ante lūcem surgere iubet! Mīrum dēnique est tē gallum audīre! Putō mē nē terrae tremōrem quidem sentīre, dum nox est et dor- 5 miō!"

Gāius: „Hercle: Vērō vītam beātam agis, Aristoxene. Nōn tibi *nimis* invideō – appāret alium hominem vītam beātam, alium miseram vītam agere. Egō sum homō miser, tū fortūnātus es!"

Aristoxenus nōn iam rīdet: „Certum est nihil certum esse: Ita prae- 10 ceptor meus dīcere solet. Prō Iuppiter! Intermitte paulum vītam tuam miseram, amīce! Vāde mēcum, Gaī!"

terrae (Genitiv) **trĕmor:** Erdbeben

6 Aus in der „fabrica"

Hercle!: Beim Herkules!, Wahrhaftig! *(beteuernder Ausruf, nur von Männern gebraucht)*

Der Gedanke ist verlockend und beginnt in Gaius zu bohren: Eine solche Gelegenheit bietet sich so schnell nicht wieder – wenn überhaupt. Während er überlegt, macht er sich fertig, trinkt etwas Milch und begibt sich dann zu seiner Arbeitsstelle in Buxentum, einem Gewerbebetrieb, in dem Glaswaren hergestellt werden. Dieser Erwerbszweig hatte in Italien seit Jahren Mühe sich gegen die Importe aus den nördlichen Provinzen *Gallia Belgica* und *Germania inferior* zu behaupten.

In dem Betrieb arbeiten freie Arbeiter und Sklaven. Frauen sind hier nicht beschäftigt. Gaius selbst ist *discens,* Lehrling, und hat einen Meister, *magister.* Sein Vater hat für ihn mit diesem Betrieb einen Lehrvertrag abgeschlossen.

▲ *Detail eines Freskos in Pompeji, Haus der Vettier*

▶ *Römische Glaswaren (frei geblasene Gläser) aus Trier*

Gāius officīnae appropinquat. Ante mūrum multōs hominēs cōnspicit.

Magistrō salūtem dīcit – is discentī nōn respondet. Apertum est malum aliquod impendēre operāriīs officīnaeque. Audit vōcēs:

5 „Tālēs sunt dominī nostrī! Alius aliī dīcit: Servā mē – servō tē! Miserōs pauperēsque nōn cūrant …“

„ … quia miseram plēbem nōn floccī faciunt …“

„Mihi sunt uxor et līberī quīnque …!“

„Quid exspectātis, cīvēs, cūr stupētis? Decuriōnēs nōn plēbī cōnsu-
10 lunt, sed equitibus – amīcīs suīs. Opēs omnēs sunt eīs, ut scītis …“

„Dīvitēs adiuvant dīvitēs … et semper Sāturnālia agunt – leōnēs sunt, lupī rapidī! Nōbīs populīs miserīs nihil prōvident.“

„Ŏdiō mihi sunt! Parvī emunt apud Gallōs vel apud Germānōs vitra
– hīc vendunt ea, quantī volunt. Cīvēs nostrī aliēna praeferunt, no-
15 stra neglegunt!“

„Cum fortūna deest, nēmō tibi succurrit …“

Gāius magistrō accēdit: „Quid ergō est? Cūr nōn labōrātis? Quid clāmātis?“

Magister ei respondet: „Corruit officīna. Dominus noster servōs
20 vendit, cēterōs dīmittit. Domum ī, Gāī!“

Gāius, dum lentē domum abit, aliquamdiū vōcēs audit:

„Quī buccam pānis hodiē invenīre possum?“

„Nostra cīvitās retrōversus crēscit tamquam cauda vitulī …“

mit Zitaten aus Petron 44

nōn floccī faciunt *(m. Akk.)*: sie scheren sich keinen Deut (um)

Saturnālia: Saturnalien (mehrtägiges karnevalsähnliches Fest im Dezember zur Wintersonnenwende)

Gallī: Gallier, Kelten
bucca pānis (Genitiv): Bissen Brot
cauda vitulī (Genitiv):

▲ *Parfümflasche in Form eines Ebers aus blauem Kobaltglas (Köln, Römisch-Germanisches Museum)*

▼ *Blick in eine Werkstatt (hier eines Schmiedes); Grabrelief aus Aquileia (1./2. Jh. n. Chr.)*

PENSA EXERCITANDA

5 **S 1**
Respondē Latīnē
a) Quis surgit ante lūcem?
b) Quem canis terret?
c) Quid pater audit?
d) Quō hominēs contendunt?

S 2
Tätersuche I
a) Gāius ante lūcem surgere dēbet.
b) Gāius Aristoxenum vītam variam agere putat.
c) Gāius, quamquam (obwohl) multī hominēs adsunt, tamen adulēscentem aliēnum audīre potest.
d) Gāius adulēscentem tēctum quaerere audit.
In welchen Kasus findest du Subjekte, in welchen Formen Prädikate? – Was bedeutet in diesem Zusammenhang der Ausdruck „Satz im Satz"?

S 3
Tätersuche II
Vergleiche:
(Auf der via publica:) Vir quīdam sē suamque tabernam laudat.
Circumstantēs autem **eum** illūdunt.
Auf wen verweisen jeweils die Pronomina in den folgenden Sätzen?
a) Gāius sē māne gallum audīre dīcit.
Eum semper ante lūcem canere scit.
Aristoxenus sē nē terrae tremōrem quidem sentīre nārrat.
b) Paula virōs hūc illūc iter facere posse dīcit.
Itaque sē miseram, eōs beātam vītam agere putat.

S 4
Ein Bericht von der Via Domitiana
Ein beneficiārius (Kommandant einer Gendarmeriestation) macht sich Notizen für seinen Bericht. Wandle die Sätze a–d nach dem gegebenen Muster um.
• **Beneficiārius scrībit:** Multī hominēs agmen aspiciunt.
• **Beneficiārius** multōs hominēs agmen aspicere **scrībit.**

Transforma:
a) Multī hominēs agmen aspiciunt: virī, mulierēs, līberī cūriōsī sunt.
b) Domitōrēs bēstiās ad lūdōs agunt.
c) Servī leōnēs et elephantōs dūcunt.
d) Leō māgnus populōs terret.

F 1
6
Störenfriede

venī	surgis	vērē	servus	odiō
audī	sentis	iubēre	salūs	mūrō
vōcī	petis	vidēre	uxōribus	dominō
adī	amīcīs	īre	populus	faciō

S 5
Ein Wort – Zwei Bedeutungen
a) Discipulī lūdum petunt. Magister iam adest.
b) Tertius litterās recitāre nōn potest, itaque magister ei adest.
c) Pūblius hodiē lūdō nōn adest.
Wodurch wird die Bedeutung von adesse jeweils eindeutig?

F 2
Formen- und Vokabeltraining: Substantive
a) Zeichne in deinem Heft eine Tabelle mit Feldern für die Kasus Nominativ, Dativ und Akkusativ (vgl. Caput I, PE F2) und trage die folgenden Substantive, nach ihren Kasus geordnet, ein.
mūrī – locō – noctī – hominēs – vītae – cīvibus – cīvitātī – terrae – tēctīs – viīs – officium – lūcem – virīs – patrī – fīliās – amīcōs – servum – agrōs – vōcibus – salūtem – dominō – plēbī – uxōrem – eques – populō – deus – odium – fortūnam – oppida – pecūnia – perīculō
b) Gib die Bedeutung der Wörter an.

◆ E
Nahrungskette
• Passer culice_ videt; statim culic_ appropinquat et eum dēvorāre cupit.
• Culex passer_ dīcit: „Da mihi vīt_, ōrō tē. Vidē me_ iuventūt_."
• Passer culic_ respondet: „Nōn ita. Tū es parv_, egō sum māgn_ – ubīque māgn_ parv_ dēvorant."

- Passer_ videt accipiter; citō passer_ capit.
- Passer accipitr_ dīcit: „Dā mihī vīt_, ōrō tē. Vīvere cupiō."
- Accipiter passer_: „Nōn ita. Necō tē, nam ubīque terrārum māgn_ parv_ necant."
- Accipitr_ videt aquil_; accipitr_ capit et dēvorat. Dīcit: „Gaudi_ mihi est praeda. Doleō autem praeda_ me_ tam parv_ esse."
- Forte vēnātor prope stat et sagitt_ in aquil_ mittit. Aquil_ clāmat: „Cur mē necās?" Vēnātor aquil_ respondet: „Quia egō māgn_ sum, tū autem parv_."

① Lies den Text absatzweise, ergänze die fehlenden Endungen und übersetze.

② Passt die Überschrift auch zum letzten Satz?

S 6
Einsichten
a) Eine ökonomische Einsicht:
Cāra sunt rāra. – Rāra sunt cāra.
b) C. Plinius d. J., ein gebildeter Mann, meinte in Bezug auf das Lesen: „Multum, nōn multa."
Was würde die Umkehrung des Satzes bedeuten?
c) Ein mehreren antiken Philosophen zugeschriebener Spruch lautet bei Cicero:
„Omnia mēcum portō mea."

K 1
Cui bonō?
Cicero berichtet, dass ein gewisser L. Cassius Richtern zum Zweck der Wahrheitsfindung empfahl der Frage „Cui bonō?" nachzugehen, um den Schuldigen zu finden. Warum wohl?

S 7
Non scholae ...?
Māne Tertius lūdum petit. Ante portam Sextō occurrit. „Salve, Sexte. Lūdus mihi odiō est. Hodiē elementa Graeca discere dēbēmus. Cui bonō? Mihi quidem lingua Graeca odiō est. Mē rūsticum esse scīs. Ergō legere, scrībere, computāre mihi sat est. Ea colōnō commodō sunt."
Sextus respondet: „Vēra dīcis, amīce. Pūblius frāter meus semper dīcit: Nōn vītae, sed scholae discimus." – „Tacē, amīce." Tertius susurrat.

„Audiō Lampriscum magistrum venīre. Ecce, iam adest."
a) Übersetze den Text.
b) Beschreibe die Bedeutung der Dative.
c) Ganz spurlos geht die Schule wohl doch nicht an den Schülern vorbei. Der Satz des Publius ist nämlich ein wörtliches Zitat aus einem Brief des römischen Philosophen Seneca (ca. 4 v. Chr. – 65 n. Chr.). Versuche eine andere Überschrift für diesen kleinen Text zu finden; berücksichtige dabei diesen Hinweis.

> elementa Graeca: → Kontext; computāre: → Kontext; susurrāre (lautmalendes Verb): → Kontext

◆ K 2
Oracula
In der Antike glaubte man, dass die Götter den Menschen durch Orakel und Zeichen die Zukunft andeuteten. König Pyrrhus z. B. befragte vor seinem Krieg gegen die Römer das Orakel von Delphi (Griechenland) nach seinen Erfolgsaussichten. Die Antwort lautete:
Rēx, tibi dīcō tē Rōmānōs vincere posse.
Kennst du noch andere „wahre" Orakel aus Delphi?

▲ *Befragung der Pythia; griechisches Vasenbild (um 480 v. Chr.)*

S 8
Setzkasten

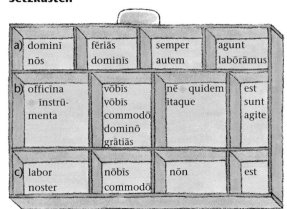

Bilde zu den Abschnitten a–c einen kleinen Text:
a) Die Arbeiter der Werkstatt sind empört: (zwei Sätze)
b) Der Meister entgegnet: (drei Sätze)
c) Doch die Arbeiter bestärken ihre Meinung: (ein Satz)

K 3
Aenigma Latinum

S	A	I	T	A	R	A	T	I	A	S
A	I	T	A	R	G	R	A	T	I	A
I	T	A	R	G	O	G	R	A	T	I
T	A	R	G	O	E	O	G	R	A	T
A	R	G	O	E	D	E	O	G	R	A
T	A	R	G	O	E	O	G	R	A	T
I	T	A	R	G	O	G	R	A	T	I
A	I	T	A	R	G	R	A	T	I	A
S	A	I	T	A	R	A	T	I	A	S

Dieses Rätsel hing an einer Klosterpforte; darunter stand:
Welcher ist der Mann,
der dies hier lesen kann?
Der mag wohl bei uns essen.
Ist er aber so vergessen,
dass er dies nicht kann verstan,
so mag er lieber weiter gan.
Wärst du in diesem Kloster satt geworden?

◆ R
Fabrik antik ↔ Fabrik modern
Das Wort „fābrica" ist abgeleitet von „făber, bri: Handwerker". Wie hat man sich die Arbeit dort also wohl im Gegensatz zur modernen „Fabrik" vorzustellen?

☆ Itinera Europaea
Auf der Landseite des Holstentores in Lübeck findet sich die Inschrift:

> CONCORDIA DOMI, FORIS PAX

a) In „concordia" steckt „cum" *(zusammen mit)* und „cor" *(Herz)*, „pāx" hängt zusammen mit „pactum" *(Vertrag)*. Warum haben die Ratsherren Lübecks, der reichen Königin der Hanse, diesen Spruch an ihr Stadttor gebracht?
b) Schreibe die beiden Hälften der Inschrift untereinander und beschreibe die Wortstellung. Man nennt sie nach dem griechischen Buchstaben *Chi* (X) „Chiasmus". Erkläre den Begriff.

D
Lehrling in Rom – Ein Rechtsfall
Der römische Jurist Iulianus (2. Jh. n. Chr.) berichtet folgenden Rechtsfall: Ein Meister hatte seinen Lehrjungen wegen Untüchtigkeit geschlagen und ihn dabei so gestoßen, dass er sich an einem spitzen Gegenstand ein Auge ausstach. Die Eltern des Jungen klagten daraufhin.
Julian sagt, dass die Klage nicht angemessen ist. Der Meister hat den Lehrling nämlich geschlagen, weil er ihn ausbildet und unterweist, nicht weil er ihm vorsätzlich ein Unrecht antun wollte. Durch den Lehrvertrag ist Züchtigung erlaubt.
Wie beurteilst du die Rechtslage? Wird die Klage abgewiesen, der Meister zum Schadenersatz verurteilt oder bestraft?

Arm und Reich ▬▬▬▬▬▬▬

Soziale Gegensätze

Die sozialen Gegensätze waren in der römischen Gesellschaft extrem. Die jeweilige soziale Position wurde vom Vater an den Sohn weitergegeben und war in der Regel nicht zu verändern. Die Aufstiegsmöglichkeiten durch persönliche Fähigkeit oder Heirat waren sehr begrenzt, zählte doch die Herkunft mehr als andere Faktoren.

Am unteren Ende der sozialen Leiter standen, Sklaven ausgenommen, diejenigen Angehörigen des Volkes (plēbs), die keinen eigenen Besitz hatten: Tagelöhner und Kolonen (s. o.), Gelegenheitsarbeiter und solche mit halbwegs geregelten Einkünften; in Rom gab es insbesondere im Baugewerbe Verdienstmöglichkeiten. Da es aber zu wenig bezahlte Arbeit gab – Dienstleistungen wurden meistens von Sklaven erledigt –, hatten viele Bürger kein Einkommen, weshalb die vom Staat gratis verteilten Lebensmittel unbedingt notwendig waren. Mittellose Bürger pflegten täglich als clientēs zum Morgenempfang ihres patrōnus zu gehen und erhielten dafür ein kleines Geldgeschenk. Mit der Zahl der Klienten wuchs das Prestige eines Patrons.

Die Rolle des Grundbesitzes

Generell galt als arm, wer keinen Besitz = Landbesitz hatte. War jemand durch glückliche Umstände ohne nennenswerten Landbesitz allein durch Handel reich geworden, so investierte er das Geld anschließend in Grundbesitz, denn dazu gab es keine Alternative (wie heutzutage Aktien, Sachwerte, Firmen o. a.). Reichtum wurde in der römischen Gesellschaft an der Zahl, Größe und Qualität der Landgüter gemessen.

Handwerker und Händler

Auf einer höheren Stufe als die Besitzlosen stand die Gruppe der Handwerker und kleinen Händler mit eigenem Laden oder Werkstatt und entsprechenden Arbeitsgeräten, die von ihrer Hände Arbeit lebten. Zu dieser Gruppe gehörten viele lībertī (Freigelassene = ehemalige Sklaven). Selbst ein sehr reicher Freigelassener konnte nicht dem Adel angehören, erst seine Söhne hatten bei entsprechendem Besitz (s. u.) die Möglichkeit in den Ritterstand aufgenommen zu werden.

Die Nobilität (Der Adel)

Der römische Adel bestand aus zwei Ständen, dem der **Ritter** und dem der **Senatoren**, dem höchsten und angesehensten.

Ein Ritter musste ein Mindestvermögen von 400 000 Sesterzen nachweisen (zum Vergleich: Das jährliche Einkommen eines Lehrers von ca. 30 Schülern betrug 600–700, das eines einfachen Legionssoldaten 200 Sesterzen; ein Provinzverwalter, oft ein Ritter, erhielt 300 000 im Jahr). Diese Standeszugehörigkeit war nicht erblich. In der Kaiserzeit wuchs die Bedeutung der Ritter, da die Kaiser für viele Positionen in Verwaltung und Heer Ritter den Senatoren vorzogen, denn auf diese hatte ein Kaiser erheblich größeren Einfluss. Nur er bestimmte, wer in den Stand aufgenommen wurde; insofern war ein Ritter dem Kaiser in besonderer Weise verpflichtet.

Der höchste Stand war der der Senatoren, dessen Angehörige auch noch in der Kaiserzeit politische Ämter bekleideten und als Beamte und Richter tätig waren. Diese Standeszugehörigkeit war erblich und umfasste auch Ehefrau und Kinder. Ein Senator musste ein Mindestvermögen von 1 Million Sesterzen nachweisen – sehr wenig, wenn noch ein Vermögen von 20 Millionen als bescheiden galt; der Kaiser nahm insofern Einfluss auf die Größe und Zusammensetzung des Senatorenstandes, als nur er die Aufnahme eines neuen Mitgliedes in den Senatorenstand veranlassen konnte, z. B. wenn die Mitgliederzahl, die zwischen 600 und 900 lag, unterschritten war.

Handwerk und Gewerbe ▬▬▬▬▬▬

Im Rom der Kaiserzeit gab es für Geld alles zu kaufen, was die damalige Welt zu bieten hatte, Grundnahrungsmittel ebenso wie Möbel, Stoffe, Lederwaren, Parfüms und Kosmetika, Sklaven, Schmuck und Gefäße aus Edelmetall. In der Subura, dem bevölkerungsreichsten Viertel von Rom, bestimmten Lebensmittelläden, Garküchen, Kneipen, Friseure das Straßenbild, das man sich ähnlich einem orientalischen Basar vorstellen kann.

Die Qual der Wahl entfiel für den Kunden der Antike bei Alltagsartikeln. Anders verhielt es sich bei Luxuswaren; für den gehobenen Bedarf gab es alles reichlich, sofern der Kunde zahlen konnte:

Nachdem er sich dort [in den Saepta] satt gesehen
hatte, ließ er [in einem Möbelgeschäft]
von Tischen und runden Tischplatten die Schonbezüge herunternehmen
und sich die unter der Decke aufgehängte, geölte Elfenbeinware herunterreichen,
maß ein schildpattbelegtes Speisesofa für sechs Personen aus
und seufzte: »Nicht groß genug für meinen Tuja-Tisch.«

(Martial IX, 59)

27

Im Falle des von Martial aufs Korn genommenen Mamurra handelt es sich um einen Aufschneider, der letztlich nach Prüfung aller Waren in den Saepta, einem Platz mit Luxusgeschäften unter Arkaden, mit zwei billigen Trinkbechern von dannen zieht.

Der Handwerksbetrieb

Der durchschnittliche Handwerker führte einen Familienbetrieb, in dem außer ihm selbst einige zum Haushalt gehörende Sklaven und die eigenen Söhne arbeiteten, eventuell noch einige Freie als Arbeiter. Den Handwerksberuf des Vaters übernahmen die Söhne, die vom Vater auch darin ausgebildet wurden; doch ebenso war es üblich, einen Sohn zu einem anderen Handwerker in die Lehre zu schicken. Dazu wurde zwischen Vater und Handwerker ein Lehrvertrag abgeschlossen.

Seit alters gehörten Handwerker jeder Sparte ihrem jeweiligen Verein, dem „collēgium", an, in dem gemeinsam religiöse Feste gefeiert und Beerdigungen für die Mitglieder organisiert wurden.

Auch Handwerksbetriebe, die mit Lärm, Staub und Gestank verbunden waren, Schmiede, Gerbereien, Töpfereien, Färbereien und Glasbläsereien, befanden sich mitten in der Stadt. Die Wohnung der Familie lag meistens über der Werkstatt im ersten Stock des Hauses.

Sehr viele Artikel fertigten die Handwerker auf Bestellung an, z. B. Schuhe; sie hatten nicht das Kapital, und es war nicht üblich, Waren auf Vorrat zu produzieren.

Serienproduktion

Nur in wenigen Sparten wurden Artikel in großer Stückzahl, in Serie, hergestellt: Töpferwaren, vor allem die mit eingestempelten Bildmotiven, die „terra sigillata", oder gebrannte Ziegelsteine für den Hausbau gehören dazu, ferner alle Artikel für das Militär, die vielfach in staatlichen Manufakturen hergestellt wurden: Kleidung, Brustpanzer, Waffen und vieles mehr. In solchen größeren Betrieben gestaltete sich der Arbeitsablauf nicht anders als im kleinen Familienunternehmen. Auch bei der Fertigung großer Mengen ergab sich weder ein günstigerer Preis noch ein größerer Profit, denn eine die Produktion beschleunigende Arbeitsteilung kannte man nicht.

oben links: Ladenschild eines Geflügel- und Gemüsehändlers aus Ostia (2. Jh. n. Chr.)

oben rechts: Laden eines Gemüsehändlers

▼ *Schuster und Seiler; Relief aus der Nekropole von Ostia*

Entschluss

Unerwartet ist Gaius also „frei". So steht sein Entschluss, um den er mit sich schon seit dem Morgen gerungen hatte, fest: Er wird Aristoxenus folgen. – Dieser plötzliche Reiseplan stürzt natürlich die ganze Familie in Aufregung und Unruhe.

Māter, sorōrēs, Āfer vestēs cēteraque conquīrunt, quae ei, quī iter facere vult, necessāria sunt: paenulam, quae ventum pluviamque arcet, petasum, quī sōlem prohibet; marsūpium, cui Gāius pecūniam suam impōnit.

5 Tertius clam saccō impōnit āmūlētum, quod plūrimī aestimat: figūram parvam, quae Mercurium deum effingit. Murmurat, dum eam condit: „Auxilium bonum est contrā perīcula! Quī iter facere audet, ei sāncta amuleta necessāria sunt!"

Quae cum Aristoxenus cernit, puerō illūdit: „Heia! Auxilium perbo-
10 num! Nōn argentum, sed ferrum nōbīs necessārium est! Dīcō tibi: Amuleta fallere nōn possunt ferōcēs hominēs, quī aliīs nocēre vel eōs laedere vel etiam interficere cupiunt!"

Tertius autem ei respondet: „Cum perīcula sunt, vērus amīcus rāra avis est, ut dīcunt. Mercurius autem ubīque auxiliō est!"

paenŭla, pĕtăsus, marsūpium: Reisemantel, Reisehut, Geldbeutel
āmūlētum: Amulett

Ein Opfer zum Abschied

8 —

Simylus, pater famĭliās, interim agnum ad āram parvam agit, quae prope casam sita est. Ibī penātēs adōrat, quibus agnum sacrificāre intendit.

Ōrat: „Adeste, deī bonī deaeque, fīliō meō, quī nunc sē in viam dat!
5 Abeste, malĕfĭcae, abeste, malae umbrae!"

malĕfĭca: Hexe, böser Geist

Deinde māter hostiam in culīnam fert et Aristoxenō Gāioque cēnam viāticam pārat.

▲ Bronzene Merkur-Statuette aus Augusta Raurica, ca. 8 cm hoch; in der Rechten hält der Gott ein „marsupium".

◄ Opferszene; in Gegenwart eines Priesters wird ein Stier zum Altar geführt; Fresko aus Trier

Typen römischer Wagen: von Ochsen gezogener Karren, der Wein transportiert (Augsburg); ein cisium (von der rekonstruierten Igeler Säule); Reisewagen (raeda, von einem Relief aus Rom)

▬ 9 Aufbruch

carrus, plaustrum, raeda, cisium: (vierrädriger) Wagen, (zweirädriger) Karren, Reisekutsche, (zweirädriger) Reisewagen

Ad lūcem Aristoxenus et Gāius, quōrum impedimenta asinus portat, iter incipiunt. Via pūblica iam plēna est populī: Peditēs equitēsque, carrī plaustraque eam frequentant. Hīc agmen armātōrum praeterit, quod raedae hominis nōbilis praesidiō est; vehiculōrum rŏtae clāmōrem ingentem faciunt. Hīc cisium haeret, cuius rŏta 5 frācta est, illīc reliquiās quoque raedae alicuius vĭdent ...

Subitō amīcī gregem equitum celerium advolāre audiunt. Aristoxenus, dum Gāium retinet, clāmat: „Ēn, căvē equitēs audācēs! Vidē istum īnsānum, quī mĕdiōs in hominēs incurrit! Ēn, hūc fuge!"

▬ 10 Unterwegs

Aristoxenus: „Via pūblica hodiē valdē celebris est. Vix est crēdibile: Quanta multitūdō viātōrum ante lūcem iam hīc praetereunt, omnia genera raedārum et carrōrum trānsīre vĭdēs!"

Gāius: „Populī viās pūblicās parvīs angustīsque itineribus antepōnunt. Sunt enim bene strātae, tūtae sunt, quia celebrēs sunt. Et 5 dēversōria viātōribus suppetunt."

dēversōrium: Gasthaus, Herberge

Aristoxenus: „Quid audiō? Dēversōria! Receptācula potius caupōnum fallācium!"

Gāius: „Nōn nĕgō ea, quae sciō, profectō mala esse et sordida, neque nĕgō nōnnūllōs caupōnēs avārōs esse et molestōs ... Cēnās 10 ēgregiās prōmittunt, sed nihil ēgregium est nisī eōrum prĕtia ..."

cūrātor viārum pūblicārum: Aufsichtsbeamter für Staatsstraßen; er hatte das Recht Straßenbenutzungsgebühren (tribūta) zu erheben.

Aristoxenus: „Similēs sunt quibusdam cūrātōribus viārum pūblicārum, quī pūblicī itineris tribūta postulant ..."

Raststation

Sub vesperum dēversōrium adeunt. Ante eius portam mulier stat et
eōs, quī praetereunt, in tabernam caupōnis Eumolpī cuiusdam in-
vitat. Clāmat:

„Nōlīte trānsīre! Intrāte, lautōs cibōs habēmus, vīna optima, per-
5 bonōs lectōs!"

Amīcī intrant. Taberna plēna est hominum: mercātōrum, mīlitum,
rūsticōrum, nautārum. Rīdent, tālōs iaciunt, bibunt, cantant – et
hospitam admodum bellam lūdibriō habent.

tālus: Knöchel, der als **Würfel**
diente

Aristoxenus: „Quid putās? Nōnnumquam crēdō omnium deōrum
10 summum nōn Amōrem esse, ut Ovidius poēta dīcit, sed Bacchum,
vīnī inventōrem! Ubicumque gentium hominēs bibunt – nōnnūllī
etiam pōtant sīcut bēstiae!"

Gāius, rūsticī fīlius, eum corrigit: „Nōlī iniūriam īnferre bēstiīs –
numquam bibunt vel pōtant tamquam hominēs, quōs dīcis, sed
15 bibunt tantum aquae, quantum iīs satis est!"

Aristoxenus: „O sapiēns! Īgnōsce mihi – neque tēcum certāre neque
bēstiīs iniūriam īnferre volō. Cum autem nautās bibulōs vīdeō, in
mentem mihi vēnit dē Bacchō fābula quaedam iūcunda ..."

dē Bacchō: über Bacchus

Gāius: „Amō fābulās! Nārrā, quaesō, sī iūcunda est!"

◀ *Szene im Wirtshaus: Zwei
Männer beim Würfelspiel; Fresko
aus Pompeji*

▲ *Weinlese: Tanzende Mänaden umschwärmen einen Satyrn; links die Büste eines Satyrn, rechts Dionysos, unter seinem linken Fuß ein Panther; Sarkophag aus Rom, Ende 3. Jh. n. Chr.*

◆ 12 Wie Bacchus die Weinrebe entdeckte

Dionȳsus, Bacchus (griech. *Dionysos, Bakchos*): griechischer Name des Weingottes

Iovis: Genitiv zu Iuppiter

in īnsulā quādam: auf (irgend)einer Insel

Naxus (griech. **Naxos**): die größte Insel der Kykladen in der Ägäis, berühmt durch Marmor und Wein

fīunt: (sie) werden

Dionȳsus vel Bacchus, quem Latīnē Līberum appellātis, fīlius Iŏvis est, deōrum patris – ut quidem poētae cantant. Finge, quaesō, Bacchum adhūc puerum esse, quī in īnsulā quādam (Naxus ei est nōmen) humī sedet et (ut puerī ubicumque faciunt) lūdit. Dum post lūdōs paulum quiēscit, subitō aliquid sentit corpus suum contingere: Tollit oculōs et herbam parvam vĭdet, quam, quia pulchra est, carpit. Propter sōlis calōrem autem eam in os avis alicuius condit, quod prope viam vĭdet. 5

Domum properat, herbam sēcum portat. Subitō autem herba crēscit, itaque sūmit os leōnis. Prōcēdit – herba crēscere nōn dēsinit! Tollit ergō permāgnum asinī os. Domī et herbam et tria ossa in terram condit. Illīc herba vehementer crēscit et – subitō vītēs dulcēs fert! 10

Vim autem ossium apud eōs vĭdēs, quī vīnum bibunt – animum, quaesō, intende eīs, quōs hīc bibere vĭdēs: mercātōribus, mīlitibus, nautīs et aliīs. Quī nōn multum bibunt, laetē cantant tamquam avēs; quī multum bibunt, putant sē fortēs esse tamquam leōnēs: clāmant ergō, pūgnant etiam ... Et quī nimium pōtant, stultī fiunt tamquam asinī ... Sed fortāsse crēdis mē iam asinō nostrō fidēlī iniūriam īnferre, quī certē dēfessus in stabulō stat et dormit ..." 15 20

Gāius, dum rīdet, cautē circumspicit: Nautae autem vīnolentī Aristoxenum neglegunt.

nach einer griechischen Sage

Ein Lied zur Nacht

Hospita adulēscentibus castaneās nucēs offert, rubra māla, cucu-merēs, cāseōs, pānem, vīnum.

Cum sōl cădit, amīcī cubiculum petunt; et dum iam somnum capi-unt, hospitae vōcem audiunt, quae laetē cantat:

5 „Ah, pereat, cui sunt prīsca supercilia!
Pōne merum et tālōs! Pereat, quī crāstina cūrat!
Mors autem vellēns »vīvite!«, āit, »věniō!«."

Ah, verschwinde, wer strenge Brauen hat!
Her den Wein und die Würfel!
10 *Verschwinde, wer sich ums Morgen sorgt!*
Der Tod aber zupft, „Lebt!", ruft er, „ich komme!"

Ps.-Vergil, *Caupo*

castăneae nŭcēs, rŭbra
māla, cucŭmerēs, cāsěī:
Kastanien, rote Äpfel, Gurken,
Käse

◄ *Silberner Trinkbecher mit dem*
„Memento-mori"-Motiv („denke
daran, dass du sterblich bist");
aus Boscoreale (in der Nähe
Neapels)

PENSA EXERCITANDA

7 **Wh/S**
Immer genauer
a) Aristoxenus Herculem laudat, quia casam cūstōdit.
b) Aristoxenus Herculem canem laudat, quia casam cūstōdit.
c) Aristoxenus Herculem canem validum laudat, quia casam cūstōdit.
d) Aristoxenus Herculem canem validum Simylī laudat, quia casam cūstōdit. Simylī: des Simylus
e) Aristoxenus Herculem canem laudat, quī casam stabulumque Simylī attentē cūstōdit.
① Die Aussagen a-d werden von Satz zu Satz genauer. Durch welche sprachlichen Mittel wird dies erreicht?
② Welches Satzglied vertritt der Relativsatz in e?
③ Welche Möglichkeiten bietet der Relativsatz gegenüber der Ausdrucksweise in a-d?

8 **S/F 1**
Wörter sparen
a) Am Altar:
Simylus penātēs adōrat.
Penātibus agnum sacrificāre intendit.
b) In der Küche:
Āfer Megillae agnum in culīnam apportat.
Megilla cēnam viāticam parat.
c) Auf der Staatsstraße:
Hominēs animālia aspiciunt.
Domitōrēs animālia ad vēnātiōnem dūcunt.
Verknüpfe die Sätze mit den folgenden Relativpronomina:
quibus – quae – quae:
An die Stelle welcher Wörter treten sie?

 S/F 2
Göttertrias
Auf dem Kapitol stand ein Tempel der drei Staatsgötter Roms, Iupiter, Iuno und Minerva:
Iuppiter est summus deus, ... cēterī deī hominēsque pārēre dēbent; Iūnō uxor Iovis est, ... omnēs mulierēs adōrant.
Omnēs hominēs adiuvat Minerva dea, ... litterae et artēs cūrae sunt. Quotannīs ei sunt diēs fēstī, ... et magistrī et discipulī celebrant: fēriās enim dea eīs praebet.

▲ *Jupiter mit dem Blitzbündel in der Rechten, Juno mit einem Diadem und Minerva mit einem Helm: die Kapitolinische Trias*

Ergänze die fehlenden Relativpronomina und übersetze.

F 3 **9**
Mehrdeutige Signale

puellae – deī – adulēscentēs

Setze eines dieser Wörter in die folgenden Sätze ein:
a) Tertius amuletum ... ubīque auxiliō esse putat.
b) ... mīlitēs accurrere vident.
c) Frātrēs ... illūdunt.
Welche Kasus vertreten diese Endungen außer denen, die sie in den Sätzen einnehmen?

◆ **W 1**
Zusammensetzungen
pater deōrum – cōpia verbōrum – multitūdō hominum – amphora vīnī – porta scholae – lūdī magister – pater famĭliās (alte Genitivform)
Übersetze mit einem zusammengesetzten Wort. Bilde aus Wörtern der bisherigen Lesestücke entsprechende Verbindungen.

❖ **S 1** **10**
Iocosa!?
Das Aufgabenfeld des Genitivs ist im Lateinischen weiter als im Deutschen. Zeige an den folgenden Texten wichtige Bedeutungen des Genitivs.

❶ Ein „schlagkräftiger" Zeitgenosse

L. Verātius est homō immānis vēcordiae: Is prō dēlectāmentō habet ōs hominis līberī palmā suā verberāre. Cum hominem aliquem dēpalmat, servus adest, quī sacculum assium plēnum sēcum portat. Eius servī enim est hominī verberātō statim XXV assēs secundum lēgēs XII tabulārum solvere.

> prō dēlectamentō habēre: als Zeitvertreib betrachten • palmā suā: mit seiner Hand(innenfläche), mit der flachen Hand • XXV – vīgintī (et) quīnque

❷ Ein Weinkenner

Damasippus, vir māgnae avāritiae, M. Cicerōnī convīvae pōculum vīnī mediocris praebet dīcitque: „Pōculum bibe vīnī Falernī! Est annōrum XL!" Tum Cicerō „Benē", inquit, „aetātem fert!"

> vīnum Falernum: Falernerwein *(einer der besten Weine)* • XL – quadrāgintā

F 4
Störenfriede

clāmōris	celerī	omnia	audācium
itineris	ferōcī	auxilia	praesidium
hominis	pūblicī	officia	ingentium
oppidīs	similī	genera	nōbilium

① F/S 2
Sprüche

a) ... iter est per praecepta, ... et ... per exempla. *(Seneca)*
Lang ist der Weg durch Lehren, kurz und wirksam durch Beispiele.

b) Semper homō ... tīrō est. *(Martial)*
Ein guter Mensch bleibt immer ein Anfänger.

c) ... sunt nostrae cōgitātiōnēs. *(Cicero)*
Unsere Gedanken sind frei.

d) ... fortūna adiuvat. *(Terenz)*
Den Mutigen hilft das Glück.

e) Hoc ante ... fac: disce gaudēre! *(Seneca)*
Dies tu vor allem: Lerne, dich zu freuen!

f) *Ein Neujahrswunsch:*
Annum novum ... et ...!
Ein gesegnetes und glückliches neues Jahr!

Wähle aus dem folgenden Kasten das passende Adjektiv und setze in der richtigen Form ein:

> bonus, -a, -um • brevis, -e • efficāx, -ācis • faustus, -a, -um • fēlīx, -īcis • fortis, -e • līber, -a, -um • longus,-a, -um • omnis, -e

F 5
Formen- und Vokabeltraining: Substantive

a) Zeichne in deinem Heft eine Tabelle mit Feldern für die Kasus Nominativ, Genitiv, Dativ und Akkusativ (vgl. C. I, PE F2 und C. II, PE F2) und trage die folgenden Substantive, nach Kasus geordnet, ein (beachte Mehrdeutigkeiten).
b) Gib die Bedeutung der Wörter an.

itinera – via – hominum – lectum – populī – frātrī – gentium – amīcīs – lūcis – ārīs – fābulās – animālium –artibus – portam – mīles – umbrae – argentī – sōlem – ventī – iniūriārum – fīliārum – fīliōrum – deōs – mulierum – equitum – puerōrum – perīculī – auxilia – mentī

S 3
Ein böser Traum

Valerius et Tēlemachus, Valeriī amīcus, iter faciunt. Cum vesper adest, in oppidum Graecum, cui nōmen est Mĕgără, veniunt, ubī avunculus Tēlemachī habitat. Ibī Tēlemachus vīllam eius petit, dum Valerius dēversōrium adit.

Avunculus, quī fīlium frātris adesse gaudet, ei cēnam bonam parat; ūsque ad multam noctem bibunt, nārrant, cēnant. Dēnique Tēlemachus, quod dēfessus est, cubiculum petit, ubī statim somnum capit.

Dum dormit, subitō Valerium amīcum clāmāre videt et audit: „Tēlemache! Ades mihi! Caupō mē necāre vult."

Statim Tēlemachus surgit et avunculum excitat. Quī autem dēfessus dīcit: „Somnia sunt! Vīnum somnia mala excitat. Dormī!" Tēlemachus avunculō pāret.

Ecce, mīrum, vix crēdibile! Dum somnum capit, iterum amīcum videt; is clāmat: „Sērō est, amīce. Caupō mē in agrum portat, ubī mē dēfodere vult." Tēlemachus statim surgit, ad caupōnam currit, Valerium quaerit neque amīcum reperit ...

Welche Konnektoren verknüpfen Haupt- und Gliedsatz, welche Hauptsatz und Hauptsatz?

12 ◆ **K 1**

ire

Das Verb „īre" hat im Stamm ein i oder ein e; der Stamm „e" erscheint vor den Vokalen a, o, u.

Zwei Freunde wetten, wer den kürzesten Brief schreiben kann. Der eine schreibt am Beginn der Ferien: „Rūs eō." (rus: aufs Land) Darauf antwortet sein Freund mit dem wohl kürzesten aller denkbaren Briefe. Was schreibt er?

◆ **W 2**

Sehr „passabel"

Das Beispiel dieser Überschrift gibt dir einen Hinweis auf die Bedeutung des Suffixes -bilis/-ilis.

a) Was bedeuten die folgenden Adjektive?

b) Ordne ihnen die dir bekannten Verben zu.

fābula incrēdibilis – hospitium tolerābile – puella amābilis – clāmor terrībilis – aedificium stabile – iter facile – figūra mōbilis

c) Dieses Suffix findest du auch in Fremdwörtern und Fremdsprachen. Was sind *stabile Verhältnisse, Immobilien, ein Automobil, ein Perpetuum mobile?*

Italienisch: incredibile – amabile – terribile – stabile – facile – mobile

Französisch: aimable – terrible – facile – misérable – impossible

Englisch: incredible – terrible – mobile – stable – tolerable – miserable – impossible

◆ **K 2**

Sprichwortsalat

Bis dat	quī procul negōtiīs.
Quod licet Iovī	quī coepit, habet.
Beātus is	quī citō dat.
Caelum, nōn animum mūtant	nōn licet bovī.
Dīmidium factī	quī trāns mare currunt.

Hier sind fünf antike Sprichwörter durcheinander geraten. Füge die passenden Hälften zusammen. Dabei können dir die entsprechenden deutschen Redensarten helfen:

Doppelt gibt, wer schnell gibt. – Eines schickt sich nicht für alle. – Glücklich ist, wer fern ist allen Pflichten. – Wer übers Meer eilt, wechselt den Himmel, nicht den Charakter. – Wer nur begann, der hat schon halb vollendet.

F 6

Aenigma Latinum

„Mir wird von so viel **-um** im Kopfe schon ganz dumm."

iūcundum · gentium · tēctōrum · quōrum · summum · unitum · filiōrum · lūdōrum · auxilium · num · unum · hominum · animālium

a) Finde alle Wörter heraus, die nicht Genitiv sind.

b) Die Anfangsbuchstaben der gefundenen Wörter ergeben in der richtigen Reihenfolge den lateinischen Namen eines Tieres.

◆ **ü**

Die Krähe

Diese Fabel aus dem Mittelalter enthält eine „Moral". Versuche zunächst eine eigene Deutung, bevor du die Auslegung des Dichters, das Epimythion, liest.

Cornīx sē tam turpem et nigram esse dolet et aquilae, rēgīnae avium, dīcit: „Cūr nōn pulchra sum sīcut cēterae avēs?" Aquila respondet: „Accipe pennās cēterārum avium pulchrārum et tē ipsam ōrnā."

Cornīx pennās columbae accipit, pāvōnis et aliārum avium. Putat sē pulchram esse; et statim cēterīs avibus illūdit: „Vidēte! Quam pulchra sum. Sed vōs ... ubī sunt plūmae vestrae pulchrae?"

Avēs īrātae ad aquilam volant: „Cornīx illūdit nōbīs. Nostrās plūmās gerit et dīcit nōs nōn iam pulchrās esse. Ades nōbīs." Aquila: „Quae īnsolentia! Repetite pennās vestrās statim." Tum avēs pennās suās cornīcī dēripiunt et cornīx turpis atque nigra est – ut anteā.

Epimythion:

Sīc homō est, quī mortī omnia reddere dēbet.

★ Itinera Europaea
Gedenkmünze der Stadt Danzig/Gdansk

Kannst du diese polnische Münze interpretieren?

◆ S 4
Setzkasten

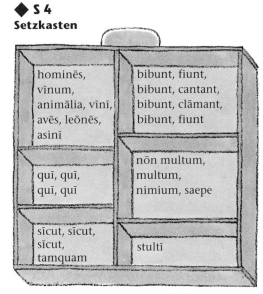

hominēs, vīnum, animālia, vīnī, avēs, leōnēs, asinī

bibunt, fiunt, bibunt, cantant, bibunt, clāmant, bibunt, fiunt

quī, quī, quī, quī

nōn multum, multum, nimium, saepe

sīcut, sīcut, sīcut, tamquam

stultī

Lies zunächst Lesestück 12 und bilde dann einen kleinen Text. Beginne mit:
Hominēs, quī vīnum bibunt, saepe sīcut animālia fiunt: ...

▲ *Das Larenheiligtum aus dem Haus der Vettier in Pompeji. Den Laren wurde bei allen Festen geopfert, die die Familie betrafen, aber auch bei den täglichen Mahlzeiten. In der Mitte ist der Genius des pater familias dargestellt. (1. Jh. n. Chr.)*

Religiosität des Volkes

Römische Gottheiten

Anders als den Griechen war es den Römern ursprünglich fremd, sich ihre Gottheiten in menschlicher Gestalt vorzustellen. Bei Gebeten, Weissagungen, Opfern und Festen stand die Fruchtbarkeit von Acker und Vieh im Mittelpunkt. In der altrömischen Religion war die Welt in Natur und Gesellschaft von Mächten und Kräften (numina) beherrscht, z. B. Tellūs (Erde und Fruchtbarkeit), Faunus (Feld und Wald), Vesta (Herd), Saturnus (Saat), Mārs (Ackerbau und Krieg), Iuppiter (Gott des Himmels), Iūnō (Göttin der Frau).

Unter dem Einfluss der griechischen Religion und Mythologie wurde ein Teil der römischen mit olympischen Göttern gleichgesetzt: Iuppiter entsprach dem Göttervater Zeus, Iūnō seiner Frau und Schwester Hera, Mārs dem Kriegsgott Ares.

Neben den Gottheiten, die in der Gemeinschaft verehrt wurden und deren Feste öffentlich gefeiert wurden, hatte jede Familie ihre Hausgötter: die Laren (Schutzgeister verstorbener Familienangehöriger), **Penaten** (zuständig dafür, dass die Familie genug zu essen hatte) und den **Genius** (die Lebensenergie und das Fortpflanzungsvermögen des Familienvaters). Die Hausgötter hatten ihre Altäre gewöhnlich im Atrium des Hauses.

Die religiösen Pflichten

Kennzeichnend für die römische Religion war, dass sie keine ethischen Forderungen an das Verhalten des Menschen erhob und keine Heilserwartung für ein Leben nach dem Tod kannte. Sie war stattdessen eng mit dem bäuerlichen Leben verbunden: Es galt, die Riten für Opfer und Gebete gewissenhaft und genau auszuführen. Die Einhaltung der religiösen Pflichten (pietās) stand im Einklang mit den Pflichten gegenüber den Eltern und denen, die ein Klient gegenüber seinem Patronus hatte.

Wandel der religiösen Orientierung

Hatte sich die römische Religion zunächst durch die Begegnung mit dem Griechentum verändert, erfolgten weitere Wandlungen durch die Ausdehnung des Imperiums und die intensivere Bekanntschaft mit den orientalischen Gottheiten. So konnten sich orientalische Religionen und Mysterienkulte rasch ausbreiten. Wenn auch zeitweilig als staatszersetzend verboten, waren sie seit dem 1. Jh. v. Chr. zu einem festen Bestandteil der römischen religiösen Vorstellungen geworden.

Zu Beginn der Kaiserzeit waren viele altrömische Gottheiten in Vergessenheit geraten und ihre Tempel verfallen. Augustus unternahm den Versuch die alte Religion zu erneuern, um damit verbundene altrömische Tugenden (z. B. pietās) zu fördern, doch diese Bemühung hatte keinen Erfolg.

Reisen im Römischen Reich

Reiseanlässe

Im Römischen Reich des 2. Jh., als weitgehend Frieden herrschte, die Straßen und Wasserwege relativ sicher waren und der Wohlstand allgemein größer war als je zuvor, gab es viele Menschen, die aus den verschiedensten Gründen unterwegs waren. Abgesehen von Staatsbediensteten und Kaufleuten, die aus beruflichen Gründen reisen mussten, gab es auch für Privatleute viele Anlässe, eine Reise anzutreten:

• Junge Männer reisten zum Studium nach Kleinasien, Athen oder Rhodos, um sich bei angesehenen

Philosophie- und Rhetorikprofessoren auf ihre Karriere vorzubereiten.

• An Bildung und Wissen Interessierte besuchten die großen Sehenswürdigkeiten der damaligen Welt, etwa eines der sieben Weltwunder: die Pyramiden, Zeus von Olympia, den Koloss von Rhodos oder das Artemision von Ephesos.

• Pilger und Wallfahrer scheuten keine Mühe, um ihr Ziel zu erreichen; das konnte das Demeterheiligtum in Eleusis, die Insel Samothrake oder gar das Isisheiligtum in Philae/Ägypten sein.

• Künstler und Gaukler, Ärzte, Philosophen, Ingenieure und andere Spezialisten reisten berufsbedingt, wie auch Wunderheiler, Wahrsager, Magier und Priester fremder Kulte.

• Um sich von einer Krankheit heilen zu lassen, unternahm mancher eine weite Reise, um z. B. das berühmte Asklepieion, Heiligtum und Heilstätte zugleich, in Epidauros, die Heilstätte von Pergamon oder die von Kanopos nahe Alexandria zu erreichen.

• Erholungsbedürftige reiche Römer fuhren im Sommer zu ihren Villen am Meer.

Reisewege und Reisemittel

Das Römische Reich hatte ein ausgezeichnetes Straßennetz (s. Kap. „Straßen"); zwischen den einzelnen Provinzen existierten zwar Kontrollposten, doch jeder römische Bürger konnte sich frei bewegen, ohne Pass und Geldwechsel und, wenn er nicht gerade Kaufmann war, auch ohne an den Provinzgrenzen Zoll bzw. Wegezoll (wie im Mittelalter) zu zahlen.

Als Reisewagen existierten verschiedene Wagentypen: Die raeda, ein zweiachsiger Reisewagen bot mehreren Personen mit Gepäck Platz; als sehr bequem galt die geräumige carrūca, geeignet für lange Fahrten, weil man darin auch schlafen konnte. Die Wagen hatten vielfach eine Spurbreite von 1,43 m. Die Aufhängung des Wagenkastens mit Lederriemen brachte eine gewisse Federung, wenn die eisenbeschlagenen Holzräder über das Steinpflaster holperten; gegen den Lärm dabei gab es allerdings keinen Schutz.

Für Kuriere, die Nachrichten übermitteln mussten, war das leichte, schnelle zweirädrige cisium das geeignete Fahrzeug.

Was der Römer für die Reise an Gepäck, vor allem Kleidung, brauchte, verstaute er in einem marsūpium (Sack, Beutel). Auf der Fahrt trug er bequeme Kleidung, nämlich die weit geschnittene Tunika, die in der Taille gegürtet wurde und bis zu den Knien reichte; gegen schlechtes Wetter schützte er sich mit einer paenula (Mantel mit Kapuze) und gegen die Sonne mit einem breitkrempigen Hut.

▲ *Nachbau eines römischen Reisewagens (raeda) im Römisch-Germanischen Museum Köln*

Die Straßen selbst waren zwar mit Meilensteinen ausgestattet, auf denen die Entfernung zum nächsten Ort angegeben war, für eine Fahrt in ein entlegenes Gebiet war es aber ratsam, ein *Itinerar* (itinerārium: Reisehandbuch) mitzunehmen, das wie eine Straßenkarte nützliche Hinweise enthielt, die Entfernung zwischen zwei Städten etwa oder wo man eine Station für Pferdewechsel und Rast erwarten konnte. Die Kopie einer das gesamte Römische Reich erfassenden Karte ist in der sog. *Peutingerschen Tafel* (in der Wiener Nationalbibliothek) erhalten geblieben.

Reisen zu Schiff

Trotz des ausgedehnten Straßennetzes war eine Seereise, wo die Verhältnisse sie möglich machten, vorzuziehen, da sie bequemer und schneller war. Ging man so der Gefahr von Straßenräubern aus dem Wege, nahm man freilich andererseits das Risiko eines Schiffbruchs auf sich und dieses Risiko war, wie die vielen Funde gesunkener Schiffe zeigten, offenbar nicht gering.

Die römischen Ruderer mit Segeln, bei denen zwei bis fünf Ruderreihen übereinander angeordnet waren, brachten pro Tag durchschnittlich 100–150 km hinter sich. Zwischen November und März ruhte allerdings wegen der gefährlichen Winde der Schiffsverkehr auf dem Mittelmeer. In der besseren Jahreszeit bewegten sich die Schiffe möglichst dicht in Küstennähe.

Musste ein Privatmann eine Schiffsreise antreten, so suchte er sich im Hafen ein Schiff mit seinem Ziel, ein Frachtschiff, Schiffe eigens für Passagiere gab es nicht; aufgrund des lebhaften Fernhandels (s. Kap. „Fernhandel") war es nicht schwer, ein passendes Schiff zu finden.

Die Straßen

Ein „internationales" Straßennetz

Das gute Straßennetz der Römer war eine wichtige Voraussetzung dafür, dass das riesige Römische Reich von Rom aus regierbar war. Man hat berechnet, dass es mindestens 100 000 Straßenkilometer umfasste. Seit der Zeit der frühen Republik wurde jede wichtige neu eroberte Stadt oder Region durch eine Straße mit Rom verbunden. So wurde Rom zum Zentrum in dem Sinne, dass alle Straßen nach Rom führten.

Die älteste aller Straßen war die *Via Appia,* genannt viārum rēgīna; sie führte zunächst nur bis Capua, dann bis Benevent und schließlich bis Brindisi, dem Haupthafen für die Überfahrt nach Illyricum, Griechenland und Kleinasien.

Die *Via Flaminia* führte über Umbrien an die Adria und weiter durch die Poebene bis nach Gallien. Der einzige erhaltene römische Tunnel liegt an dieser Straße; er durchbohrt den Felsen bei Furlo (in der Gegend von Urbino) in einer Länge von 8 m, einer Breite von 5,5 m und einer Höhe von 6 m.

Die *Via Domitia* verlief über Gallien bis nach Spanien; auf der *Via Egnatia* gelangte man von Dyrrhachium (Durrës, Albanien) nach Byzanz.

Die wichtigste Straße von Italien an den Rhein führte über den Großen St. Bernhard. Beginnend in Aosta ging es auf einem schmalen Weg über den Pass; dann führte die Straße weiter nach *Aventicum* (Avenches), *Salodurum* (Solothurn), *Augusta Raurica* (Augst) bis ins Rheintal.

▲ *Ein Stück der Via Domitiana in der Provence (bei Ambroix/Ambrussum)*

Der Straßenbau

Um eine neue Straße anzulegen, wurde zunächst unter Zuhilfenahme eines grōma (Vermessungsinstrument) mit zwei parallelen Furchen der Verlauf festgelegt. Zwischen diesen Furchen wurde ein Graben von ca. 1,5 m Tiefe ausgehoben. Aus mindestens vier Schichten wurde anschließend die Straße aufgebaut: Die unterste bestand aus Schotter und bildete einen festen Untergrund (statūmen); die folgende aus Sand und Kies (rudus, ruderātiö) war wasserdurchlässig und

▼ *Konstruktionsschema einer römischen Straße mit Angabe der verschiedenen Schichten*

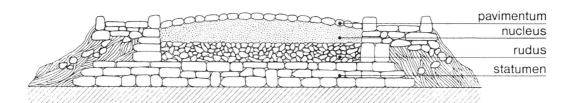

pavimentum
nucleus
rudus
statumen

▲ *Speisekarte auf einem steinernen Spielbrett, gefunden in Rom: „Wir haben als Abendessen Huhn, Fisch, Schinken, Pfau." (Rom, Kapitolinische Museen)*

verhinderte, dass sich Wasser auf der Straße staute; es folgte eine Schicht aus feinem Kies (nucleus) und darauf die Deckschicht (summum dorsum) aus Steinen, die zu einem Kopfsteinpflaster aneinander gefügt wurden. Die Straßenränder wurden mit länglichen Steinen befestigt. Die oft zu beobachtenden Spurrillen auf römischen Straßen sind Benutzungsspuren; bei extremer Beanspruchung, z. B. auf Streckenabschnitten mit starkem Gefälle, können die Rillen bis zu 40 cm tief sein.

Eine besondere Leistung römischer Ingenieurkunst war die Perfektion, die im Brückenbau erreicht wurde; mehr als tausend Brücken sind bekannt, von denen etliche in allen Teilen des Römischen Reiches der Zeit standgehalten haben, so auch die Brücke über die Mosel in Trier.

Einrichtungen an den Fernstraßen

Für die Instandhaltung der Straßen waren Beamte zuständig, cūrātōrēs viārum, die, wenn Reparaturen anstanden, entsprechende Unternehmen mit diesen Arbeiten beauftragten.

Die Straßen hatten *Meilensteine* (mīlliāria) mit Angaben, wie weit (mīlia passuum = MP = ca. 1,5 km) es bis zur nächsten Stadt war. Im Abstand von 25 Meilen = 37 km lagen Stationen für den Pferdewechsel und Nachtquartiere (mānsiōnēs), Einrichtungen für die kaiserlichen Kuriere, damit diese Nachrichten möglichst schnell befördern konnten. Privatleute durften diese Einrichtungen nicht nutzen; sie konnten sich und die Pferde in meist schlechten, aber billigen Herbergen (caupōnae, dēversōria) verpflegen und dort auch übernachten.

▶ *Römischer Meilenstein aus der Zeit Trajans (aus Cannae, Süditalien)*

Verkehr

Ausgebaut für militärische Zwecke, wurden die Fernstraßen in friedlichen Zeiten nicht nur von Kurieren und Legionären genutzt, sondern ebenso von Händlern und Privatleuten. Zumindest in der Nähe größerer Städte muss reger Verkehr geherrscht haben: Reiter und Kurierwagen (cisia), die die langsameren Reise- und Lastfahrzeuge überholten, wobei auch der Gegenverkehr sowie Fußgänger und Sänftenträger beachtet werden mussten. Nicht um den Verkehr zu regeln, sondern um für Sicherheit auf den Straßen zu sorgen, waren beneficāriī (Soldaten mit Polizeifunktion) eingesetzt, um Reisende vor Raubüberfällen zu schützen.

Geschwindigkeit

Nur in Ausnahmefällen war selbst im Kurierdienst höchste Eile geboten. So konnte ein Kurier unter besten Bedingungen 200 km am Tag zurücklegen. Eine Reise von Rom nach Mainz dauerte zehn Tage für Reisende in kaiserlichem Auftrag, für Privatleute länger.

▶ *Römische Arbeiter beim Straßenbau; links ein Landvermesser bei seiner Tätigkeit*

▬ 14 Nach Paestum

Am nächsten Tag stehen Aristoxenus und Gaius früh auf; sie sind jetzt etliche Tage unterwegs, in denen sie recht gut, aber doch auch mühsam vorangekommen sind. Jetzt ist die alte Stadt Paestum nicht mehr weit.

mīlliārium: Meilenstein;
statiō: Straßenposten

Sōl iam altō in caelō est, cum mīlliārium vĭdent, quod ante statiōnem quandam stat. Lĕgunt:

PAESTO

X

MP

colōnia: Bestandteil des Namens vieler römischer Städte in ursprünglich eroberten Gebieten (ihre Bürger besaßen ursprünglich nicht das eigentliche Bürgerrecht)

pāla: Spaten

nucleus: Feinkiesbett;
rūderātiō: Grobkiesbett;
dolābra: Brechaxt

Aristoxenus: „Hercle! Decem mīlia passuum ā Paestō colōniā! Sūdor mihi ad īmōs tālōs mānat!"

Gāius: „Nōlī gemĕre! Quī celeriter incēdunt, tribus ferē hōrīs spatium decem mīlium cōnficiunt."   5

Aristoxenus: „Dīcisne »celeriter«? Spectā sōlem mĕdiō in caelō …!"

Dum verbīs ita contendunt, agmen operāriōrum cum praefectō suō advēnit. Pālās sēcum ferunt aliaque īnstrūmenta, quibus partem quandam viae reficere dēbent.   10

Māgnā dīligentiā nucleum ac ruderātiōnem īnspiciunt, pālīs dolābrīsque complānant et lapidēs aptōs māgnā cum arte recompōnunt.

Tum vir aliquī, quī forte trānsit, adulēscentēs appellat: „Quam neglegenter viam mūniunt hodiē! Egō veterānus sum, egō perītus   15
sum et viās mūnīre et bellum gerere! Nōbīs veterānīs imperium viās suās dēbet! Hodiē autem sub imperiō Hadriānī Caesaris omnia ia-

◄ *Paestum – vorn und im Hintergrund Tempel der Hera (Juno)*

cent, sine virtūte, sine fortitūdine sunt Rōmānī. Rōma dēfessa est tamquam senex inūtilis ... Ōlim ...“

20 Aristoxenus Gāium subtrahit: „Venī, venī! Quid nostrā rēfert spatium decem mīlium passuum – prae verbīs tam bellicōsīs ...“

Ein Fest der Isis

 15 ◆

Auf ihrem Weg werden sie oft überholt: von Leuten, die sich eigene Pferdewagen leisten können – *birotae* vor allem, zweirädrige Wagen, oder die erwähnten *cisia;* und auch die langsameren vierrädrigen *raedae* sieht man, auch manche *carrucae,* die man leicht in *carrucae dormitoriae* verwandeln konnte.

Procul iam vident Paestum eiusque templa māgnifica atque sōlis lūce splendida. Quamquam dēfessī sunt, in oppidum dēcurrunt – et mox eōs hominum turba impedit, quī undique cōnfluunt exsultantque: Celebrant hodiē fēstum Īsidis deae ...

5 Paulātim praecēdunt pompae māgnae antelūdia, hominēs persōnātī: Alius, quī gladium māgnum agitat, mīlitem audācem gerit, alium vēnābula vēnātōrem faciunt, alius sē fēminam ostendit sēricā veste. Aliī summōs virōs illūdunt fascibus purpŭrāque, et ultimus incēdit, quī barbā māgnā palliōque philosophum Graecum fingit.

10 Succēdit pompa mulierum.

Applaudunt, rīdent, quī circumstant.

Post eās oblectātiōnēs mulierēs candidīs vestibus splendidae variōs flōrēs ē gremiō in iter sternunt, aliae spargunt platēās unguentīs. Symphōniae dehinc suāvēs, fistulae tībiaeque modulīs dulcibus

15 persōnant. Tum vōx aliqua praedicat: „Date facilem viam sacrīs!“ – et sacerdōtēs incēdunt, quī sīgna deae praeferunt: alius lucernam

birota: (zweirädriger) Wagen
cisium: (zweirädriger) Reisewagen
raeda: Kutsche, Reisewagen
carrūca: vierrädriger Wagen
carrūca dormītōria: Schlafwagen, Sänfte

Īsis: weibliche ägyptische Gottheit

vēnābulum: Jagdspieß;
sērica vestis: Seidengewand;
fascēs *(Pl.):* Rutenbündel, aus dem ein Beil herausragte; sie wurden den höchsten Staatsbeamten als Zeichen ihrer Amtsgewalt von *Liktoren* vorangetragen; **purpŭra:** Amtsgewand (mit *Purpur*streifen)

▶ *Kulthandlung zu Ehren der Isis; Fresko aus Pompeji (Neapel, Archäologisches National-museum)*

auream, alius altāria deae, alius palmam aureātam, alius vās au-
reum. Incēdit bōs ērecta: simulācrum deae, quae omnem vītam
părit.

Nec mora: Fert sacerdōs fēlīx gremiō suō imāginem venerābilem 20
summī nūminis.

Tum pompa lentē abit ex oculīs.

nach Apuleius, *Metamorphosen* XI, 8–11

▶ *Prozession von Isispriester und Opferdienerinnen; Relief (Vatikanische Museen)*

◄ *Sklavenversteigerung: links der Verkäufer, rechts der Interessent; Relief aus Capua (2. Hälfte 1. Jh. n. Chr.)*

Auf dem Sklavenmarkt

16 ▬

Am Morgen führt sie ihr Weg über das Forum der Stadt. Es ist gerade Sklavenmarkt. Seit die großen Kriege aufgehört hatten, gab es meist nur noch Sklaven, die in den römischen *familiae* selbst geboren waren. Sklaven aus dem Ausland waren selten und daher teuer. Der Sklavenverkäufer – *mango* – hatte insofern Grund die Besonderheit einer solchen „Ware" anzupreisen – und die beiden Reisenden wurden deswegen von dem „Schauspiel" angezogen.

Multī hominēs catastās līgneas circumsistunt; ibī mangōnēs mercem suam ostendunt: virōs rōbustōs, virginēs gracilēs, mulierēs, puerōs, quōs nōn modo Paestī, sed etiam Puteolīs vel Rōmae vendere solent.

5 „Cīvēs, audīte!" mangō clāmat asperā vōce. „Hercle, rārī sunt servī nōn in Ităliā nātī! Quōs vidētis, ex Āfricā ortī sunt! Vidēte mercem optimam! Alexandriā veniunt aut Carthāgine aut Thaenīs! Fortāsse interrogātis:»Quōmodō tam rāram mercem hūc apportās, mangō furcifer?« Dīcō vōbīs: Nōnnūllī rēgēs Aethiopēs incolās rēgnōrum
10 suōrum Alexandrīam, Carthāginem, Thaenās vel alia in oppida Āfricae mittunt et nōbīs eōs vendunt. »Sed cūr vēneunt cīvēs, quamquam iīs tribūta solvunt?« interrogāre potestis. Apertum, nōn obscūrum est: Amant rēgēs luxŭriam – egent pecūniā! Fīliōs et fīliās suās vendunt, sī quis emere vult – et sēstertia solvit. Amor pecūniae
15 omnia vincit."

Aristoxenus ad Gāium: „Turpia verba! Hominēs īnfēlīcēs!"

Et Gāius: „Quid dīcis, Aristoxene? Sine dubiō sunt īnfēlīcēs, sed servī sunt, nōn līberī!"

At Aristoxenus: „Seneca, philosophus nōbilis, aliter cōgitat ac tū; dī-
20 cit ferē: »Vīvite famĭliāriter cum servīs! Nōn servī sunt, sed humilēs amīcī. Et in servōs et in līberōs fortūnae tantundem licet. Rīdeō ergō eōs, quī turpe aestimant cum servīs suīs cēnāre. At audāciā arrogantiāque nostrā servōs hostēs nostrōs facimus: Sī enim servōrum ŏdium in tē incitās, totidem hostēs habēs quam servōs!«"

25 Gāius stupet – quae verba inaudīta! Tum amīcō arrīdet: „Id nōn cūrō – mihi enim servī nōn sunt!"

mit Seneca, *Epistulae morales* V 47,1–2,5

catasta līgnea: hölzernes Präsentationsgerüst

Pŭtĕŏlī: Stadt am Golf von Neapel (heute *Pozzuoli*)

Alexandrīa: in Ägypten; **Carthāgō:** im heutigen Tunesien; **Thaenae:** ebenfalls im heutigen Tunesien gelegene römische Stadt
Aethiŏpēs: Bewohner Afrikas südlich der Gebiete des heutigen Ägyptens und Libyens

Sĕnĕca: römischer Philosoph, ↗ Namensverzeichnis

PENSA EXERCITANDA

14 **Wh**
Inschriften rekonstruieren
Ein wichtiger Zweig der Altertumswissenschaften ist die Erforschung alter Inschriften. Oft müssen die Forscher den z. T. zerstörten Text ergänzen. Hier kannst du einzelne Proben dieser Kunst kennen lernen. Dabei gilt: v = u und v, C = Abkürzung für Gaius; zu ergänzende Buchstaben werden durch Punkte markiert, ein Punkt auf halber Höhe zeigt eine Wortgrenze an.

▲ *Bronzefigur eines Esels aus Pompeji, geradezu eine psychologische Studie des geduldigen Charakters dieses Tieres*

①
HIC·IACET
C·APPIV   .   Appius: Name
MAGIST   ..
LIBERO   ...
MEOR   ..

② HIC·IACE   ..   es weiht
OSSA   (die Gebeine)
CORNELI   .. (Name)   ③ . EAE
CARAE·   FORTVN   .. (Göttin)
                             TEMPL   ..
                             ATTIC   .. (Name)

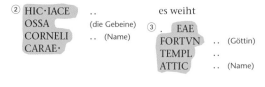

      einst besaß ich
④ MVLTOS·AMIC   ..
NVNC·HABEO·VNVM·LOC   ..
VALETE·AMIC   .
                         valete: lebt wohl

hier ist bestattet
⑤ HERIVS·AMICV   .   Herius: Name
CARVS·CVNCT   ..
RELINQVIT·FILI   ..
DVOS   duo: zwei

⑥ ...·.ACET
POMPEIA·CAR   .   Pompeia: Name
AMICI   ·
BONA·PVLCHR   ·

S 1
Stolzes Pferd und armer Esel
Hōrā prīmā rūsticus cum equō et asinō fŏrum petit. Asinus annīs iam cōnfectus tamen saccōs portat. Equus autem saccīs vacat. Paulō post asinus in viā cōnsistit et dīcit: „Onere saccōrum valdē dēfessus sum. Egō saccōs portō, sed tū sine saccīs īs. Ades mihi atque līberā mē ā dīmidiō

saccōrum." Equus autem superbīs verbīs: „Cēde ā mē. Verbīs tuīs mihi molestus es."
a) Übersetze und bestimme die Bedeutung der Ablative.
b) Der Schluss der Fabel ist hier fortgelassen. Überlege, wie die Geschichte enden könnte.

F/S
Kasus aufspüren!
Ergänze die Endungen und übersetze.
a) Sub vesper_ amīcī hospitiō appropinquant.
b) Hospita ante port_ stat et clār_ vōc_ viātōrēs in tabern_ invītat.
c) Lūcius, quī valdē dēfessus est, nōn sine gaudi_ verba hospitae accipit; libenter cum amīc_ in tabern_ intrat.
d) In tabern_· multī hominēs sunt, quī bibunt lūduntque.
e) Bibulus aliquī digit_ hospit_ pulchr_ mōnstrat eamque lūdibriō habet.
f) Amīcī ūsque ad medi_ noct_ in tabern_ manent.
g) Medi_ noct_ cubiculum petunt.

F 1
Formen- und Vokabeltraining: Substantive
a) Zeichne entsprechend C. III, PE F5 eine Tabelle, ergänzt um Felder für den Ablativ, und trage die folgenden Substantive, nach Kasus geordnet, ein.
Achte auf die Möglichkeit, dass ein Signal verschiedene Kasus anzeigen kann!

b) Gib die Bedeutung der Wörter an.

sōlem – dīligentia – partibus – mīlite – servō – viīs – bella – generis – caelī – hominī – verbum – amīcōs – puer – vōcum – virtūtibus – spatiō – multitūdō – patrēs – morte – itinera – hōrīs – virum – aquārum – cēnās – fābula – portam – mente – perīculīs – auxiliō – deōrum – malōrum – ventī – mātrī – cibō – senex – imperiō – gentibus

F 2
Störenfriede

caelō	facere	partibus	vīta
virgō	arte	hōrīs	labōre
servō	mīlite	virtūtis	videō
bellō	mente	agrīs	odiō

◆ K
Kalenderrosette

Die abgebildete Tafel ist ein Marktkalender. In seinem oberen Rand findest du die sieben Wochentage, in der Rosette die 30 Monatstage, umrahmt in den vier Ecken von der Zeitangabe der Jahreszeiten, und am rechten Rand die Namen von Orten, an denen regelmäßig größere Märkte stattfanden. Mit Hilfe der Löcher konnte man die Markttage und -orte markieren.

a) Erkläre die Angaben: Aquīnī, Rōmae, Capuae, Casīnī sowie Invico (lies: in vīcō).

Ergänze:
INTERAM___(↗ Interamna)
MINTURN___(↗ Minturnae)
FABRAT___(↗ Fabrāteria)

b) Wie viele Tage umfassten die einzelnen Jahreszeiten?

c) Ordne die lateinischen Namen der Wochentage (beachte: Zwei Namen sind abgekürzt.) den italienischen, französischen und englischen Namen zu und ergänze die deutschen Namen.

latein.	ital.	franz.	engl.	deutsch
…	domenica	dimanche	Sunday	…
…	lunedì	lundi	Monday	…
…	martedì	mardi	Tuesday	…
…	mercoledì	mercredi	Wednesday	…
…	giovedì	jeudi	Thursday	…
…	venerdì	vendredi	Friday	…
…	sabato	samedi	Saturday	…

Kannst du die englischen und deutschen Namen erklären?

»TIPP« Die Kalenderrosette lässt sich leicht nachbauen, um als immer während er Kalender z. B. Geburtstage, Ferien etc. hervorzuheben. (Vorschlag: Der Mittelpunkt der Rosette könnte zur Kennzeichnung des 31. Monatstages dienen, die linke Spalte zur Aufnahme der Monatsnamen.)

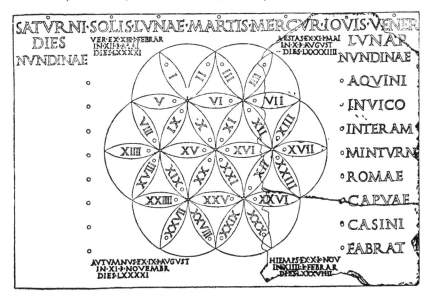

T 1

Sklaverei

1) Stelle alle Informationen und Ausdrücke zusammen, mit denen der Sklavenhändler „seine" Sklaven charakterisiert. Was erfährst du über die Herkunft der Sklaven, welche Ursachen haben zu ihrer Versklavung geführt?

2) Mit welchen Worten benennt Aristoxenus die Sklaven?

3) Worin unterscheidet sich die Einstellung des Aristoxenus von der des Gaius und des Sklavenhändlers? Ist Aristoxenus ein Gegner der Sklaverei?

▶ *Bronzenes Henkelgefäß mit der Büste eines syrischen Sklaven (Paris, Louvre)*

❖ ü

Ansichten über Sklaven

❶ Gaius, ein Jurist zur Zeit Hadrians, äußert sich über die Rechtsstellung der Menschen:

Omnēs hominēs aut līberī sunt aut servī. Servī in potestāte dominōrum sunt; ea quidem potestās iūris gentium est; nam apud omnēs gentēs animadvertere possumus dominīs in servōs vītae necisque potestātem esse; ergō id, quod servī adquīrunt, dominō adquīrunt.

❷ Der Gelehrte M. Terentius Varro (116–27 v. Chr.) zählt in einem Buch über die Landwirtschaft auf, mit welchen *Mitteln* („instrumenta") Felder zu bestellen seien:

Ea aliī dīvidunt in duās partēs: in hominēs et adminicula hominum, sine quibus agrōs colere nōn possunt; aliī in trēs partēs: īnstrūmentī genus vōcāle et sēmivōcāle et mūtum: vōcāle, in quō sunt servī, sēmivōcāle, in quō sunt bovēs, mūtum, in quō sunt plaustra.

❸ Der Philosoph Seneca (ca. 4 v. Chr.–65 n. Chr.) schreibt an einen Freund:

Libenter ex iīs, quī ā tē veniunt, cōgnōvī familiāriter tē cum servīs tuīs vīvere [...]. „Servī sunt." Immō hominēs. „Servī sunt." Immō cōnservī. Nōnne putās nōs omnēs servōs esse? Alius libīdinī servit, alius avāritiae, alius ambitiōnī, omnēs speī, omnēs timōrī. Itaque rīdeō eōs, quī turpe exīstimant cum servō suō cēnāre.

Charakterisiere die unterschiedliche Haltung der Autoren gegenüber den Sklaven.

❖ T 2

Schreckensnachricht aus Sizilien

Nūntius horribilis cīvēs Rōmānōs terret: In Siciliā prōvinciā Syrus quīdam nōmine Eunus ad

lībertātem et arma servōs concitat. Permultī servī dominōs effugiunt, quia deam Syriae Eunō imperāre crēdunt. Quī enim furōrem fānāticum simulat: Nucem, quam sulphure et īgne stīpāvit, in ōs abdit; deinde, dum ōrātiōnem habet, eam īnspīrat et flammam inter verba fundit. Quod hominēs crēdulī mīrāculum putant; itaque eīs cōnstat eum dīvīnitus ōrāre invictumque esse. Eunus autem, quī iam cōpiīs LX mīlium servōrum praeest, ōrnat sē īnsīgnibus rēgis.

a) Wer sind die handelnden Personen in diesem Text?

b) Stelle alle Prädikate fest und ordne sie in Form einer Gegenüberstellung den Akteuren zu.

c) Welche Informationen gewinnst du aus dieser Gegenüberstellung über den Inhalt des Textes und die Rollen der Akteure?

d) Übersetze zunächst die ersten beiden Sätze. Welche Fragen an den Text ergeben sich hieraus? Überprüfe jetzt, inwieweit der weitere Text diese Fragen beantwortet.

e) Das letzte Wort eines Textes ist oftmals für die Interpretation besonders wichtig. Welchen Rückschluss erlaubt in diesem Text das letzte Wort

• auf die Ziele des Sklavenführers (vgl. Z. 3) und

• auf die Intention (Schreibabsicht) des Autors? Dazu musst du wissen, dass das Wort „rex" für die Römer aufgrund ihrer Erfahrungen aus ihrer frühen Geschichte einen negativen Beiklang, eine sog. negative Konnotation hatte, etwa im Sinne von *Tyrann, Gewaltherrscher* etc.

S 2
Aeneas: Stationen einer „Reise"

Der Trojaner Aeneas, der Sohn der Göttin Venus, galt als mythischer Ahnherr Roms. Zur Zeit des Kaisers Augustus schilderte P. Vergilius Maro (70–19 v. Chr.) in einem großen Epos, der Aeneis, die Flucht des Aeneas und seiner Familie aus dem brennenden Troja, ihre abenteuerliche Fahrt durchs Mittelmeer und schließlich ihre Landung in Italien, wo Aeneas Lavinium, eine Art Mutterstadt Roms, gründete.

Die Karte zeigt u. a. den Weg des Aeneas. Ordne die folgenden Ortsbestimmungen den „Stationszahlen" auf der Karte zu:

praeter Actium – Carthāgine – Carthāgine – Carthāginem – ā Crētā – in Crētam – Cūmās – Cūmīs – praeter Dēlum – in Italiam – Lāvīniī – Lāvīnium – in Siciliam – praeter Siciliam – ā Thrāciā – in Thrāciam – Trōiae

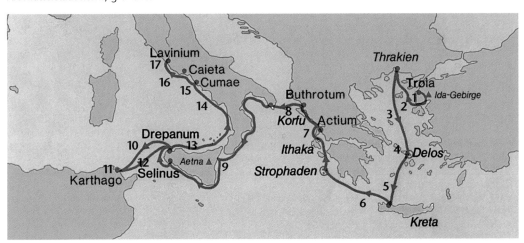

Itinera Europaea
Spartakus

Gaius und Aristoxenus kommen auf ihrer Reise auch durch Capua, die Stadt, in der der Aufstand des Spartakus gegen den römischen Staat begann – die schwerste Sklavenerhebung, die das Römische Reich erlebt hat. Die geringe Zahl der Zeugnisse aus der römischen Literatur steht im Widerspruch zu der gewaltigen Erschütterung, die dieser Aufstand bedeutet hat. Auch bildliche Darstellungen sind keine (bis auf ein unsicheres Zeugnis in Pompeji) erhalten – wenn es sie überhaupt gegeben hat. Hier einige Stimmen antiker Autoren:

„Er war ein gewaltiger Mensch – durch seine Körperkraft wie durch seine geistige Begabung." *(der römische Historiker Sallust, Hist. III, frg. Maur.)*

„Als tributpflichtiger Thraker hatte man ihn zum Kriegsdienst eingezogen. Er war Soldat und wurde Deserteur, war dann Partisan und wurde schließlich wegen seiner Körperkraft als Gladiator verkauft." *(der röm. Historiker Florus, epit. II.8)*

„Spartakus, ein Thraker von nomadischer Herkunft, der nicht nur kühnen Mut und gewaltige Körperkraft besaß, sondern sich auch durch edle Einsicht und milde Gesinnung weit über sein unglückliches Schicksal erhob und mehr griechisches Wesen verriet, als sich durch seine Herkunft erwarten ließ." *(der griechische Historiker Plutarch, Crassus 8)*

„Keiner war so menschlich, so gütig, so edel – und doch seinen Feinden so furchtbar wie Spartakus." *(Zigeunersprichwort)*

(zitiert nach M. Genner, Spartakus, Bd. I, S. 190)

Das Thema des Spartakusaufstands eignet sich gut zur Durchführung eines kleinen Projekts, evtl. in Zusammenarbeit mit eurem Geschichtslehrer.

▸ Filmtipp

„Spartakus", von Stanley Kubrick, mit Kirk Douglas

Die Sklaven ━━━━━━━━━

Die Ware Sklave

In der Antike gibt es generell zwei Gesellschaftsgruppen: Freie und Unfreie. Der Unfreie kann nicht über sein eigenes Leben bestimmen, z. B. nicht aus eigenem Entschluss heiraten, er gehört einem anderen. Sklaven sind Menschen ohne Rechte, juristisch gelten sie als „Sache". Sie werden wie Ware gehandelt und haben für ihre Besitzer zu arbeiten.

Die antike Gesellschaft ist ohne Sklaven nicht denkbar. Ob als Rudersklave auf einer Galeere, als Sklave im staatlichen Bergwerk, als Acker- oder Handwerkersklave, Koch, Lehrer, Arzt, Sekretär, Bibliothekar, sogar – als servus pūblicus – als Polizist: Überall waren Sklaven beschäftigt – reiche Leute hatten oft Hunderte; je nach „Qualität" und Ausbildung waren sie unterschiedlich teuer.

Wie wurde ein Mensch zum Sklaven? – Ursprünglich wurde derjenige, der in Kriegsgefangenschaft geriet, anschließend als „Beute" verkauft. – Das Kind einer Sklavin war von Geburt an unfrei, egal ob der Vater Sklave oder freier Bürger war. – Vielen Freien blieb in ihrer materiellen Not als letzter Ausweg, ihre Kinder oder sich selbst zu verkaufen, um nicht zu verhungern. – Durch Piraterie und Menschenraub gerieten manche in die Hände von Sklavenhändlern. All diese Menschen wurden wie Waren auf Sklavenmärkten ge- und verkauft.

Die rechtliche Lage

Sklaven, die im Haushalt ihres Herrn lebten, mussten alles tun, was dieser von ihnen verlangte; das bedeutete, keine eigenen Pläne und Ziele entwickeln und verwirklichen zu können. Vom öffentlichen Leben waren sie so gut wie ausgegrenzt: Sie konnten nicht wählen

▲ *Zwei lēctīcāriī (Sänftenträger); Terrakottastatuette aus Pompeji (Neapel, Archäologisches Nationalmuseum)*

und selbstverständlich keine öffentlichen Ämter übernehmen. Der einzige Bereich, der ihnen offen stand, waren religiöse Kultgemeinschaften und -vereine.

Sklaven und Freie wurden in der Antike als verschiedene Arten Menschen betrachtet, so verschieden, dass für sie unterschiedliche Gesetze galten; abgesehen davon, dass ein Sklave jederzeit verkauft werden konnte, hatte sein Herr auch das Recht, ihn zu schlagen und zu foltern, allerdings nicht, ihn zu töten. Unter Kaiser Hadrian wurde das Tötungsrecht gegenüber den eigenen Sklaven durch Senatsbeschluss aufgehoben. Fand der Besitzer jedoch, dass ein Sklave ein todeswürdiges Verbrechen begangen habe, konnte er ihn töten lassen. Anders als ein Freier konnte ein Sklave von der Gerichtsbarkeit gefoltert werden; die Folter wurde vor allem angewandt, um ihn zu zwingen, ein Verbrechen seines Herrn zu gestehen, der selbst, da ein freier Bürger, nicht gefoltert werden durfte.

▼ *Sklavenhalsband und Sklavenplakette*

Sklaven konnten engste Vertraute und Ratgeber ihres Herrn sein oder als Gutsverwalter eine hochrangige Stellung einnehmen; sie konnten aber auch unter einem unerträglichen Besitzer leiden, den umzubringen oder von ihm fortzulaufen als einziger Ausweg gesehen wurde. Ein solches Verbrechen hatte die Hinrichtung bzw. Brandmarkung und ein Leben in Ketten zur Folge.

Sklaven und Freie

Oft war ein Sklave nicht schlechter gestellt als ein Freier; juristische Unfreiheit bedeutete nicht von sich aus, dass die Lebensumstände elender waren; nicht nur in reichen Häusern lebten Sklaven oft besser als viele arme frei Geborene. Gerade solche Bessergestellten erstrebten nichts mehr, als eines Tages freigelassen zu werden, vor allem, damit ihre Kinder als freie Bürger leben konnten. Die Möglichkeit der Freilassung bestand tatsächlich für viele, wie die große Zahl der *Freigelassenen* (lībertī) in der römischen Gesellschaft zeigt.

Orientalische Götter – Isis ━━━━━

Eine der wichtigsten und populärsten orientalischen Gottheiten (s. Kap. „Religiosität des Volkes") war die aus Ägypten stammende Isis, deren Kult in der Antike so verbreitet war, dass davon auch das Christentum beeinflusst wurde.

Isis ist die Schwester und Gemahlin des ersten Pharaos von Ägypten, *Osiris,* der von seinem bösen Bruder *Seth* verfolgt, getötet und zerstückelt wurde. Isis macht sich auf die Suche nach dem verschwundenen Gatten, wobei ihr der hundeköpfige *Anubis* hilft. Schließlich findet sie die zerstreuten Leichenteile, setzt den Körper wieder zusammen, bringt Osiris für kurze Zeit wieder zum Leben und empfängt ihren Sohn Horus von ihm. Osiris wird wieder Herrscher, nun aber in der Unterwelt, wo er über die Seelen der Verstorbenen richtet. – Isis zieht unter ständiger Bedrohung durch Seth ihren Sohn Horus auf, den sie als neuen Pharao einsetzt.

In diesem Mythos verkörpert Isis das fruchtbare Nilland, das von Osiris = Nilwasser befruchtet wird. Seth, der böse Bruder, ist die Dürre und die Wüste. Das Hauptfest der Isis lag in Ägypten im Juli, wenn das aus dem Süden kommende Nilwasser Unterägypten erreichte und damit die für Ägyptens Fruchtbarkeit entscheidende Nilschwelle einsetzte.

Auch außerhalb Ägyptens feierte man das große Isisfest: Es umfasste die Trauer um den toten Osiris, die Suche nach seiner Leiche und endete mit der Freude, ihn wiedergefunden zu haben. Wie bei anderen Mysterienreligionen, z. B. dem Demeterkult, gab es neben den Festen in der Öffentlichkeit wie dem im Lesestück geschilderten Umzug auch geheime Riten, die nur die in den Kult Eingeweihten kannten und über die sie strenges Stillschweigen wahrten.

Nach anfänglicher Ablehnung und zeitweiligem Verbot des Isiskultes zur Zeit der Republik und der frühen Kaiserzeit wurde er im 2. Jh. n. Chr. so populär, dass in allen größeren Städten des Reiches Tempel und Kultstätten für Isis eingerichtet wurden. Ihre Priester waren kahl rasiert. Von den Gläubigen wurde erwartet, dass sie für die Priester und die Kulteinrichtungen spendeten.

Einem Spötter wie *Juvenal* waren die exotischen Priester und die schwärmerische Isisverehrung einiger Frauen der Gesellschaft Stoff für satirische Bemerkungen:

> […] Jener verdient besondere, höchste Verehrung,
> der umgeben von einer Leinen tragenden, kahlköpfigen Schar
> einherläuft als Anubis, der das klagende Volk verlacht.
> Dieser erbittet Verzeihung, sooft eine Ehefrau sich nicht des
> Beischlafs enthält an den heiligen, zu beachtenden Tagen,
> […]
> seine Tränen und sein eingeübtes Gemurmel bewirken,
> dass eine Vergebung der Schuld Osiris nicht verweigert, natürlich
> bestochen durch eine große Gans und einen dünnen Opferkuchen.
>
> (Juvenal VI 532–541; Übs. von J. Adamiez, 1993)

◀ *Ägyptische Statue der Göttin Isis, die ihren Sohn Horus stillt (Berlin, Pergamonmuseum)*

Rom – ein „besiegter Sieger" ━━━━

Schon früh kamen die italischen Stämme mit den Griechen in Berührung, die in Unteritalien und Sizilien Städte gegründet hatten. Dieses Nachbarvolk war den Italikern in seiner Entwicklung kulturell überlegen, so dass diese sich zwangsläufig anpassten bzw. beeinflussen ließen: Alphabet, Maße, Gewichte und Münzen, im Bereich der Religion Götter, Mythen und Tempelbau gehen auf griechische Einflüsse zurück. Dabei waren teilweise die *Etrusker* die Vermittler zwischen Griechen und Römern.

Der Hellenismus

Dieses „Schielen" auf die maßgebliche Kultur, den „Hellenismus", galt weniger dem Mutterland der Demokratie – die Römer hielten ihr eigenes politisches System für überlegen – als vielmehr der hoch entwickelten Zivilisation in den hellenistischen Staaten, Unteritalien und Sizilien. In Großstädten wie Alexandria, Syrakus, Antiochia oder Ephesos lebten die Angehörigen der Oberschicht vor ihrer Eroberung durch die Römer mondäner und kultivierter als die römischen Adligen; dort gab es Akademien, Bibliotheken, wissenschaftliche Forschung, neue Entwicklungen in Technik, Militärwesen, Kunst, Architektur und Literatur; durch den Handel mit den entlegensten Gebieten Afrikas und Asiens gelangten neue Gewürze, Parfüms, Seidenstoffe und andere Luxusartikel in den Mittelmeerraum. Die Herrscher veranstalteten prächtige Feste und Umzüge, bei denen exotische Tiere und Menschen, Gegenstände aus Gold und Silber im Überfluss vorgeführt wurden. Die privaten Häuser waren mit kultivierten Gärten und Bädern versehen, ihre Inneneinrichtungen enthielten kostbare Marmorstatuen und aufwendige Mosaikfußböden, alles Dinge, deren Übernahme das bisher einfache Leben der Römer total umkrempelte: Nach der Eroberung hielt privater Luxus bisher unbekannten Ausmaßes in Rom Einzug.

Vergebliche Abwehrversuche

Die Übernahme griechischer Lebensweise geschah jedoch nicht ohne Widerspruch. So prophezeite *Cato der Ältere* (234–149 v. Chr., Staatsmann und Redner), ein erbitterter Gegner des griechischen Kultureinflusses, den Untergang Roms; ihm war alles Griechische suspekt, ja, er misstraute sogar griechischen Ärzten und meinte, sie wollten die Römer nur vergiften.

Es ist ein Römer gewesen, der Dichter Horaz (1. Jh. v. Chr.), der das Verhältnis von Griechen und Römern in einem Vers so formulierte:

Das eroberte Griechenland eroberte den wilden Sieger und brachte die Künste und Wissenschaften in das bäuerliche Latium.

▼ *Darstellung Alexanders d. Gr. in seinem Kampf gegen den Perserkönig Darius (Mosaik in der Casa del Fauno in Pompeji); durch seine Eroberungen verbreitete Alexander die griechische Kultur, Grundlage für die Epoche des „Hellenismus", von dem auch die Entwicklung Roms und seines Reiches geprägt wurde.*

◀ *Hafen in der Campania, vielleicht Puteoli. Wandmalerei aus Stabiae (in der Nähe von Pompeji) 1. Jh. v. Chr.*

Mord im Gasthaus 17 —

In Salernum, der nächsten größeren Stadt an ihrem Weg, lernen Gaius und Aristoxenus einen Kaufmann kennen, Marcus Artorius aus Capua, der geschäftlich in Puteoli (am Golf von Neapel) und dann in Capua zu tun hat. Gern nehmen sie sein Angebot an sich ihm anzuschließen. – Abends im Gasthaus kommen sie im Gespräch auf die Frage, ob Träume Prophezeiungen enthalten können. Das glaubt Gaius unbedingt, er weiß sogar eine Geschichte dazu, die seine Ansicht beweist:

Aliquandō duo amīcī Athēnās iter ūnā fēcērunt. In itinere Měgăram in oppidum Graeciae vēnērunt. Alter tabernam adiit, alter hospitem sibi nōtum petīvit. Is in somniō comitem suum clāmāre vīdit: „Subvěnī mihi, amīce! Caupō mihi īnsidiās posuit!"

5 Statim ē lectō prōsiluit, tabernam petere voluit ... Sed cōnsilium omīsit ac somnum repetīvit. Sēcum dīxit: „Nil nisī somnium vānum fuit!"

Tum amīcus iterum appāruit: „Mortuus sum!" clāmāvit et vulnera gravia ostendit. „Caupō mē occīdit et nunc plaustrō corpus meum
10 – stercore opertum – ad portam oppidī portat."

Tandem amīcī vōcibus oboedīvit et ad portam cucurrit – plaustrum amīcumque mortuum invēnit, caupōnem iūdicibus trādidit.

nach Valerius Maximus 1, 7, 10

Měgăra: Stadt in Griechenland zwischen Athen und Korinth

► *Dionysos/Bacchus am üppig grünenden Vesuv; Fresko aus Pompeji (Neapel, Archäologisches Nationalmuseum)*

▬ 18 Rast am Vesuv

Von Salernum geht es in Richtung Puteoli. Der Reisewagen fährt nicht schneller, als der Esel mitlaufen kann, doch endlich haben die ewigen Fußmärsche ein Ende.

An einer *statio* (Straßenposten), von der aus man den hohen Vesuv gut sehen kann, machen Artorius, Aristoxenus und Gaius Rast. Sie kommen mit dem *praepositus mansionis* (Vorsteher der Raststätte) namens Cethegus gleich ins Gespräch.

Cethēgus: „Ubī nunc lapidēs sunt et pulvis, adulēscentēs, ante nōnnūllōs annōs oppida nōn mediocria flōruērunt, quae nunc cinerēs sunt sub Vesŭviī pūmice: Herculāneum, Stabiae, Pompēī. Circumspicite! Silentium ubīque, ubī quondam vīta flōruit! Ūnā nocte Vĕsŭvius mōns tria oppida dēlēvit.“   5

Vĕsŭvius: Der Vesuv galt vor seinem Ausbruch 79 n. Chr. als friedlicher Berg!

Adulēscentēs tacuērunt, nārrāre perrēxit Cethēgus: „Stupeō, prō Iuppiter! Numquam audīvistis hīc mīlia hominum immātūram mortem obīsse?!"

Gāius: „Numquam audīvī ... Sed tū, domine, nōnne ei clādī inter-
10 fuistī?"

Aristoxenus rīsit: „Certē nōn interfuit; putō praepositum ferē quadrāgintā annōs nātum esse. Ea clādēs autem accĭdit ante quīnquāgintā annōs. Sed alium testem eius calamitātis bene nōvī: Gāium Plīnium Secundum Minōrem, quī clādem eam horribilem dēscrīpsit!"

Der Ausbruch des Vesuvs im Jahre 79 n. Chr.　　　　19 ▬

Gaius Plinius der Jüngere war ein Neffe Plinius' des Älteren, der als Flottenadmiral in Misenum die Katastrophe erlebte. Von Plinius d. J. besitzen wir eine Sammlung Briefe – jeder zu einem bestimmten Thema künstlerisch gestaltet –, darunter einen Augenzeugenbericht vom Ausbruch des Vesuvs in den Augusttagen des Jahres 79. Während der jüngere Plinius den Ausbruch beobachtet, befindet sich sein Onkel mitten im Inferno. Plinius berichtet:

Agēbam tum duodēvīcēsimum annum. Cum mātre meā Mīsēnī eram et stŭdiōrum et ōtiī causā. Praecesserat iam aliquantum temporis tremor terrae – et eā nocte vehementer invaluit. Crēdēbāmus tremōrem nōn modo mōvisse omnia, sed etiam ēvertisse.

Mīsēnum: Militärhafen am Golf von Neapel, direkt dem Vesuv gegenüber

5 Inrūpit cubiculum meum māter, surgēbam iam, quia eam excitāre volēbam. Angustās aedēs relīquimus, resēdimus in āreā apertā, quae mare ā tēctīs dīvidēbat.

Iam fuit hōra prīma – et adhūc dubia lūx: Tēcta multa labāre vīdimus. Servōs vehicula prōdūcere iussimus; quamquam vehicula in
10 plānō campō erant, tremor ea in contrāriās partēs agēbat. Vidē-

◀ Der Golf von Neapel

▲ *Der Vesuvausbruch des Jahres 1779; Gemälde von Philipp Hackert*

frāter tuus, tuus avunculus: Gemeint ist Plinius der Ältere, hier einerseits Bruder, andererseits Onkel.

bāmus eum tremōrem mare ā terrā quasi repellere, lītus prōcēdēbat et animālia maris siccīs harēnīs dētinēbat.

Dum stupēmus, amīcus famĭliae, quī apud nōs erat et ex aedibus accesserat, dīxit: „Sī frāter tuus, tuus avunculus Pompēiīs adhūc vīvit, vult esse vōs salvōs – sī periit, vōs superstitēs voluit. Proinde quid cessātis ēvādere?" 15

Itaque oppidum relīquimus ūnā cum ingentī turbā hominum. Aliī parentēs, aliī līberōs, aliī coniugēs vōcibus requīrēbant. Multī novissimam noctem mundō advēnisse crēdēbant.

Căprĕae: Capri, Insel im Golf von Neapel

Respiciō: Nūbēs ātra nunc dēscendit in terrās, operuit mare. Cinxe- 20 rat Căprĕās et absconderat. Dēnsa cālīgō tergīs nostrīs imminēbat. Tum paulum relūxit – at nōn *sōlis* lūx erat, sed aliquī īgnis, quī adveniēbat. Tenebrae rūrsus, cinis rūrsus multus et gravis: eum excutiēbāmus.

Tandem ea cālīgō quasi in fūmum nĕbulamve discessit, mox sōl 25 vērus effulsit – lūridus tamen, quālis solet esse, cum dēficit. Occurrēbant nostrīs oculīs mūtāta omnia – altōque cinere sīcut nive obducta. Repetīvimus Mīsēnum et hīc dubiam noctem timōris plēnī exēgimus, nam tremor terrae persevērābat.

nach Plinius d. J., *Epistulae* 6,20

7 Wh/T
Eine Geschichte – zwei Texte
Die Geschichte des Lesestücks 17 ist dir schon aus C. III / PE S 3 bekannt, allerdings wird sie hier ein wenig anders erzählt:
① *Zeitvergleich:* Untersuche und erkläre die unterschiedliche Verwendung der Tempora.
② *Stilvergleich:* Untersuche die unterschiedliche Verwendung von Haupt- und Gliedsätzen. Welche Erzählabsicht könnte damit verbunden sein?

F 1
Starke Stämme
Suche alle Perfektformen aus L 17 heraus und ordne sie in deinem Heft in eine Tabelle nach folgendem Muster ein:

Perfektstammbildung

v/u	s	Dehnung mit/ohne Ablaut	Redupli-kation	Stamm-perfekt

„TIPP" Diese Tabelle kannst du bei den folgenden Lesestücken vervollständigen.

S 1
Journalistenregel
Canem in Viā Lātā hominem momordisse nūntius nōn est, hominem autem in Viā Lātā canem momordisse nūntius est.
Kennst du das englische Original?

> in Viā Lātā: „on Broadway": *berühmte Straße in New York*

F/S
Responde Latine
Quid herī ēgistī?
➣ librum legere: Librum lēgī.
a) Quid herī ēgistī?
➣ (ōrātiōnem audīre; amīcum vīsitāre; dormīre)
b) Quid hodiē in scholā ēgistis?
➣ (elementa Graeca discĕre; librum novum legere; dē clāde Pompeiōrum audīre)

c) Quid parentēs tuī fēriīs ēgērunt?
➣ (iter in Italiam facere; Rōmae esse; casam renovāre; domī [zu Hause] mănēre)

> vīsitāre, dormīre u. renovāre bilden ein v-Perfekt, discĕre:
> → dĭdĭcī; mănēre: → mānsī; agere: → ēgī; legere: → lēgī

S 2
Zeitvergleich
19

Māne magister Gāium interrogat: „Cūr tē herī nōn vīdimus?" Gāius respondet: „Lūdō interesse nōn potuī, nam aegrōtus eram."
a) Übersetze den Text.
b) Obwohl der Text sehr kurz ist, finden sich zwei Zeitstufen, aber drei Tempora. Erkläre, was die verschiedenen Vergangenheitstempora zum Ausdruck bringen.

S/F
De Socrate immortali
Bilde aus den eingeklammerten Infinitiven die Prädikate und übersetze. Nach welchen Gesichtspunkten entscheidest du dich für Imperfekt, Perfekt oder Plusquamperfekt?
Aulus Marcusque in hortō vīllae pilā lūdēbant; māgnā vōce (clāmāre), circum statuās et columnās (currere), pedibus pilam (pellere). Subitō (tacēre): Aulus pilam in statuam Sōcratis philosophī clārī (percutere), quae statim (corruere). Pater, quī (stupēre), in hortum (currere); statuam Sōcratis humī iacēre (vidēre, rīdēre dīcereque): „Frūstrā Sōcratem (ēvertere)! Nēmō potest: Philosophus immortālis est."

▶ *Porträt des Sokrates; römische Kopie nach einem Original des 4. Jh. v. Chr. (Rom, Vatikanische Museen)*

F 2
Störenfriede

dīxī	fuerat	sorōre	cĕcĭdistis	intereram
dūxī	aderat	timōre	cīvitātis	relīqueram
scrīpsī	advēnerat	mănēre	cucurristis	mīseram
nisī	dēscenderat	tempore	cēpistis	fueram

F 3
Gliederketten
Fülle die leeren Glieder der Ketten, indem du waagerecht die jeweils fehlenden Formen der drei Tempora entsprechend der vorgegebenen Wortform bildest.

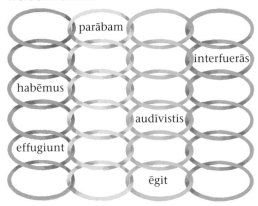

ü
Doktor Diaulus
Der Dichter Martial (ca. 40–102) verspottete scharf- z.üngig und pointiert die Schwächen seiner Zeitgenos- sen. Das folgende Kurzgedicht kann dir einen ersten Eindruck seiner Kunst vermitteln.

Nūper erat mĕdicus, nunc est vispillŏ Diaulus:
    Quod vispillŏ facit, fēcerat et mĕdicus.

◆ W
Gegensätze
Die lateinische Vorsilbe „in-" entspricht dem deutschen Präfix „un-", wie z. B. bei dem Wort „invius" = „unwegsam".
a) Ergänze jeweils das gegensätzliche Adjektiv:

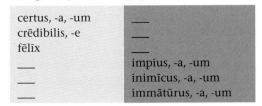

certus, -a, -um	___
crēdibilis, -e	___
fēlīx	___
___	impius, -a, -um
___	inimīcus, -a, -um
___	immātūrus, -a, -um

b) Bei den letzten drei Beispielen weist das zu- sammengesetzte Wort kleine Veränderungen auf; beschreibe sie.

S 3
Setzkasten
Ein Fremdenführer erklärt den Besu- chern Pompeijs auf einem Rundgang die antike Stadt. Am Amphitheater bleibt er stehen:

„Ecce, vīsitātōrēs, amphitheā- trum Pompeiōrum ..."

Ergänze die Ausführungen des Fremdenführers mit Hilfe der Ele- mente des Setzkastens. Benutze die Prädikate in der angegebe- nen Reihenfolge.

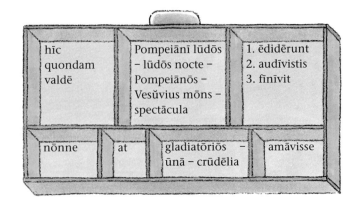

Aenigma Latinum

▶ *Kolossalkopf aus trajanischer Zeit (Neapel, Archäologisches Nationalmuseum)*

1. sie verbarg
2. ihr seid gewesen
3. ich hatte bereitet
4. er ist zurückgekehrt
5. gekommen sein
6. wir trugen
7. ihr hattet gesehen
8. ich habe gesprochen
9. du hast gemacht
10. du hörtest
11. sie hatten zerstört
12. ich bin gelaufen

Die Abbildung zeigt einen berühmten Römer. Gesucht wird das „Telegramm", mit dem er einen schnell errungenen Sieg nach Rom meldete. Du findest es, indem du

a) die verlangten Formen aus den Bausteinen in den Kästchen bildest (1 Punkt = 1 Buchstabe) und dann

b) die gekennzeichneten Buchstaben in richtiger Reihenfolge liest.

c) Die gekennzeichneten Buchstaben bilden, richtig herum betrachtet, einen Buchstaben, der als Fingergestus allgemein bekannt ist. Erkläre dieses Zeichen.

vīd fer ven	era	tis t isse
cucurr fēc fu	era	m i istis
parāv dīx audī	era eba	istī i nt
dēlēv abscond	eba	s it mus
redī	eba	

❖ T
Plinius – Onkel und Neffe
❶ De Plinio mortuo

Plinius der Jüngere schildert in einem Brief an seinen Freund, den berühmten Historiker Tacitus, den Tod seines Onkels während der Katastrophe des Vesuvausbruchs; der Onkel befand sich im Hause eines Bekannten in Stabiae:

„Placuit avunculō ex aedibus exīre in lītus et ex proximō mare adspicere: vāstum et adversum permānēbat. Ibī avunculus super linteum recubābat, semel atque iterum frīgidam aquam poposcit hausitque. Deinde flammae odorque sulphuris aliōs – praeter servōs duōs – in fugam vertunt, excitant eum. Adsurrēxit et statim concidit, quia, ut egō colligō, cālīgō crassa stomachum clauserat, qui ei nātūrā invalidus et angustus et aestuāns erat."

a) Bestimme die Tempora aller Prädikate. Was fällt dir auf?

b) Schreibe die Prädikate untereinander, die aufgrund der Tempuswahl den Handlungsablauf beinhalten müssen. Was erfährst du über den Inhalt?

c) Überlege, was die Sätze mit den anderen Tempora zum Inhalt beitragen könnten. Dabei ist eine Imperfektform für den Handlungsablauf wichtig – welche?

d) Übersetze den Text.

e) Die vorletzte Satzreihe („Deinde flammae ...") zeigt eine auffällige Wortstellung. Welche Wirkung hat sie?

❷ De Plinio superstiti

In einem zweiten Brief an Tacitus berichtet Plinius d. J., wie er und seine Mutter die Katastrophe in Misenum überlebt haben: Sie hatten den Ort verlassen und als dichter Qualm sie zu verschlucken drohte, bogen sie vom Weg ab, um nicht im Dunkeln von der Masse der Fliehenden niedergetrampelt zu werden. Dann schildert er seine weiteren Eindrücke:

„Vix cōnsēderāmus, et nox adfuit.
Audiēbāmus clāmōrēs fēminārum, īnfantium, virōrum;
aliī parentēs, aliī līberōs, aliī coniugēs
vōcibus requīrēbant, vōcibus nōscitābant;
nōnnūllī timōre mortis mortem exoptābant;
multī deōs adōrābant,
plūrēs nūsquam iam deōs ūllōs esse

aeternamque eam et novissimam noctem mundō esse explicābant.

Tandem nox discessit, sōl effulsit, Mīsēnum rediīmus."

Der Text gliedert sich in drei unterschiedlich umfangreiche Teile.

a) Untersuche die Tempora – was ergibt sich aus ihnen für die inhaltliche Gliederung des Textes? Welche Konnektoren stützen deine Beobachtungen?

b) Übersetze den Text.

c) Versuche die Wirkung des Textes im mündlichen Vortrag zu betonen.

d) Die Wirkung eines Textes lässt sich mit verschiedenen Stilmitteln beschreiben. Hier finden sich insbesondere:

Alliteration – Anapher – Antithese – Asyndeton – Paradoxon – Parallelismus.

Ordne diese **Stilmittel** mit Hilfe deines Lehrers deinen Textbeobachtungen zu.

⭐ Itinera Europaea
Die Katastrophe des Jahres 79 n. Chr.

Die Abbildung auf S. 54, ein Fresko aus Pompeji, zeigt die älteste erhaltene Darstellung des Vesuvs zusammen mit dem Gott Bacchus. Welchen Eindruck von der Landschaft hat der unbekannte Künstler zu vermitteln versucht? Vergleiche die Abbildung mit dem Vesuv heute (Abb. S. 62). Welche Unterschiede fallen dir auf?

Auch in unseren Tagen führt die Begegnung mit der antiken Stätte zur erneuten Auseinandersetzung mit der Katastrophe. Als Beispiel dient das nebenstehende Gedicht **Günter Kunert**s aus dem Jahr 1978.

Welche Einstellung zur Katastrophe zeigt sich bei Kunert?

▼ *Carel Willink, Jüngste Besucher Pompejis,. Museum Boijmans Van Beuningen, Rotterdam*

Pompeji II

Nicht Schweigen Stille
entströmt den Ruinen
Keine Klage keine Anklage

Stille

Triumphierendes Aufbewahrtsein
in den geretteten Resten
alltäglicher Werke
In der Weinschenke
marmorne Tischplatten durchtränkt
von den Schatten der Trinker
Am Bewurf der Wände
ihr verblassendes Wort
Im Lupanar über die inneren Pforten gemalt
auf allerlei Art sich Paarende
ein Katalog der Lust
Bitte auswählen und eintreten
und Platz nehmen auf steinernem Bett
auf das steinerne Kissen den Kopf
daß dich eine Ahnung umfange
vom Wesen der Liebe
Vom Verwesen der Leiber

Unseren Wegen folgt der Vesuv
durch luftige Klarheit
fern und nah zugleich
Begleiter einstiger Einwohner
in die er uns für die Ewigkeit
einer Sekunde verwandelt
Wir sind andere Andere sind wir
und kein Hinweis auf
der Archäologen kostbarsten Fund
kein Hinweis
auf uns

(Lupanar: Bordell)

Lesetipp

Wenn du einmal durch die Straßen Pompejis spazieren möchtest, kannst du durch die Lektüre eines der folgenden Bücher eine Fantasiereise unternehmen:

➢ E. Bulwer, *Die letzten Tage von Pompeji*, München/Zürich 1954

➢ H. D. Stöver, *Attentat in Pompeii*, München 1984

➢ Egon Cäsar Conte Corti, *Untergang und Auferstehung von Pompeji und Herculaneum*, hrsg. von Th. Kraus, Knaur TB Nr. 3661

Der Vesuvausbruch des Jahres 79 n. Chr.

Der Vesuv

Man kann sagen, dass der Vesuvausbruch des 24. August 79 n. Chr. zum berühmtesten Vulkanausbruch aller Zeiten geworden ist, einmal, weil ein authentischer antiker Augenzeugenbericht (s. L 19) der Naturkatastrophe überliefert ist, zum anderen, weil durch die Verschüttung der Städte Pompeji und Herkulaneum einzigartige Zeugnisse über das Leben in der römischen Kaiserzeit konserviert wurden.

Die Zeitgenossen des Ausbruchs hatten keine Ahnung davon, dass der Vesuv überhaupt ein Vulkan war. Anders als der ständig aktive Ätna galt der Vesuv als friedlicher, fruchtbarer Berg, denn in historischer Zeit war er nie zuvor tätig gewesen.

Nach 79 n. Chr. ruhte er wieder jahrhundertelang, bis es 1631 wieder zu einem gewaltigen Ausbruch kam, dem vier kleinere Ausbrüche im 18., 19. und 20. Jahrhundert folgten. Zum letzten Mal war der Vesuv 1944 aktiv, seitdem „schläft" der Vulkan. Gerade die lange Ruhe beunruhigt die Wissenschaftler: Möglicherweise steht eine besonders heftige Eruption bevor.

Pompeji – Momentaufnahme antiken Lebens

Die Folgen der Katastrophe von 79 n. Chr. für die Menschen sind im wieder ausgegrabenen Pompeji zu sehen: Die von der Asche dicht umschlossenen Körper von Opfern, die nach 2000 Jahren zu Hohlräumen geworden waren, wurden mit Gips ausgegossen, so dass die Körperstellung im Moment des Todes wieder erstand. So kamen erschütternde Einzelschicksale ans Licht: eine Frau, die vor der Flucht schnell ihren wertvollen Schmuck retten wollte, jedoch nicht mehr bis zur Haustür gelangte, zusammenbrach und erstickte, oder ein Mädchen, das sein Gesicht zum Schutz vor den giftigen Gasen ins Gewand der Mutter presst. Ähnlich qualvoll verendete ein Hund, der, im Atrium festgebunden, auf die einfallenden Schuttmassen gestiegen war, so weit die Kette reichte, sich dann auf den Rücken gewälzt hatte und erstickt war.

Pompeji selbst ist eine mitten im geschäftigen Treiben erstarrte Stadt und vermittelt so eine viel lebendigere Anschauung vom Leben in der Antike als jede andere

▼ Blick über das Forum von Pompeji; im Hintergrund der Vesuv

oben rechts: Abguss des Hundes Primus (Pompeji, Antiquarium)
oben links: Abgüsse von Opfern des Vesuvausbruchs 79 n. Chr.
unten links: Straßengabelung mit Brunnen
unten rechts: Straßenszene (die sog. Via dell'Abbondanza)

Ausgrabung, bei der ein Areal, aus welchen Gründen auch immer, von seinen Bewohnern irgendwann verlassen wurde.

Doch was in der Antike nicht stattfinden konnte, tritt nun ein: Seit vor über 200 Jahren mit den Grabungen begonnen wurde, alterte die Stadt; ihre Häuser werden baufällig, die berühmten Wandmalereien verblassen, nicht zuletzt das Erdbeben von 1980 hat schwere Schäden angerichtet. Eine unbewohnte Museumsstadt dieser Größe zu erhalten, erfordert sehr großen finanziellen Aufwand und Pflege.

Pompeji war einst eine mittelgroße Stadt mit ungefähr 15 000–20 000 Einwohnern in einer der fruchtbarsten Gegenden Italiens. Hier lebten Händler, Handwerker und Landbesitzer, deren Äcker und Weingärten teils vor den Toren, teils innerhalb der Stadt lagen. Vorzugs-

weise Oliven und Wein wurden angebaut und ausgeführt. Durch den Hafen am Fluss Sarno, der unweit von Pompeji in den Golf von Neapel mündet, hatte die Stadt eine gute Verkehrsverbindung. Der Hafen war die wirtschaftliche Lebensader und garantierte den Bürgern ein Leben in bescheidenem Wohlstand.

Die Stadt besaß all die öffentlichen Einrichtungen, die für Römer jener Zeit Inbegriff städtischer Lebensart waren: ein Forum mit Tempeln und einer Basilika (Gerichtshalle), Theater, Amphitheater, Palästra (Sportplatz) für die Jugend, Thermen, öffentliches Wassernetz und gepflasterte Straßen. Wahrscheinlich war eine Stadt wie Pompeji mit ihren höchstens zweistöckigen Wohnhäusern und der guten Wasserversorgung in Hygiene und Lebensqualität der überfüllten Hauptstadt überlegen, auch wenn die Darbietungen im Amphitheater bescheidener, „provinzieller", waren.

— 20 In Puteoli

▲ *Öllampe aus Terrakotta mit Gladiatorenmotiv; aus Köln*

Vorbei an den Stätten der noch wenige Jahrzehnte zuvor blühenden Ortschaften Pompeji und Herculaneum gelangen Gaius und Aristoxenus über Neapolis (Neapel) nach Puteoli (Pozzuoli), das damals Neapel an Größe und Bedeutung weit übertraf und einen der wichtigsten Häfen des Römischen Reiches hatte.

Artorius hat in einem der Lagerhäuser des Hafens von Puteoli einige Waren eingelagert. Die beiden Freunde sind von der Größe dieser *horrea* beeindruckt – sie verlieren beim Betrachten der Speicher und Silos, des lebhaften Treibens und Getümmels ihren Reisegefährten ganz aus den Augen, bis der aus einem Tor des größten Lagerhauses tritt und ihnen zuruft:

Artorius: „Ēn, amici! Hic est aditus ad id horreum, cui merces meae insunt!" Et cum amici aditui appropinquabant, Artorium intimo ex horreo clamare audiverunt: „Ubi est illa lucerna? ... Ah, oleum ei deest. Ubi istud oleum? Videtisne istam amphoram oleāriam? Vigiles huius horrei modo hunc in angulum obscurum, modo in illum eam condunt ... vel potius: occultant!" 5

Tandem Gaius oleum repperit, lucernam incendit. Dubiā luce circumspexit: Quantam mercium varietatem! Quam immensum aedificium!

frūmentum, legūmen, cibāria *(Pl.):* Getreide, Hülsenfrucht, Lebensmittel

Artorius amicis exposuit: „Revera horreorum praefecti magnā cum 10 diligentiā omnia disposuerunt. Haec in receptacula frumentum, illas in partes legumina condiderunt. Hac in parte cibaria posui, quae exercitui navali suppedito, qui Miseni est collocatus. Fructūs magnos enim omnes mercatores capimus ab illa classe, quam Hadrianus imperator in portū Miseni collocavit. Contentus sum fortunae casibus 15 ...! Videte, huic amphorae incultae tamen vinum perbonum inest, quod praefectis exercitūs centurionibusque vendere soleo ..."

▼ *Rekonstruktionszeichnung einer imposanten Speicheranlage am Hafen von Ostia (Rom/EUR)*

Aristoxenus: „Et quid de istis amphoris …?"

Artorius risit: „Oh! Illae amphorae plenae sunt vino modici pretii –
20 gregarii milites illud bibunt. Dico vobis: Sumptūs exercituum Caesaris Hadriani sunt fructūs Artorii mercatoris! Itaque inter manūs
est: exercitus magno nobis usui est …"

grĕgāriī mīlitēs: die gemei-
nen (d. h. einfachen) Soldaten
(grex: Herde)

Das Orakel der Sibylle

21 ▬

Von Puteoli aus will Marcus Artorius die Straße nach Capua nehmen. Die beiden
Freunde entschließen sich, auf Einladung ihres neuen Bekannten dorthin mitzufahren, auch wenn das für sie einen größeren Umweg bedeutet, weil sie vorha-
ben von Puteoli aus mit dem Schiff nach Ostia zu fahren. Doch sie wollen die Gelegenheit nicht auslassen die Stadt kennen zu lernen, in der der Aufstand des
Spartakus, des thrakischen Gladiators, begann, der zweihundert Jahre zuvor zusammen mit den aufständischen Sklaven und Gladiatoren fast die Armee des
Römischen Reiches besiegt hätte. Außerdem versichert Artorius ihnen, dass es
leicht sein werde jemanden mit einem Wagen zu finden, der sie nach Puteoli
zurückbringt. – Ihr Weg nach Capua führt sie an *Cumae* vorbei.

▲ *Römische Kriegsschiffe; Fresko
aus dem Vettierhaus in Pompeji*

▼ *Der Zugang zur Höhle der
Sibylle in Cumae*

Cūmae: die älteste griechische
Stadtgründung in Italien
(Kyme)

Artorius ridebat, dum manū sinistrā Cumas ante oculos sitas ostendit: „Vix credibile est", inquit, „adhuc monstrant peregrinis, qui
hunc locum nobilem visitant, domum vel potius specum illius vatis nomine Sibyllae. Et ego, cum puerulus eram, Sibyllam oculis
5 meis ipse vidi: Perparva rugosaque in ampulla de pariete pependit.
Pueris nobis, qui eam interrogabamus: „Quid vis?" Sibylla Graece
respondit: „De vita decedere volo!"

Aristoxenus: „Nimirum satis vixerat. Itaque non iam in specu,
domo suā propriā, legationes gentium oraculis admonebat, sed
10 quietā in ampulla de pariete haerebat, vi senectutis rugosa curvata-
que tamquam cornu: mille annos nata erat!"

Artorius: „Censeo hoc ipsum, quod modo rettuli, ridiculum esse.
Sed sunt casūs, sunt eventūs, quos ratione humanā non capimus."

Gaius: „Qua ratione ista Sibylla mille annos vixit?"

Aristoxenus: „Sibylla, ut fama fert, vates fuit, per saecula multa 15
fortunam populi Romani providit praedixitque ducibus Romanis.
Quae omnia ratione sensuque carent."

L. Tarquĭnius Prīscus: der
fünfte römische König der
Frühzeit (etruskischer Herkunft)

Artorius: „Nihilominus Caesares etiamnunc libros Sibyllinos consulunt de pace belloque."

Gaius: „Exstantne iam libri Sibyllae? Ergo vixit?!" 20

Apollinis templum: in Rom

Artorius: „Olim Sibyllam libros illos Tarquinio Prisco magno pretio
vendidisse dicunt. Maiores nostri eos in Apollinis templo condiderunt et magna pietate consulebant – et adhuc magistratus nostri
consulunt."

Aristoxenus: „Ineptiae! Nil nisi fraus est. Experto credite!" 25

mit Petron 48

▬ 22 In Capua

Nach einigen Stunden kommen sie in Capua an, dem bedeutenden und geschäftigen Zentrum der fruchtbaren Campania. Gleich am Stadttor begegnen sie
einem (sehr lebhaften) Freund des Artorius.

„Amice! Marce Artori, salve! Iam putavi te immemorem esse gla-
diatoriorum munerum, quae hodie dantur beneficio Marci Opsii,
quem optimum decurionem nosti huius civitatis!"

Artorius: „Salve, Norbane! Sane munera gladiatoria ista iucunda
sunt – sed ego negotiis occupor!" 5

Norbanus: „Care amice! Noli semper dicere istud »occupor«! Tu quī
occuparis negotiis aliquibus, cum gladiatores tam clari pugnant?!"

Alacri gestu ad adulescentes se convertit: „Et vos, adulescentes: quid
de vobis? Num vos quoque occupamini negotiis gravibus? Hodie,
quo munera tam splendida eduntur? Totam Capuam hodie ludi ca- 10
piunt! Omnes in amphitheatrum vocamur, et cives et peregrini!"

▶ *Teilansicht des Amphitheaters
von Capua*

◀ *Im Innern des Amphitheaters von Capua; gut erkennbar die Anlagen unter der Arena*

Tum clara voce tamquam orator in foro declamavit: „Festinate, o cives! Iam enim undique concurritur! Adulescentes! Mulieres! Servi! Num sinitis omnes sedes iam occupari? Tempus volvitur!
15 Quid haesitatis? Etiamnunc dubii estis? Suadeo vobis: Venite mecum celeriter!"

Artorius arrisit amico suo: „Persuasisti nobis. Ubi dicis distribui tesseras?"

Beim Gladiatorenkampf   23 ▬

Artorius beeilte sich, sich nach der Ankunft in seiner *villa urbana* wenigstens noch ein wenig frisch zu machen um den ungeduldigen Norbanus nicht allzu lange warten zu lassen. Gaius war gespannt auf das Spektakel im berühmten Capua, in einem richtigen Amphitheater, während Aristoxenus sich reservierter verhielt; ihm lagen derartige Veranstaltungen nicht so sehr.

Ludi iam coeperant, cum adulescentes et Artorius et Norbanus magno in concursu hominum amphitheatro se intulerunt. Omnis cavea conspectu asini movebatur, cuius cadaver cruentum leo dentibus pedibusque lacerabat.

5 Deinde ille leo a custode abductus et harena sanguine purgata est: Magna cum acclamatione spectatorum Memmius – cui plerique favebant – et Lydus gladiatores harenam intraverunt. Memmius et reti et pugione et tridente, Lydus gladio scutoque armatus erat.

Signum pugnae datum est: Statim Memmius ab adversario suo est
10 petitus et maximo in periculo fuit. Ingemuit cavea. Paulum ille se recepit, intentis oculis gladium adversarii observabat, rete suum cito huc illuc iecit, impetum simulavit simul dissimulavitque. Lydus adversarium feriebat, sed nihil nisi auram pepulit et gladium in vacuum iactavit. Cavea saeviebat: „Agite! Agite! Fuga, Memmi!

▲ *Bronzener Gladiatorenhelm (Neapel, Archäologisches Nationalmuseum)*

Charōn: der Fährmann zur Unterwelt in der griechischen und etruskischen Mythologie

Iacta!" Et clamabatur: „Occide, verbera, ure! Quare tam timide in- 15
currit in ferrum? Quare parum audacter occidit? Quare parum libenter mortem obit?" – „Cur nihil agitur? Cur non iugulantur homines?"

Subito – dum cavea clamat – Memmius prorumpitur et improviso
rete super Lydi caput iacit, ille prosternitur impetu subito ad pedes 20
Memmii et reti involutus humi trepidat pisci capto similis.

Clamor ingens, plausus: „Habet! Actum est de te, Lyde! Macte!
Bene! Laudo!"

Iam audiebantur voces: „Iugula!" et contra: „Mitte!"

Memmius, dum adversarium pugione iugulare parat, editoris vul- 25
tus observabat. Crescebat clamor: „Iugula! Mitte!" – tandem M. Op-
sius, muneris editor, iudicavit: „Mitte!" et, quamquam a multis ex-
sibilabatur, Lydus missus est; Memmius autem magno cum plausu
praemiis est ornatus.

Aristoxenus: „Hic eventus mihi gratus videtur. Olim enim dicunt 30
gladiatores victos et adhuc semivivos necatos esse a servis, qui tamquam Charon vestiti erant et post necem horribilem populis nun-
tiaverunt: »Pugnam perfeci! Accepit hic, quae meruit.«!"

mit Seneca, *Epistulae morales* VII,5

▼ *Gladiatoren beim Kampf; Wandmalerei aus Mechern bei Merzig*

PENSA EXERCITANDA

Wh

❶ Armer Student

Studiosus iocosus, qui pecuniā ĕgebat, libros suos vendidit. Deinde patri libros iam se alere litteris nuntiavit.

Was ändert sich im Lateinischen, was im Deutschen, wenn aus dem studiosus eine *studiosa* wird?

> vendidi: vendere

❷ Tapfere Helvetier

Caesar äußert sich über den Grund für die Tapferkeit der Helvetier:

Helvetii reliquos Gallos virtute praecedunt, quod fere cottidianis proeliis cum Germanis contendunt, cum aut suis finibus eos prohibent aut ipsi in eorum finibus bellum gerunt.

Worauf verweist *suis* bzw. *eorum*? Wie kannst du die deutsche Übersetzung eindeutig machen?

F 1
Zuordnung

Verbinde die Pronomina mit den passenden Substantivformen. Es gibt jeweils nur *eine* Lösung.

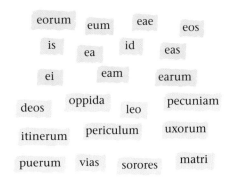

S/F
Spott

Thāis hăbet nigrōs, nĭveōs Laecānia dentēs.
  Quae ratiō est? Ēmptōs ___ habet, ___ suōs.

Martial V 43

Ergänze **illa** bzw. **haec**, so dass die Zuordnung die Pointe stützt.

F 2
Eine vielfältige Endung: -us

Welcher der folgenden Sätze ist richtig?

a) Mercator	?	servus fructus cibus	emit.
b) Horreum	?	victus caseus gallus	plenum est.
c) Exercitus Opus Ventus	?	mercatoribus	usui sunt.
d) Litus Portus Corpus	?	nautis	notum est.

F 3
Aristoxenus und Gaius

Hōc in libro iam multa legisti de Aristoxeno Gaioque amicis: ***Aristoxeni*** patria est Ephesus, illa urbs, quae in Asia sita est, ***Gai*** pater colonus Italicus est. Itaque ***Aristoxenus*** vir urbanus, vir rusticus ***Gaius*** est.

Aristoxenus iter Romam facit, quod pater ei negotia tibi adhuc ignota dedit; ***Gaius*** iter incipit, quod officina corruit; praeterea ***Aristoxenum*** vitam beatam agere putat et terras alienas cognoscere vult.

Gaio valde placet cum ***Aristoxeno*** terras circumire, amicus enim multas fabulas scit, quae ***Gaio*** gaudio sunt. Iter et ***Aristoxeno*** et ***Gaio*** felix faustum fortunatum sit. (*… möge … glücklich, günstig und gedeihlich sein.*)

a) Ersetze die hervorgehobenen Namen dort, wo du es für angemessen (d. h. sprachlich besser) hältst, durch die jeweils passende Form des Demonstrativpronomens **hic** oder **ille**.

◆ S 1
Ein Durcheinander

In der Komödie „Mīles glōriōsus" des Dichters Plautus (254–184) wird in einer Szene der Sklave Sceledrus in einem Verwirrspiel auf den Arm genommen. Palaestrio ist ein ·in die Intrige eingeweihter Mitsklave, Philocomasium die junge Frau, die eine Doppelrolle spielt, um die sich das Verwirrspiel dreht:

SCELEDRUS: *Jetzt bin ich so durcheinander, dass ich gar nicht mehr aus noch ein weiß:*

◀ *Komischer Schauspieler; Wandgemälde aus Pompeji*

... ista non est **haec**, neque **haec** ista est. ...
Palaestrio! Oh! Palaestrio!

PALAESTRIO: Oh Sceledre! Sceledre! – Quid vis?

SCELEDRUS: **Haec** mulier, quae modo ex **hac** nostra domo exiit, amica domini mei est.

PALAESTRIO: Ita apparet.

SCELEDRUS: Sed dic mihi: Quomodo **haec** ab **ista** vestra domo in **hanc** nostram domum ire potuit – si vera amica domini est?

PALAESTRIO *schlägt vor, die Frau zu fragen:*
En, Philocomasium! Quid **istud** est? Quid tu in **illa** domo fecisti?

SCELEDRUS: Nihil respondet ...

Philocomasium und Palaestrio verschwinden von der Bühne.

SCELEDRUS: Abiit **illa** et abiit ille. Certe **illa** quidem nunc est **hac** in domo.

Das Verwirrspiel geht noch etwas weiter – es löst sich eigentlich erst ganz zum Schluss auf – für den Sklaven Sceledrus.

a) Übersetze den Text. Worauf verweisen die Formen von **hic, iste, ille**?

b) Versucht einmal, den Text zu spielen und dabei die Gestik der Schauspieler nachzuvollziehen.

22 **F 4**
Störenfriede I

usui	ista	litoris	fructuum
exercitui	ea	istis	negotium
habui	illa	classis	corporum
sumptui	mea	militis	partium

✦ ü **2:**
Wer oder was ist passiv?
Finde die richtige Übersetzung für die folgenden Beispiele (→ CG 6.5.3):

① Puer parvus a matre lavatur.
Pueri in flumine lavantur.

② Saxum movetur.
Saxum terrae motu movetur.

> motus, -ūs m: ⟨?⟩ (movere)

③ Vitrum a puero frangitur.
Fortuna vitrea (aus Glas) est: Tum, cum splendet (glänzt), frangitur.

④ Hodie munus gladiatorium datur. Undique *concurritur*, undique *ridetur*.
Was haben die hervorgehobenen Verben gemeinsam?

⑤ Aus einem Lateinbuch von 1834:
Olim pueri in schola multa didicerunt.
Hodie autem luditur, cantatur, salitur.
Erkläre die unterschiedliche Aussageabsicht beider Sätze.

⑥ Aus dem *Zwölftafelgesetz* (451 v. Chr.):
Legibus duodecim tabularum scribitur hominem mortuum in urbe neque sepeliri neque uri licere.

⑦ Spruch:
Tempora mutantur, nos et mutamur in illis.
lies: ... et nos mutamur ...

F 5
Störenfriede II

occupor	capi	muneri	fructus
imperator	dici	sorori	fractus
vocor	clari	portari	portui
videor	occupari	portui	actus

S 2
Schlägerei im Amphitheater
Als Aristoxenus und Gaius mit Artorius zu den Gladiatorenkämpfen gehen, kommt Norbanus auf eine blutige Schlägerei im Amphitheater von Pompeji zu sprechen, die zur Zeit des Kaisers Nero großes Aufsehen erregt hatte:

Livineius Regulus gladiatorium spectaculum ediderat. Coloni Nucerini Pompeianique illam caedem atrocem fecerunt. **Initium leve lasciviam oppidanam incitaverat.** Primum spectatores probra, deinde saxa, postremo ferrum

▲ *Streit zwischen Pompejanern und Nucerinern im Jahre 59 n. Chr.; Wandgemälde aus Pompeji (Archäologisches National-museum Neapel)*

sumpserunt. Plebs Pompeianorum colonos Nu-cerinos vicit. Ergo Pompeiani multos Nucerinos vulneratos in urbem deportaverunt, ac plerique liberorum aut parentum mortes deflebant. **Tunc senatus Romanus in decem annos Pompeianos muneribus gladiatoriis prohibuit, Livineium autem exilio multavit.**

a) Übersetze.
b) Setze die fett gedruckten Sätze ins Passiv. Welche Akzentverschiebung in der Aussage lässt sich feststellen?
c) Die geschilderten Ausschreitungen sind für das Jahr 59 n. Chr. bezeugt. Wie beurteilst du die vom römischen Senat verhängten Strafen?

 W
„Verstärkung"
Wie du an dem dir schon bekannten Wort „per-multi" (sehr viele) erkennen kannst, kann die Vorsilbe „per-" die Wortbedeutung verstärken. Ähnliches gilt für die Vorsilbe „prae-". Was bedeuten demnach:
a) perantiquus, perbonus, perfacilis, pergratus, perceler, perdives, permagnus, perparvus, pergravis, permulti?
b) praealtus, praeclarus, praedulcis, praedurus, praegravis, praeparvus, praenobilis, praeferox, praevalidus?

T

Hannibal

Tiere wurden in der Antike nicht nur zur Unterhaltung der Zuschauer bei sog. „venationes" eingesetzt, sondern auch im Krieg, wie das folgende Beispiel allerdings in besonderer Weise belegt.

Obwohl Hannibal längst geschlagen war, versuchte er weiterhin, seinen Erzfeinden, den Römern, zu schaden. So half er in seinen letzten Lebensjahren seinem Freund Prusias, dem König von Bithynien, gegen den König Eumenes von Pergamon, einen Römerfreund:

Ille Prusias ante pugnam navalem Hannibalem classi suae praefecit. Hic primum permultas serpentes venenatas a nautis illius colligi iussit. Serpentes a nautis collectae et in vasa fictilia coniectae sunt. Deinde Hannibal dux milites convocavit; eis insidias suas ostendit et classem in duas partes divisit: „Vos, pars prima, serpentes conicite in hostium naves. Vos autem, pars altera, universi unam Eumenis navem petite, ceteras naves neglegite." Tum tabellarium in scapha ad Eumenis navem misit; qui regi epistulam tradidit. Is eam legit et nihil aliud in ea invenit nisi ludibria; quam ob rem statim proelium commisit. Hannibal, quod hoc exspectaverat, signum nautis dedit: Alii milites Eumenem petiverunt, alii classi eius appropinquaverunt et vasa fictilia in naves iecerunt. Hostes, postquam naves suas plenas esse serpentium viderunt, cuncti perterriti puppes verterunt et se ad sua castra nautica rettulerunt. Eumenis navem autem, quod sola relicta erat, Hannibal facile vicit.

Lies zuerst den ganzen Text.

a) Stelle alle Wörter zusammen, die wiederholt vorkommen. Welche weiteren Wörter kannst du diesen Gruppen als Wortfeld zuordnen? Welche Vermutungen ergeben sich hieraus über den Inhalt der Geschichte?

b) Die Erzählung lässt sich in drei Hauptabschnitte gliedern. Welche Konnektoren markieren diese Abschnitte?

c) Untersuche, auf wen die Pronomina des Textes verweisen.

d) Übersetze.

 R

Elemente

Die Frage nach den Grundbausteinen der Welt steht am Anfang der abendländischen Philosophie. In der Antike setzte sich die Lehre von den vier Elementen durch: Feuer, Wasser, Erde und Luft. Ihre vielfältige Mischung bedingt die Vielfalt der Dinge in der Welt. Diese Ansicht galt bis weit in die Neuzeit.

Der folgende Text stammt von dem Humanisten **Melanchthon** (1549), der Schülern und Studenten der Naturwissenschaft diese Elementenlehre vermittelt:

Quid est Elementum?

Elementum est corpus, ex quo mixtum componitur.

Quot sunt Elementa?

Magna fuit vanitas ingeniorum. [...] Democritus dixit infinita esse elementa, Anaxagoras unicum tantum. At communis sententia [...] est praeter coelum quattuor esse corpora simplicia et prima [...] scilicet:

Ignem, Aerem, Aquam et Terram.

Qualitates:

Ignis calidus est et siccus,

Aer calidus et humidus,

Aqua frigida et humida,

Terra frigida et sicca.

Der griechische Philosoph Demokrit lebte im 5. Jh. v. Chr. Die von ihm angenommenen Grundbausteine der Welt heißen lateinisch individua. Ihre griechische Bezeichnung ist heute Allgemeingut. Wie heißen sie?

◆ **K**
Aenigma triangulatum
Trage die Übersetzung der folgenden Wörter waagerecht in die freien Felder des Dreiecks ein. Bei richtiger Lösung findest du an den Seiten des Dreiecks zwischen den Händen drei Wörter, die, in richtiger Reihenfolge gelesen, ein bekanntes Sprichwort ergeben.

aus – mich – dann – oder – jene (f. Sg.) – niemand – dennoch – durch den Gebrauch – sie (f. Sg.) – mit Gewinn – (er, sie, es) wäscht

⭐ **Itinera Europaea**
Stadien
Ankündigung von Gladiatorenkämpfen auf einer Hauswand in Pompeji:

Suetti Certi aedilis familia gladiatoria pugnabit Pompeis pr(idie) k(alendas) Iunias. Venatio et vela erunt.

(CIL IV 1190)

Das Graffito verweist auf eine besondere Attraktion, mit der die Besucher vor der Sonne geschützt wurden: Es gab „vela", Sonnensegel. Auch das größte Amphitheater der Antike, das Kolosseum in Rom, konnte diese Annehmlichkeit bieten, so dass ca. 75 000 Zuschauer im Schatten sitzen konnten. Die Abbildung links veranschaulicht, wie dies ausgesehen haben könnte.

Der ovale Grundriss der Amphitheater ist in den modernen Sportstadien gut wiederzuerkennen. Dabei wollen auch die Menschen der Gegenwart auf den Schutz vor Witterungseinflüssen nicht verzichten. Ein gutes Beispiel bietet das neue Gottlieb-Daimler-Stadion in Stuttgart, Schauplatz der Leichtathletikweltmeisterschaften 1994. Die Luftaufnahme zeigt dir zudem, dass die antiken „vela" in moderner Form wieder „aufgezogen" worden sind.

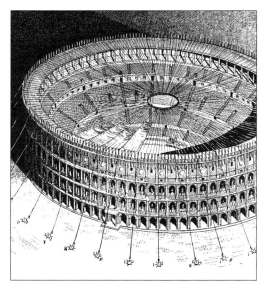

▼ *Das Gottlieb-Daimler-Stadion in Stuttgart*

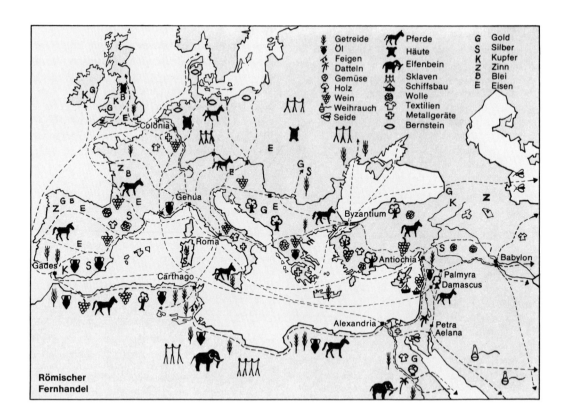

Römischer
Fernhandel

Der Fernhandel ▬▬▬▬▬▬▬

Der überwältigende Teil aller nach Italien eingeführten Waren gelangte per Schiff über das Mittelmeer in einen der zur Versorgung Roms dienenden Seehäfen, Puteoli oder Ostia. Vor allem Getreide wurde eingeführt. Dieser Wirtschaftszweig war so wichtig, dass die Aufsicht der kaiserlichen Verwaltung oblag, obwohl der Handel selbst in Privathand war. Beispielsweise wurde die Getreideflotte auf ihrer Fahrt von Alexandria zum Schutz gegen Überfälle von Kriegsschiffen begleitet. Aufkauf des Getreides durch den Staat und Lagerung waren straff organisiert. In Ostia wurde die Ware auf Flusskähne umgeladen und tiberaufwärts bis zu Roms Flusshafen, dem *Emporium,* getreidelt, wo sie in großen Getreidespeichern gelagert wurde. In ihrer Nähe befand sich der Getreidemarkt, das *Forum Pistorium,* auf dem sich die Bäcker (pistōrēs) mit Getreide versorgten.

Auch sehr lebhaft, aber vom Volumen nicht mit dem Kornhandel zu vergleichen, war der Handel mit Textilien, vor allem Leinen und Wolle, und mit Erzeugnissen aus Keramik, um die Massenkonsumartikel zu nennen. Dabei muss man bedenken, dass der normale private Verbrauch sich nur auf die Bereiche Nahrung, Kleidung und Hausrat bezog – so war es übrigens bis zum Beginn der industriellen Revolution im 19. Jahrhundert!

Eine weitere Gruppe von Importwaren bestand aus Luxusgütern wie Gewürzen, Duftstoffen (aus Arabien), Papyrus (aus Ägypten), Bernstein (aus Nordeuropa) und Seide (aus China über die Seidenstraße). Solche Waren kosteten deshalb sehr viel, weil jeder Zwischenhändler daran verdienen musste und weil beim Überschreiten einer Zollstation – insgesamt 14 Zollbezirke gab es im Römischen Reich – jeweils mindestens 2 % des Warenwertes zu zahlen war.

Der Warenumfang insgesamt, einschließlich der Transporte von Tieren, Marmor, Metall etc., war gewaltig, weshalb die Häfen ständig ausgebaut und die Nachtschifffahrt durch Errichtung von Leuchttürmen ermöglicht wurde.

Die Gladiatorenkämpfe ▬▬▬▬▬

Unterhaltung für die Massen

Galt die Leidenschaft der Griechen sportlichen Wettkämpfen wie Leichtathletik, Speerwurf, Ringen oder Wagenrennen, so die der Römer den Gladiatorenkämpfen, Tierkämpfen und auch den Wagenrennen.

Für die Wagenrennen (lūdī circēnsēs) bauten die Römer langovale Anlagen mit Zuschauertribünen an den Langseiten und Pferdeställen an einer Schmalseite; die berühmteste und größte war der Circus Maximus in Rom, am Fuße des Palatins.

Der Ursprung der Gladiatorenkämpfe

Gladiatorenkämpfe, das sind Zweikämpfe zwischen gleich bewaffneten und gerüsteten Männern, wurden ursprünglich bei den Etruskern aus Anlass einer Leichenfeier von den Söhnen des Verstorbenen ausgerichtet. Diese Gladiatoren kämpften freiwillig gegeneinander auf Leben und Tod; sie stellten so Mut, ihre Unerschrockenheit und Todesverachtung (virtūs) unter Beweis, was bei den Mitbürgern allerhöchste Anerkennung und Bewunderung auslöste.

Wie beliebt diese Zweikämpfe bei den Römern seit alters waren, zeigt ein Vorfall aus dem 2. Jh. v. Chr.: Zeitgleich mit der Aufführung einer Komödie fanden auf dem Forum anlässlich einer Leichenfeier Gladiatorenkämpfe mehrerer Paare statt. Als die Zuschauer dies gewahr wurden, rannten sie zum Forum, um den Spielen zuzusehen, die Theateraufführung aber musste mangels Zuschauern abgebrochen werden.

Da die Zweikämpfe nicht nur als äußerst spannend empfunden wurden, sondern auch dazu angetan waren, beispielhaft im Hinblick auf Mut, Ausdauer, Geschicklichkeit und andere soldatische Tugenden zu wirken, war der Gedanke nahe liegend, solche Spiele auch ohne den Anlass einer Leichenfeier zu veranstalten, womit die Loslösung aus ihrem ursprünglichen Zusammenhang und ein beispielloser Aufstieg dieser Art der Darbietung ihren Anfang nahmen.

Die Amphitheater

Zur Zeit der Republik hatte man in Rom leicht wieder zu entfernende Holztribünen auf dem Forum Romanum aufgestellt, wenn ein Magistrat Spiele (mūnera) veranstaltete. Als das nicht mehr genügte, baute man Amphitheater, deren Tribünen mehr Zuschauern Platz boten. Sie bestanden zunächst aus Holz, erst seit der Kaiserzeit wurden sie aus Stein errichtet. Die größten und prächtigsten Amphitheater Italiens stehen noch heute in Rom, Verona, Pozzuoli und Capua. Auch in deutschen Römerstädten sind die Überreste von Amphitheatern zu besichtigen, so in Trier und Xanten.

Die Gladiatoren

Zum Gladiator ausgebildet wurden Sklaven oder Freie (verurteilte Verbrecher, Verarmte oder Verschuldete). Vor ihrem Auftritt lebten und trainierten sie unter strenger Aufsicht in Kasernen; sie unterstanden in Rom einem vom Kaiser eingesetzten Beamten, in anderen Städten einem lanista, dem Besitzer und Leiter einer Gladiatorenschule, der oft dem Halbweltmilieu zugehörte. Sie wurden von einem ehemaligen Gladiator trainiert.

Am Vorabend des großen Tages gab es für alle Gladiatoren ein Festessen, für viele die letzte Mahlzeit ihres Lebens, galt es doch, im Kampf den Gegner zu töten, um nicht selbst getötet zu werden.

Die Kampfregeln

Da die Spiele sich jahrhundertelang bis zu ihrem Verbot im Jahre 404 größter Beliebtheit erfreuten, wurden ständig neue Kampfarten erfunden. Traditionell war der Kampf eines „Samniten", der mit Schwert und Schild bewaffnet gegen einen „Thraker" mit Krummsäbel und kleinerem Rundschild antrat. Der Kampf war beendet, wenn einer getötet war oder verwundet aufgab; dann entschied der Kaiser, der dabei den Willen der Zuschauer berücksichtigte, ob er sterben musste oder nicht: Schrie das Volk „iugulā!", „töte ihn!", dann wies er mit dem Daumen nach unten und der Sieger tötete den Verletzten, der ihm seinen Hals zum Todesstoß hinhalten musste.

Auch für gut ausgebildete Kämpfer gab es aussichtslose Partien, z. B. den „Zweikampf ohne Ende" (mūnus sine missiōne), bei dem der jeweils Getötete von einem neuen Gladiator ersetzt wurde, so dass auch der Stärkste, der ja nach jedem Sieg einem ausgeruhten Gegner gegenüberstand, nach mehreren Kämpfen sein Leben verlor.

Am abstoßendsten waren sicher die als Volksbelustigung durchgeführten Hinrichtungen, der „Kampf" eines Delinquenten ohne Waffen gegen hungrige Raubtiere, oder der „Kampf" eines Bewaffneten gegen einen Unbewaffneten.

Der Sieger – Star in der Öffentlichkeit

Der Sieger verließ die Arena als freier Mann und erhielt noch in der Arena als Siegprämie eine mit Goldstücken gefüllte Silberschale und hätte danach ein gutbürgerliches Leben beginnen können, aber mancher erfolg-

reiche Gladiator bevorzugte dennoch das Leben in der Kaserne und in der Arena, die er gerade erst als Star verließ, bewundert und verehrt insbesondere von den Frauen. Das gesellschaftliche Ansehen von Gladiatoren war zwar ebenso gering wie das von Schauspielern; wegen ihres Mutes und ihrer Todesverachtung aber wurden sie nach wie vor bewundert, auch von manchen Literaten wurden sie deshalb als Vorbilder der Gesellschaft gerühmt.

Die Fans

Die Zuschauer feuerten ihren Favoriten lautstark an; da viele Römer Wetten abgeschlossen hatten, muss die Stimmung und die Spannung während des Kampfes im stets überfüllten Amphitheater unbeschreiblich gewesen sein. Die zahlreichen Inschriften, Graffiti und Bilddarstellungen mit dem Thema „Gladiatoren" zeigen, dass für manchen Römer die Spiele mehr als nur ein Freizeitvergnügen waren, sie müssen für viele das Wichtigste im Leben gewesen sein. Diese Leidenschaft nutzten die römischen Kaiser, um sich Ansehen beim Volk zu verschaffen. So gab Kaiser Trajan im Jahr 109 n. Chr. Spiele, die vier Monate dauerten, bei denen insgesamt 10 000 Gladiatoren gegeneinander kämpften, wie der römische Historiker Cassius Dio berichtet. Den Überlebenden schenkte der Kaiser die Freiheit.

Die Sage der Sibylle

Mythen und Legenden der Frühgeschichte

Ihre Sagen betrachteten die Römer als *historische* Geschichte vor und nach der Gründung Roms. Eine dieser historischen Sagen, die sehr deutlich die enge Verknüpfung der römischen mit der griechischen Sagenwelt zeigt, handelt von der *Sibylle*.

Sibyllen hießen einst die Seherinnen des Gottes der Wahrsagekunst, Apollo; eine von ihnen, seine Priesterin in der in Süditalien gelegenen griechischen Stadt *Kyme,* wurde so berühmt, dass die Bezeichnung „Sibylle" zu ihrem Namen wurde und man bald nur noch sie als „Sibylle" bezeichnete.

Vergil schildert in seiner *„Aeneis",* wie die Sibylle dem Helden Aeneas hilft: Sie sagt ihm seine künftigen Kämpfe und Siege voraus und geleitet ihn in die Unterwelt (wie Odysseus in der *Odyssee* in die Unterwelt

◄ *Bildfelder aus dem Mosaik der Villa von Nennig (zwischen Trier und Metz gelegen); 1. Hälfte des 3. Jh. n. Chr.*

① *Musikanten*
② *Tiger und Esel*
③ *Bärentanz*
④ *Peitschenkämpfer*
⑤ *Erlegter Panther*
⑥ *Kämpfende Gladiatoren mit Schiedsrichter*

hinabsteigt) zu seinem Vater Anchises. Der Eingang zum Hades lag traditionell in der Nähe von Kyme (lat. Cumae) am Averner See.

Die „sibyllinischen Bücher"

Nach der Sage soll die Sibylle von Cumae beim damaligen König Tarquinius Superbus, dem letzten der sieben etruskischen Könige, der um 500 v. Chr. von den Römern verjagt wurde, in Rom erschienen sein und ihm neun Bücher zum Kauf angeboten haben. In diesen Büchern sollte alles geschrieben stehen, was die Zukunft brachte. Tarquinius lehnte das Angebot ab, daraufhin verbrannte die Sibylle drei Bücher, kehrte zum König zurück und verlangte das Doppelte ihres vorigen Preises. Tarquinius ließ sie wieder aus dem Palast jagen und sie verbrannte weitere drei Bücher. Nachdem sie erneut Zutritt beim König erwirkt hatte, verlangte sie für die drei restlichen Bücher das Doppelte der vorherigen Forderung. Tarquinius war beeindruckt und erwarb die Bücher, die später im römischen Kapitol aufbewahrt wurden und die „sibyllinischen Bücher" genannt wurden. Eine ständige Kommission von Weisen konsultierte diese Bücher, um nützliche Hinweise für die Staatsführung daraus zu entnehmen. Als z. B. im Jahr 205 v. Chr. die sibyllinischen Bücher befragt wurden, kam die Antwort, dass Hannibal Italien verlassen würde, wenn man die Große Mutter nach Rom brächte. Kybele, in Form eines schwarzen Meteorsteins, hielt mit festlichem Gepränge Einzug in Rom, und tatsächlich verließ Hannibal im folgenden Jahr Italien.

Die Bücher wurden bei einem Brand 83 v. Chr. vernichtet und durch eine neue Sammlung ersetzt, die aus den Überlieferungen anderer berühmter Orakelstätten stammte, aus Samos, Delphi, Ephesos.

Die Sage der Deïphobe

Die Sibylle von Cumae hieß mit eigenem Namen Deïphobe; Apollo liebte seine Priesterin so sehr, dass er ihr einen Wunsch erfüllen wollte. Deïphobe nahm den feinen Sand des Strandes unterhalb ihrer Wohnstatt in die Hände, ließ die Körner durch ihre Finger gleiten und bat darum, so viele Jahre leben zu dürfen, wie Sandkörner durch ihre Finger liefen; es waren tausend. Sie vergaß jedoch, darum zu bitten, dass ihre Jugend bewahrt bliebe, und so wurde die Sibylle alt und so hässlich, dass sie sich denen, die sie um einen Orakelspruch befragten, nicht mehr zeigte, sondern in einer Grotte tief unter der Erde weissagte. Sie war es, die schon in hohem Alter dem Tarquinius die Bücher anbot. Schließlich war sie so alt, dass sie, völlig eingeschrumpft, in einer von der Höhlendecke herabhängenden Flasche hockte (s. Text der Lektion).

24 „Nāvigāre necesse est!"

▲ *Eine villa maritima; Fresko aus dem Haus des Menander in Pompeji*

Nach einigen Tagen, in denen sie die Gastfreundschaft des Artorius genießen, lassen sich Gaius und Aristoxenus von einem Geschäftsfreund des Artorius zurück nach Puteoli bringen. Der vermittelt ihnen auch die Möglichkeit mit einem Schiff, das seine Waren nach Ostia, dem Hafen Roms, bringen soll, mitzufahren.

Den Esel hatten sie schon in Capua verkauft; in der nächsten Zeit hatten sie keine Verwendung für das Tier und gegebenenfalls wäre es ein Leichtes, in Rom oder anderswo einen anderen Esel zu erstehen. Sie freuen sich nun auf die Seefahrt.

Bāiae, Formiae, Antium: elegante Küstenstädte zwischen dem Golf von Neapel und Rom; u. a. dort hatten Kaiser und reiche Leute ihre Prachtvillen.

Aristoxenus: „Puto equidem iucundum non esse pedibus vel raedā per Baias, Formias, Antium et cetera loca iter facere, ubi nobiles divitesque homines confluunt ad se recreandum. Mirum: qui totā vitā nihil agunt nisi inania, a nihil agendo hic se recreant!"

Gaius ridet: „Nos autem, homines probi, laborando atque multa et utilia agendo vitam nostram agimus!" 5

Aristoxenus quoque ridet: „Dixisti! Et nunc sicut viri vere Romani navigandi pericula suscipimus – navigare necesse est!"

25 Entlang an der Küste Kampaniens

Rechtzeitig werden die beiden am Tag der Abfahrt von Artorius' Geschäftsfreund zum quirligen Hafen von Puteoli gebracht; schnell haben sie das richtige Schiff – ein Frachtschiff – gefunden.

Dies tranquillus erat, mare lentum; nautae iam navem ad educendum parabant. Artorii amicus adulescentes gubernatori adduxit: „Vectores tibi adulescentes probos adduco, Marce ... vel certe speciem virorum proborum praebent. Ostiam hos tecum duc, quaeso."

Annuit gubernator, secum autem cogitabat: „Haec est navis oneraria, venalibus rebus constructa, non vectoribus!" 5

Iuvenes laeti navem ascenderunt – et haec statim vento tradita est. Deinde leniter vehebantur per pulchram Campaniae oram, praeter

▲ *Römisches Handelsschiff; Modell*

villas maritimas divitum hominum. Dum faciē orae delectantur,
10 Aristoxenus severe: „Talibus in aedibus Ephesi habitamus", inquit,
„et parentes et ego – habita*vit* frater quoque meus."

Gaius curiose interrogavit: „Quid de fratre tuo? Estne ille mortuus?"

Aristoxenus respondit: „Profugus, non mortuus – haec quidem spes
me tenet ... Tamen vir bonae fidei est ... crede mihi. Perniciei ei fuit
15 illa Lex Iulia vel potius Roma ipsa, illud »caput rerum«, quod oratores auctoresque laudant ... Sed die tam pulchro de rebus adversis
narrare nolo ..."

lēx Iūlia: Römische Gesetze
trugen oft den Namen des Po-
litikers, der für ihre Durchsetzung gesorgt hatte *(warte das
Ende der Geschichte ab!)*

Sturm auf See

26 ═

Dum talia loquuntur, inhorruit mare et nubes undique tenebris
diem obruerunt. Discurrerunt nautae ad officia, vela tempestati
subduxerunt et remis usi sunt. Iuvenes tamen in puppi morabantur
– admirabantur undas, quarum aliae alias persequi videbantur; et
5 Aristoxenus recitavit:

„Quōcumque aspiciō, nĭhĭl est nĭsĭ pontus et āĕr,
flūctibus hīc tŭmĭdus, nūbibus ille mĭnāx!"

Dum versūs dulces Ovidii poetae recitat, gubernator iratus in
utrumque vehementer invectus est: „Etiamnunc vitā vestrā otiosā

▼ *Die Fabelwelt des Meeres;
Mosaik in Piazza Armerina/Sizi-
lien (Ausschnitt)*

Dīus Fĭdius: der Gott der Treue; als Ausruf zur Bekräftigung eines Schwurs gebraucht

fruimini? Hac tempestate mare undasque intuemini?! Me Dius Fi- 10
dius! Auxiliamini! Adeste nobis! Remis utimini sicut ceteri!"

Aristoxenus Gaiusque statim gubernatorem secuti sunt. „Neptunus
navi irascitur – et nobis nauta!" iocose Aristoxenus questus est.

mit Motiven aus Petron 114; Ovid, *Tristia* 1, 2, 23–24

▬ 27 Ankunft bei Nacht

Sub noctem Ostiae portui appropinquabant, tempestas resederat.
Procul iam lux quaedam aspiciebatur. Gubernator, qui oblitus esse
videbatur irae periculique maris, amicis explicavit: „Videtisne illam
turrim magnam? Nonnullos nautas iam a morte servavisse dicitur!

Claudius: der vierte römische Kaiser (41–54 n. Chr.)

Claudius princeps eam exstruxit: Qua e turri, ut e Pharo Alexan- 5
driae, noctibus ignes emicant, qui micando naves ad portum regunt.
Fateor: Gratias ago huic turri, quod noctes illustrat!"

Phăros/Phărus: Insel gegenüber Alexandria, auf der der gleichnamige berühmte Leuchtturm stand, der als eines der sieben Weltwunder galt

Dum navem diligenter in portum dirigit, molem ostendit, in qua
turris exstructa erat: „Ad portūs introitum imperator Tiberius hanc
molem statuit. Quia mare iam valde profundum est, hoc loco antea 10
illam navem lapidibus onustam demerserat, quā magnus obeliscus
ex Aegypto erat advectus."

▼ *Ankunft im Hafen von Ostia; rechts der Kapitän beim Dankopfer an Poseidon; Relief des 2. Jh. (Rom, Sammlung Torlonia)*

Tandem navis appulsa est; iam gubernator primus in Ostiae taber-
nas profectus erat ...

unter Verwendung von Sueton, *Caligula* 46 und *Claudius* 20

◄ *(zu Text 25) Mittelmeerische Landschaft mit Muschel- und Amphorenverkäufern; Mosaik in Bad Kreuznach*

▼ *Odysseus und die Sirenen. Attischer Stamnos. London, British Museum*

Auf diesem Vasenbild aus dem 5. Jahrhundert v. Chr hat der griechische Künstler versucht, die entscheidende Phase des Sirenenabenteuers darzustellen. Der Gesang der Sirenen verzauberte die Menschen; wer ihm erlag, war des Todes. Odysseus jedoch war von der Zauberin Kirke gewarnt worden. Deshalb gelang es ihm, den Verlockungen zu trotzen. Er erzählt:

Sirenes, postquam navem nostram insulae suae … viderunt, statim initium … fecerunt. Quae non modo vocum suavitate aut novitate et varietate … animos nautarum capiebant, sed etiam quod se … sapientes dicebant. Ita permulti viri aut cantus … aut scientiam … cupidi mortem obierant. Animum meum autem … non potuerunt. Sociis enim cerā aures obturaveram meque ad malum … iusseram. Quamquam ergo in … voces suaves Sirenum … potui, pericula effugimus.

PENSA EXERCITANDA

Wh 1
Geflügelte Worte I
a) Aut prodesse volunt aut delectare poetae. *(der Dichter Horaz)*
b) (Id verum est), quod in carminibus Appius ait, fabrum esse suae quemque fortunae. *(der Historiker Sallust)*

> Appius Claudius: Konsul 307 v. Chr. ● fǎber, -bri: Handwerker, *hier ?* ● quemque *(Akk.):* jeden

c) Über das Leben:
Vivere, Lucili, militare est. *(der Philosoph Seneca)*

> militare: ◇ (miles, -itis) ● Lucilius: Freund Senecas

● Beschreibe die Aufgaben der Infinitive.
● Diskutiert die Auffassungen, die in den drei Beispielen zum Ausdruck kommen.

E/T
Sirenengesang
Der griechische Dichter Homer berichtet in der Odyssee von den vielen Abenteuern, die der berühmte Held Odysseus bestehen musste, bevor er die Heimat wieder erreichte; dazu gehörten auch die Verlockungen der Sirenen.

a) Beschreibe das Vasenbild. Welches Aussehen haben die Sirenen?
b) Vervollständige den Text mit Hilfe der Verbformen aus dem Kästchen und übersetze.

> appropinquare – audiendi – audire – cantandi – cantandi – constringi – esse – navigando – parandi – capere.

❖ W 1
Ein Wort – viele Bedeutungen
Wörter sind Bezeichnungen für oftmals sehr Verschiedenes. Der gemeine Sinn – die Bedeutung

– eines einzelnen Wortes ergibt sich erst aus dem Gesamtsinn des Textes und seiner Wörter (vgl. z. B. „Wirtschaft").

Lexika können jedoch nur die unterschiedlichen Bedeutungsfelder eines Wortes aufführen, deshalb muss der Übersetzer stets prüfen, auf welchen Sinn das einzelne Wort in dem ihm vorliegenden Text verweist. Dies kannst du üben an dem Wort „rēs". Ein bekanntes Lexikon nennt folgende Bedeutungen:

---

rēs, rĕī f:

1. Besitz, Habe, Vermögen
2. Sache, Ding, Gegenstand, etwas
3. *Pl.* Welt, Natur
4. (Sach-)Lage, Verhältnisse, Zustand
5. *(meist Pl.)* Herrschaft, Macht
6. Ursache, Grund
7. Geschäft, Unternehmen, Angelegenheit, Aufgabe
8. *(bei Historikern und Dichtern)* Staat, Staats-, Gemeinwesen
9. Vorbild, Nutzen, Interesse
10. Tat, Handlung
11. Kriegstat; Krieg, Kampf
12. Ereignis, Begebenheit; *bes.* geschichtliches Ereignis, *Pl.* Geschichte
13. Tatsache, Faktum
14. Wirklichkeit, Wahrheit
15. Wesen der Sache, Natur der Sache
16. Rechtssache, Prozess

Finde in den folgenden Beispielen die richtige Bedeutung für „rēs", und übersetze.

① Sprichwort:

Amore, more, ore, re probantur amicitiae.

② Der Philosoph Bodin formulierte im 16. Jahrhundert den folgenden Grundsatz des Merkantilismus:

Pecunia (Geld) nervus rerum.

③ Discipuli magistro illuserunt; quam ob (wegen) rem iratus est.

④ Der Historiker Sallust über sich:

Statui res gestas populi Romani ... perscribere.

⑤ Catilina handelte nach Meinung Sallusts bei seinem Plan eines Staatsstreichs aus folgendem Antrieb:

Agitabatur magis magisque in dies animus ferox inopia rei familiaris.

> familiaris, -e: ⬦ familia

⑥ Der Steuermann nimmt Aristoxenus und Gaius nur ungern mit:

Haec navis est rerum vehiculum, non vectorum.

⑦ In der vorletzten Strophe heißt es in dem bekannten Studentenlied „Gaudeamus igitur"

> vivat: *es lebe!*

Vivat et res publica et qui illam regit!

⑧ Caesar schildert die entscheidende Auseinandersetzung um die Freiheit Galliens. Als sich die Schlacht gegen die Gallier unter Vercingetorix auf dem Höhepunkt befindet, greifen die Römer sofort zum Schwert (gladius), ohne ihre Wurfspieße einzusetzen (omissis pilis):

Nostri omissis pilis gladiis rem gerunt.

⑨ Allgemeine Erfahrung:

Homines, qui magna voce salutem civium sibi curae esse clamant, re vera persaepe nulli rei nisi suis rebus consulunt.

◆ **S 1**
Geflügelte Worte II

a) Fama crescit eundo. (Vergil)

b) Gutta cavat lapidem non vi, sed saepe cadendo.

Wie heißt das entsprechende deutsche Sprichwort?

Der Theologe und Philosoph Giordano Bruno hat diesen Vers 1582 in einem Lustspiel variiert und erweitert:

Gutta cavat lapidem, non bis sed saepe cadendo:

Sic homo fit sapiens, bis non sed saepe legendo.

c) Suaviter in modo, fortiter in re.

Aenigma Latinum
e – zentral

a) Bilde 12 lateinische Wörter für die folgenden deutschen Bedeutungen, indem du den Buchstaben „e" im Kreis jeweils um 1 Buchstaben in den Sternen ergänzt, und zwar durch Vorsetzen (helle Seite) oder Anhängen (dunkle Seite).

aus – dich – du bist – Fragepartikel – ich gehe – ihm – mich – mit der Sache – sich – sie (f. Sg.) – und – von ... herab

___ _e_ ___   ___ ___ ___

b) Wenn du aus den zwölf ergänzten Buchstaben sechs auswählst, kannst du auf der freien Zeile mit Hilfe des vorgegebenen „e" zwei Wörter bilden, die einen Gegensatz bezeichnen.

6 S 2

Starke Männer

Unterscheide die Satzgliedfunktion der hervorgehobenen Wörter. Nach welchen Gesichtspunkten triffst du deine Entscheidung?

❶ Der Tod eines Athleten

Ein plötzliches Unwetter trieb den Athleten Polydamus und seine Kameraden in eine kleine Höhle, doch ein Wassereinbruch drohte, sie zum Einsturz zu bringen:

Spelunca **subito** labefactata est: comites **velociter** e spelunca se eiecerunt, Polydamus autem **solus** restitit; putavit enim se **solum** umeris molem montis sustentare posse. Sed **statim** mole oppressus est. Amici **attoniti** ruinam montis spectaverunt: Polydamus **unus** ex eis mortem obiit.

Erkläre die Funktion von Adverb und Prädikativum an Beispielen aus diesem Text.

❷ Die Kunst eines Arztes

Martial VIII, 74

Oplŏmăchus nunc es, fŭĕrās ophthalmĭcus ante.
    Fēcistī mĕdĭcus, quod făcis oplŏmăchus.

Welches deutsche Wort setzt du bei der Übersetzung von „medicus" und „oplomachus" in der zweiten Zeile ein?

Wh 2

„Und sie bewegt sich doch!"

Eine „überzeitliche" Diskussion

KOPERNIKUS (1473–1543):

„Iam Aristarchus mathematicus Alexandrinus dixit terram circum solem **moveri**."

MELANCHTHON (1497–1560):

„Quae stultitia! Terra immobilis est – non **movetur!**"

GALILEI (1564–1642):

„His nostris temporibus inter omnes viros doctos terram **moveri** constat!"

DISCIPULUS ALIQUI:

„Dicite mihi, viri docti: A quo terra **movetur?**"

KOPERNIKUS:

„Deus, qui omnia creavit, et terram **movet**."

Entscheide, ob die hervorgehobenen Verbformen aktivisch, reflexiv oder passivisch zu übersetzen sind.

W 2

Paarfindung

In der folgenden Sammlung von Prädikaten entsprechen sich je zwei Verben in ihrer Bedeutung.

a) Stelle die Verbpaare nach ihrer Bedeutung zusammen:

adhibetur – invectus est – conspiciuntur – intuentur – petiti sunt – utitur

b) Wähle von den zusammengestellten Verbpaaren jeweils das passende Prädikat für die Satzpaare:

① A tyranno crudeli vis ...

Tyrannus crudelis vi ...

② Gubernator in amicos ...

Amici verbis iratis a gubernatore ...

W 3

Schein oder Sein?

Als **Plinius** den Älteren die erste Nachricht vom Vesuvausbruch erreichte, wollte er Genaueres wissen. Sein Neffe berichtet:

Ascendit locum, ex quo miraculum illud bene **videri** poterat. Oriebatur nubes inusitatā magnitudine et speciē. Quod avunculo viro docto magnum **visum** est.

Erkläre, warum die hervorgehobenen Formen unterschiedlich übersetzt werden müssen.

F
Störenfriede

dei	dari	pernicie	iter
usui	dandi	principe	diligenter
uti	eundi	laete	vehementer
diei	mari	auctore	dulciter

◆ **W 4**
Mit Latein im Ausland
Welche lateinischen Spuren findest du auf den folgenden Wegweisern?

In **Rom**: *Foro Romano – Castel S. Angelo – Piazza del Popolo – Via Appia Antica – Stazione Termini*

In **Madrid**: *Plaza de Oriente – Palacio Nacional – Torre de Madrid (ein Hochhaus)*

In **Paris**: *Tour Eiffel – Pont-Neuf – Sacré-Cœur*

In **London**: *Buckingham Palace – Nelson Monument – Westminster Public Library*

In **New York**: *Empire State Building – Metropolitan Opera – Museum of Modern Art*

⭐ **Itinera Europaea**
„Himmlische" Antike

Der nächtliche Sternenhimmel war häufig Gegenstand religiöser Ehrfurcht und Anschauung. Davon zeugen die Sternbilder, deren Namen überwiegend aus der Antike stammen.

Die erste Sternenkarte der Neuzeit hat Albrecht Dürer 1515 als Holzschnitt gefertigt:

Die Abbildung (S. 84) zeigt Dürers Darstellung des nördlichen Sternenhimmels. Außerdem erscheinen in den Ecken vier Astronomen:

a) Suche die folgenden Sternbilder auf dem Bild Dürers:

Aquarius – Leo – Pegasus – T(h)aurus – Ursa maior – Virgo

Kannst du weitere Sternbilder erkennen?

b) Die Planeten unseres Sonnensystems:

Merkur – Venus – (Erde) – Mars – Jupiter – Saturn – Uranus – Neptun – Pluto

Welche römischen Götter kannst du unter den Planetennamen identifizieren? Ein Name bleibt übrig: Nimm gegebenenfalls ein Lexikon zu Hilfe!

c) Auch die neuzeitliche Astronomie benutzt Latein und antike Philosophen, z. B. zur „Lunagraphie". Die folgende Abbildung der Vorderseite des Mondes kann dir hiervon einen Eindruck vermitteln.

◆ **R**
Christinchen

Die Abbildung zeigt „Christinchen", das Siegel der – nach ihrem Gründer benannten – Christian-Albrechts-Universität zu Kiel.

a) Übersetze die Umschrift.

b) Versuche die Attribute zu deuten. Zu welchem Zweck könnten sie gewählt sein?

◆ **W 5**
Unbekannt und doch bekannt!

Die Bedeutung vieler Verben lässt sich aus einem Nominalstamm ableiten. Was bedeuten daher folgende Deponentien?:

admirari – dominari – irasci – laetari – negotiari – operari

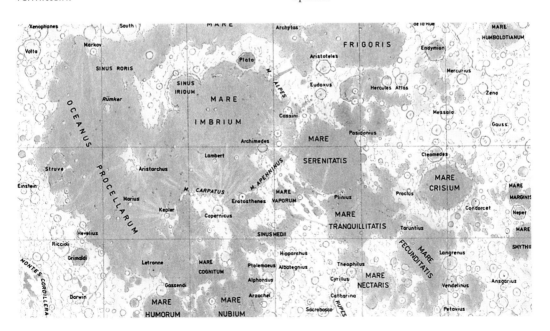

❖ **T**

Ein gefährliches Missverständnis

Bis zu Zeiten Martin Luthers war es für die meisten Bewohner der verschiedenen Länder des deutschen Kaiserreiches kaum möglich, sich ohne Probleme zu verständigen, da es keine gemeinsame Verkehrssprache gab (Gelehrte sprachen deshalb Lateinisch miteinander). So erklärt es sich, dass eine Reise innerhalb der Reichsgebiete gefährlich sein konnte, wie die folgende kleine Geschichte zeigt; erzählt hat sie **Heinrich Bebel**, ein Zeitgenosse Martin Luthers (Text z. T. verändert).

Drei Bayern reisten nach Norddeutschland, ins Gebiet des „Plattdeutschen". Müde und hungrig näherten sie sich einer kleinen Stadt. Während zwei zurückblieben, ging der dritte, der angeblich „Plattdeutsch" konnte, voraus, um einen geeigneten Gasthof ausfindig zu machen. Der Bayer wurde auch schnell „fündig":

Sed quamquam tardā suā linguā imprimisque crassā et durā cum caupone multa locutus erat, nihil tamen eorum intellexit caupo. Deinde dentes digitis monstrando edendi cupiditatem significavit. Tum caupo eum dolore dentium laborare existimavit; itaque hospitem alienum ad medicum dentarium deduci iussit.

Medicus, quod Bavarus ille dentes monstrare perrexit, sententiam cauponis secutus est illique dentes duos evellit radicitus. Quare ille iratus ex oppido exiit, ad suos comites pervenit dixitque: „O fratres mei, per fidem meam dico vobis periculum mortis isto in oppido nobis imminere. Nihil nisi peritia mea me servavit. Tamen duos iam dentes mihi evellerunt."

Illi boni homines, postquam os apertum comitis intuiti sunt, aspectu valde permoti sunt et statim suam Bavariam ieiuni repetiverunt.

Stell dir vor, du bist Redakteur einer Tageszeitung; ein eifriger Reporter hat dir die obige Geschichte auf den Tisch gelegt. Nun musst du entscheiden, ob diese Story gedruckt werden soll. Dazu musst du in der Lage sein, sehr schnell den wesentlichen Inhalt zu erfassen. Das bedarf natürlich einiger Übung!

a) Beginne in diesem Fall mit der Übersetzung, um dir die weitere Arbeit zu erleichtern.

b) Nicht alle Informationen, die ein Text enthält, sind zum Verständnis des Inhalts, z. B. eines Handlungsablaufs, wesentlich. Diskutiere mit deinen „Redaktionskollegen" in der Klasse, welche Aussagen dieses Textes zum Verständnis er-

forderlich sind. Schreibe dann die Geschichte neu, indem du diese wesentlichen Aussagen zusammenstellst, natürlich lateinisch.

c) Kaum bist du fertig, teilt dir der Chefredakteur mit, dass in der Ausgabe nur noch Platz für eine „5-Zeilen-Meldung" ist. Erstelle mit deinen „Kollegen" diese kurze lateinische Information, indem du den bereits verkürzten Text auf die unverzichtbaren Kernaussagen reduzierst. Du erhältst so die schlichte Textnachricht.

d) Welche Erweiterungen der Textnachricht machen den Reiz der ursprünglichen Geschichte aus?

▼ *Der (einzige erhaltene) römische Leuchtturm von La Coruña (Nordspanien)*

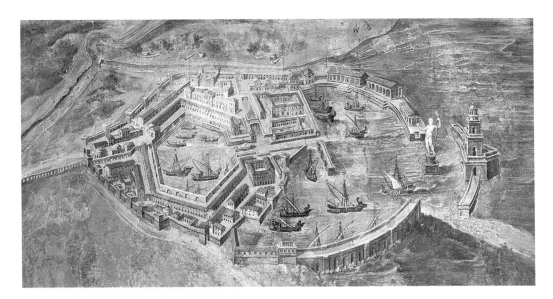

Ostia, Roms Hafen ▬▬▬▬▬▬▬▬

Aufgrund seiner Nähe und der direkten Verbindung nach Rom (s. Kap. „Fernhandel") wurde der Hafen von Ostia unter den Kaisern bevorzugt ausgebaut. Der Schiffsverkehr wuchs in der Kaiserzeit dermaßen, dass im 1. Jh. n. Chr. ein Tiberkanal samt einem neuen Seehafen gebaut wurde; der gesamte Komplex mit einem zweiten inneren Hafenbecken, dessen Reste heute im Bereich des Flughafens Leonardo da Vinci liegen, wurde unter Kaiser Trajan (96–118) fertig gestellt, weshalb er *Portus Traianus* hieß.

Ostia selbst war eine moderne Stadt, die sich in der Kaiserzeit zur noch heute sichtbaren Größe entwickelte. In dem Ausgrabungsgelände erkennt der Besucher die Struktur einer antiken Großstadt: Ganze Straßenzüge mit gut erhaltenen mehrstöckigen Miets-häusern und öffentlichen Einrichtungen wie Gar-

küchen (thermopōlia), öffentlichen Toilettenanlagen (latrīnae), Thermen sind dort noch zu besichtigen. Wegen der Verlandung, die in der Spätantike zur Aufgabe des Hafens führte, liegt *Ostia antica* heute 5 km vom Meer entfernt.

Die Stadt hatte ein rechtwinkliges Straßensystem mit den Hauptachsen decumānus maximus (West-Ost-Richtung) und cardō (Nord-Süd-Richtung). Man schätzt, dass in Ostia bis zu 80 000 Menschen gelebt haben.

Wie alle großen Häfen besaß auch Ostia einen Leuchtturm an der Hafeneinfahrt. Vorbild für alle Leuchttürme war der im 3. Jh. v. Chr. errichtete Leuchtturm auf der Alexandria vorgelagerten Insel *Pharos*; der Name bedeutet noch heute in den romanischen Sprachen „Leuchtturm". Diese Einrichtung war die Voraussetzung für Schifffahrt bei Dunkelheit, die sich erst seit der Kaiserzeit durchsetzte.

▲ *Ansicht des Hafens von Ostia zur Zeit des Kaisers Trajan; Gemälde des 17. Jahrhunderts (Rom, Vatikan)*

▶ *So wurden Waren von Ostia über den Tiber nach Rom transportiert: Ein Lastschiff wird flussaufwärts gezogen (Relief aus Avignon)*

▶ Vor der Porta Ostiensis in Rom; vorn links die Cestiuspyramide, Grabmal eines reichen Römers

▬ 28 Vor den Toren Roms

Nachdem auch Aristoxenus und Gaius einen kurzen „Landgang" unternommen hatten, verbrachten sie die letzte Nacht auf dem Schiff um am nächsten Morgen in aller Frühe nach Rom aufzubrechen.

Rom! Der Mittelpunkt des Imperiums, der Mittelpunkt der Welt!

Die beiden Reisenden haben Pech: Niemand nimmt sie mit, also heißt es, *per pedes* nach Rom zu marschieren. Nach einigen Stunden erreichen sie – wenigstens noch vor der größten Mittagshitze – die Stadtmauer an der *Porta Ostiensis*.

Bei Tage dürfen nur Fußgänger die Stadt durch die Stadttore betreten, für Wagen ist die Durchfahrt durch Rom nicht gestattet, weil der Strom des durchfahrenden Fernverkehrs zusätzlich zu dem Stadtverkehr nicht verkraftet werden könnte. Natürlich gibt es auch hier Ausnahmen im Verbot – zum Beispiel kann man für die Stadt bestimmte leicht verderbliche Waren einführen …

Ante portam muliones exspectabant. Alii colloquebantur, alii aleas exercebant, alii in propinquis tabernis et thermopoliis tempus degebant.

Subito amici unum e mulionibus irā incensum vigilem quendam inclamare audiverunt: 5

„Hercle! Quid vos!? Insani estis? Clausa est porta interdiu! Pultando paene manum fregi! Medio in sole plaustrum meum retinetur pomis recentissimis oneratum! Num putatis me tegulas vehere? Hic adsum a Tullio senatore vocatus! Aperite portam – aut me senatorem advocare vultis?" 10

His verbis incitatus ille vigil clamavit: „Quid tibi, malum, ante portam clamitatio est? An ruri esse censes? Abscede a porta, abi rus, unde venisti, cum vehiculo isto! Pro Iuppiter! En! Abi! Oboles enim allium! Rustice! Hirce! Hara suis! Canis cum capro commixta!"

Post haec dicta homines, qui circumstabant, risum adhuc compressum effuderunt … et mulio hac oratione superatus vel etiam metū territus clam se recepit. 15

unter Verwendung von Plautus, Mostellaria, 6f., 40f.

senātor: Mitglied des römischen Senats (senātus), also des „Staatsrats"; in der Kaiserzeit zunehmend bedeutungslos

Leben in der Großstadt

29 ▬

Aristoxenus et Gaius sicut ceteri rixā delectati tabernam propinquam intraverunt cenandi causā. Duos viros eleganter vestitos conspexerunt, quorum alter alterum sic alloquebatur:

„Digressu tuo, Umbrici, valde commotus tamen consilium tuum
5 laudo Romā discedendi. Nam quid tam miserum est quam vivere, ubi tot pericula saevae urbis horres: et incendia et lapsūs tectorum assiduos et imprimis malos poetas, qui – mense Augusto! – ubicumque versus suos male factos et male recitatos immo laudari cupiunt. Hercle: Difficile est saturam non scribere."

sătūra: Gedichtgenre in verschiedenen Versformen. Ursprünglich ganz unterschiedlichen Inhalts, wurde es später zum Begriff für (oft „satirische") Spottgedichte.

10 Umbricius respondit: „Consentio tibi, Iuni! Sed non *omnia* enumeravisti, quae mihi quidem Romae taedio sunt: Ego non possum ferre, amice, *Graecam* urbem. Quocumque spectas: Graeculi cernuntur ubique – Graeci a nullo arcessiti urbem nostram inundaverunt."

15 Iunius: „Graeci", inquit, „certe molesti sunt, sed tolerabiles. At isti latrones! Oh, istas noctes Romanas! Respice modo mecum diversa pericula noctis: de tectis testa a te non animadversa cerebrum tuum ferit; e fenestris homines vasa fracta in itinera iaciunt; sunt tibi, qui praeteris, tot mala, quot fenestrae patent!

20 Imprimis autem mihi rixae istae nocturnae odio sunt ... Stat subito aliquis ante me starique iubet. Parere necesse est. »Unde venis?« exclamat. Dum perterritus taceo: »Nihil mihi respondes? Aut dic aut accipe calcem!« Hīc ĭdem est loqui tacitusve recedere: feriunt te. Misero hŏc unum restat: Pulsatus rogo: »Sine paucis cum dentibus
25 me domum reverti!«"

stārī iubet: Beachte den Infinitiv Passiv zu stāre!

nach Iuvenal I, 3

◀ *Vornehmes Paar mit Kutsche im dichten römischen Verkehr; Relief (Stockholm, Nationalmuseum)*

▲ *Spielende junge Leute. Malerei in einem Grab an der Via Portuense in Rom. 2. Jh. n. Chr. Rom, Nationalmuseum*

◄ *Die Via Biberatica in Rom vermittelt einen Eindruck vom Aussehen der Innenstadt des alten Roms.*

▼ *Eine Kinderprozession. Wandgemälde aus Ostia. (Rom, Vatikanische Museen)*

Rom – Stoff für Satiren!

30 ▬

Gaius et Aristoxenus riserunt. „Tamen gaudeo hanc urbem videre hominesque cognoscere: Feliciter senatui populoque Romano!" Gaius clamavit.

Umbricius, qui verba eius audiverat, dicto illo gavisus amicis re-
5 spondit: „Et vobis feliciter! Unum civem illustrem iam novistis huius urbis, »capitis mundi«: Ecce Decimum Iunium Iuvenalem poetam praeclarum!"

Iuvenalis ad amicos se contulit: „Senatui populoque Romano feliciter? Memini Cordi, amici mei, qui prope portam Capenam minimo
10 in domicilio habitabat – lectus ei erat unus, mensa parva, cista, in qua Graecos libros ponere solitus est: Divina autem poetarum Grae-corum carmina mures rodebant. Nihil habuit Cordus. Et tamen to-tum illud nihil perdidit infelix: Igni omnia deleta sunt. Et nunc – nemo illum Cordum cibo, nemo hospitio tectoque adiuvat. Nus-
15 quam domicilia Romae inveniri possunt. Intrate tamen et videte!"

nach Iuvenal I, 3

porta Capēna: Stadttor im Südosten Roms; an der porta Capena beginnt die via Appia

Romulus und Remus

31 ◆

Die Zwillinge Romulus und Remus gelten nach der Sage als die Gründer Roms. Bei der Namensgebung für die Stadt kam es zum Streit. Die Lösung: Derjenige soll der neuen Stadt den Namen geben, dem zuerst ein göttliches Vogelorakel erscheint.

Romulus et Remus in iis locis, ubi expositi et educati erant, urbem condere cupiebant. Quoniam gemini erant nec aetatis discrimen fieri poterat, certamen erat de nomine urbis. Itaque auspiciis rem dirimere constituerunt.

5 Primo Remo augurium venit: sex vultures. Tum duplex numerus vulturum Romulo se ostendit. Iam utrumque sua multitudo regem nominavit et salutavit. Fratres ad caedem vertuntur; ibi in turba Remus ictus cecidit. Multi autem tradunt
10 Remum transiluisse novos muros ludibrio fratris et ob eam rem a Romulo irato interfectum esse. Ita nova urbs nomine Romuli appellata est.

nach Livius I, 6

▼ *Die römische Wölfin, die älteste römische Bronzeplastik (Mitte des 6. Jh. v. Chr.).*

PENSA EXERCITANDA

28 Wh

Grenzen des Möglichen

Aus der Antike kennen wir zwar kein „Guinness Buch der Rekorde", trotzdem interessierten sich die Leute wie heute für Höchstleistungen und andere extreme und daher erinnerungswürdige Besonderheiten, für „Rekorde" (recordari: sich erinnern). Die folgenden Beispiele entstammen dem Werk „Naturalis Historia" Plinius' des Älteren, der sie aus naturwissenschaftlichem Interesse aufgeschrieben hat:

a) Plinius in libris scribit hominem minimum II pedes, maximum autem IX pedes altum fuisse.

b) Alio loco Crassum totā vitā numquam risisse, multos homines autem numquam flere dicit.

c) Spartiatae post Marathoniam victoriam gavisi sunt nuntium IIL horis MCLX stadia cucurrisse. *(1 Stadium = 187 m)*

d) Nautae monstra marina viderunt, quae DC pedes longa et CCC pedes lata erant. Caesar statim viros doctos ea observare et de iis nuntiare iussit.

e) Caesarem VII epistulas simul dictavisse constat.

• Bestimme jeweils, in welchem zeitlichen Verhältnis die AcI zum Prädikat des Satzes steht.

• Warum gilt der AcI als „satzwertige Konstruktion"?

S 1

Aus zwei mach eins!

①

> 1. Plaustrum pomis oneratum est.
> 2. Plaustrum   medio in sole retinetur.
>
> ≈
>
> 3. Plaustrum pomis oneratum
>   medio in sole retinetur.

a) Beschreibe die Veränderung, die bei der Zusammenfügung von Satz 1 und Satz 2 zu Satz 3 zustande gekommen ist; beachte die Prädikate!

b) Zur Verdeutlichung der Unterordnung des Participium coniunctum verwenden wir bei der Übersetzung Konnektoren. Welcher ist hier sinnvoll?

②

> 1. Plaustrum pomis oneratum est.
> 2. Vigiles plaustrum medio in sole retinent.
>
> ≈
>
> 3. Vigiles plaustrum pomis oneratum medio in sole retinent.

Beschreibe den grammatischen Unterschied des Beispiels ② gegenüber ①.

③ Verbinde ebenso das folgende Satzpaar:

Der Steuermann zeigt auf den Leuchtturm in der Hafeneinfahrt Ostias und erklärt seinen Passagieren:

Nonnulli nautae ignibus istius turris a morte servati sunt. Turris a Claudio principe in mole portus exstructa est.

S 2

Gedankenverbindung

❶ **Gladiator in Gefahr**

a) Memmius gladiator, postquam gladio ab adversario petitus est, magno in periculo est.

b) Memmius gladiator gladio ab adversario petitus magno in periculo est.

Ein Partizip fordert den Leser zum Mitdenken auf. Wie ließe sich das Partizip in Satz b so übersetzen, dass eine Sinnrichtung deutlich wird?

c) Memmius gladiator ab adversario gladio petitus magno in periculo erat.

Zu welcher Konsequenz führt der Tempuswechsel bei der Übersetzung der Partizipialkonstruktion?

SEVERVs libertus victoriarum XIII periit
ALBANVS SCauri Libertus victoriarum XIX Vicit
(Wandzeichnung in Pompeji)

▲ *Krokodil aus dem Nilmosaik von Palestrina*

❷ Zahnpflege bei Krokodilen

Apuleius, ein Schriftsteller aus Afrika, berichtete im 2. Jahrhundert n. Chr. über eine erstaunliche Beobachtung bei Krokodilen:

Crocodili dentes squalore infectos miro modo purgant: huic bestiae immani est os permagnum, sed elingue; multae hirudines in os in aqua apertum innatant atque dentibus implectuntur. Cum crocodilus in ripam fluminis egressus hiavit, avis quaedam fluvialis in os eius ingressa sine periculo hirudines rostro exculpit.

Übersetze. In welchem gedanklichen Zusammenhang stehen die Partizipialkonstruktionen zur übergeordneten Aussage?

T 1

Quis est homo?
Philosophenstreit

Die Aussagen der folgenden kleinen Geschichte, in der die Philosophen Platon und Diogenes um die Definition des Menschen streiten, sind leider etwas durcheinander geraten.
Rekonstruiere die Geschichte mit Hilfe der Aussagen in dem Kasten. Beginne dabei mit Platon und ende mit Platon.

Plato philosophus sic definiverat hominem – „Homo est animal bipes sine pennis" – Diogenes gallum produxit in scholam dixitque – „Ecce, hic est homo Platonis."

> Ei definitioni postquam discipuli Platonis applauserunt
> a discipulis interrogatus – pennis ac plumis nudatum

F
Störenfriede

metus	munus	bonus	exercitus
amatus	murus	dictus	litoris
fractus	manus	ductus	superatus
factus	missus	captus	corporis

◆ T 2
„Saeva urbs"

a) Stelle die Gründe zusammen, aus denen Umbricius und Juvenal das Leben in Rom für mehr oder weniger unerträglich halten.
b) Wie schätzt du aufgrund deines Wissens über Großstadtprobleme den Wahrheitsgehalt ihrer Urteile ein? Bedenke: Juvenal ist Satiriker.
c) Welche Gründe findest du in dem Text, die zur Kritik an den Griechen durch die beiden Römer geführt haben könnten? Ziehe ergänzend die folgenden Verse aus einer Satire Juvenals heran, in denen sich der Dichter über die Griechen äußert:

> *Fix ist ihr Geist, zum Verzweifeln die Frechheit mitsamt ihrem raschen*
> *   Mundwerk ... O sag mir, wofür wohl jenen du hieltest? In sich trägt alles er, wie man es wünschet:*
> *   Rhetor und Lehrer der Sprach, Erdmesser und Maler und Salber, Zauberer, Augur und Arzt, Seiltänzer – versteht er doch alles;*
> *   wenn du es wünschest, so klimmt in den Himmel das hungernde Griechlein.*

T 3
Picta Poesis – Gemalte Dichtung

Eine europäische literarische Modeerscheinung des 16. und 17. Jahrhunderts waren die sog. Emblembücher. Ein Emblem wird als *„picta poesis"* definiert; es besteht aus drei Teilen: *Inscriptio* (Motto), *Pictura* und *Subscriptio* (Erklärung und Auslegung des Bildes). Diese drei Teile bilden zusammen die Einheit des Emblems, so dass sie wechselseitig zu ihrer und dessen Deutung beitragen.
Das folgende Beispiel stammt von Mathias Holtzwart aus dem Jahre 1581 (die beiden ersten Verse sind zur Hilfe zusätzlich in Prosa gegeben und ergänzt).

➡

Qualis rex, talis grex

Effutire sui (sic doctus) verba magistri
  Psittacus Eoo missus ab orbe solet.*
Si bona praecinuit, verbis respondet iisdem,
  Sin mala, mox eadem voce imitante refert.
Sic et discipulus recipit documenta magistri,
  Et sequitur populus principis acta sui.

* Psittacus ab Eoo orbe missus verba magistri sui effutire solet – (nam) sic doctus (est).

> iisdem *und* eadem: *Abl. bzw. Akk. Pl. n. von* idem = *das-selbe* ● imitante: *Abl. Sg. von* imitans *„nachahmend"*

a) Übersetze die Inscriptio. Wie heißt die entsprechende deutsche Redewendung?

b) Beschreibe die Pictura und vergleiche das Motto mit dem Bild. Worum könnte es in dem folgenden Gedicht gehen?
c) Übersetze die Subscriptio und erkläre, inwiefern die drei Teile sich gegenseitig in ihrer Bedeutung erhellen.

Aenigma Latinum
Ossa hominis

30

a) Die Abbildung unten zeigt das Skelett des Menschen mit einigen wichtigen lateinischen Bezeichnungen. Finde für die folgenden deutschen Bezeichnungen die lateinischen Namen der Körperteile. Bei richtiger Lösung ergeben die Anfangsbuchstaben den griechischen Namen für den „homo sapiens".
b) Welche mit dem griechischen Begriff gebildeten Fremdwörter sind dir bekannt?
c) Welches sind die deutschen Namen für die folgenden Skelettteile?

> Clavicula – Costa – Cranium – Discus intervertebralis – Femur – Fibula – Mandibula – Maxilla – Scapula – Ulna – Vertebra

1. Ellenbogengelenk
2. Nasenbein (nur das Adjektiv)
3. Schienbein
4. Oberarmbein   7. Kniescheibe
5. Speiche   8. Fingerknochen
6. Kreuzbein   9. Brustbein

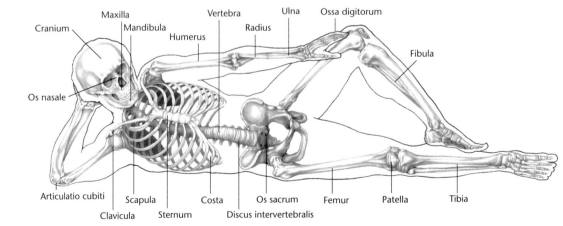

◆ **R**
Ostium bursae

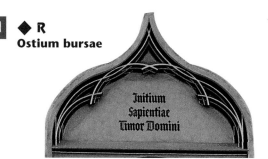

Initium
Sapientiae
Timor Domini

Das Foto zeigt ein spätgotisches Portal von 1501, das
heute ein modernes Haus in Freiburg i. Brg. schmückt.
Ursprünglich war es der Eingang zu einem Studenten-
wohnheim, einer Burse, der Freiburger Universität.

◆ **S 3**
Besiegte Sieger?
a) Graecia capta ferum victorem cepit et artes
   intulit agresti Latio. *(Horaz)*
b) Simplicitas rudis ante fuit, nunc aurea Roma
                                       est
   et domiti magnas possidet orbis opes. *(Ovid)*
Untersuche vergleichend, wie die beiden Autoren rückblickend Roms siegreiche Geschichte
beurteilen.

◆ **S 4**
Kurz und gut!

„Nie wird es wieder eine Sprache wie Latein ge-
ben, nie mehr werden Präzision und Schönheit
und Ausdruck eine solche Einheit bilden. Unsere
Sprachen haben allesamt zu viele Wörter, man
sehe sich nur die zweisprachigen Ausgaben an,
links die wenigen, gemessenen Worte, die
gemeißelten Zeilen, rechts die volle Seite, der
Verkehrsstau, das Wortgedränge, das unüber-
sichtliche Gebrabbel.“

Dieses Lob des Lateinischen stammt von dem nieder-
ländischen Schriftsteller Cees Nooteboom aus seinem
Roman „Die folgende Geschichte" (1991). Du kannst
es an den folgenden Beispielen überprüfen!
a) Geflügelte Worte
Iucundi acti labores.
Tempus edax rerum.
Ubi bene, ibi patria.
b) Inschrift auf einem Tintenfassdeckel
Usus operi!

☆ **Itinera Europaea**
ROMA AETERNA
Rom, die ewige Stadt, die Hauptstadt der Welt, Stadt
der Seele, poetisches Chaos, la dolce vita, … die Liste
der Charakterisierungen dieser Stadt ließe sich fortsetzen. Diese so unterschiedlichen Urteile über Rom sind
Ausdruck der Faszination, die über die Jahrtausende
von der Hauptstadt Italiens, dem historischen Zentrum der Christenheit und dem Mittelpunkt der antiken Welt ausgegangen ist. Die folgenden drei Beispiele
können dies schlaglichtartig illustrieren.
❶ **Wilhelm von Humboldt** schrieb 1804:

Rom ist der Ort, in dem sich für unsere Ansicht
das ganze Altertum ins eins zusammenzieht,
und was wir also bei den alten Dichtern, bei
den alten Staatsverfassungen empfinden, glau-
ben wir in Rom mehr noch als zu empfinden,
selbst anzuschauen. Wie Homer sich nicht mit
andern Dichtern, so lässt sich Rom mit keiner
andern Stadt, römische Gegend mit keiner an-
dern vergleichen.

❷ Ganz anders als seine begeisterten Zeitgenossen dachte der deutsche Dichter **Heinrich
Heine.** Er schrieb 1827:

Rom wollte immer herrschen, und als seine Le-
gionen fielen, sandte es Dogmen in die Provin-
zen. Wie eine Riesenspinne saß Rom im Mittel-
punkt der lateinischen Welt und überzog sie mit
seinem unendlichen Gewebe. Generationen der
Völker lebten darunter ein beruhigtes Leben, in-
dem sie das für einen nahen Himmel hielten,
was bloß römisches Gewebe war; nur der höher
strebende Geist, der dieses Gewebe durch-
schaute, fühlte sich beengt und elend, und wenn
er hindurchbrechen wollte, erhaschte ihn leicht
die schlaue Weberin und sog ihm das kühne
Blut aus dem Herzen; – und war das Traum-
glück der blöden Menge nicht zu teuer erkauft
für solches Blut? Die Tage der Geistesknecht-
schaft sind vorüber; altersschwach, zwischen
den gebrochenen Pfeilern ihres Colisäums, sitzt
die alte Kreuzspinne und spinnt noch immer das
alte Gewebe, aber es ist matt und morsch und es
verfangen sich darin nur Schmetterlinge und Fle-
dermäuse und nicht mehr die Steinadler des
Nordens.

❸ Das dritte Beispiel, ein Gedicht, stammt von
Peter Rühmkorf (geschrieben um 1970):

Gruß aus Rom

Auch unter Pinien läßt es sich leben, gewiß doch,
der ganze
unaussprechliche Süden paßt in ein Fliegenfenster
(dein sorgsam gerasterter Lichtblick)
und wie von ferne nur
dringt es in deine Stube mit Schwerter- und
Schlachtenlärm.
Von ferne der Mut und der Ruhm.
Drei Jahrtausende, mindestens, rücken sie an,
dich zu grüßen,
drei Jahrtausende randvoll!
Ja, hier gibt wirklich ein Heros dem andern die
Klinke in die Hand.
Ein Triumph des anderen Huckepack.
Über die Ränder des braunen Lateinbuchs hin-
weg ragt es wie goldene Lettern,
und aus den Fußnoten Niebuhrs*,
unentwegt,
hörst du den Tritt der Legionen.
Entweder – oder!
Eine erstklassige Klassik schafft man nicht im
Sitzen.
Wenn es ein Volk in eine andere Lage drängt,
wackelt der Hausrat.
Oder sehen Sie nur diesen lieblich gebuckelten
Landstrich:
von wie viel Seiten berannt,
wie viele ausgesuchte Helden mußten sich
nicht aufeinander werfen,
um aus Sumpf einen Hügel zu bilden.
Was, diese Blutsuppe schmeckt Ihnen nicht?
Dieser hehre historische Schichtkäse?

Sie denken sich eine Zukunft auch wohl eher als
Zeitenrichter im Selbstverlag?!
Aber der Genuß von Aprikosen widerstrebt Ihnen
nicht unbedingt?
Des Pfirsichs, der Kirsche?
Alles ganz legitime Beutestücke im übrigen.
Alles seinerzeit mal auf der Schwertspitze einge-
führt.
Zenite!
Fulminanzen!
He – he, Ihr Tieferbleichten, nicht dem Ausgange
geht es,
hier geht's den Sternen zu.
Da könnte ja jeder kommen und sagen:
mal eine Weile gar nichts, oder:
wo man nicht mehr den scharfen Zug der Ge-
schichte im Nacken spürt,
der Platz im Garteneck –
Nein, Freundchen,
nein, mein Lieber,
nein,
du Dezimalgespenst,
auch vierzehn Stellen hinterm Komma bläst
man nicht Waldesruh.
Aber Leute,
die wirklich
ihr Grab noch ausfüllen, rufen dich an;
und es weist in die Zukunft mit handgehämmer-
ten Wunden.

* Niebuhr: Historiker des 19. Jh.

Worin unterscheiden sich Heine und Rühmkorf in ihrem Urteil über Rom, seine Geschichte und deren Bedeutung für ihre, unsere Gegenwart?

Filmtipp
Federico Fellini, Roma

Die Frauen der Oberschicht ▬▬▬▬

Aktivitäten der Frau

Frauen nahmen nicht im selben Umfang an Aktivitäten in der Öffentlichkeit teil wie Männer: Reisen, Vergnügungen, anspruchsvolle berufliche Tätigkeit, Wissenschaft usw. waren für eine verheiratete Frau unüblich. Ihre Möglichkeiten waren stark eingeschränkt und auf Kinder, Familie, Haushalt konzentriert, wenn sie eine „ehrbare" Frau war.

Verglichen mit der heutigen Lage der Frauen in Mitteleuropa gab es neben den Beschränkungen durch die Tradition auch stärkere naturbedingte Grenzen: Erschreckend viele Frauen starben schon in jungen Jahren, vor allem während oder nach einer Geburt. Wenn sie dennoch viele Geburten gesund überstanden, ereilten sie nicht selten damals unheilbare Frauenkrankheiten, die die Unternehmungslust einschränkten.

▲ *Eine Braut (mit ihrer Mutter und einer Dienerin) wird zur Hochzeit zurechtgemacht; Wandgemälde aus Pompeji*

Die Ehe

In jeder Lebensphase stand die Frau unter der Vormundschaft eines Mannes, zunächst ihres Vaters, nach dessen Tod eines männlichen Verwandten (Onkel oder Bruder) und nach der Heirat unter der des Ehemannes.

Die Kindheit und Jugendzeit einer jungen Römerin aus gutem Hause endete gewöhnlich im Alter von 14–16 Jahren, manchmal schon mit 12, sobald sie von ihrem Vater verheiratet wurde; anders als die Jungen hatte sie keine Jugendzeit. Bei der Wahl des Ehemannes durch die Eltern ging es nicht um Zuneigung, sondern um Ansehen und Einfluss des künftigen Ehemannes, seiner Familie und – entscheidend – um das Vermögen. Die Tochter selbst erhielt vom Vater eine Mitgift, die in den römischen privaten Verhältnissen eine bedeutende Rolle spielte: Kam es nämlich zur Scheidung, was oft passierte, dann musste der Ehemann seiner Frau ihr Vermögen zurückgeben, damit sie es bei einer neuen Heirat wieder einsetzen konnte.

Ob eine Ehe als glücklich galt oder nicht, hing normalerweise davon ab, ob Kinder geboren wurden. Viele Kinder, vor allem Söhne (Erben), zu haben, war den kinderlieben Römern äußerst wichtig. Entsprechend

groß war das Ansehen einer Frau mit mehreren wohlgeratenen Kindern. Die Kindersterblichkeit war *in allen sozialen Schichten* unvorstellbar hoch. Nicht selten behielt eine Frau nach zehn Geburten nur drei Kinder und konnte sich dann noch glücklich schätzen.

Ausbildung und Beruf

Die Zukunftsperspektive und die Erziehung eines Mädchens waren also darauf ausgerichtet, dass es verheiratet wurde; anders als bei jungen Männern aus gutem Hause blieb die Schulbildung der Mädchen auf die Elementarschule beschränkt, in der Mädchen und Jungen gemeinsam vier bis fünf Jahre lang Lesen, Schreiben und Rechnen übten (s. „Schule und Unterricht"); von seiner Mutter oder einer Dienerin angeleitet, lernte das Mädchen alle Fertigkeiten, die mit der Kleiderherstellung zusammenhängen: spinnen, weben und sticken, denn die Kleidung der Familie wurde meistens selbst angefertigt.

Für Hausarbeiten wie Kochen, Waschen, Putzen, Spülen, Lebensmitteleinkauf waren Sklaven und Sklavinnen zuständig, nur in armen Familien ohne Dienst-

▲ *Porträt einer jungen Frau, Liebighaus Frankfurt, Museum Alter Plastik*

boten musste die Ehefrau diese als niedrig geltenden Arbeiten selbst verrichten, sonst bestand ihre Aufgabe in der Beaufsichtigung und Organisation der Hausarbeit. Die Kleinkinder der Begüterten wurden von Sklavinnen (Ammen) betreut.

Es ist eher erstaunlich, dass einige Frauen es trotz aller Fesseln dennoch schafften, in Gesellschaft und Politik Einfluss und Geltung zu erreichen: Es gab hoch gebildete Frauen, die sich mit Literatur und Philosophie befassten oder selbst Gedichte schrieben; sie spielten Musikinstrumente, vor allem die Kithara.

Sport und Theater

Mädchen und Frauen trieben auch Sport, wie ein Mosaik aus der spätantiken Villa von Piazza Armerina (Sizilien) eindrucksvoll zeigt. Sie üben hier einige Disziplinen des Fünfkampfs aus, nämlich Weitsprung, Diskuswurf und Laufen. Juvenal (S. 103) empörte sich über Frauen, die als Fechterinnen auftraten, in seinen Augen eine Geschmacklosigkeit. Immerhin erfahren wir, dass eine solche Betätigung zwar skandalös, aber doch möglich war.

Die Zeiten, in denen Frauenrollen im Theater von Männern gespielt wurden, waren längst passé; in Rom gab es Schauspielerinnen, heiß begehrt, wenn auch

mit schlechtem Ruf; für eine „ehrbare" Römerin schickte es sich nicht, Theater zu spielen, manche tat es trotzdem.

Die Frauen in der Kaiserzeit

In der Kaiserzeit waren die moralischen Vorstellungen weniger streng als in der Zeit der frühen Republik, in der eine Frau, die des Ehebruchs überführt worden war, noch getötet werden konnte – für den Mann hatte solche Härte nie bestanden. Man empfand diese Ungleichheit dann doch als zu krass.

Die **Mitgift** verschaffte der Frau eine gewisse Unabhängigkeit, denn seit der Kaiserzeit galten nicht mehr die strengen Heiratsregeln aus der Zeit der Republik, nach denen eine erwachsene Frau ihrem Ehemann direkt unterstellt war; jetzt blieb sie auch nach der Heirat unter der Vormundschaft ihres Vaters, was größere Unabhängigkeit vom Ehemann zur Folge hatte. Ihre individuelle Lebensweise, ihre Freiheiten in den genannten Grenzen hingen vor allem von ihrem Vermögen ab:

● Über ihren Ehemann und die Söhne konnte sie Einfluss auf die Politik nehmen, auch wenn sie selbst kein öffentliches Amt bekleiden konnte;
● sie übernahm die Verwaltung und Kontrolle ihrer Landgüter;
● eine gut aussehende junge Frau hatte ebenso wie ihr Ehemann vielfältige Kontakte, wenn sie wollte;
● sie besuchte Theater, Gladiatorenspiele, Wagenrennen nach Zeit und Belieben; die Kinder waren ja in der Obhut von Bediensteten;
● anders als in Griechenland nahm sie zusammen mit ihrem Ehemann an Gastmählern teil;
● sie besuchte die Bäder oder trieb Sport (s. o.).

▼ *Römische Frauen im Bikini bei sportlicher Betätigung; Mosaik aus Piazza Armerina/Sizilien (4. Jh. n. Chr.)*

Das Leben in der Großstadt Rom ▬▬▬

Die Wohnsituation

Zwei gefährliche Missstände bedrohten insbesondere das Leben der Bürger im bevölkerungsreichsten Viertel, in der Subura: Hauseinstürze und Brände. Zwar konnte sich glücklich schätzen, wer einen derartigen Unfall überlebte, doch er stand anschließend mit leeren Händen auf der Straße: Versicherungen gab es noch nicht. Hauptursache für solche Katastrophen war, dass die Mietshäuser in der Innenstadt, wo die Grundstücke besonders wertvoll waren, aus Profitsucht höher gebaut wurden als die erlaubten 20 Meter. Doch die billig und schlecht gebauten Häuser stürzten leicht ein oder brannten schon bei kleinen Unachtsamkeiten wie einer umgestoßenen Öllampe lichterloh, zumal wenn es sich um einfachste Fachwerkhäuser handelte, aus Holz, Lehm und Stroh schnell hochgezogen. In der Großstadt wurde nicht anders als auf dem Lande zum Kochen, Heizen und Beleuchten nur offenes Feuer benutzt, entsprechend oft brannte es in Rom, wobei die städtische Feuerwehr nur unzureichend helfen konnte. – Andererseits kann man noch heute in Rom oder Ostia die solide Substanz kaiserzeitlicher Gebäude (betonähnlicher Kern, mit Ziegelsteinen ummantelt) bewundern: Die Römer konnten hervorragend bauen, rationell und stabil, wenn der Bauherr dafür zu zahlen bereit war.

Aufgrund der Aussagen römischer Autoren ist bekannt, dass in der Großstadt Rom mit seinen 600 000–800 000 Einwohnern ein raues soziales Klima geherrscht haben muss. Lärm und Schmutz, Kriminalität und Rücksichtslosigkeit, Raffgier und Klatschsucht sind nur einige der von ihnen genannten Übel.

Roms Klima in den Sommermonaten war schwer erträglich: Wenn in den engen Straßenschluchten die Luft stand, floh jeder, der es sich leisten konnte, in seine Villa ans Meer oder in die Berge.

Faszination der Weltstadt

Andererseits muss das Leben in Rom faszinierend gewesen sein: Hier gab es die glanzvollsten Spiele (mūnera) im Amphitheater; es gab Wagenrennen, Theateraufführungen, dazu attraktive Prozessionen für verschiedene Götter, dann die Triumphzüge und die Neujahrsumzüge, die der Kaiser veranstaltete. Auch lebten in Rom außer der kaiserlichen Familie die Mächtigen und die Reichen, dazu die entsprechenden Frauen, die sich eben auch bei allen öffentlichen Anlässen zeigten und den Ereignissen Glanz verliehen. Auch für den kleinen Mann war das Leben in Rom bestimmt nicht langweilig.

Das Forum Romanum ▬▬▬

Forum nannten die Römer den zentralen Versammlungs- und Marktplatz ihrer Städte. Das älteste und bedeutendste Forum Roms war das *Alte Forum*, das Forum Rōmānum. In der ehemals sumpfigen Niederung zwischen den Hügeln Palatin und Kapitol wurde schon in der Frühzeit ein Markt- und Versammlungsplatz eingerichtet, nachdem das Gelände durch den Bau der *Cloaca Maxima* entwässert worden war.

Auf dem Forum Romanum herrschte immer Betrieb, denn hier lagen die Gerichtshallen – die *Basilica Aemilia* und die *Basilica Iulia* – sowie das Rathaus, die *Curia*. Das Forum war das politische und religiöse Zentrum mit Tempeln, von denen etliche seit der Frühzeit Roms hier standen, die nach jedem Brand, nach jeder Zerstörung größer und prächtiger wieder aufgebaut wurden, so der Saturntempel, dessen Wurzeln bis ins 5. Jh. v. Chr. reichen und der deswegen so bedeutend war, weil unter seinem Sockel gut verschlossen der Staatsschatz lagerte. Das Forum ist auch der Ort der zentralen, uralten Kultstätte, des *Lapis Niger*, unter dem das Grab des legendären Stadtgründers Romulus angenommen wurde.

In der Nähe der *Rostra* (der Rednertribüne) lag der *Carcer Tullianus*, in dem Staatsfeinde und Verbrecher in einem fensterlosen Verlies erdrosselt wurden. Ihre Leichen ließ man zur Abschreckung am Fuß der Treppe zur Burg (Arx) gleich neben dem Kerker ausstellen.

In den mehrgeschossigen Basiliken fanden öffentliche Prozesse statt, bei denen sich stets viele Zuhörer einfanden, um die brillanten Reden der Staranwälte, politisch einflussreiche und sehr angesehene Männer (nie Frauen) zu erleben: Diese versuchten nicht nur die Richter, sondern auch das Publikum durch geschickte Rhetorik für sich zu gewinnen; in ihren Plädoyers trugen sie Zorn, Schmerz und Empörung mit theatralischer Gestik vor, wie z. B. Marcus Tullius Cicero.

Da im 1. Jh. v. Chr. für die politischen Einrichtungen mehr Platz gebraucht wurde, mussten die Warenverkäufer auf andere Plätze ausweichen, der *Gemüsemarkt* fand nun auf dem *forum holitōrium*, der *Fischmarkt* auf dem *forum piscātōrium*, der *Getreidemarkt* auf dem *forum pistōrium* statt. Auch nach dem Bau der Kaiserfora, die jeweils eine durchdachte und dem Geschmack der Zeit entsprechende Platzgestaltung aufwiesen und auch prächtiger waren als das *Alte Forum*, blieb dieses bis zum Ende der Antike Roms eigentliche Mitte. Hier erfuhr man die aktuellsten Neuigkeiten, hier traf sich, wer Rang und Namen hatte.

▶▶ *Abbildungen S. 100/101*

99

Die Abbildungen zeigen Häuser und Modelle aus Ostia.

obere Reihe links: Blick auf eine insula
obere Reihe rechts: Straße in Ostia
zweite Reihe: Modell eines Mietshauses (insula)
dritte Reihe links: Innenhof einer insula
dritte Reihe rechts: Hauseingang
vierte Reihe links: Küche in einer Mietskaserne und Treppe zum 2. Stock
vierte Reihe rechts: Zimmer in einer Mietskaserne

Wohnen in der Großstadt

Das Forum Romanum heute (Blick nach Südosten, Richtung Kolosseum) und in einer Rekonstruktionsansicht des 19. Jh. (Blick nach Nordwesten)

— 32 Freundlicher Empfang in der domus urbana

▶ *Ein Atrium in einem Haus in Herculaneum (Casa del tramezzo di legno); im Hintergrund eine hölzerne Trennwand, die in der Lava des Vesuvs konserviert wurde*

Aristoxenus sucht gemeinsam mit seinem Freund ziemlich lange nach dem Haus seiner Tante Chariclea und ihres Mannes Cn. Fulvius Balbulus, von denen er Nachrichten über seinen Bruder zu erhalten hofft. Die Suche war deshalb schwierig, weil Rom trotz seiner Größe kein Straßennamensystem hatte. Die Häuser wurden nach ihrer Lage in der Stadt und eventuell nach markanten Punkten oder sonstigen mehr oder weniger auffälligen Merkmalen beschrieben – einem Tempel, einem Baum, einem Brunnen, einem Standbild usw. Wenn man dann fremd war in einer derart riesigen Stadt – kein Wunder, dass es schon dunkel war, als Aristoxenus und Gaius die Villa endlich gefunden hatten.

Servus Germanus amicos sero advenientes in domum inducere noluit. Chariclēa autem tumultum ex atrio audiens advenit et fratris filium magno cum gaudio cognovit; hospites inopinatos intrare iussit.

Aristoxenus ei litteras patris sui tradidit, Chariclea lēgit, deinde 5 servo adhuc in vestibulo manenti iussit: „Accipe et trade cras domino!" Tum ad Aristoxenum dixit: „Fratremne quaeris? Fulvius fortasse novit Socratis receptaculum; ego ignoro. Sed, quaeso, narra de patre tuo, de matre! Sanine sunt?"

Asia: bezeichnet das heutige Kleinasien!

Quae postquam Aristoxenus affirmavit, Chariclea ad Gaium locuta 10 est: „Ego virgo Ephesi vixi – et adhuc amo Asiam patriam, oppida illa florentia; iam diu hac in urbe vivens Romanis non assuevi neque huic urbi aestuanti strepentique, ubi semper fere »fragor aurem percutit«, ut Iuvenalis poeta scripsit ..."

Gaius verba Charicleae interrupit: „Iam audivimus multa et mala 15 hac de »urbe aestuanti« ab illo Iuvenali, in quem ante portam Ostiensem forte incidimus!"

Chariclea: „Quid ita! Profecto eum ipsum vidistis? Est poeta non mediocris humanitatis; multae ex eius saturis mihi valde placent,

20 sed nonnullae displicent quoque. Puto
non modo mihi, sed etiam multis feminis
eruditis valde displicere, quae de feminis
litteris studentibus vel in conviviis sicut viri
colloquentibus scripsit:

25 »Cēdunt grammătĭcī, vincuntur rhētŏrĕs,
omnis turba tăcet.«

Sed satis de his. Certe defessi estis et quieti
vos dare vultis."

Ancillam vocavit, haec amicis siti fame-
30 que laborantibus et vinum cum aqua
mixtum et panem et caseolos et far-
cimina e culina apportavit; deinde
balneum paravit atque cubicula
ostendit; corollarium parvum ab Ari-
35 stoxeno accepit grato animo et
discessit.

mit Iuvenal VI, 438 f.

◀ Bildnisbüste einer Dame aus der Zeit um 130 n. Chr. (Dresden)

rhētŏrĕs *(griech.)* ≈ ōrātōrēs

corollārium: Geschenk, Trinkgeld

Diskussion über Religion

33 ▬

Am Morgen sind sie schon wieder früh auf den Beinen; nach dem üblichen kargen römischen Frühstück empfängt sie Fulvius. Fulvius ist ein *„homo litteratus"*, also ein hoch gebildeter Mann, dessen Bildung, wie damals üblich, vor allem in Kenntnissen der Literatur und Philosophie bestand. Nach herzlicher Begrüßung und nachdem die Freunde über die zurückliegende Reise berichtet haben, kommt er zum Thema:

„Pro dolor! Receptaculum fratris tui Socratis nescio. Huc advēnit mense Ianuario proximi anni, nobiscum habitabat duos menses. His ipsis mensibus persaepe concilia illorum »Christianorum« frequentabat – ei dissuadebam, frustra. Fiebant multae disputationes, 5 persuasi ei illam vanam superstitionem non sequi. Aliquando profectus est in provincias Transalpinas."

provinciae Trānsalpīnae: die Provinzen „jenseits der Alpen"

Aristoxenus „O me miserum!" exclamavit. „Procedit ergo eius quaesitio – facta infecta fieri non possunt! – Sed dic mihi: Cur fratrem dissuasisti conciliis Christianorum interesse?"

10 Fulvius respondit non sine gravitate: „Nostris temporibus, quibus omnia fere incerta facta sunt, deos a parentibus acceptos vereri necesse est. Christiani religionem nostram »aniles fabulas« vocant; contendunt nos nihil scire de deo vel deis. Sed quis hominum de deis certus fit? Unum quidem hŏc pro certo habeo: *Esse* deos nemo 15 certe negat."

Aristoxenus: „Certe nemo ...? Si bene memini, Lucretius vester deos contemnens de religione haec scripsit:

Religio caput a caeli regionibus ostendebat
»horribili super aspectu mortalibus instans«?"

Lūcrētius: römischer Philosoph, schrieb das umfangreiche Lehrgedicht „Dē rērum nātūrā" (↗ Namensverzeichnis)

Fulvius opposuit: „Nostrā memoriā certe nemo credit Iovem in 20
taurum mutatum cum Europa virgine Cretam insulam petivisse vel
in aquilam mutatum etiam Ganymedem puerum in Olympum ra-
puisse – haec revera numquam facta sunt, hae revera sunt fabulae.
Sed sacer intra nos spiritus sedet, malorum bonorumque observa-
tor et custos. Hic prout a nobis tractatus est, ita nos ipse tractat. Bo- 25
nus vero vir sine deo nemo est. An potest aliquis supra fortunam
nisi ab illo adiutus exsurgere? Ille dat consilia magnifica et erecta.
In unoquoque »quis deus, incertum est – habitat deus«.

Hunc deum omnia regentem alii Iovem, alii Martem, alii Cererem
vel aliis nominibus appellant.“ 30

unter Verwendung von Minucius Felix, *Octavius;* Seneca, *Epistulae morales* IV
41, 2; Lukrez, *De rerum natura* I 64f.

Eurōpa: nach dem Mythos
die Tochter des phönizischen
Königs Agenor, die von
Zeus/Jupiter in Stiergestalt
nach Kreta entführt wurde

Ganymēdēs: trojanischer Kö-
nigssohn, der von Zeus seiner
Schönheit wegen in den
Olymp entführt und dort zu
seinem Mundschenk gemacht
wurde. Der Olymp ist der
höchste Berg Griechenlands
und galt als Wohnsitz der
zwölf „Olympischen Götter".

Mārs: ursprünglich Ackergott,
später der Kriegsgott der Römer; **Cěrēs:** römische Göttin
des Ackerbaus und der Ehe

▲ *Statue eines vornehmen
Römers in der Toga, also „im
Sonntagsstaat" (Cato d. Ä.);
Vatikan, Museo Lateranense*
▶ *Europa auf dem Stier, zusam-
men mit ihren Freundinnen;
Fresko aus der Casa dell' Amor
fatale in Pompeji (Neapel, Ar-
chäologisches Nationalmuseum)*

Midas

34 ◆

Nach der griechischen Sage gewährte Dionysos dem König Midas von Phrygien (Gebiet innerhalb der heutigen Westtürkei) für einen ihm erwiesenen Gefallen den Wunsch, dass alles, was er berührte, zu Gold werde:

Deus adnuit, quamquam his optatis doluit.
Midas laetus abit gaudetque munere malo:
*pollicitique fidem tangendo singula tempta*vit et vix sibi credens
virentem virgam detraxit: *virga aurea facta est.*

5 *Tollit humo saxum: saxum quoque palluit auro ...*
decerpsit aristas: aurea messis erat. Demptum tenet arbore pomum:
aurea poma facta sunt tamquam Hesperidum mala.
Ubi ille manus undis laverat, aqua, quae manibus defluxit, auro
splendebat.

10 *Vix spes ipse suas animo capit, aurea fingens*
omnia. Gaudenti mensas posuere ministri
exstructas dapibus ...
Tum vero – sive ille sua manu dapes contigerat sive vini pocula –
omnia aurea facta sunt.

15 *Attonitus novitate mali divesque miserque*
effugere optat opes et, quae modo voverat, odit.
Copia nulla famem relevat; sitis arida guttur
urit ...
Ad caelum manus sustulit et:

20 *„Da veniam, Lenaee pater! Peccavimus!"* inquit,
„sed miserere, precor, speciosoque eripe [me]
damno!"
Bacchus benignus data munera solvit
et dixit:

25 „I ad Pactōli fluminis fontem: ibi
subde corpus totum tuum aquis – et
vim auream in aquam cedere
necesse est."

nach Ovid, *Metamorphosen*
XI, 104–143

Hespĕrĭdum māla: die Äpfel der Hesperiden. Die H. bewachten fern im Westen auf einer Insel in der Nähe des Atlasgebirges (Marokko) einen Baum mit goldenen Äpfeln, die von Herakles/Herkules geraubt wurden.

Lēnaeus pater: weitere griechische Bezeichnung für Dionysos

Pactōlus: Gold führender Fluss in Kleinasien (Lydien), an dem die Stadt Sardes liegt (jetzt Sart çayi)

◀ *Der sagenhafte König Midas auf einer griechischen Vase des 5. Jh. v. Chr.*

105

PENSA EXERCITANDA

32 Wh
Die sieben Weltwunder

Antiquis temporibus in numero VII operum mirabilium erant haec:

a) Prima illa sepulcra ingentia a regibus Aegypti exstructa, quae pyramides dicuntur;

b) secundi illi horti pensiles a Semirami regina Babyloniorum supra Euphratem flumen aedificati;

c) tertium illud simulacrum Iovis Olympiae in aede dei collocatum, quod Phidias artifex celeber Graecorum ex auro atque ebore fecerat;

d) quartum dicebatur templum Dianae deae praeclarum Ephesi situm CXVI columnis gracilibus ornatum;

e) quintum opus mirabile erat sepulcrum ingens, quod „mausoleum" vocabatur ex illo Mausolo, qui rex Cariae fuit; cui defuncto Artemisia uxor Halicarnassi sepulcrum altitudine CLXVII pedum aedificavit;

f) sexta proferebatur illa statua ab incolis Rhodi insulae Soli deo dedicata; quae altitudinis CXVII pedum causa „colossus Rhodius" vocabatur;

g) septima atque ultima referebatur turris CCCXXVII pedes alta in Pharo insula exstructa, e qua noctibus ignes emicabant.

▼ *Zeichnerische Rekonstruktion des Artemistempels zu Ephesos*

Welche Informationen erklären jeweils die Bewunderung der Menschen für die genannten Bauwerke? Untersuche, durch welche sprachlichen Mittel diese Informationen mitgeteilt werden. Welche sonstigen Informationen gewinnst du aus den Partizipialkonstruktionen?

S 1
Fröhliche Gesichter

a) Chariclea hospites laeto vultu domum intrantes salutat.

b) Chariclea hospites domum intrantes laeto vultu salutat.

• Worin unterscheidet sich die Aussage beider Sätze?

• Woran erkennst du, ob Satzglieder zu einem Partizip oder Prädikat gehören?

• Was sagt dir der Begriff Klammerstellung?

S 2
Sinnfindung?

a) Chariclea		
		adveniens
adulescentes sero	**?**	advenienti salutat.
		advenientes

b) Chariclea recitat carmina		
		scripta.
a Iuvenale poeta	**?**	scripto.
		scriptos.

c) Ancilla adulescentibus siti		
		laborans
	?	laborante
		laborantibus
vinum et aquam apportat.		

Beachte jeweils die Klammerstellung und wähle die formal und inhaltlich richtigen Partizipien.

E
Ein treuer Hund

Temporibus Caesaris Neronis servus quidam, cui canis erat, capitis damnatus est. Ille canis neque a servo adhuc ... neque a cadavere servi ... abigi poterat. Tandem cadaver servi in Tiberim flumen abiectum est. At canis cadaver domini mortui intentis oculis ... in aquam saluit atque cadaveri innatavit maestos ululatus ... Ita et servus mortuus et canis fidelis e conspectu multorum hominum spectaculum mirum ... undis fluminis asportati sunt.

edens – interfecti – observans – spectantium – vivente

Wähle die passenden Partizipien aus dem Kästchen und übersetze.

abigere: → ab–agere

 ü

Frauen in römischer Zeit

❶ Folgende Frauen und Mädchen sind in unserer Geschichte bisher aufgetreten:
➢ Megilla, Secunda, Paula: Lesestücke 1, 2, 4, 7 und 8;
➢ hospita: Lesestücke 11 und 13;
➢ Chariclea: Lesestück 32.
Lies die genannten Lesestücke erneut und versuche, die Frauen näher zu beschreiben, z. B. ihre Tätigkeiten, Lebensumstände, Wesensmerkmale. Vergleiche die Ergebnisse. Gibt es trotz aller Unterschiede Gemeinsamkeiten?

❷ Das folgende Gedicht stammt von einem **Grabstein** aus der Gracchenzeit (2. Jh. v. Chr.) Die Schreibweise ist modernisiert:
Hospes, quod dico, paullum est; asta ac pellege!
Hic est sepulcrum hau pulchrum pulchrae feminae:
nomen parentes nominarunt Claudiam.
Suum maritum corde dilexit suo,
gnatos duos creavit: horunc alterum
in terra linquit, alium sub terra locat.
Sermone lepido, tum autem incessu commodo;
domum servavit, lanam fecit. Dixi, abi!

paullum ≈ paulum ● pellege ≈ perlege ● hau ≈ haud; nōminārunt ≈ nōmināvērunt ● gnātōs ≈ nātōs ● hōrunc ≈ hōrum

● Übersetze den Text.
● Stelle die Informationen zusammen, die das Gedicht über Claudia enthält.
● Vergleiche die Beschreibung Claudias mit der Darstellung der Frauen unseres Buches. Findest du Gemeinsamkeiten?
● Überlege, inwiefern du hinter der Darstellung der genannten Frauen ein Leitbild der Frau im antiken Rom entdecken kannst.

❸ Die Lebensverhältnisse der Frauen waren in Griechenland und Rom sehr verschieden. Dies zeigt der folgende Text von **Cornelius Nepos**, einem Geschichtsschreiber des 1. Jahrhunderts v. Chr:
Pleraque nostris moribus sunt decora, quae apud Graecos turpia putantur. Quem enim Romanorum pudet uxorem ducere in convivium? Aut cuius non mater familias primum locum tenet aedium atque in celebritate versatur? Quod multo fit aliter in Graecia. Nam neque in convivium adhibetur nisi propinquorum neque sedet nisi in interiore parte aedium, quae gynaeconitis appellatur, quo nemo accedit nisi propinqua cognatione coniunctus.
● Übersetze den Text.
● Beschreibe die unterschiedliche Stellung der Frauen in Griechenland und Rom.
● Natürlich gab es in der Antike auch Frauen, die dem traditionellen weiblichen Leitbild nicht entsprachen; Beispiele dafür kannst du kennen lernen, wenn du das Rätsel in PE 33 K (S. 109) löst.

▼ *Blumen pflückendes Mädchen; Wandmalerei; 1. Jh. n. Chr. (Archäologisches Nationalmuseum Neapel)*

F
Störenfriede

salutanti	ipsae	euntis	responde	horum
vocati	studenti	ipsius	trade	laborum
stanti	amici	illis	accipite	ipsorum
ignoranti	leges	itineris	audiente	virum

33 ❖ **T 1**

Theologischer Disput

Die Ablehnung der Christen durch den Onkel des Ari-stoxenus verweist auf die historische Tatsache, dass die frühen Christen bei den gebildeten Bürgern Roms we-nig Verständnis fanden. Dies lag u. a. auch an dem ab-soluten Wahrheitsanspruch, mit dem sie ihre mono-theistische Gottesvorstellung vertraten. Der folgende, nur geringfügig veränderte Text – er stammt allerdings aus späterer Zeit, der 1. Hälfte des 3. Jahrhunderts – kann dir einen kleinen Einblick in die Auseinanderset-zungen geben.

❶ Caecilius, ein Anhänger der traditionellen Religion, kritisiert das Gottesbild der Christen:
Christiani quanta monstra, quae portenta con-fingunt! Deum illum suum, quem nec osten-dere possunt nec videre, in omnium mores, ac-tus omnium, verba denique et occultas cogita-tiones diligenter inquirere – discurrentem scili-cet atque ubique praesentem; molestum illum volunt, inquietum, inpudenter etiam curiosum, siquidem adstat factis omnibus, locis omnibus interest, quamquam nec singulis inservire pot-est per universa districtus nec universis suf-ficere in singulis occupatus.

❷ Octavius, ein Christ, nimmt das Argument auf und versucht, es zu widerlegen:
„Sed deus actum hominis ignorat et in caelo constitutus non potest aut omnes obire aut sin-gulos nosse." – Erras, o homo, et falleris! Ubique non tantum nobis proximus, sed infusus est deus. In solem intende: caelo adfixus, sed terris omnibus sparsus est; pariter praesens ubique in-terest et miscetur omnibus, nusquam eius clari-tudo violatur. Quanto magis deus auctor om-nium ac speculator omnium, a quo nullum potest esse secretum, tenebris interest, interest cogitationibus nostris, quasi alteris tenebris! Non tantum sub illo agimus, sed et cum illo, ut prope dixerim, vivimus.

- Übersetze die Texte.
- Stelle die Kritikpunkte des Caecilius in einer Übersicht zusammen.
- Untersuche, wie Octavius versucht, die ein-zelnen Kritikpunkte zu widerlegen.
- Untersuche den Text des Lesestücks 34 da-raufhin, was er dir über die Gottesvorstellung des Onkels des Aristoxenus mitteilt.
- Vergleiche die drei Gottesvorstellungen aus heutiger Sicht.

W 1
ipse, ipsa, ipsum

Finde die jeweils passende Wendung (↗ CG 9.3):
a) Ein politisch Verfolgter:
Omnia quidem mihi rapuistis bona, me ipsum non cepistis.
b) Ein Gallierfürst zu Caesar:
Post ipsum tuum adventum apud nos contro-versiae factae sunt.
c) Ein Philosoph über den Reichtum:
Divitiae ipsae mortales beatos non faciunt.

W 2
fieri

werden – geschehen – gemacht werden

Das Kästchen enthält die Grundbedeutungen von fieri. Finde das jeweils passende deutsche Wort in den folgenden Beispielen.
a) Brevis esse laboro, obscurus fio. *(Horaz)*
b) Ein Rechtsgrundsatz:
Volenti non fit iniuria.
c) Di (≈ dei) quoque carminibus, si fas est di-cere, fiunt. *(Ovid)*
d) Iussu Caesaris pons trans Rhenum flumen factus est.
e) Anno DCXC a. u. c. Cicero una cum Antonio Hybrida consul factus est.
a. u. c.: ab urbe condita [gegründet] – also wann?
f) Scio me liberum factum (esse), ex quo suum diem obiit ille. *(Seneca nach dem Tod des Kaisers Claudius)*
g) Caesar berichtet über eine Schlacht mit den Galliern:
Repente post tergum equitatus cernitur; ... ho-stes terga vertunt; fugientibus equites occur-runt. Fit magna caedes.

T 2
Satzpuzzle: Ein „göttlicher" Arzt

Sehr erfolgreiche Menschen neigen manchmal dazu, sich zu überschätzen und geradezu für allmächtig zu halten. Davon zeugt die folgende Geschichte des Arztes Menecrates. Verbinde die einzelnen Aussagen mit Hilfe der Konnektoren (K) und übersetze.

Menecrates medicus gloriabatur se omnes morbos depellere posse.

a) Multi homines mirati sunt ut deum

　　K: eum　itaque

b) dicunt　Menecratem valde superbum fuisse

　　K: autem

c) Homines promittere coacti sunt　sanari volebant　se servos fore

　　K: ab eo　eius　enim　qui

d) Philippus, rex Macedonum, ad cenam invitavit　superbiam medici punire voluit

　　K: eum　quod　tum

e) reges ipsos superbia laeserat

　　K: enim　ille

f) Primo quidem gavisus est medicus　tanto honore affici

　　K: se ipsum

g) Rex iussit　odores ut deo incendi　ceteris convivis cibos bonos afferri

　　K: at　autem　ei

h) surrexit　e convivio effugit　famem passus est

　　K: deinde　et　ille　quamquam

i) Convivae medicum effugientem irriserunt

　　K: autem

K
Sagenhafte Frauen der Antike

Finde mit Hilfe des Silbenvorrats die Namen der gesuchten Frauen (ein Lexikon kann dir dabei helfen). Bei richtiger Lösung ergeben die ange-

gebenen Buchstaben den Namen einer berühmten Frau, die einst auf der Insel Lesbos gelebt hat und als größte griechische Dichterin gilt.

1. Bei ihr holten sich die Römer in Notzeiten Rat. (1)
2. Ihre Wolle half dem Helden aus dem Labyrinth. (1)
3. Sie überlebte als einzige Frau die Sintflut. (1)
4. Sie wartete 20 Jahre auf die Rückkehr ihres Gatten. (1)
5. Ihretwegen kam es zum Krieg um Troia. (1)
6. Sie war zeitweilig Geliebte eines göttlichen Stiers. (4)

a　ad　byl　eu　he　le　le　lo　na　ne
　　pa　pe　pe　pyr　rha　ri　ro　si　ne

▶▶(S. 111) *Querschnitt durch ein Atriumhaus mit Peristyl (Modell)*

• *Mitte links: Grundriss eines ähnlichen Atriumhauses mit Peristyl:　Wohn-/Schlafräume,　Gänge, Hallen, Höfe;　Garten;　Wirtschaftsräume;*
A *Atrium;* **K** *Küche;* **T** *Tablinum;* **P** *Peristyl*
• *Mitte rechts: Schrank mit Kohlenbecken; Nachbildung (Rom, EUR)*
• *unten links: Schlafzimmer (cubiculum) mit Bettgestell*
• *unten rechts: Wanddekoration im Tablinum des Hauses des M. Lucretius Fronto in Pompeji (augusteische Zeit)*

☆ Itinera Europaea
Pegasus

In Stück 33 äußert sich Fulvius dahin gehend, dass Mythen und ihre Figuren fabulae seien, denen selbstverständlich keine historische oder gegenständliche „Wahrheit" zukomme. Wie aber ist die Lebenskraft der verschiedenen Mythen zu erklären? Von Ödipus, Ikarus, Orpheus und den anderen mythischen Gestalten geht offenbar eine Faszination aus, die Künstler, Dichter, Schriftsteller von der Antike bis heute zur Auseinandersetzung herausgefordert haben und herausfordern.

Dies gilt auch für Pegasus, das geflügelte Pferd aus der griechischen Sage. Auf dem Salbgefäß aus dem 5. Jh. v. Chr. schmückt Pegasus den Schild Athenes, der Schutzgöttin Athens und der Göttin der Künste. Charakteristisch für Pegasus ist seine gleichzeitig kämpferische und schöpferische Doppelnatur: Einerseits konnte er mit seiner Kraft und Beweglichkeit Helden zum Sieg verhelfen, andererseits vermochte er das künstlerische Schaffen der Menschen zu beflügeln, hatte er doch auf dem Musenberg Parnass mit einem

Hufschlag jene Quelle geöffnet, deren Wasser die Dichter inspirierte. Die zweite Abbildung zum Thema, vom amerikanischen Maler Edward Hopper, zeigt den Pegasus als Emblem eines amerikanischen Ölkonzerns.

Versucht, aus eurer Kenntnis oder durch gezielte Suche weitere Beispiele zur Rezeption des Pegasusmotivs beizubringen und diskutiert daran die Gründe, die nach eurer Ansicht eine Figur wie Pegasus über 2 500 Jahre als Sinnbild lebendig erhalten konnten.

◀ (Seite 109) Mischkrug mit dem Dichter Alkaios und der Dichterin Sappho (um 470 v. Chr.), München, Antikensammlung
▼ Edward Hopper, Gas (1940). New York, Metropolitan Museum of Modern Art

▲ rotfigurige Vase aus Attika mit Darstellung der Göttin Athene

Das römische Stadthaus ▬▬▬▬▬

Das Stadthaus (dŏmus) stammte in seiner architektonischen Grundstruktur aus der Zeit, in der Rom noch eine kleine Stadt war. Anders als die in der Kaiserzeit in Großstädten üblichen Mietskasernen war es für nur eine Familie vorgesehen. Diese bestand aus Eltern, Kindern und Sklaven und umfasste ungefähr 10–20 Personen.

Im Stadthaus gruppieren sich die Räume um das ātrium, eine Halle mit rechteckiger Dachöffnung, der ein Auffangbecken für das Regenwasser im Fußboden entspricht. An den Langseiten der Halle liegen Schlafräume, gegenüber dem Eingang auf der Stirnseite das tablīnum (Salon) und das Esszimmer. Durch das tablīnum erreicht man das *Peristyl* (peristȳlium), einen von Säulenhallen umgebenen Garten. War das Grundstück groß genug, so konnten rings um das Peristyl weitere Räume liegen. Im Grundplan des Atriumhauses sind unzählige Variationsmöglichkeiten enthalten, so dass jedes Haus, je nach Größe und Lage, individuell gestaltet war.

◄◄ *Legende auf Seite 109*

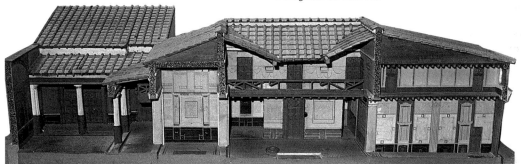

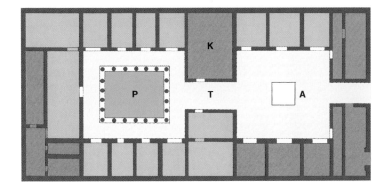

Opfer und staatlicher Kult ━━━━━━━

Die Bedeutung des Opfers

Wenn der Römer etwas unternehmen wollte – beruflich, privat, militärisch – pflegte er den Göttern ein Opfer darzubringen. Auch wenn es einen besonderen Anlass zur Freude gab – ein Angehöriger oder Freund war zurückgekehrt oder von einer Krankheit genesen –, dann war ein Opfer der angemessene Ausdruck des Dankes: Um es durchzuführen, kaufte man ein Tier – Rind, Kalb, Schaf, Ziege oder Schwein, auch ein Huhn konnte es sein –, wobei je nach Anlass und Gottheit, der das Opfer gegeben wurde, bestimmte Vorschriften zu beachten waren, Geschlecht, Farbe, Alter und Aussehen des Tieres betreffend (einer Göttin sollte z. B. ein weibliches Tier geopfert werden). Das Tier ließ man an einem Altar, der gewöhnlich vor dem Tempel der Gottheit stand, von einem Opferdiener töten; ein Teil davon wurde anschließend auf dem Altar verbrannt, die Gabe für die Gottheit, das Übrige erhielten die Priester.

Der Opfernde wollte so eine Gottheit seinem Unternehmen gegenüber wohlwollend stimmen oder ihr für eine erwiesene Wohltat danken; dies geschah wie in der römischen Gesellschaft überhaupt nach dem Prinzip „dō, ut dēs", *„ich gebe, damit du gibst".*

Der Kaiser als Pontifex Maximus

Das Opfer konnte privat und bescheiden sein, es konnte aber auch mit großem Pomp stattfinden. Dies war z. B. der Fall, wenn ein Kaiser zu einem Feldzug aufbrach oder erfolgreich zurückkehrte. Dann fand das Opfer regelmäßig auf dem Kapitol vor dem Haupttempel Roms statt, der der Göttertrias Jupiter, Juno und Minerva geweiht war. Außer dem opfernden Kaiser, der seit Augustus auch das Amt des *Pontifex Maximus*, des höchsten Priesters, bekleidete, waren Flötenspieler und Opferdiener anwesend, die die geschmückten und mit Wein besprengten Tiere heranführten. In seiner Funktion als *Pontifex Maximus* hatte der Kaiser die Oberaufsicht über das gesamte Sakralwesen und über das Gremium der pontificēs. Der Priesterschaft oblag unter anderem die genaue Einhaltung der Opferrituale, der Gebetsformeln und der Formeln, mit denen die Götter anzurufen waren. Sie führte auch den Festkalender, in dem festgelegt war, wann die einzelnen Feste zu Ehren der verschiedenen Götter gefeiert wurden.

Für jeden angesehenen Bürger war es eine große Ehre, wenn ihm ein religiöses Amt übertragen wurde, denn es war Ausdruck einer besonderen Wertschätzung und mit hohem Prestige verbunden, hatte aber nichts mit seinem persönlichen Glauben zu tun.

Pietās

An den althergebrachten religiösen Bräuchen hielten die Kaiser eisern fest, auch wenn weder sie selbst noch die Bürger an die Existenz ihrer Götter glaubten: Durch das Amt des *Pontifex Maximus* sowie die genaue Einhaltung der Opfer bekundete der Kaiser seine pietās, unter der die Römer die Haltung der Verantwortung und Pflichttreue gegenüber seinen Verwandten, besonders den Eltern und den Ahnen, und gegenüber dem Vaterland (patria) verstanden, Letzteres für die kaiserliche pietās der entscheidende Aspekt. Der Kaiser drückte durch seine Opferhandlung nicht einfach seine persönliche Frömmigkeit aus, sondern dies war ein formeller Staatsakt mit der Botschaft: Der Kaiser achtet die Traditionen, und das bedeutete, dass er zum Wohle der Stadt und des Reiches pflichtbewusst handelte.

Da der Kaiser nicht immer und überall opfern konnte, wurde das Thema „Der Kaiser beim Opfer" häufig in Darstellungen der römischen Kunst verbreitet, um die propagandistische Botschaft so überall unter das Volk zu bringen.

◄ *Mark Aurel beim Opfer nach einem militärischen Sieg; Relief von einem Triumphbogen (176 n. Chr.)*

Nero – ein Kaiser auf der Bühne

Während Aristoxenus sich auf die Suche nach Mitgliedern einer christlichen
Gruppe macht, bei denen er Auskunft über den weiteren Verbleib seines Bruders
zu bekommen hofft, will Gaius auf eigene Faust durch Rom streifen. Er hat, das
merkt er in der Gesellschaft seines Freundes, bisher viel zu wenig erfahren von
den Möglichkeiten ein Leben zu führen, das über das hinausgeht, was er in dem
ärmlichen Kolonenhaus seines Vaters gesehen hat. Die Gelegenheit, die ihm jetzt
die Großstadt bietet, nutzt er aus – und findet auch gleich in Aristoxenus' Onkel
einen, der ihm mit Rat und Tat zur Seite steht. Er empfiehlt ihm an einer Theateraufführung im Marcellus-Theater teilzunehmen.

▲ *Rekonstruktionszeichnung des
Marcellus-Theaters, vom Tiber
aus gesehen*

„Romae tria theatra inveniuntur, in quibus vel comoediae vel
tragoediae dantur. Agitur hodie »Mōstellāria« illa Plauti comoedia
praeclara in Marcelli theatro. Permagnum est: decem milia hominum
capit; aulaea sunt et vela. Conditum est ab Augusto Caesare ad Mar-
5 celli honorem, generi sui, et ab eo ipso deditum populo Romano.
Quin etiam exornatum est singularibus artificiis – memento cir-
cumspicere! Cives hoc theatrum prae ceteris amant. Nero Caesar
quoque nonnumquam ibi histrionis vel cantoris partes agebat."

Mōstellāria: die „Gespenster-
komödie" (von mōnstrum)
des altrömischen Komödien-
dichters Plautus (⚹ Namensverzeichnis)

Gaius: „Caesar Nero ipse coram populo partes egit vel etiam canta-
10 vit? – Peritusne fuit artis cantandi?"

Fulvius: „Esse sibi visus est. Cantante illo excedere theatro non licuit. Theatro completo portae claudebantur, fautores – viri aliqui
pecuniā corrupti – Neroni cantanti acclamabant, et vigiles aderant
spectatores observantes – neque sibilare neque pedibus pulsare iis
15 licuit. Ferunt nonnullos morte simulatā a vigilibus elatos esse. Tum

113

▶ *Probe zu einer Theateraufführung – der kahlköpfige Mann ist der Chormeister; Mosaik aus Pompeji*

– vitae redditi – laeti in circum vel amphitheatrum se contulerunt: Rugitum leonum se praeferre dicebant Neroni cantanti. Vix credibile est, sed Nerone principe multa et inaudita facta sunt."

unter Verwendung von Sueton, *Nero* 20,3 und 23,2

36 Im Theater

Die Vorstellung findet am frühen Nachmittag statt; es ist heiß in der Stadt. Trotz der Hitze füllt sich das große Theater schnell mit Zuschauern, Männern und Frauen, darunter auch manche Amme mit kleinen, schreienden Kindern.

Sole urente plurimi spectatores pilleis se ab aestu defendebant; matronae et nutrices umbellis tuebantur infantes. Magna pars theatri velo tegebatur.

Spectatoribus perpetuo clamantibus, cantantibus, sibilantibus histrio tamen prodiit et voce maximā atque manibus porrectis haec 5
pronuntiavit:

„Date operam! Nam nunc argumentum exordior!"

et multis acclamantibus: „Incipite! Cur comoedia non incipit?" vocavit:

imperātor histricus:
Theaterdirektor
et quī: *Lies* et eōs, quī ...

„Silete et tacete atque animum advertite! 10
 Audire iubet vos imperator histricus,
 et qui esurientes et qui saturi venerunt!"

Tumultu nondum omnino finito populo etiam minatus est:

„Exsurge, praeco, fac populo audientiam!"

15 Nonnullis infantibus etiam nunc clamantibus pronuntiavit:

„Nutrices pueros infantes minutulos
domi procurare debent, non in spectaculis!"

Silentio facto comoedia coepit.

De adulescentibus levibus actum est, de patribus severis et de servis
20 callidis, qui dominos suos et adiuvabant et decipiebant.

Spectaculum toti caveae placuit; nonnumquam media in scaena ap-
plausum est: „Sophōs!" clamabant alii Graeco more, alii Latino
modo: „Revocamus!"

Comoediā finitā omnes sine fine applauserunt; histriones iterum
25 iterumque revocati sunt et scaenam illam repetiverunt, quae plerisque imprimis placuerat.

mit Plautus, *Poenulus* (Einleitung)

praecō: eigtl. „Ausrufer";
(Amts-) Diener in öffentlichen
Einrichtungen mit Ordnungs-
aufgaben

sophōs *(griech.):* bravo!
(wörtl.: „weise"); **revocāmus:**
„Da capo" *(ital.* ≈ „von vorn!")

▼ *Marmorrelief mit einer Komödienszene: Ein Mann in bärtiger Maske und Knotenstock
eilt, offenbar sehr erregt, nach rechts, ein zweiter hält ihn zurück. Rechts kehrt ein junger
Mann, unverkennbar betrunken, vom Gelage zurück und wird dabei von einem Sklaven
gestützt. In der Mitte bläst ein (unmaskiertes) Mädchen Flöte. Im Hintergrund eine
prachtvoll ausgearbeitete Tür (wohl aus Rom; Sammlung Farnese, Neapel)*

PENSA EXERCITANDA

35 **Wh 1**

Ein Fuchs im Schafspelz

Aliquando vulpes, quae cibi valde avida erat, in agrum invasit et oves, quae eo loco pascebantur, devoravit. Itaque pastores oves suas ab eo hoste defendebant: Omnibus fere locis vigiles constituerunt, quae gladiis pilisque armati erant.

Vulpes, qui magnā diligentiā omnia observaverat, arma vigilum timebat; itaque pastores oves eā aestate secure pascebant.

Sed famē malā fatigata vulpes dolum adhibere constituit: E cubili suo ovis pellem elegit et ore unguibusque longo tempore coluit. Tandem veste ovis se induit et vigilibus appropinquavit. Vigiles vulpem, quem ovem esse putabant, praetermiserunt. ...

• Bestimme die Ablative nach ihrer Bedeutung.
• Erfinde einen möglichen Schluss der Fabel.

Wh 2
Störenfriede

amante	re	conferenti
vocante	cive	huic
mutate	rape	visi
clamante	arte	venienti

clausa	partium
clamantia	manuum
aedificia	imperium
aedificata	dictorum

S
Gedankenverbindungen

Nero auf der Bühne:

a) Quamquam theatrum nondum completum est,

Theatro nondum completo
portae clauduntur.

b) Quod theatrum nondum completum est,

Theatro nondum completo
portae non clauduntur.

Wo liegen die Unterschiede im Satzbau zwischen den zwei Sätzen beider Gruppen?
Ist auch der Ablativus absolutus in seiner Sinnrichtung eindeutig?
Untersuche entsprechend die folgenden Satzpaare, und übersetze:

❶ a) Spectatoribus „Mitte!" clamantibus gladiator victus ab editore missus est.
b) Spectatoribus „Iugula!" clamantibus gladiator victus ab editore missus est.

❷ a) Portis theatri clausis spectatores Neronem cantantem effugere non potuerunt.
b) Portis theatri clausis nonnulli spectatores Neronem cantantem effugere potuerunt.

W 1
Präfixe

Präpositionen können als Präfixe (Vorsilben) den Wortsinn von Verben differenzieren oder verändern. Erkläre die Bedeutung der folgenden Komposita aufgrund ihrer Bestandteile. (Achte dabei auf mögliche Lautveränderungen.)

➤ abducere, abesse, abire, adesse, adire, advenire, advocare
➤ componere, concurrere, consentire, convocare
➤ decedere, decurrere, deesse, deportare, desinere
➤ effugere, evenire, exire, exportare, exspectare
➤ imponere, importare, incedere, incurrere, inesse, inferre – interesse, intermittere
➤ praecedere
➤ praedicere, praeficere

E
Pecunia non olet

Temporibus Vespasiani imperatoris vectigal novum inventum est. Aerario enim ... Vespasianus vectigal urinae civibus imposuit. Qua re ... Titus Vespasiani filius indignatus est. Pater autem filio pecuniam ex prima pensione admovit ad nares ...: „Num odore offenderis?" Et illo ...: „Atquin", inquit, „e lotio est!"
Ergänze den Text mit Hilfe des Wortangebotes und übersetze.

cognitā – deficiente – negante – quaerens

E/T 1
Auf frischer Tat ertappt

Vervollständige die Geschichte mit Hilfe der Aussagen in dem Kästchen.

Vir quidam ... a vicinis oppressus est; itaque ad Demosthenem productus est. Cui ... fur dixit: „Nesciebam ....“ ... Demosthenes respondit: „At satis sciebas ...!“

> in murum villae Demosthenis clam ascendens
> – causam furti quaerenti – Qua excusatione audita – villam tuam esse – tuam non esse

Dēmosthénēs, -is: *berühmter griechischer Redner*

◆ Ü 1
Ein Bienenkampf um Schweine
Eine Episode aus dem Mittelalter

Henrico rege Gisebertus, Lotharingiae dux, multa bella cum Theutonicis gessit.
Copiis suis prope Rhenum collocatis imperatori Theutonico illudebat.
Capitaneus Henrici regis castris hostium appropinquavit prope Rheni ripam natans.
Aspexit magnum gregem porcorum ab aqua Rheni bibentium.
Grege vix viso ripam petivit.
Suculis nonnullis raptis grunditum movit.
Grunditu audito sucularum matres celeriter ad capitaneum cucurrerunt.
Gregem ad se currentem ut praedam abegit et in castra sua duxit.
Quibus rebus auditis hostes statim castra Henrici petiverunt.
At capitaneus id providens apum alvearia in castris collocaverat hostes fugandi causa.
Appropinquante Lotharingio exercitu apum alvearia in muro constituit.
Tum alvearia in hostes accurrentes iecit.
Tam milites quam equi hostium apibus vexati fugerunt.

Henricus: Heinrich I., dt. König 919–936

Im 1. Satz findest du einen sog. nominalen Ablativus absolutus, d. h., dass hier ein Nomen das „Prädikat“ des Abl. abs. bildet. Welches zeitliche / gedankliche Verhältnis besteht zwischen den beiden Aussagen dieses Satzes? Achte bei allen weiteren Partizipialkonstruktionen besonders auf die Zeitverhältnisse und mögliche Sinnrichtungen.

◆ Ü 2
Rat an Ärzte

Dum aegrotus visitatur,
dum processus ventilatur,
cura te accipere!
Nam: aegroto restituto
et processu absoluto
nemo curat solvere!

• Die Verse beider Strophen entsprechen sich. Woran wird dies sichtbar?
• Diese Beobachtung ermöglicht es dir, die Bedeutung von absolvere und solvere aus dem jeweiligen Gegenbegriff zu erschließen!

visitare: natürlich vom Arzt • accipere *(hier):* die Arztrechnung einfordern

❖ E/T 2
Aus der Geschichte Roms

Gelegentlich findet sich beim Ablativus absolutus anstelle des Partizips ein Nomen (vgl. Ü „Ein Bienenkampf …“, Satz 1). In dieser Übung kannst du typische Beispiele für dieses Verfahren kennen lernen, wenn du die Nomina aus dem Kästchen sinngemäß in die kurzen Texte einfügst.

> consulibus – duce – invito – praeside – quieta –
> rege

❶ Der sagenhafte Anfang
a) Rom und die Trojaner:
Urbem Romam condiderunt atque habuerunt initio Troiani, qui Aenea ... profugi sedibus incertis vagabantur.
b) Romulus und Remus:
Romulus et Remus urbem novam condiderunt. Remus, quod Romulo ... murum adhuc parvum urbis novae transiluerat, a fratre irato interfectus est. Ita urbs nova nomine Romuli appellata est.
❷ Anno CCXLIII a. u. c.
Romani, quod Tarquinio Superbo ... regium imperium in superbiam dominationemque se converterat, annua imperia binosque imperatores sibi fecerunt.

❸ Aus dem „Gallischen Krieg" Caesars

a) Der Beginn eines neuen Krieges in Gallien:

Eā, quae secuta est, hieme, qui fuit annus Cn. Pompeio M. Crasso ..., Usipetes Germani et item Tenctheri magna multitudine hominum flumen Rhenum transierunt.

b) Trügerische Ruhe in Gallien:

... Gallia Caesar, ut constituerat, in Italiam proficiscitur. Hac impulsi occasione Galli de bello consilia inire incipiunt.

❹ Anno DCCLIII a. u. c.

Factum est autem in diebus illis, exiit edictum a Caesare Augusto, ut describeretur universus orbis. Haec descriptio prima facta est ... Syriae Cyrino.

Welches Zeitverhältnis besteht jeweils zwischen dem nominalen Ablativus absolutus und dem Rest des Satzes? Welche Beispiele können durch einen präpositionalen Ausdruck im Deutschen gut wiedergegeben werden?

Von welchem Jahr moderner Zeitrechnung ist die Rede?

Aenigma Latinum
Musenmosaik

Ein Mosaik aus Buchstaben umgibt die Muse der Komödie. Ihren Namen erfährst du, wenn du

① das Mosaik in 14 Verbformen auflöst (lies waagerecht und senkrecht; jeder Buchstabe darf nur einmal genommen werden),

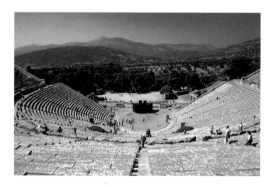

② aus diesen Verbformen alle Partizipien der Gleichzeitigkeit (6) herausnimmst und

③ deren Anfangsbuchstaben in die richtige Reihenfolge bringst, indem du „schweigend beginnst, handelnd und lesend die Mitte besetzt und hörend das Ende findest".

Zur weiteren Vervollständigung des Namens kann dir dein Lehrer oder deine Lehrerin helfen.

Itinera Europaea
Theater

a) Den Lesestücken dieses Kapitels kannst du den Ablauf einer Theateraufführung entnehmen. Stelle Unterschiede zu einer heutigen Aufführung fest.

b) Das Marcellustheater in Rom ist heute nur noch teilweise erhalten, da es im Verlauf der Geschichte umgebaut wurde. Eine gute Vorstellung von einem römischen Theater vermittelt das Theater in Orange in Südfrankreich (Abb. S. 119). Vergleiche dieses Theater mit dem griechischen Theater von Epidauros (Abb. oben) und einem modernen Theater (unten) und beschreibe die Gemeinsamkeiten bzw. Veränderungen.

Schauspiel und Theater

Das Theater hat die Römer nicht in dem Maße begeistert wie die Darbietungen im Amphitheater und die Wagenrennen. So hatten die drei Theater in Rom zusammen etwa 60 000 Plätze, das Kolosseum dagegen einschließlich der Stehplätze 50 000 und der Circus Maximus 250 000!

Die Komödie

In der Kaiserzeit spielte man in den Theatern mit Vorliebe Komödien einer längst vergangenen Epoche; sehr beliebt waren vor allem die der Dichter **Plautus** und **Terenz** (3.–2. Jh. v. Chr.), bei denen es sich um Umarbeitungen und Übersetzungen griechischer Komödien handelte.

Zu Beginn der Aufführung wurde den Zuschauern die Handlung des Stücks von den Schauspielern kurz zusammengefasst; auf das *gesprochene Wort* kam es weniger an als auf die schauspielerische Leistung vor allem des Ersten Schauspielers, des Stars; vielfach sprach er gar nicht, sondern drückte die Empfindungen pantomimisch aus; die Theater waren so groß, dass trotz ausgezeichneter Akustik die Zuschauer auf den höheren Rängen Gesprochenes kaum verstehen konnten, zumal das Publikum sehr unruhig war. Großer Wert wurde auf die Ausstattung gelegt, auf das Bühnenbild, die Kostüme und die Masken. Eine Inszenierung enthielt Gesang und Tanz bis hin zu Ballett und Akrobatik, wobei der Erste Schauspieler von den anderen Mitgliedern der Schauspieltruppe und einem Orchester begleitet wurde. Auf der Bühne wurde viel gesungen, ja viele Lieder (cantica) waren so bekannt, dass das ganze Auditorium mitsang. Eine Komödienaufführung entsprach insofern eher einem Musical.

Die Tragödie

Die Tragödie andererseits gefiel vor allem dann, wenn schreckliche oder erotisch ausgefallene Themen (z. B. „Jason und Medea") möglichst realistisch vorgeführt wurden: Es musste viel Blut fließen und das Geschehen auf der Bühne musste sehr drastisch sein. Literatur und Bühne waren verschiedene Welten, so dass zeitgenössische Tragödien, wie die des Seneca im 1. Jh. n. Chr., nur noch in kleinen Intellektuellenkreisen vorgelesen, nicht mehr gespielt wurden.

Der Mimus

Ebenfalls sehr beliebt war der mīmus, die Posse. Die Stücke enthielten zeit- und personenbezogenen Witz und kamen der großen Spottlust der Römer entgegen. Das Geschehen musste lebensecht wirken, weshalb

man hier auf Masken verzichtete und die weiblichen Rollen von Frauen spielen ließ, was vorher weder in der Tragödie noch in der Komödie üblich war. Nun hatten auch Frauen einen festen Platz in den Schauspieltruppen, die aus Berufsschauspielern, Musikern und einem Leiter bestanden.

Lebensechtheit und Drastik waren für den Erfolg eines Stückes entscheidend: Deshalb wurde der *Laureolus* eines der erfolgreichsten Stücke überhaupt: In ihm war der Held ein Räuber, der am Ende gefasst und getötet wurde. Die Realistik in der Aufführung ging so weit, dass der Spieler des Räubers vor dem Ende des Spiels gegen einen zum Tode Verurteilten ausgetauscht wurde, damit die Todesqualen echt waren und *reales* Blut fließen konnte. Diese Art der Darbietung fand so viel Anklang beim Publikum, dass man sie bald ins größere Amphitheater verlegte.

▲ *Das römische Theater in Orange (Provence)*
▼ *Mosaik mit Darstellung einer Theatermaske (Berlin, Pergamonmuseum)*

▶ *Zeichnerische Rekonstruktion des Trajansforums; links oben die Trajansmärkte, links vorn die Basilica Ulpia und die Trajans-säule, die ihrerseits von der Griechischen und Lateinischen Bibliothek, die einander gegen-überliegen, flankiert wird*

▬ 37 In der Bibliotheca Ulpia

Auch am folgenden Tag durchstreift Gaius die engen, von Leuten wimmelnden Gassen Roms; oft hat er rechte Mühe sich den Weg zu bahnen. Ihn, der den menschenarmen Süden gewohnt ist, fasziniert einerseits dieser Trubel, anderer-seits fühlt er sich ihm auch nicht gewachsen. Er schlägt sich zu den breiteren Straßen durch und steht bald vor einem hohen Gebäude – wie er erfährt, ist das eine öffentliche Bibliothek, die *Bibliotheca Ulpia*, die Kaiser Trajan gestiftet hat, auch *Bibliotheca templi Traiani* genannt.

Neugierig betritt er das Gebäude: In der Halle gewahrt er zahlreiche Statuen – wie er den Aufschriften entnimmt, alles Bildnisse berühmter Männer. Eine Grup-pe junger Leute nähert sich ihm, angeführt offenbar von ihrem Lehrer, wohl einem Professor der Rhetorik.

Cornēlius Nĕpōs, Titus Līvius: römische Historiker (↗ Namensverzeichnis)

„Vidētis hic", dixit ille vir, „imagines Cornelii Nepōtis et Titi Livii, quas Herennius Sevērus, bibliothecae praefectus et vir doctissimus eruditissimusque omnium, quos novi, nuper huc posuit!" Tum digito armaria quaedam ostendit: „His armariis libri pulcherrimi de arte oratoriā insunt." 5

Deinde volumina nonnulla ex armario quodam prōmpsit diligen-tissimē. „Vidēte hic", magna cum dignitate pronuntiavit, „Cicero-nis »de oratore« libros! Est nobilissimus nostrorum oratorum atque celeberrimus totius orbis!"

„dē ōrātōre": „Über den Red-ner" – Schrift Ciceros (↗ Na-mensverzeichnis) zur Rhetorik

Aliud volumen promens „Porro", inquit, „videte hos Quintiliani li- 10 bros »de institutione oratoria«! Orator fuit ille non humilis ingenii – sed sine dubio Cicero dignior est quam Quintilianus ... et Quinti-lianus longe dignior Tacito aequali nostro, cuius »dialogum« – videte hic! – minimi aestimo."

„dē īnstitūtiōne ōrātōriā": „Über den Unterricht in Rheto-rik" – Schrift Quintilians (↗ Na-mensverzeichnis) zur Rhetorik

„dialogus dē ōrātōribus": „Dialog über die Redner" – Schrift des Tacitus (↗ Namens-verzeichnis) zur Rhetorik

„Dignus, dignior, dignissimus!" unus e discipulis nunc clamavit. 15 „Quā de causā oratores distribuis in meliores vel peiores? Equidem cum permultis Tacitum pluris aestimo Cicerone ... illo oratore tem-poris acti. Aequalibus suis, non posteritati suae servivit!"

◀ Blick in die Privatbibliothek des Kaisers Hadrian im Palast von Tivoli (Tibur, bei Rom; Rekonstruktion)

Praeceptor autem respondit: „Non tibi consentio! Verbis Ciceronis
20 usus, viri optime de patria litterisque meriti, dico: »Optimus quisque maxime posteritati servit!« Nihil omnium rerum melius est
Ciceronis arte dicendi, nihil pulchrius est!“

Ein „poeta divinus"

38 ▬

Praeceptore illo discipuloque disputantibus senex calvus bibliothe-
cam intravit et pronuntiare coepit:

„Ego poeta sum et, ut spero, non humillimi spiritus. »Quare ergo«,
fortasse interrogatis, »tam pessime vestitus es«? Propter hoc ipsum:
5 Amor ingenii neminem umquam divitiorem fecit, quam ante fuerat! Omnibus fere hominibus vita ardua est – sed maxime ardua
poetis!“

Vix maiore voce recitare coeperat:

„Nōn bĭbit inter aquās pōma aut pendentia carpit
10 Tantălus īnfēlīx, quem sŭă vōta prĕmunt ...“,

▼ Idealisiertes Porträt eines Poeten; Wandgemälde aus Stabiae in der Nähe Pompejis (um 70 n. Chr.)

cum nonnulli e turba illorum, qui circumstabant, clamaverunt:
„Abscede! Evanesce! Abi in malam pestem! Nolumus tuos pessimos
versus audire! Miserrimi es ingenii!“

Et unus libro parvo evoluto cum risu recitavit: „Audi, poeta divine,
15 de te haec fabula agitur:

„Tōnsōrem căpĭtī nōn est adhĭbēre nĕcesse.
Rādĕre tē mĕlĭus spongia, Phoebĕ, pŏtest.«“

Riserunt, qui aderant; at ille calvus manibus operuit caput et e
bibliotheca profūgit.

mit Petron 82,5; 83,8–10; Martial VI 57,3–4

▬ 39 Phaedri de lupo et agno fabula

Gaius kommt mit einem Mann ins Gespräch, den er nach den Männern befragt, von denen der Professor gesprochen hatte. Der wundert sich zunächst darüber, dass Gaius diese berühmten Persönlichkeiten nicht kennt; und da er merkt, dass Gaius neugierig darauf ist in den Bänden etwas herumzuschmökern, bittet er einen Bibliothekar, ihm den illustrierten Band mit Fabeln des Phaedrus herauszugeben.

Gaius volumine accepto se in angulum quendam recepit et legit:

Ad rivum eundem lupus et agnus venerant
siti compulsi. Superior stabat lupus
longeque inferior agnus. Tunc fauce improba
latro incitatus iurgii causam intulit: 5
„Cur", inquit, „turbulentam fecisti mihi
aquam bibenti?" – Laniger contra timens:
„Qui possum, quaeso, facere, quod quereris, lupe?
A te decurrit ad meos haustus liquor!"
Repulsus ille veritatis viribus: 10
„Ante hos sex menses male", ait, „dixisti mihi!"
Respondit agnus: „Equidem natus non eram!"
„Pater – hercle – tuus", inquit, „maledixit mihi!"
Atque ita correptum lacerat iniusta nece.
»Haec propter illos scripta est homines fabula,   15
qui fictis causis innocentes opprimunt.«

Phaedrus, I 1

Der Mann stellt sich vor: Er heißt Aulus Plautius Tucca und ist als *praefectus hortorum* – Parkaufseher – in Hadrians Villa in Tibur tätig. Da Gaius ihm sympathisch ist, lädt er ihn ein ihn in Tibur zu besuchen, damit er ihm dort den Park und die Anlagen zeigt.

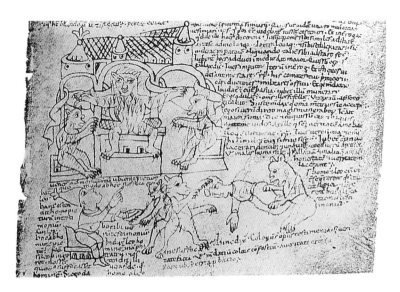

▶ *Seite aus einer illustrierten Handschrift der Phädrus-Fabeln aus dem 5. Jh. Illustrierte Buchausgaben gab es schon in der klassischen Zeit.*

PENSA EXERCITANDA

7 Wh

a) Der geschwätzige Friseur *(nach Erasmus):*
Archelaus, rex Macedonum, tonsori *garrulo* roganti:
„Quomodo me te radere vis, o rex?" *„Tacitus"* inquit.

b) Aufschrift auf einem uralten Auto:
Festina *lente!*

c) Der Philosoph Diogenes wurde gefragt, wann ein Mensch essen sollte *(Erasmus):*
„Si *dives* est, cum vult, si *pauper*, cum potest."

d) Eine schwierige Aufgabe
Cato Maior musste versuchen, eine hungrige Volksmasse zu beruhigen:
Hoc initium dicendi fecit: „*Difficile* quidem est, Quirites, ad ventrem verba facere, quod is auribus caret."
Beschreibe die Satzgliedfunktionen der hervorgehobenen Wörter.

> Quirites: *ehrenvolle Anrede der römischen Bürger*

E
Geschwisterlicher Altersvergleich

Simylo Megillae parentibus quattuor liberi sunt, qui aetate inter se differunt: Tertius ... est quam Paula, sed ... quam Secunda. Ea autem ... Gaio. Qui filius ... est, nam ... est fratre atque sororibus. At Paula parva ... est: ... est et Tertio et Secunda et Gaio.

> maior – maior – minor – minor – minor – maximus – minima

• Ergänze die richtige Form aus dem Kästchen. (Vgl. C. I, PE K2)
• Welche Bedeutung gewinnen die Steigerungsformen von magnus, -a, -um und parvus, -a, -um – ähnlich wie im Deutschen – in diesem Kontext?

F 1
Störenfriede

dignior	minore	audis	temporis
soror	divitiore	illustrioris	loqueris
clarior	imperatore	videris	laboris
doctior	pulchriore	estis	maioris

S
Ein Traummann!

CALPURNIA: Vidistine pugilem illum, Lucretia? Est certe athletarum omnium optimus et celerrimus et acerrimus!

LUCRETIA: Sed certe non pulcherrimus!

CALPURNIA: Omnes amicae nomen eius in muris omnibus inscribunt ...

LUCRETIA: Ego puto eum stultissimum et loquacissimum omnium, qui ludis intersunt. Certamine finito statim superbissime se iactavit ante omnes ceteros athletas. Ecce! Illic iacet in sole et dormit – vino plenissimus, ut sentis!

CALPURNIA: At amicus tuus certe multo formosior et sapientior est omnibus! Dico tibi: Stultissime loquitur iste nugator et in certaminibus saltus minimos dat!

LUCRETIA: Amor te caecam reddidit!

Übersetze den Text. Nach welchen Gesichtspunkten entscheidest du dich bei den Superlativformen für superlativische oder elativische Bedeutung?

▼ *Bronzestatue eines Boxers (1. Jh. v. Chr.)*

◆ R 1
Barocke Sprachkunst

In dem folgenden Epitaph (Grabschrift), das 1632 in Neapel erschienen ist, beginnen alle 58 Wörter mit demselben Buchstaben (lat. V = U!).

> VIATOR, *Veni, Vide*
> Varias Vicissitudines, Volubiles Vitae Vanitates!
> Vetustissimus, Venustissimus Vixi VESUVIUS,
> Virentissimus, Vernantissimus,
> Validissimus, Vinis Vberrimus.
> Vbi vero Vindice Vniversa Videntis Voluntate
> Viscera *Vomui* Vulcania, Vndosa,
> Virulenta, Voraginosa,
> Voracissimus Vt Vultur Valde Velociter Viros
> *Voravi,*
> Vndique Vineta, Vireta, Vicinas Vrbes, Villas
> *Vastavi.*
> *Vellem* Videns Vltricem Vindictam *Vitares*
> Vltimam
> Ventris, Veneris Vacuus Voluptatibus
> Veram Vniversi Vitam Verendo Venerando!

Der personifizierte Vesuv wendet sich an den Betrachter:
Satzzeichen und Hervorhebungen, hier als Hilfen gegeben, sind im Original nicht vorhanden!

viator: Wanderer • **vicissitudo**, -inis *f.:* Wechsel • **volubilis**, -e: unbeständig, wandelbar • **vanitas**, -atis *f.:* Nichtigkeit, Eitelkeit • **vetustissimus:** → vetus: alt • **venustus**, -a, -um: lieblich, reizend • **virens**: grün, blühend • **vernans**: glänzend, leuchtend • **uber**, -a, -um + Abl.: reich an, üppig, fruchtbar • **vindice univ. vid. voluntate**: nach dem strafenden Willen dessen, der alles sieht • **viscera**, -um *n.:* Eingeweide • **vomere**, -o, vomui: ausspeien • **vulcanius**, -a, -um: vulkanisch • **undosus**, -a, -um: wogend • **virulentus**, -a, -um: giftig • **voraginosus**, -a, -um: abgrundtief • **vorax**, -acis: gefräßig • **vultur** *m.:* Geier • **velox**, -ocis: schnell • **vorare**: verschlingen • **vinetum**, -i *n.:* Weinberg • **viretum**, -i *n.:* grüner Platz, Wiese • **vastare**: verwüsten • **vellem ... ultricem vindictam vitares ultimam**: ich wünschte, ... du entgingest der Strafe des Jüngsten Gerichts • **Venus** = Liebe • **voluptas**, -atis *f.:* Freude, Lust • **universum**, -i *n.:* Weltall • **vereri**: fürchten, verehren • **venerari**: verehren.

F 2
Störenfriede

alius	litore	malus	fortiter
melius	amore	manus	fortius
medius	clare	munus	fortissime
dubius	re	manemus	fortuna

T
Phaedri de ranā superbā fabula

In prato quondam rana conspexit bovem et tacta invidiā tantae magnitudinis rugosam inflavit pellem; tum natos suos interrogavit, an bove esset latior. Illi negārunt. Rursus intendit cutem maiore nisu; et simili quaesivit modo, quis maior esset. Illi dixerunt bovem. Novissime indignata dum vult validius inflare sese, rupto iacuit corpore.

an ... esset ...: ob er ... sei ... • negārunt = negaverunt • intendere *(hier):* blähen • quis ... esset: wer ... sei

a) Die Handlung der Fabel entwickelt sich in vier Schritten. Durch welche Konnektoren werden diese Abschnitte gekennzeichnet?
b) Die „Moral von der Geschicht'" ist hier fortgelassen. Wie könnte sie lauten?

W 1
„Elativissime"

Ordne die bildhaften deutschen Ausdrücke dem passenden lateinischen Wort zu:

abgrundtief – baumlang – bildschön – brandneu – fuchsteufelswild – haushoch – hautnah – hundeelend – kerngesund – kreuzfidel – kinderleicht – randvoll – riesengroß – stahlhart – steinreich – strohdumm – stockdunkel – splitternackt – tollkühn – todesmutig – uralt – wieselflink – winzig klein – zentnerschwer – zuckersüß

altissimus (2) – antiquissimus – audacissimus – celerrimus – divitissimus – dulcissimus – durissimus – facillimus – fortissimus – gravissimus – laetissimus – longissimus – maximus – minimus – miserrimus – novissimus – nudissimus – obscurissimus – plenissimus – proximus – pulcherrimus – saevissimus – stultissimus – validissimus

▲ *Buchrollen (volumina) aus Papyrus, zu deren Aufbewahrung spezielle Behälter (capsae) dienten; Nachbildung (Rom, EUR, Museum der römischen Kultur)*

P

Libri sunt volumina

Dass Bücher in der Antike aufgerollt wurden, hatte nicht nur Auswirkungen auf ihre Aufbewahrung in Bibliotheken, sondern auch auf das Leseverhalten der Benutzer. Wenn ihr in eurer Lerngruppe hierfür ein Gefühl entwickeln möchtet, könnt ihr euch leicht Buchrollen basteln, indem ihr z. B. mehrere Bogen Papier zu einem jeweils mindestens 1 Meter langen Streifen zusammenklebt und diesen an den Enden an zwei Rundhölzern befestigt. Schreibt jetzt mehrere Seiten beliebigen Inhalts in eure Buchrolle, rollt sie auf, verteilt sie untereinander und lest euch dann auf Verlangen bestimmte Seiten eurer „Bücher" vor. Welches neue Lesegefühl stellt sich ein?

Ü 1

Sententiae

a) Tunica propior pallio est. *(Plautus)*

b) Potius sero quam numquam. *(Livius)*

c) Usus magister est optimus. *(Cicero)*

d) E malis elige minima! *(Cicero)*

e) Concordia parvae res crescunt, discordia maximae dilabuntur. *(Sallust)*

Für welche der Sentenzen findest du entsprechende deutsche Redewendungen?

Ü 2

Bildung durch Sport und Spiele?

❶ Studieren oder trainieren?

Dass bei den Griechen in den Gymnasien gleichzeitig trainiert und studiert werden konnte, war nicht unproblematisch, wie der folgende Hinweis **Cicero**s zeigt:

(Philosophorum) auditores discum audire quam philosophum malunt; qui, simul ut increpuit, in media oratione de maximis rebus et gravissimis disputantem philosophum omnes unctionis causa relinquunt. Ita levissimam delectationem gravissimae ... utilitati anteponunt.

discus: ◈ ↗ *Fremdwort* • increpare: sausen • unctio, -onis *f.:* „Salbung"; das Einreiben mit Öl vor der sportlichen Übung

❷ Gladiatoren als Vorbilder?

Cicero zeigt, was man von Gladiatoren lernen kann:

Gladiatores – aut perditi homines aut barbari – quas plagas perferunt! Quo modo illi, qui bene instituti sunt, accipere plagam malunt quam turpiter vitare! Quam saepe apparet nihil eos malle quam vel domino satis facere vel populo! ... Tantum exercitatio, meditatio, consuetudo valet!

❸ Kritik an Horrorspielen

Seneca gibt zu bedenken:

Nihil vero tam damnosum bonis moribus est quam in aliquo spectaculo desidere; tunc enim per voluptatem facilius vitia subrepunt. Quid me existimas dicere? Avarior redeo, ambitiosior, luxuriosior? Immo vero crudelior et inhumanior, quia inter homines fui! Casu in meridianum spectaculum incidi: ... mera homicidia sunt. ... Non galea, non scuto repellitur ferrum. Quo munimenta? Quo artes? Omnia ista mortis morae sunt. Mane leonibus et ursis homines, meridie spectatoribus suis obiciuntur. ... Age, ne hoc quidem intellegitis mala exempla in eos redundare, qui faciunt?

◆ W 2

Täter und ihre Taten

Viele lateinische Wörter sind von Verben abgeleitet. Dabei bezeichnet die Nachsilbe -tor (-sor) die handelnde Person, die Nachsilbe -tio (-sio) ihre Tätigkeit, z. B.:

ora – re: ↗ ora – tor: ↗ ora – tio

a) Nenne zu den folgenden Wortpaaren das Ursprungsverb und die Bedeutungen. (Beachte, dass die Konsonanten b/p, c/g und s/r z. T. ineinander übergegangen sind.)

actor – actio; admirator – admiratio; auditor – auditio; curator – curatio; defensor – defensio; laudator – laudatio; quaestor – quaestio; recitator – recitatio; scriptor – scriptio; spectator – spectatio

b) Was ist ein imperator, negotiator, victor?
c) Was ist eine acclamatio, constitutio, mutatio, legatio, variatio?

Aenigma Latinum
Poetae atque scriptores Romani clarissimi

Alle im folgenden gesuchten Autoren könnten dir aus der bisherigen Lektüre dieses Buches bekannt sein. Hier ist die deutsche Form ihrer Namen gefragt. Bei richtiger Lösung ergeben die angegebenen Buchstaben, von oben nach unten gelesen, den Namen eines Zeitgenossen des Kaisers Augustus, der zum Inbegriff aller Förderer der Künste wurde.

1. Meister des Spottepigramms (ca. 40–102 n. Chr.)
(1). ■ ■ ■ ■ ■ ■ ■
2. Er schrieb ein Buch über seine Eroberung Galliens (100–44 v. Chr.)
(2). ■ ■ ■ ■ ■ ■
3. Philosoph und Tragödiendichter, Erzieher Neros (ca. 4 v. Chr.–65 n. Chr.)
(2). ■ ■ ■ ■ ■ ■
4. Der berühmteste Redner Roms (106–43 v. Chr.)
(1). ■ ■ ■ ■ ■ ■
5. Autor der Aeneis (70–19 v. Chr.)
(2). ■ ■ ■ ■ ■ ■
6. Autor einer Naturkunde in 37 Bänden (23–79 n. Chr.)
(4). ■ ■ ■ ■ ■ ■ ■ ■
7. Komödiendichter (gest. 184 v. Chr)
(3). ■ ■ ■ ■ ■ ■ ■ ■
8. Geschichtsschreiber (86–34 v. Chr)
(1). ■ ■ ■ ■ ■ ■

◆ **R 2**
Fernsehen für Lateiner
1. Sport:
Sport extra – Das aktuelle Sportstudio
2. Krimis und andere Serien:
Der Doktor und das liebe Vieh – Inspektor Columbo – Kommissar Maigret – Magnum – Monty Python's Flying Circus
3. Magazine zu Themen aus Politik, Wirtschaft, Umwelt und Kultur:
aspekte – Fakt – Frontal – Monitor – Plusminus – Report – Titel, Thesen, Temperamente – Transit – Treffpunkt Natur
4. Kultur – live
➢ *Schleswig-Holstein Musik Festival 1994: Abschlusskonzert: Beethoven, Sinfonie Nr. 6 F-Dur/ Nr. 5 c-Moll, NDR-Sinfonieorchester, Dirigent: Günther Wand*
➢ *Fidelio von L. v. Beethoven mit der Sopranistin L. P. und dem Tenor R. K.*
➢ *Faust. Eine subjektive Tragödie: der „Faust" der Moderne des portugiesischen Dichters Fernando Pessoa.*

Welche aus dem Lateinischen stammenden Fremdwörter kannst du erkennen? Nimm ggf. ein (Fremdwörter-)Lexikon zu Hilfe!

▼ *Äsop und der Fuchs; griechisches Vasenbild (um 450 v. Chr.) Der Fabeldichter Äsop hört dem Fuchs zu. Der Krückstock in seiner Hand symbolisiert das dürftige Leben der einfachen Leute, der große Kopf versinnbildlicht seine Weisheit.*

☆ Itīnera Europaea
Die Trauben sind sauer

Der berühmte Kritiker, Dichter und Philosoph **G. E. Lessing** (1729–1781) erzählt folgende Fabel:

> *Ich kenne einen Dichter, dem die schreiende Bewunderung seiner kleinen Nachahmer mehr geschadet hat als die neidische Verachtung seiner Kunstrichter.*
> *„Sie ist ja doch sauer!", sagte der Fuchs von der Traube, nach der er lange vergebens gesprungen war. Das hörte ein Sperling und sprach: „Sauer sollte die Traube sein? Danach sieht sie mir doch nicht aus!" Er flog hin und kostete und fand sie ungemein süß und rief hundert näschige Brüder herbei. „Kostet doch!", schrie er, „kostet doch! Diese treffliche Traube schalt der Fuchs sauer." –*
> *Sie kosteten alle und in wenigen Augenblicken ward die Traube so zugerichtet, dass nie ein Fuchs wieder danach sprang.*

Schon im 17. Jahrhundert hatte sich der französische Dichter **La Fontaine** (1621–1695) desselben Motivs angenommen. Wir drucken sein Gedicht in einer Übersetzung und – besonders für alle Französischschüler und -schülerinnen – im Original:

> *Dem Hungertode nah, sah ein Gascogner Fuchs,*
> *ein feiner Schalk, ganz hoch am Dache grüner Lauben*
> *in roter Beeren üpp'gem Wuchs,*
> *fast überreif, die schönsten Trauben.*
> *Das wär' ein Mahl, recht nach des armen Schelms Geschmack!*
> *Doch da er sie nicht konnt' erjagen,*
> *sprach er: „Sie sind zu grün, nur gut für Lumpenpack!"*
> *Tat er nicht besser als zu klagen?*

> *Certain Renard Gascon, d'autres disent*
>   *Normand,*
> *Mourant presque de faim, vit au haut d'une*
>   *treille*
> *Des raisins mûrs apparemment,*
> *Et couverts d'une peau vermeille.*
> *Le galant en eût fait volontiers un repas;*
> *Mais comme il n'y pouvait atteindre:*
> *Ils sont trop verts, dit-il, et bons pour des goujats.*
> *Fit-il pas mieux que de se plaindre?*

▲ *Illustration aus dem lat.-dt. „Ulmer Äsop" (Aesopus, Vita et fabulae), um 1476/77*

Beide Dichter haben sich das Motiv nicht ausgedacht. Ihre Werke sind – ebenso wie die Illustration aus dem „Ulmer Äsop" – Rezeptionen einer antiken Fabel. Wir drucken sie in der Version, die der römische Dichter **Phaedrus** im 1. Jahrhundert n. Chr. geschaffen hat:

> *Fame coacta vulpes altā in vineā*
> *uvam appetebat summis saliens viribus.*
> *Quam tangere ut non potuit, discedens ait:*
> *„Nondum matura est. Nolo acerbam sumere."*
> *Qui, facere quae non possunt, verbis elevant,*
> *adscribere hoc debebunt exemplum sibi.*

verbīs ēlevāre: *mit Worten beschönigen* • debebunt: *Futur zu* debere

a) Übersetze den lateinischen Text.
Unbekannte Vokabeln, die nicht als Hilfe gegeben sind, kannst du aus dem Kontext und unter Zuhilfenahme der französischen und deutschen Versionen erschließen.
b) Vergleiche die drei Versionen.
• Stelle inhaltliche Übereinstimmungen und Unterschiede fest.
• Welche sprachlichen Unterschiede fallen dir auf?
• Worum geht es den drei Dichtern?

▲ *Lesender Mann vor seinem geöffneten Bücherschrank, Sarkophagrelief (New York, Metropolitan Museum)*

Bücher und Bibliotheken ▬▬▬▬▬▬▬

Form und Material von Büchern

In Rom gab es einen lebhaften Buchhandel, ohne Druckkunst und Papier, das, erfunden von den Chinesen, erst im Mittelalter durch die Araber nach Europa gelangte. In der Antike schrieb man auf *Papyrus,* ein durch Glätten und Pressen hergestelltes Material aus den Stängeln der in Ägypten heimischen Papyruspflanze. Als die ptolemäischen Könige im 2. Jh. v. Chr. die Ausfuhr von Papyrus aus Ägypten verhinderten, perfektionierten die *Pergamener,* Konkurrenten der Alexandriner, das Verfahren präparierte Tierhäute, *Pergament,* zum Schreiben zu nutzen. Zunächst wurde die traditionelle Form der *Schriftrolle* beibehalten, doch eignete sich das Material aus Tierhaut auch für eine andere Form, die des cōdex (urspr. „Holzscheit"): die eigentliche Buchform. Beide Arten bestanden lange Zeit nebeneinander. Als nach dem Ende des Ptolemäerreiches (31 v. Chr.) das billigere Papyrusmaterial, das nur in Form von Buchrollen zu haben war, uneingeschränkt ausgeführt wurde, bevorzugte man es gegenüber dem Pergament, das zwar haltbarer, aber teurer und schwerer war. Für nichtliterarische Texte, z. B. Buchführung und Gesetzessammlungen, aber zog man den Codex, das Buch, vor, denn zum Nachschlagen und schnellen Finden einer Textstelle ist die Schriftrolle denkbar ungeeignet. In der Spätantike setzte sich der Codex allgemein durch und bestimmte die Buchentwicklung.

Als Schreibwerkzeuge nahm man Vogelfedern, die angespitzt und in schwarze Tinte getaucht wurden.

Vervielfältigung und Verbreitung

Ohne Buchdruck Bücher zu verbreiten bedeutet, dass die Texte wieder und wieder abgeschrieben wurden. Diese Arbeit war schreibkundigen Sklaven, vorzugsweise Griechen, vorbehalten. Die Qualität einer Abschrift beruhte auf Originaltreue und schöner, leserlicher Handschrift. Abschriften wurden nicht nur auf Bestellung angefertigt, es gab auch Händler, die sich darauf spezialisiert hatten, Bücher von ihren Sklaven in Schreibbüros abschreiben zu lassen und sie an Verkaufsständen im Zentrum, bei der Curia am Forum oder beim Argiletum (nahe dem Augustusforum) zu verkaufen.

Private und öffentliche Bibliotheken

Viele Privatleute, Gelehrte, Politiker, Redner, Schriftsteller besaßen Büchersammlungen; eine erste öffentliche Bibliothek nach dem großen Vorbild, der Bibliothek von Alexandria, die seit dem 3. Jh. v. Chr. bestand, in Rom zu gründen, war eine Idee Caesars, die aber erst 39 v. Chr. nach seinem Tode verwirklicht wurde. Augustus schuf eine zweite und in der Folgezeit stieg die Zahl der Bibliotheken sprunghaft an.

Eine antike Bibliothek bestand aus einem hohen Saal mit Regalen an den Wänden, in denen die Rollen liegend und mit einem „Titel" versehen aufbewahrt wurden. Der Titel stand jeweils auf einem Zettel, der mit einem Bändchen an der Rolle befestigt war. Eine Nische in der Mitte der Rückwand war mit einer Statue der Athene/Minerva, der Göttin der Weisheit, geschmückt. Ein oder mehrere Tische im Raum dienten als Ablage. Der Benutzer ließ sich von den Bibliotheksdienern die gewünschten Rollen bringen und las sie sich selbst laut vor (s. Abb. S. 121).

Die Bibliotheca Ulpia in Rom

In dieser Bibliothekstradition stand auch die Bibliothek des Kaisers Trajan, die in das von ihm gebaute Forum integriert war (s. Abb. S. 120). Zwei Hallen, eine für lateinische und eine für griechische Literatur, flankierten die Trajanssäule, in deren Sockel das Mausoleum für Trajans Aschenurne ihren Platz hatte. Zwischen Säule und Bibliothek bestand eine enge Beziehung, da die Bilder der Säule, die wie ein fortlaufender Text die Ereignisse von Tajans Dakienfeldzug schildern, die Form einer abgewickelten Buchrolle haben.

In der Villa Hadrians

Aristoxenus nimmt gern die Gelegenheit wahr Gaius zur berühmten Villa Hadrians zu begleiten. Fulvius lässt sie mit einer Kutsche hinbringen. Ein Wachtposten, der über den Besuch der beiden informiert ist, führt sie zu Plautius.

▲ *Modell (Ausschnitt) der Villa Hadriana in Tivoli; in der Mitte rechts der „Canopus" (s. Abb. auf der folgenden Seite)*

Miles: „Plautius hortorum praefectus est non improbus, sed loquacissimus! Puto eum hac de causā fungi hōc munere, quod herbis arboribusque interrumpi non potest, et eādem de causā libros amat: in legendo enim linguam non tenere debet. – Iam adsumus. Hic est
5 amicus vester."

in legendō linguam nōn tenēre dēbet: *In der Antike wurde üblicherweise laut gelesen!*

Plautius Gaium salutat: „Salve, Gai! Gaudeo, quod huc venisti! Et te Aristoxenum esse iam scio. Libenter vos circumducam in hortis Caesaris, si vultis. Certe delectabimini hortorum pulchritudine nostrorum. Nam hanc villam Hadrianus maxima cum arte aedificavit!
10 Vobisne nota sunt Tempē – vallis illa famosa Graeciae? Certe vobis nota sunt. His in hortis vobis ostendam alteram vallem Tempe! Imitati quidem sumus non modo Tempe, sed etiam alia loca nobilia Graeciae Aegyptique. Sequimini me!"

Tempē *(Ntr. Pl.):* schönes, idyllisches Gebirgstal in Thessalien/Mittelgriechenland

▲ *Prätorianer in Paradeuniform, Rekonstruktionszeichnung*

Iūnōnis templum: der Haupttempel der Göttin Juno auf dem Kapitol in Rom

Asia: Kleinasien

cohors praetoriāna: die „Prätorianergarde", Elite-Schutztruppe des römischen Kaisers

▼ *Ansicht des „Canopus" in der Villa Hadriana in Tivoli*

Haec atque alia locutus amicos in vallem parvam perduxit, per quam rivus amoenus fluebat. 15

„Nonne hic locus pulcherrimus est? Hīc Hadrianus solus ambulare solet et ..."

Plautium adhuc loquentem miles quidam accurrens interrupit: „Plauti, Plauti! Ubi es? Caesar te adesse et hospites suos circumducere iubet!" 20

Gaio Aristoxenoque militi traditis, qui eos adduxerat, Plautius avolavit: „Exspectate, si vultis! Mox revertar ... statim redibo ...!"

„Ubinam invenitur princeps?" Gaius e milite quaerit. „Licetne Caesarem e propinquo videre et salutare?"

Miles: „Doleo: Illud fieri non potest. Cras autem occasio erit Augu- 25 stum videndi. Publice enim Romae in Iunonis templo sacrificabit, ibi eum reperietis. Senatores quoque omnes aderunt et Caesarem salutabunt. Cum princeps sacrificaverit, statim proficiscetur Asiam provinciam inspecturus. Ego sum unus e cohorte praetorianā Caesaris; itaque unā cum principe proficiscar. Puto nos duos vel tres 30 menses per provinciam vagaturos esse: Montes altissimos ascendemus, longe lateque arva peragrabimus, ut solet ille – pedibus! Horribile! Interdum sapientiam Caesaris frustra quaeris ..."

Et ad portam: „Valete!" inquit. „Fortasse cras videbitis et me et prin- 35 cipem!"

Hadrian auf Reisen

Das Leben der Caesaren war – wie auch heute Nachrichten aus Königs- und Adelshäusern oder über andere Persönlichkeiten des öffentlichen Lebens von vielen gern gelesen werden – Stoff für zahlreiche Bücher. Thema des folgenden Textes, der einem solchen Buch entstammt, sind Hadrians zahlreiche Reisen und sein Tod.

41 ◆

▲ *Kaiser Hadrian (117–138 n. Chr.)*

Post per Asiam et insulas ad Achaiam [Hadrianus] navigavit et Eleusinia sacra suscepit, multa in Athenienses contulit. Post in Siciliam navigavit, in qua Aetnam montem conscendit, quod solis ortum videre voluit. Inde Romam venit, Romā in Africam transiit ac multum

5 beneficiorum provinciis Africanis attribuit. Nec quisquam fere principum tantum terrarum tam celeriter peragravit! Deinde Romam rediit et statim ad Orientem profectus per Athenas iter fecit atque opera, quae apud Athenienses coeperat, dedicavit: ut Iovis Olympii aedem et aram sibi. Eodemque modo per Asiam iter faci-

10 ens templa sui nominis consecravit. [...]

Moriens hos versus fecisse dicitur:

  Animula vagula, blandula,
  hospes comesque corporis,
  quae nunc abibis in loca

15 pallidula, rigida, nudula –
  nec, ut soles, dabis iocos.

      Aelianus Spartianus: *Hadrianus* 13, 25 (leicht verändert)

Achāia: Achaia; römische Bezeichnung für die Provinz Griechenland (daneben auch die Achaia genannte Landschaft auf der Peloponnes)
Eleusīnia sacra: die nach der Sage von Demeter gestifteten Mysterien von Eleusis bei Athen
Iūpiter Olympius: Dem „Olympischen Zeus" errichtete Hadrian einen gigantischen Tempel in Athen, nicht weit

▼ *Der Tempel des „Olympischen Zeus" (Jupiter) in Athen, im Hintergrund links die Akropolis*

▬ 42 Sol invictus

Bei der Suche nach einer Christengemeinde gerät Aristoxenus zunächst an ein Haus, in dem sich ein Mithräum, ein Versammlungsraum für die zahlreichen Anhänger des orientalischen Gottes Mithras, befindet. Er erkennt das an einer Inschrift, vor der er stehen bleibt:

Deō Sōlī Invictō Mithrae
Mettus et Cracuna frātrēs dōnō
dedērunt

Aristoxeno inscriptionem legente mulier quaedam appropinquavit sacello. Postquam intravit, clara voce orare coepit:

„Pro salute Fausti filii mei aegroti oro: Deus Mithras, utinam eum sanes! Ne moriatur filius noster Faustus! Mithras invicte! Sicut taurum istum pervalidum periculosumque necavisti, vincas mor- 5 bum periculosum pervalidumque Fausti filii mei! Rogo et imploro: Ostendas mihi vim tuam divinam, adiutor! Sol fulgens! Utinam sis propitius nobis, utinam tu morbos calamitatesque prohibeas! Duc nos in lucem tuam, ne tardaveris!"

▼ *Mithräum (Gebetsraum von Mithras-Gläubigen) in Capua; im Hintergrund an der Wand ein Gemälde, das Mithras, den Stier tötend, darstellt (um 160 n. Chr.)*

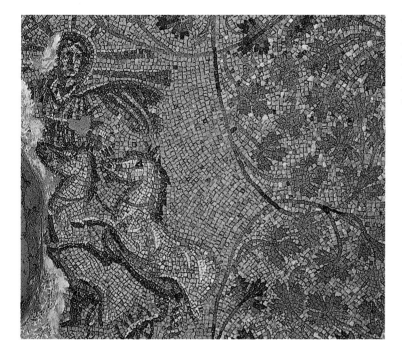

◀ *Christus als Sonnengott:*
Ganz unbekümmert übertrugen
die frühen Christen
Darstellungsweisen römischer
Götter (hier: Sol Invictus) auf
Christus;
Mosaik aus einer Katakombe
(3. Jh. n. Chr.)

10 Quia obscurum erat vestibulum, Aristoxenus non animadverterat
duos viros advenisse, qui ante sacellum constiterant. Alter ex iis:
„Superstitio mala!" clamavit. „Putat ista se deum adorare et adorat
nihil!"

Alter: „Dixerim Christum nostrum, Dei filium et verum solem veri-
15 tatis, istum »invictum Solem« paucis annis superaturum et nos, qui
deum verum credimus, hōc malo liberaturum esse."

Deinde, qui primus locutus erat: „Vae hominibus," inquit, „qui isti
daemoni credunt! Damnabuntur hi omnes die illo novissimo
nullis exceptis. Foris erunt extra civitatem Dei – canes, venefici, qui
20 amant et faciunt mendacium!"

mit NT, *Offenbarung* 22, 15

diēs novissimus: der „Jüngste Tag"; im Neuen Testament
der letzte Tag, an dem alle
Menschen von Gott gerichtet
werden

Der Zufall kam Aristoxenus recht: Nun hatte er Kontakt zu den Christen. Was er
in den Gesprächen mit ihnen über seinen Bruder erfuhr, war tröstlich und unerfreulich zugleich: Er war wirklich untergetaucht und sollte sich im fernen Trier in
der Provinz *Gallia Belgica* versteckt halten. Wenigstens eine Spur hatte er nun!

PENSA EXERCITANDA

40 ❖ **Wh/Ü**

Vom Werden und Vergehen

Unterscheide die verschiedenen Funktionen des deutschen Verbs „werden" (Passiv, Futur, Vollverb).

❶ **Wunderbare Steine**

Circa Asson Troadis lapis nascitur, quo consumuntur omnia corpora; sarcophagus vocatur.

Monte iuxta flumen Indum sito omne ferrum tenetur; altero monte ibidem ferrum respuitur. Itaque: si clavi sunt in calciamento, homines in altero non stare possunt, in altero non ire.

❷ **Wie ein Phönix aus der Asche …**

Ein Reisender erzählt seinem Freund Plinius:

Aegypti tradunt phoenicem esse unum in toto mundo; avem esse aquilae magnitudine, auri colore. Interrogavi: „Ubi phoenix invenitur?" Homines mihi responderunt: „Nunc non adest; vetus avis mortuus est. Igni se ipsum cremavit. Sed mox mira fient: Ex ossibus mortui fiet vermiculus, ex vermiculo nascetur pullus parvus; et brevi tempore crescet, postremo tantus erit, quantus mortuus avis fuit. Sed haec nondum omnia mira erunt: Recens avis in aram Soli deo sacram suum nidum veterem deponet vel potius immolabit! Cum sacra fecerit, nidum novum componet! Vivet quingentos annos – tum denuo igni cremabitur et ex ossibus suis novus avis nascetur – numquam finem habebit, nam aeternus est!" Putasne haec credi posse?

Erkläre die sprichwörtliche Überschrift und vergleiche sie mit dem folgenden Wahlspruch:

Ex flammis orior.

F

Störenfriede

dies	viis	ducam	inspexerit
dices	variis	quaeram	aderit
disces	verbis	audiam	potuerit
discedes	videbis	linguam	voluerit

❖ **Ü/F**

Drohungen und Versprechungen

Die beiden folgenden Texte bieten jeweils mehrere Prädikate zur Auswahl an. Nach welchen Kriterien entscheidest du dich? Achte besonders auf die vom Kontext geforderte Wahl des Tempus.

❶ Ein Abgesandter des persischen Großkönigs droht den versammelten Spartanern:

„Dominus meus, rex magnus Persarum, vobis per me, nuntium suum (pronuntiat/pronuntiabit): Si sapientes (sum/estis/eritis), foedus cum rege meo (facio/facitis/facietis). Nam si foedus non feceritis, bellum vobis (indico/indicit/indicet). Copiis suis hanc vestram terram (occupabat/occupabit). Si autem terram vestram occupaverit, omnes viros capitis (damnat/damnabit), quod regi maximo optimo non (oboediverunt/oboediverint). Vos viros (necat/necabit), itaque uxores defendere a nobis non (possunt/poteritis/poterunt). Omnes in servitutem (abducemini/abducentur).

Si matres in servitutem abductae (sunt/erunt), liberi vestri sine praesidio (sunt/erunt). Si autem sani (eritis/fueritis), rex vobiscum foedus (facit/faciet) et ubicumque vos (adiuvat/adiuvabit)."

Postquam haec verba audivit, rex Spartiatarum uno verbo respondit: „SI!"

Wo zeigt der Text, dass das Futur auch die bloße Möglichkeit einer Handlung kennzeichnen kann?

❷ **Der hippokratische Eid**

nach der Fassung des Codex Neapolitanus von ca. 1380

Der sog. hippokratische Eid ist ein Lehrvertrag; er ist benannt nach Hippokrates aus Kos (ca. 460–377), dem berühmtesten Arzt der Antike. Ein Lehrling, der in die Ärzteschule von Kos eintrat, musste diese Eidesverpflichtung vor Beginn der Ausbildung leisten. Die folgende (gekürzte) Fassung stammt aus dem Mittelalter.

(Iuro/Iuravi/Iurabo) per Apollinem medicum et Sanitiam et Remediatiam et deos universos et deas universas:

(perficio/perficiam) secundum possibilitatem et actionem et iudicium meum iuramentum hoc et conscriptionem istam.

Diaetationibus (utor/utar) omnibus iuvamento laborantium secundum possibilitatem et iudicium meum,

neque (do/dabam/dabo) ulli farmacum rogatus mortale neque (narro/narrabam/narrabo) consilium tale,

similiter autem neque mulieri pessarium cor-
ruptivum (do/dabo/dedi),

pure vero et sancte (servo/servabo) vitam meam
et artem meam.

Ea vero, quae in cura (videbo/videro) aut (au-
diam/audivero) – vel etiam absque curā – de vi-
tis hominum, (tacebo/tacuero).

Welche Verpflichtungen erscheinen zeitbedingt,
welche gelten absolut?

S 1

Absicht oder Beginn?

a) Gladiatorengruß:

Claudius gladiatoribus proclamantibus: „Ave,
imperator, morituri te salutant!" respondit:
„Aut non."

b) Seneca urteilt über bestimmte Menschen:

Vita cuiusque spectat in crastinum. Non vivunt,
sed victuri sunt.

c) Sallust schreibt am Beginn eines seiner
Werke:

Bellum scripturus sum, quod populus Romanus
cum Iugurtha, rege Numidarum, gessit.

Warum wäre in den Beispielen b und c die Verwendung des Futurs statt des PNA nicht angemessen?

S 2

Futurisches

Bestimme jeweils den AcI und übersetze.

a) Selbstauflösung eines Adelsgeschlechts

Liberi Lentulorum assidue minores parentibus
erant. Itaque P. Oppius dixit illud genus nas-
cendo interiturum.

b) 1 = 2?

Als Lucull, der berühmte Feinschmecker, seinen Koch
wegen eines einfachen Mahles tadelte, entschuldigte
sich dieser:

„Non existimavi opus fore sumptuosā cenā,
nemo enim invitatus est." Tum Lucullus:
„Quid?" inquit. „Nonne nesciebas hodie Lucul-
lum cum Lucullo cenaturum?"

◆ S 3

Einsichten

Erkläre die unterschiedliche Verwendung des
Konjunktivs Perfekt:

a) Non possidentem multa vocaveris recte bea-
tum. *(Horaz)*

b) Si fueris Romae, Romano vivito more!
Si fueris alibi, vivito sicut ibi!

> vivito: weiterer Imperativ zu vivere

◆ S 4

Alte Wetterregel zum 25. Januar
(Pauli Bekehrung)

Clara dies Pauli bona tempora denotat.
Si fuerint venti, designat proelia genti.
Si fuerint nebulae, pereunt animalia quaeque.
Si nix cum pluvia, designat tempora cara.

S 5

Bitte und Gebet

Ein römischer dominus betet zu Ceres, der Göttin der
Fruchtbarkeit und des Ackerbaus:

„Oh Ceres, rogo te, tuearis agros,
oro te, dones nobis bonos fructus,
imploro te, respicias familiam totamque domum meam!"

Übersetze und beschreibe, wie Haupt- und Ne-
bensatz hier im Lateinischen miteinander verbunden sind.

Ü 1

Sprüche – Regeln – Ratschläge

Beachte die Funktion der Konjunktive und übersetze.

a) Klugheit

Quidquid agis, prudenter agas et respice finem!

b) Ethischer Grundsatz *(Seneca)*

Quod tibi fieri non vis, alteri ne feceris!

c) Staatspolitische Weisheit

Bella gerant alii, tu, felix Austria, nube!
Nam quae Mars aliis, dat tibi regna Venus.

d) Ausspruch des späteren Papstes Paul IV.
(16. Jh.)

Mundus vult decipi, ergo decipiatur!

e) Aus dem Neuen Testament

Mulier taceat in ecclesia!

f) Rat in der Not

A: „Quid faciam? Quid dicam?" – B: „Principiis
obsta!"

aramus vinci.
venias · videberis.
eamus · intrant
cupiant · dixero.
admirare.
mittantur.

putabam ·
credidisse · dent.
faciunt · poterat.
emite · fuistis.
moveam · utatur.
locuta est ·

K/F
Aenigma Latinum
Ein Buch voller Verben
Finde die neun Formen heraus, die einen Willen oder Wunsch zum Ausdruck bringen können. Ihre Anfangsbuchstaben ergeben in richtiger Reihenfolge den lateinischen Namen für „Taschenbücher", die als Ratgeber oder Leitfaden dienen sollen.

◆ Ü 2
Hinterhältige Huldigung
Nach der Wahl des Papstes Clemens IV. (1265–1268) erschien folgende, vorwärts und – mit veränderter Interpunktion – rückwärts zu lesende Huldigung (sog. versus reciproci):

1 Laus tua, non tua fraus, virtus, non copia rerum
2 scandere te fecit hoc decus eximium.
3 Pauperibus tua das, numquam stat ianua clausa,
4 fundere res quaeris nec tua multiplicas.
5 Conditio tua sit stabilis! Non tempore parvo
6 vivere te faciat hic Deus omnipotens!

6' Omnipotens Deus hic faciat te vivere parvo
5' tempore! Non stabilis sit tua conditio!
4' Multiplicas tua nec quaeris res fundere; clausa
3' ianua stat, numquam das tua pauperibus.
2' Eximium decus hoc fecit te scandere rerum
1' copia, non virtus, fraus tua, non tua laus.

T
Mithras und die Christen
Der Mithraskult fand in der Antike sehr viele Anhänger. Er gehörte zu den Offenbarungsreligionen, in denen die frühen Christen ihre gefährlichsten Konkurrenten sahen. Untersuche den Text 42 auf Übereinstimmungen und Gegenpositionen zwischen den Christen und der betenden Frau.

◆ R 1
Inschrift
über dem Eingang des Hamburger Rathauses:

> LIBERTATEM QUAM PEPERERE MAIORES
> DIGNE STUDEAT SERVARE POSTERITAS

Wie verstehst du den Ausdruck „digne"?

◆ R 2
Juristisches
Die Rechtsordnungen vieler Staaten fußen auf dem römischen Recht.
a) Die folgenden Grundsätze sind z. B. auch heute für jedes rechtsstaatliche Verfahren gültig:
Iudex: Da mihi factum, dabo tibi ius!
Incerta pro nullis habentur.
Audiatur et altera pars!
In dubio pro reo.
Ne bis in idem!
Nulla poena sine lege.
b) Das folgende Beispiel zeigt, dass römische Rechtsvorstellungen z. B. in das deutsche BGB Eingang gefunden haben. Vergleiche:

Digesten 50,17,185:	BGB § 306:
Impossibilium nulla obligatio est.	Ein auf eine unmögliche Leistung gerichteter Vertrag ist nichtig.

Itinera Europaea
Internationale Presseschau
Erkläre die Namen der folgenden Zeitungen:
a) aus Deutschland: *Neue Presse – Express – Münchner Merkur*
b) aus Österreich: *Kurier*
c) aus Italien: *Corriere della Sera – La Repubblica*
d) aus dem Vatikan: *Osservatore Romano*

e) aus Spanien: *El Mundo*
f) aus Frankreich: *Le Monde – Libération – Le Nouvel Observateur*
g) aus Großbritannien: *The Times – The Observer*

W
Latein im Englischen
Roots – rādīcēs
a) Die folgenden englischen Verben gehen auf lateinische zurück. Kannst du Regelmäßigkeiten der Wortbildung feststellen?
to conclude, consume, produce, provide, solve
to conserve, dispute, excite, excuse, define

to desiderate, educate, negate, nominate, tolerate
to contend, comprehend, defend, respond, resist, exspect, import, reform, consent

b) Die Titel der folgenden englischsprachigen Lieder enthalten Wörter lateinischen Ursprungs. Welche erkennst du?
- *Go, Tell It on the Mountains* (Negrospiritual)
- *Oh, When the Saints Go Marchin' in* (Negro Spiritual)
- *We Shall not Be Moved* (Traditional)
- *My Bonny Is over the Ocean* (Traditional)
- *Yellow Submarine* (The Beatles)
- *Memory* (Andrew Lloyd Webber)

◆ K
De deis antiquis
Der Fisch ist ein altes christliches Symbol. Seine griechische Bezeichnung wird als Abkürzung für „Jesus Christus, Gottes Sohn, Heiland" gedeutet. Du findest sie, wenn du die Anfangsbuchstaben sechs antiker Gottheiten sowie den Mittelbuchstaben des bekanntesten Wohnsitzes der Götter in Griechenland aus dem Fisch heraussuchst und in richtiger Reihenfolge zusammensetzt. Dabei kann dir dein(e) Lehrer(in) helfen. Welche weiteren Namen und Begriffe aus der antiken Welt kannst du entdecken?

▲ *Grabinschrift einer Christin mit Namen Antonia in der Domitilla-Katakombe zu Rom. Die Aufschrift zeigt den Anker, das Symbol des Kreuzes, und zwei Fische, die den Leib Christi symbolisieren.*

Itinera Europaea
Vorbild Pantheon

Kaiser Hadrian (2. Jh. n. Chr.) hat das Pantheon in Rom in der heutigen Form errichtet. Allerdings gab es einen Vorläufer, wie die Inschrift an seiner Stirnseite ausweist. Die großartige Kuppelarchitektur mit der kreisrunden Öffnung von neun Metern hat die Menschen aller Zeiten fasziniert und sicher dazu beigetragen, dass dieser antike Tempel als christliche Kirche erhalten blieb; der oströmische Kaiser Phokas hat ihn 608 n. Chr. der Kirche geschenkt:

[...] est Bonifatius quartus [...], qui inpetravit a Focate principe donari ecclesiae Christi templum Romae, quod Pantheon vocabatur ab antiquis [...]; in quo ipse eliminata omni spurcitia fecit ecclesiam sanctae Dei genetricis atque omnium martyrum Christi. *(Beda Venerabilis)*

Franz Tumler, ein österreichischer Dichter, hat seine Eindrücke 1982 in einem Gedicht gestaltet (siehe links).

Das Pantheon hat besonders die Architekten zu zahlreichen „Bearbeitungen" herausgefordert, wie die unten abgebildeten Beispiele schlaglichtartig illustrieren.

◀ *Das Pantheon in Rom, der größte Kuppelbau der Antike (43 m hoch)*

Die Scheibe aus Luft gewichtslos
freigestellt die Ringe aus Stein
gemacht dass die Scheibe
hinzieht von Sonne gefüllt
oder Schatten grau
schwebt
als Gleichnis
erreichbare Wahrheit

Abbildungen unten (von links nach rechts):
• Das Kapitol in Washington
• St. Peter, Rom
• Sultan-Ahmed-Moschee/Istanbul

Die Zeit des Kaisers Hadrian ▬▬▬▬▬

Hadrian als „Friedenskaiser"

Mit dem Kaiser Trajan begann die Epoche der „Adoptiv-kaiser" (98–180): Der jeweils herrschende Kaiser nahm einen ihm fähig erscheinenden Mann aus gutem Hause, oft einen Verwandten, an Kindes statt, der nach seinem Tod sein Nachfolger auf dem Thron wurde.

Unter den Adoptivkaisern erreichte das Römische Reich seine größte Ausdehnung und, unter Hadrian, seine längste Friedenszeit. Das 2. Jahrhundert gilt – für die Römer – als glücklichste Phase der Kaiserzeit: In vielen Städten des Reiches werden öffentliche Bauten errichtet, alte Gebäude renoviert, die staatlichen und kommunalen Einrichtungen funktionieren im Allgemeinen, es herrscht Rechtssicherheit und, vielleicht entscheidend, an den Reichsgrenzen gibt es keine bedrohlichen Überfälle.

Hadrian galt bei seinen Zeitgenossen als Friedenskaiser: Seine erste Maßnahme nach Trajans Tod war der Friedensschluss mit den Parthern im Osten. Der Frieden in der unruhigen Region am Euphrat war ihm wichtiger als eine weitere Ausdehnung des Reiches.

Er galt als humaner Kaiser: So ließ er den von einem schweren Erdbeben betroffenen Städten am Schwar-zen Meer (heute Türkei) Hilfe zukommen. Auch ließ er die Tötung eigener Sklaven unter Strafe stellen (vgl. Kap. „Sklaven", S. 50). Er erließ ein generelles Verbot für Menschenopfer, die in manchen abgelegenen Regionen wohl noch praktiziert wurden. Dem Rechtswesen und der Verwaltung schenkte er seine besondere Aufmerksamkeit: Um das Reich gut zu verwalten, verließ er sich nicht auf Berichterstatter, sondern bereiste sämtliche Provinzen, um die Probleme vor Ort kennen zu lernen.

Er war ein Freund der griechischen Kultur („Philhel-lene"). Seine Herrschaft ist gekennzeichnet durch einen Aufschwung in allen Bereichen: In den Provinzen wurden neue Städte gegründet, Straßen und Wasser-leitungen gebaut. In Rom sind noch heute die unter ihm entstandenen Bauten, Pantheon, Mausoleum (Engelsburg) und eine Tiberbrücke *(Pons Aelius,* heute Ponte Sant' Angelo) sichtbarer Ausdruck dieser glücklichen Epoche.

Im militärischen Bereich kümmerte sich Hadrian besonders um die Grenzsicherung: Der obergermanische Limes, die Grenze zum nichtrömischen Germanien, wurde durch eine Holzpalisade befestigt. Im

▲ *Die „Engelsburg" in Rom, das Mausoleum Kaiser Hadrians; links im Vordergrund der Pons Aelius* äußersten Westen, in England, wurde der Hadrianswall mit Kastellen als Schutz gegen die Kaledonier errichtet.

Dagegen: Die Zerstörung Jerusalems

Ein Ereignis im Nahen Osten zeigt aber auch eine andere Seite des „humanen" Kaisertums: Dort wurde nach der Zerschlagung eines großen Aufstands im Jahr 134 unter dem Anführer Bar Kochba die Stadt Jerusalem völlig zerstört; alle Juden wurden aus ihrer Stadt, die sie fortan nicht mehr betreten durften, vertrieben. Damit begann die Diaspora („Zerstreuung") der Juden in alle Welt.

Die Villa Hadriana in Tibur (Tivoli) ▬

Hadrian verlegte seine Residenz von Rom ins ländliche Tibur, denn nur hier und nicht im dicht bebauten Rom gab es genug Platz für sein gewaltiges Bauvorhaben.

Nach Neros rücksichtslosem Palastbau, der *Domus Aurea,* mitten in Rom hätte kein Kaiser es mehr gewagt, die Hauptstadt noch einmal in einen idyllischen Landschaftsgarten verwandeln zu wollen, mit

> „einem Teich, der wie ein Meer mit Gebäuden umgeben war, die Städte vorstellten, dazu verschiedene Ländereien mit Feldern, Rebbergen, Weiden und Wäldern mit einer Menge Vieh und Wildtieren aller Art."

Sueton, *De Vita Caesarum*, Nero 31

Hadrians „Villa", aufgrund ihrer Ausdehnung – allein das Grabungsgelände, etwa ein Fünftel der gesamten Anlage, umfasst schon 60 Hektar – eher eine Palaststadt, hatte von ihrer Konzeption her durchaus Gemeinsamkeiten mit dem längst zerstörten „Goldenen Haus" Neros: Auch Hadrian baute sich ein Fantasiereich, in dem die Gebäude, Bassins, Portiken und Gartenanlagen die Namen von loci amoeni (locus amoenus = schöner Ort) trugen: Tempetal (ein schönes, idyllisches Tal in Thessalien / Mittelgriechenland), Kanopos (Kanal im Nildelta bei Alexandria), Akademie, Lycaeum (philosophische Schulen in Athen) und Stoá poikíle (Säulenhalle in Athen, in der auch philosophisch disputiert wurde), Styx und Elysium (mythische Landschaften). Diese Namen sollten nicht etwa auf *Nachbildungen* berühmter Gebäude und Landschaften hinweisen, sondern waren eher ein Spiel der Fantasie: Durch plastischen Schmuck z. B. wurde ein künstlicher Wassergraben zum *Kanopos*.

Mit seiner Villa, dessen Architektur er selbst entworfen hatte, schuf Hadrian etwas völlig Neues: Die verschiedenen Trakte mit Wohnräumen, Gästehäusern, Tem-

peln, Theatern, Thermen, Bibliotheken waren locker, ohne einheitliche Symmetrie aneinander geschoben. Nicht so sehr die Gebäude bestimmten den architektonischen Eindruck, sondern eher die sie umgebende künstliche und arrangierte Landschaft: lange Becken mit Wasserspielen, schön angelegte und eingefasste Blumenbeete mit Statuen, Portiken oder ein Theater mitten in einem künstlichen See.

Die Tradition der römischen Gartenarchitektur wurde von den Arabern übernommen und ihren Bedürfnissen entsprechend entwickelt. Gärten, die sich von ihrer Größe her mit der Villa Hadriana vergleichen lassen, entstanden erst wieder unter den absolutistischen Herrschern der Barockzeit.

Mithrasreligion und Christentum ▬▬

Der Mithraskult

Der Mithraskult gehörte zu den *Mysterienreligionen* (s. Kap. „Isis", S. 51); die Gemeinde bestand aus „Mysten", d. h. Eingeweihten unterschiedlicher Grade, vom ersten, dem niedrigsten, bis zum siebten, dem höchsten Grad, den nur ein Einziger, der Pater, erreichte. Die sieben Weihegrade entsprachen den sieben Planetensphären der Kosmologie. Die Religion war persischen Ursprungs und gelangte im 1. Jh. n. Chr. durch Kaufleute und Soldaten nach Italien und Rom. Der Sonnengott Mithras (= der Weitschauende, der immer Wachende) nimmt eine lange Wanderung und schwere Prüfungen auf sich, um an sein Ziel zu gelangen: Er fängt den Stier, das Symbol von Stärke und Fruchtbarkeit, und opfert ihn in einer Höhle. Der Mythos ist nur in bildlichen Darstellungen überliefert, Schriftquellen sind äußerst spärlich, zum einen, weil die Gläubigen sich an die Schweigepflicht Uneingeweihten gegenüber hielten, zum anderen, weil nach dem Sieg des Christentums der Mithrasglaube radikal bekämpft und die Kultstätten zerstört wurden.

Nur Männer konnten Mithrasmysten werden, nicht zuletzt deshalb, weil die Initiation aus sehr harten körperlichen Prüfungen bestand, die den Betreffenden in Todesnähe bringen sollten. Der Mithraskult hatte besonders viele Anhänger unter den Soldaten der römischen Legionen; in vielen Garnisonen, auch am Limes, hat man Mithräen gefunden, unterirdische Kultstätten in tonnengewölbten Kellern. Verehrt wurde Mithras aber auch von Frauen.

Ein **Mithräum** stellte symbolisch die Höhle dar, in der Mithras seine Tat, die Opferung des Stieres, vollbracht hatte. Hier versammelte sich die Gemeinde zum Kultmahl, bei dem nicht jedes Mal ein vom Pater geopfer-

▲ *Der Gott Mithras tötet den Opferstier; Wandgemälde in einem Mithräum (vgl. auch S. 132)*

ter Stier gemeinsam verzehrt wurde, sondern oft nur Brot und Wein. Höchster Feiertag war der Geburtstag des Mithras am 25. Dezember (Wintersonnenwende). Wie bei den Christen empfing der Eingeweihte als Zeichen seiner Zugehörigkeit die Taufe.

Im Mithraskult stand die Überwindung des Todes im Zentrum, weshalb sich so viele Soldaten von ihm angezogen fühlten, denn sie hatten den Tod schließlich ständig vor Augen.

Auch uns hast du errettet, indem du das ewige Blut vergossen hast.

Inschrift im Mithräum von S. Prisca in Rom

Anders als die Christen wurden die Mithrasanhänger von der Obrigkeit nicht verfolgt, im Gegenteil, sie galten als äußerst loyal gegenüber dem Kaiser; wie auch die Christen stellten sie sehr hohe moralische Anforderungen an sich; selbst einige Kaiser wurden Mithrasmysten.

Das Christentum in Rom

Gerade weil im Mithraskult, der ja älter war als das Christentum, vieles vorkam, das auch für die Kirche zentrale Bedeutung hatte – Abendmahl, Taufe, Leben nach strengen moralischen Ansprüchen, der Glaube an ein besseres Leben nach dem Tod –, sahen die Christen in ihm mehr als in jedem anderen Mysterienkult einen Widersacher.

Ein wichtiger Unterschied, von den Inhalten abgesehen, war, dass die christliche Botschaft ganz andere Leute anzog, in den beiden ersten Jahrhunderten vor allem die unteren sozialen Schichten und Frauen.

Von allen antiken Kulten und Religionen unterschied sich das Christentum von Anfang an dadurch, dass man nicht gleichzeitig Christ und Anhänger einer an-

deren Kultgemeinschaft sein konnte, was im Mithraskult kein Problem darstellte.

In den Augen eines adligen Staatsbeamten des frühen 2. Jh., des schon erwähnten *Plinius d. J.*, war die aus dieser Ausschließlichkeit resultierende Weigerung der Christen, sich an den üblichen Opfern zu beteiligen, das Hauptkriterium der Rechtsprechung, um jemanden als Christen vor Gericht zu stellen. Wegen seiner Zweifel, wer als Christ zu verurteilen sei und wer nicht, wandte sich Plinius an Kaiser Trajan, der seine Auffassung in dieser Frage bestätigte, indem er ihm schrieb:

*Du hast, mein Secundus, bei der Prüfung der Fälle derjenigen, die dir als Christen angezeigt worden waren, die richtige Haltung eingenommen. Man kann nämlich nichts allgemein Gültiges aufstellen, das gleichsam eine feste Regel bildete. Aufspüren soll man sie nicht; wenn sie angezeigt und überführt werden, soll man sie bestrafen, doch so, **dass demjenigen, der leugnet Christ zu sein, und dies durch die Tat offenbar macht, das heißt, indem er unsern Göttern opfert** – mag er in der Vergangenheit noch so verdächtig gewesen sein –, auf Grund seiner Reue Verzeihung gewährt wird.*

Plinius, *Briefe* 10, 97; Übs. von A. Lambert

Trotz aller zeitweilig sehr grausamen Verfolgungen wuchs das Christentum dennoch zu einer großen Gemeinde. Die Gründe sind sicher vielfältig:

So bemühten sich die Christen ständig, andere zu bekehren und Nächstenliebe zu üben. Der feste Glaube an ein besseres Leben nach dem Tod beeindruckte gerade die im Leben Benachteiligten und gab ihnen Hoffnung; diese Gruppe wuchs, als die Lebensverhältnisse sich im 3. Jh. rapide verschlechterten. Zu dieser Zeit wurden dann auch zunehmend philosophisch Gebildete vom Christentum angezogen, so *Tertullian* (um 200), der die Behauptung, die Christen seien Staatsfeinde, aus seiner Sicht widerlegte: Kaisertum und Kaiserkult seien *verschiedene Dinge*.

Durch das Toleranzedikt Konstantins vom Jahre 313 wurde den Christen die Religionsfreiheit garantiert. Das Christentum war zur einflussreichsten Religion geworden. Unter Theodosius d. Gr. (379–395) wurde es zur Staatsreligion.

▶ *Die Brücke über den Rubikon, die Caesar überschritten haben soll (in Savignano sul Rubicone)*

— 43 „Quō, quō, scelestī, ruitis?"

Eine Weile überlassen sich Aristoxenus und Gaius dem aufregenden Trubel der Weltstadt. Doch dann zieht es Aristoxenus weiter nach Norden: Bis Augusta Treverorum haben sie noch eine gewaltige Strecke von weit über tausend Meilen vor sich – und müssen die Alpen überqueren, von denen sie nur gehört hatten, dass es sich um eine geradezu unüberwindliche Barriere nach Norden handeln sollte …

Ihre Großrichtung ist Mediolanum; Cn. Rubellius Blandus, ein Bekannter des Onkels, Rhetoriklehrer und wie dieser Literaturkenner, der über Ariminum nach Mantua, dem Geburtsort Vergils, fahren will, nimmt die beiden jungen Leute gern in seinem Reisewagen mit. Auch Gaius ist nämlich entschlossen, die Reise weiter mitzumachen.

Sie nehmen die Via Flaminia, die sie in langer Fahrt etwas nordöstlich über den Apennin an die Adria führt; dort, in Fanum Fortunae, geht es nordwestlich zunächst nach Ariminum. Dann, eine Strecke hinter Ariminum, erreichen sie eine Brücke, Rubellius lässt den Wagen anhalten:

Rubellius ante pontem fluvii parvi: „Quandocumque", inquit, „hunc ad pontem pervenio, in mentem mihi veniunt, quae de istis horribilibus civilibus bellis audivi. Gratiam debeo deis, quod hac nostra Romana pace, his nostris temporibus vivo. Opto, ne umquam revertantur bella ista interna!"   5

Gaius: „Sed quamobrem hoc ipso loco ista bella in mentem tibi veniunt?"

Rŭbicō: das Grenzflüsschen zwischen Italia und Gallia Cisalpina, südlich von Ravenna in Norditalien. Als Caesar im Jahre 49 v. Chr. diesen Fluss überschritt, begann der Bürgerkrieg.

Hŏrātius: Dichter der augusteischen Zeit (↗ Namensverzeichnis)

Rubellius: „Hoc ipso ponte C. Iulius Caesar Rubiconem flumen est transgressus Italiae bellum civile illaturus; hīc illa verba notissima dixit: »Iacta alea est. Eatur, quo deorum ostenta inimicorumque iniquitas vocat!« Si oculis suis res futuras vidisset, fortasse haec verba non dixisset bellumque tam crudele in patriam suam non tulisset!"   10

Tacebat; tum dixit: „Utinam hīc et nunc adesses, Caesar! Ego quidem, si simul hīc adessem, tibi militibusque tuis verba Horatii acclamarem: »Quo, quo, scelesti, ruitis?«"   15

Gaius: „Iure poeta invectus est in eos, qui populo suo bellum mortemque intulerunt."

Aristoxenus: „Et iure quoque dux ille belli civilis a te monitus esset, ne cives contra cives incitaret – vereor autem, ne ille dux rerum no-
20 varum tam cupidus civium salutem neglexisset!"

Rubellius: „Et ego id timeo. Rex imperat, populus paret, vel: »Quid-quid delirant reges – plectuntur Achivi.«"

Achīvī: Bezeichnung für die Griechen

nach Sueton, Caesar 32; mit Horaz, ep. I 7,1

Cicero – ein Zeuge der Bürgerkriege

44 ▬

„Si quidem illis temporibus infelicissimis studeretis, amici," Rubel-lius perrexit, „plurima et clarissima de illo tempore apud Cicero-nem inveniretis. Is enim valde sollicitabatur rei publicae statu. In suis „de officiis" libris haec fere scribit:

„dē officiīs librī": philo-sophische Schrift Ciceros zur Ethik, insbesondere zum Kon-flikt zwischen sittlichem und nützlichem Handeln

5 »Quamdiu imperium populi Romani beneficiis tenebatur, non in-iuriis – ut nunc –, quamdiu bella aut pro sociis aut de imperio gere-bantur, senatus Romanus nationum portus et refugium populorum erat. Sed nostrā memoriā vexatae et perditae sunt exterae nationes. Multa nefaria, quae et in cives et in socios facta sunt, commemor-
10 are possem.

Nisi autem nos senatores haec scelera sociorum vel civium impu-nita tulissemus, numquam ad unum solum virum tanta pervenisset licentia, qui nunc bellum in patriam suam intulit«."

nach Cicero, De officiis II 26 u. 28

Augustus – Diktator und Mäzen

45 ▬

Die Reise führt sie nun weiter Richtung Mantua. Gaius und Aristoxenus unterhal-ten sich mit dem Gelehrten darüber, dass auch Vergil von den Bürgerkriegen durch die Enteignung der väterlichen Besitztümer betroffen war – zwar nicht unter Cae-sar, aber unter dessen Adoptivsohn Oktavian, dem späteren Kaiser Augustus.

Rubellius ostendit: „Octavianus sine dubio imperium pacemque firmavit; iure eum multi verentur. At adulescens in bello civili ma-xima severitate vel etiam crudelitate fuit. Ciceronis caedem, si no-luit, certe non prohibuit. Principem pacem restituisse iam dixi, sed
5 etiam artes litterasque valde coluit: Ars poetica Augusto imperante Romae mire florebat. Nunc ubicumque fere imperii carmina Hora-tii vel Vergilii vel Ovidii leguntur."

Horātius, Vergĭlius, Ōvĭdius: Dichter der Augus-teischen Zeit
(➚ Namensverzeichnis)

Tacuit homo litteratus, tum perrexit: „Sed ad Vergilium Octavia-numque revertamur: Vergilius quoque Octavianum adiuvit; Aene-
10 idos enim carmine de Aenea narrat, qui, Troiā deletā, cum sociis suis Troianis per mare pererrabat. Tandem Italiam, patriam suam novam, est assecutus ...

Aeneidos (griech. Genitiv) ≈ Aenēïdis, Nom. Aenēïs, das Epos Vergils über Aeneas

Aenēās ➚ Namensverzeichnis

Audiatis hos versus pulcherrimos, quibus Troiani apud Vergilium Italiam salutant:

143

▲ *Aeneas nach der Ankunft in Latium beim Opfer, hier als Sinn- und Vorbild der römischen pietas; Relief auf der „Ara pacis" („Friedensaltar") des Augustus in Rom*

»Iamque rŭbēscēbat stēllīs Aurōra fŭgātīs,   15
cum prŏcul obscūrōs collīs hŭmĭlemque vĭdēmus
Ītăliam. Ītăliam prīmus conclāmat Achātēs;
Ītăliam laetō sŏciī clāmōre sălūtant ...«

Schon waren die Sterne vertrieben und die Sonne begann sich rot zu erheben,
als wir von weitem dunkle Berge und das tief gelegene Italien erblickten.
„Italien, Italien!", rief als Erster Achates
und die Gefährten grüßten Italien mit fröhlichem Lärmen.

Aeneas ille autem proavus est Octaviani, quem Vergilius hoc modo
– una cum Aenea – carmine suo canebat.   2(

Aenēida (griech. Akk.) ≈ Aenēidem, Nom. Aenēis

Vergilius moriens Aenēida cremari iussit; verebatur enim, ne imperfecta vel etiam vitiosa esset. Post obitum Vergilii autem iussu Augusti Caesaris emendata et edita est.

mit Vergil, *Aeneis* III 521–524

Calabrī: die Kalabrer, Bewohner Kalabriens, wo Vergil starb (in Brindisi); **Parthĕnŏpē:** alter Name Neapels, wohin Vergils Gebeine überführt wurden

Auf Vergil

Mantua mē gĕnuit, Călăbrī răpuēre, tĕnet nunc
 Parthĕnŏpē. Cĕcĭnī pāscua, rūra, dŭcēs.

PENSA EXERCITANDA

3 Wh
Schulordnungen
Bis in die Neuzeit hinein gab es lateinisch geschriebene Schulordnungen an Gymnasien. In der folgenden Auswahl aus solchen Schulordnungen sind unterschiedliche Redeabsichten erkennbar; sie werden durch die Wahl des Modus signalisiert.
1. Übersetze und stelle die Redeabsicht fest.
2. Welche Informationen über die Lebensumstände damals kannst du diesen Regeln entnehmen?

a) Deus est tutor huius scholae, ei soli gloriam debemus.
b) Rector collegas exemplo suo ad officia incitet!
c) Praeceptores in horae puncto in sua quisque classe munus docendi incipiant!
d) In sero venientes discipulos serio animadvertant!
e) Discipuli arma ne gerant! Arma gerere liceat iter facientibus.
f) Discipuli! Hieme ne glaciem intraveritis! Aestate ne nataveritis in fluminibus!
g) Deus autem scholam nostram firmet! Ei sint laus, honor et gloria in saecula!

S
Claudia cantat!
Claudias Gesang wird von ihren Freundinnen unterschiedlich beurteilt; sie reagieren allerdings nur im Stillen, indem sie sich „ihr Teil denken":
Reaktion 1: Utinam ne cantaret!
Reaktion 2: Utinam iam ab initio adfuissem et carmen pulchrum audivissem!
Reaktion 3: Utinam et amicus meus adesset et carmen horridum audiret!
Reaktion 4: Nisi Claudia amica nostra esset, ego fugerem!
Reaktion 5: Nisi Claudia semper ab amicis falsis laudata esset, numquam cantavisset!
Reaktion 6: Nisi falsae essemus, carmen non laudaremus!
Zeige den hypothetischen Charakter dieser Gedankenspiele; damit beschreibst du zugleich die jeweilige Redeabsicht.

LEGES
GYMNASII
HERVORDIENSIS
Autoritate & decreto amplisſimi
Senatus Dominorumque Scholarcharum
promulgatæ.

TABVLA I.
De cultu Dei præſtando.

Ector, Conrector & reliqui Præceptores Scholæ debitam adhibeant curam , ut Studioſa juventus tum in lectionibus, Exercitiis & DiſputationibusSacris eam examuſſim ſequantur doctrinam, quæ Canonicis ſcilicet, Prophetarum & Apoſtolorumlibris,receptisque)(in

F
Störenfriede

vincerem	adesset	admirarentur	vellet
viderem	intulisset	revertantur	nollet
victorem	neglexisset	uterentur	neget
venirem	timuisset	loquerentur	mallet

❖ Ü/F
Schlau, schlau!
In den beiden folgenden Texten musst du z. T. erst das richtige Prädikat auswählen. Beachte dabei den Unterschied in den Aussagen zwischen dem Indikativ und einem potentialen oder hypothetisch-irrealen Konjunktiv.
❶ Ein wundersames Amulett
Vir quidam amuletum fecerat et populis in foro vendere volebat. „Videte amuletum pulchrum!" clamavit. „Sed non modo pulchrum est, sed etiam iis auxilio (est/sit), qui in periculis sunt." Risit aliquis e circumstantibus: „Ego si tu (sim/essem), istud amuletum miracula edens numquam (vendam/venderem)!" Sed vir: „Non subito et statim auxilio est; si autem diu tecum (portas/portes), aliquando miracula (edit/edat)! Non (vendam/venderem), recte dixisti, nisi pecunia mihi subito et statim necessaria (sit/esset)."

❷ **Ein „humaner" Hund**

Ein Priester hat seinen Hund auf einem christlichen Friedhof begraben. Das erfährt der Bischof und verbietet es nachträglich; er will den Priester sogar bestrafen. Der Priester geht zum Bischof:

Sacerdos, qui animum episcopi satis noverat, L aureos secum ferens ad episcopum venit. „O pater", inquit, „si (novisti/novisses), qua prudentiā ille canis fuit, non (miraris/mi rareris) eum sepulturam inter homines meruisse. Fuit enim ingenio humano cum in vita, tum praecipue in morte." – „Quid hoc (est/fuisset)?" interrogavit episcopus. „Nisi humano ingenio (fuit/fuisset), non hoc testamentum (fecit/fecisset), quod mecum (fero/feram/ferrem). Tibi enim L aureos (reliquit/reliquisset), quos mecum (fero/feram/ferrem)." Tum episcopus – pecuniā acceptā – canem in coemeterio sepeliri permisit.

T

Mögliche Schritte bei der Erschließung eines Textes

Pompeius, iam cum intra vallum nostri versarentur, equum nactus detractis insignibus imperatoriis decumanā portā se ex castris eiecit protinusque equo citato Larisam contendit. Neque ibi consistit, sed eādem celeritate paucos suos ex fuga nactus nocturno itinere non intermisso comitatu equitum XXX ad mare pervenit navemque frumentariam conscendit.

aus: Caesar, Bellum civile

❶ Voruntersuchungen

1.1 Von welcher Person ist in dem Text die Rede?

1.2 Suche Substantive, die in einen semantischen Zusammenhang gehören.

1.3 Betrachte die Verben. Sie geben dir Aufschluss über die Art der Handlung.

1.4 Welches Thema kannst du aufgrund dieser Voruntersuchungen für den Text erschließen?

❷ Wege zur Interpretation

2.1 Stelle in einer Tabelle alle Informationen zusammen, die du über die Flucht des Pompeius erhältst. Welche sind zur Darstellung des Fluchtweges nötig, welche sind „Beiwerk"?

2.2 Untersuche dieses „Beiwerk" in semantischer Hinsicht. Welche Wendungen vermitteln

den Eindruck einer überstürzten Flucht, welche sind geeignet, das Ansehen des Pompeius zu schmälern? Welche Funktion hat in dieser Hinsicht der cum-Satz, welche die Antithese „neque ..., sed ..."?

2.3 Welche syntaktischen Mittel verstärken die Wirkung der Schilderung?

2.4 Beschreibe zusammenfassend, welchen Eindruck von Pompeius Caesar zu vermitteln sucht.

❸ Versuche nun eine Übersetzung nach deutschen Sprach- und Stilregeln.

❹ Überlege, was Caesar bewogen haben mag, Pompeius in dieser Weise zu charakterisieren.

S/Ü

Ein akzeptables Friedensangebot?

Alexander d. Gr. hatte 333 v. Chr. bei Issos über die Perser gesiegt. Einige Monate später, als er Tyros, eine mächtige phönizische Hafenstadt eroberte, unterbreitete ihm Darius, der persische Großkönig, ein Friedensangebot: Alexander solle seine Tochter Statira heiraten; als Mitgift erhalte er alles Land zwischen Hellespont und Halys, dem Grenzfluss zwischen Lydien und Persien. Als hierüber Kriegsrat gehalten wurde, sagte der makedonische General Parmenio:

„Oh Alexander! Si pacem accipias, habeas regnum magnum. Nos autem, milites comitesque tui, in Graeciam, patriam nostram, redibimus. Ego, si essem Alexander, pacem acciperem." Ad haec Alexander: „Et ego – si Parmenio essem!"

a) Übersetze. Welche Redeabsicht kommt in den Konjunktiven der Prädikate zum Ausdruck?

b) Welche Rückschlüsse erlaubt die Antwort Alexanders auf seine Ziele in diesem Krieg?

❖ **Ü**

Redeabsichten

Prüfe beim Übersetzen die Funktion der Konjunktive.

❶ **..., Schweigen ist Gold!**

1. Si tacuisses, philosophus mansisses!

2. Temporibus triumviralibus Augustus versus Fescenninos in Pollionem scripserat. Itaque amici Pollionis hunc rogaverunt, ne ipse in Augustum scriberet. Dixerunt: „Timemus, ne pericula vitae subeas!" Pollio autem: „At ego taceo", inquit; „Non est enim facile in eum scribere, qui potest proscribere." *(Macrobius)*

❷ Gesundheitsregeln aus dem Mittelalter
Arnold von Villanova, gest. 1314, spanischer Arzt und Naturforscher

1. Fructus cum pane cape, si vis vivere sane!
2. Tunc caput est laetum, dape corpus quando repletum.
3. Surge post epulas, somnum fuge meridianum!
Haec bene si serves, tu longo tempore vives!
4. Servares vires, si rura frequenter adires.
Erkläre den semantischen Unterschied von „si" und „quando".

❸ Wünsche

1. Nolim esse eo, quo ille est, loco.
2. Euklid antwortete auf die Frage, ob er lieber Krösus oder Sokrates sei:
Vivus mallem esse Croesus, moriens autem Socrates.
3. Reus quidam in iudicio superatus adversario dixit: „In aquis cuperem videre te usque ad genu stantem!" – „Quid", inquit hic, „noceret id mihi?" Respondit alter: „At sub undis sit caput!"

❹ Eine Rechtsfrage
Ulpian

Si quis me prohibeat in mari piscari vel verriculum ducere, an iniuriarum iudicio possim eum convenire?
Aut: Si quem ante aedes meas vel ante praetorium meum piscari prohibeam, iure haec faciam?

Antwort:
Mare commune omnium est et litora, sicut aër, et est saepe scriptum non posse quem piscari prohiberi.
Warum ist der hier verwendete Konjunktiv gerade in juristischen Texten häufig?

> temporibus triumviralibus: zur Zeit des (zweiten) Triumvirats (43 v. Chr.) • versus Fescennini: Spottverse • verriculum ducere: eine Reuse auslegen • iudicio iniuriarum convenire: wegen erlittenen Unrechts gerichtlich belangen

◆ R   45
Der Deutsche Bundestag

Der Bundestag ist die Volksvertretung der Bundesrepublik Deutschland. Er hat u. a. folgende Aufgaben:
Legislative – Kontrolle der Regierung – Kontrolle der Finanzen – Wahl des Bundestagspräsidenten – Wahl des Bundeskanzlers – Ratifizierung internationaler Verträge.
Die Abgeordneten sind unabhängig (GG Art. 38). Diese Unabhängigkeit wird gesichert durch Indemnität und Immunität. Abgeordnete mit gleicher politischer Zielsetzung können sich zu einer Fraktion zusammenschließen. Eine Koalition ist ein Zusammengehen von Fraktionen zwecks Bildung und Stützung einer Regierung. Die Opposition ist die

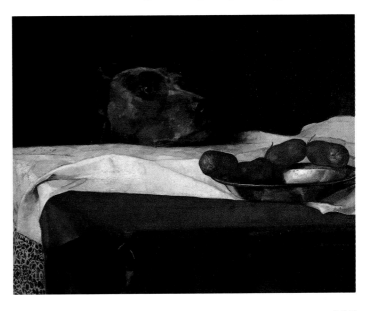

▶ *„Caesar am Rubikon",*
Gemälde von Wilhelm Trübner
(1851–1917), um 1880
(Staatliche Kunsthalle Karlsruhe)

nicht an der Regierung beteiligte Minderheit. Konstruktive Opposition heißt Alternative zur Regierungsmehrheit.
(Nach: Deutscher Bundestag, Wege der Gesetzgebung, hrsg. vom Presse- und Informationszentrum des Deutschen Bundestages, Bonn o. J.)
Erkläre die Fremdwörter; nimm, falls nötig, ein (Fremdwörter-)Lexikon zu Hilfe.

◆ **W**
Suffixe

Suffixe (Nachsilben) können dazu dienen, Substantive zu bilden (s. C. XI, PE W „Täter und ihre Taten"). Finde jeweils die deutsche Bedeutung für die Beispiele in der folgenden Übersicht.

Suffix	Bedeutung	Beispiele
-ia (f.) -itia (f.) -tas (f.) -tus (Gen. -tutis, f.) -tudo (f.)	Eigenschaft	audacia, superbia amicitia, iustitia humanitas, libertas, iuventus, servitus, virtus fortitudo, magnitudo, multitudo
-ulus, -a, -um -olus, -a, -um -culus, -a, -um	Verkleinerung	adulescentulus, cenula, puellula filiolus, filiola navicula, matercula, homunculus

⭐ **Itinera Europaea**
Carpe diem!

Diese Aufforderung, die einem Gedicht des Horaz entstammt, ist weltberühmt. Damit du sie besser im Zusammenhang verstehen kannst, drucken wir das ganze Gedicht zusammen mit einer freien Übersetzung. Anschließend findest du einen „Studentenscherz"; er stammt von dem deutschen Dichter Christian Morgenstern (1871–1914), der unter dem Titel „Horatius Travestitus" zu diesem wie auch anderen Horazgedichten Parodien geschrieben hat. Stelle die wichtigsten inhaltlichen Veränderungen zusammen, die Morgenstern vorgenommen hat, und überlege, ob er gleichwohl die Aussageabsicht des Horaz getroffen hat.

❶ **Horaz: Carmen I 11**
Tu ne quaesieris, scire nefas, quem mihi, quem tibi
finem di dederint, Leuconoë, nec Babylonios
temptaris numeros. Ut melius, quidquid erit, pati,
seu pluris hiemes seu tribuit Iuppiter ultimam,
quae nunc oppositis debilitat pumicibus mare
Tyrrhenum: Sapias, vina liques, et spatio brevi
spem longam reseces. Dum loquimur, fugerit invida
aetas: Carpe diem, quam minimum credula postero.

❷ **Übersetzung**
Frag doch nicht, das Wissen wär' Frevel, welch' Ende die Götter mir, welch' dir gesetzt, Leuconoë, versuch's auch nicht mit der Astrologie! Besser ist es gewiss, was immer es sei, zu ertragen, mag Jupiter noch weitere Winter uns gönnen, mag dies der letzte auch sein, der jetzt an felsiger Küste bricht das Tyrrhenische Meer: Sei klug, kläre den Wein und führe das Hoffen auf Fernes zurück auf das Nahe! Während wir reden, entflieht uns das Leben, die neidische Zeit: Pflücke den Tag, bedenke dabei so wenig wie möglich das Morgen!

❸ **Christian Morgenstern**
Laß das Fragen doch sein! sorg dich doch nicht über den Tag hinaus!
Martha! geh nicht mehr hin, bitte, zu der dummen Zigeunerin!
Nimm dein Los, wie es fällt! Lieber Gott, ob dies Jahr das letzte ist,
das beisammen uns sieht, oder ob wir alt wie Methusalem
werden: sieh's doch nur ein: das, lieber Schatz, steht nicht in unsrer Macht.
Amüsier dich, und laß Wein und Konfekt schmecken dir wie bisher!
Seufzen macht mich nervös. Nun aber Schluss! All das ist Zeitverlust!
Küssen Sie mich, m'amie! Heute ist heut!
Après nous le déluge!*

* nach uns die Sintflut

▲ *Porträt Caesars aus grünem Basalt; ägyptische Arbeit (vermutlich um 44 v. Chr.)*

Die Bürgerkriege unter Caesar und Octavian ━━━━━━━━━━━━

Caesar

Gaius Iulius Caesar (100–44 v. Chr.) galt – und gilt – als größter römischer Staatsmann. Nach seinem Namen wurden die nachfolgenden Herrscher als *Caesares* = Kaiser bezeichnet. Er war nicht nur Politiker und Feldherr, sondern betätigte sich auch literarisch. Von seinen Schriften blieben nur zwei erhalten: *De bello Gallico* und *De bello civili*.

Politisch trat Caesar zunächst als Führer der „Popularen" in Erscheinung, einer Partei, die Veränderungen zugunsten ihrer Klientel, (entlassene) Soldaten und Teile des Volkes, gegen den Senat durchzusetzen versuchte. Im Jahre 60 v. Chr. verbündeten sich der erfolgreiche Feldherr Pompeius, Caesar und Crassus, der reichste Mann Roms, gegen den Senat, weil dieser den Soldaten des Pompeius die Zuteilung von Land verweigerte. Der Bund, das **1. Triumvirat**, war so mächtig, dass im Staate nichts gegen seinen Willen geschehen konnte.

Im Jahre 59 bekleidete Caesar zum ersten Mal das Konsulat; 58 übernahm er die Verwaltung der Provinzen Gallia Cisalpīna, Illyricum und Gallia Narbōnēnsis.

58–51 unterwarf Caesar das nichtrömische Gallien bis zum Rhein.

Während Caesar in Gallien Krieg führte, waren im Jahre 52 v. Chr. in Rom Unruhen ausgebrochen. Der Senat wählte Pompeius, den ehemaligen Verbündeten und späteren Hauptgegner Caesars, zum Konsul „sine collega", einmalig in der Geschichte der Republik. Pompejus, jetzt Parteigänger des Senats, war nun der mächtigste Mann in Rom und musste etwas gegen Caesar unternehmen, der eine siegreiche Armee, zehn Legionen stark, hinter sich hatte und dessen Aufgaben in Gallien abgeschlossen waren. Caesars Absicht, sich um das Konsulat für 49 v. Chr. zu bewerben, stellte Pompeius die Forderung entgegen, dass er *zuvor* seine Truppen entlassen müsse.

Der Schritt über den Rubikon

Das war für Caesar unannehmbar: Unter einem Vorwand führte er seine Truppen in Richtung Rom. Als sie den Grenzfluss zwischen Gallien und Italien, den Rubikon, überschritten, soll Caesar die berühmten Worte „alea iacta est" ausgesprochen haben. Der Einmarsch nach Italien führte zu jenem Bürgerkrieg (49–46), an dessen Ende die Republik faktisch nicht mehr existierte: Caesar besiegte die Senatstruppen mit Pompeius an der Spitze, wurde daraufhin im Jahre 45 v. Chr. zum Diktator auf Lebenszeit ernannt und erhielt weitere wichtige Ämter wie das Konsulat auf zehn Jahre. Mit dieser Ämterfülle in der Hand einer Person wurde der republikanische Grundsatz der Ämterteilung und ihrer zeitlichen Befristung endgültig außer Kraft gesetzt.

Caesars Ermordung

Im Februar 44 trug ihm Antonius, der einem plebejischen Senatorengeschlecht entstammte und Vertrauter Caesars war, die Königswürde an – Caesar lehnte ab; ob er selbst danach strebte, bleibt ungewiss, ist auch nicht entscheidend. Entscheidend für seine **Ermordung** an den **Iden des März 44** war die tatsächliche Macht, die er seit 45 innehatte. Der Mord geschah aufgrund einer Verschwörung von 60 Senatoren, die ihre Interessen und den Fortbestand der Republik, d. h. ihrer eigenen Macht, bedroht sahen.

In der kurzen Zeit seiner Alleinherrschaft (45/44 v. Chr.) war es Caesars Hauptanliegen, eine neue politische Rechtsordnung zu schaffen, die der enormen Vergrößerung des Reiches durch die jüngsten Eroberungen und der neuen Machtfülle an der Spitze des Staates angepasst wäre; das Reich war nicht mehr mit einer auf den Stadtstaat zugeschnittenen Verfassung zu regieren. Seine Ermordung konnte die von ihm eingeleitete Entwicklung nicht aufhalten: Bereits sein Nachfolger Oktavian, der spätere Augustus, vollendete den Umsturz der Republik und etablierte eine neue Staatsform, den **Prinzipat**.

Oktavian-Augustus

Die Jahre nach Caesars Ermordung waren durch einen zweiten Bügerkrieg gekennzeichnet. Caesar hatte in seinem Testament seinen Großneffen Octavianus (geb. 63 v. Chr.) adoptiert und als Haupterben eingesetzt, so dass ihm fortan Caesars Heer (39 Legionen entsprachen 250 000 Mann) unterstand. Sein vollständiger Name lautete jetzt **C. Iulius Caesar Octavianus**. Unter diesem Namen verfolgte er zunächst zusammen mit Lepidus und Antonius die Caesarmörder; anschließend aber wandte er sich gegen seine ehemaligen Verbündeten. Antonius schlug er 31 v. Chr. in der berühmten *Seeschlacht bei Actium* (a. d. mittelgriechischen Westküste) vernichtend und kehrte als Sieger des Bürgerkriegs nach Rom zurück, bejubelt vom Volk, das von ihm den lang ersehnten Frieden erhoffte.

Wie viele Menschen in den fast zwanzig Jahre dauernden Kriegswirren 49–30 v. Chr. umkamen, wie viele ihren gesamten Besitz verloren, ist nicht bekannt, es müssen unvorstellbar viele gewesen sein. Das Volk wollte am Ende nur noch Frieden um jeden Preis.

Augustus ━━━━━━━━━

Die Republik dankt ab

In der Zeit der Bürgerkriege ging Oktavian mit äußerster Härte gegen seine Feinde vor und schreckte vor keiner Bluttat gegenüber seinen politischen Gegnern zurück, wenn es galt, seine eigene, noch unsichere Position zu stärken. Doch nachdem alle Feinde besiegt waren und endlich Friede in Italien herrschte, nach einhelliger Meinung dank Oktavian, geschah das Überraschende: Oktavian bot dem Senat seinen Rücktritt an (27 v. Chr.); er gab, so schien es, freiwillig seine mühsam erkämpfte Stellung wieder auf. Er konnte sich diese Geste leisten, die den Senat tief beeindruckte, denn faktisch war und blieb er der mächtigste Mann im Reich, eine Wiederherstellung der alten Republik war weder möglich, noch wurde dies vom Senat, den Oktavian im Jahr zuvor umbesetzt hatte, gewünscht, vom Volk ganz zu schweigen.

Die demonstrative Niederlegung aller außerordentlichen Befugnisse bewirkte genau das, was Augustus wollte: Statt Macht abzugeben, erhielt Oktavian drei Tage später vom Senat den Ehrennamen AUGUSTUS; zugleich übertrug der Senat ihm die auctōritās (= Macht) über den ganzen Staat.

▲ *Panzerstatue des Augustus, gefunden in Prima Porta bei Rom*

Seine eigene Stellung bezeichnete Augustus als **prīnceps** = *Erster (unter Gleichen)*; das bedeutete, dass er als „erster" bei Senatssitzungen sprechen konnte, und erweckte den Eindruck, dass zwar sein Prestige bei den Mitbürgern größer war, dass ihm aber nicht mehr Rechte zuständen als allen anderen.

Die neue Staatsform „Prinzipat"

Augustus' historische Bedeutung beruht darauf, dass er ein auf die Verhältnisse des römischen Weltreichs zugeschnittenes Verwaltungs- und Regierungssystem geschaffen hat, dessen Kontinuität durch erbliche Nachfolge gesichert war. Wie weitsichtig diese Neuordnung gewesen ist, zeigt der über 400-jährige Bestand des römischen Kaiserreiches und die noch wesentlich langlebigere Idee dieser Institution: Sowohl die byzantinischen Kaiser im Osten als auch die fränkischen Kaiser im Westen beanspruchten für sich, letztlich Nachfolger des Augustus zu sein.

Nach der Durchsetzung und Etablierung der neuen Staatsform „Prinzipat" veränderten sich nach und nach die Verhältnisse zugunsten der kaiserlichen und zuungunsten der senatorischen Macht (das Volk besaß ohnehin keine politische Einflussmöglichkeit mehr). War unter Augustus und seinen Nachfolgern der alte Adel aufgrund seiner Erfahrung nach wie vor unentbehrlich, so wurde doch stetig daran gearbeitet, die alte Aristokratie beiseite zu drängen und eine dem Kaiser treu ergebene Schicht für die Verwaltung des Reiches heranzubilden.

Hannibals Alpenübergang

46 —

In Mantua verabschieden sich Aristoxenus und Gaius von Rubellius und machen sich auf Richtung Mediolanum. Die Reise soll nun über die Alpen nach Augusta Raurica (Kaiseraugst) gehen; von dort wollen Aristoxenus und Gaius den Rhein erreichen und, wenn möglich, mit einem Schiff über Mogontiacum (Mainz) und Confluentes (Koblenz) nach Augusta Treverorum (Trier) fahren.

Die Alpen – das war die vor dem Bau von Straßen schwer zu überwindende Barriere Italiens gegen Norden; in der Erinnerung der Römer war ihr Name mit dem Karthagergeneral Hannibal verbunden, der nach einem waghalsigen, verlustreichen Alpenübergang in Norditalien den Römern im 2. Punischen Krieg (218–201 v. Chr.) schwere Verluste zugefügt hatte. Hannibals schwerfälliges Heer mit seinen vielen Pferden und Elefanten mußte beim Alpenübergang nicht nur mit der unwirtlichen Gegend fertig werden, sondern hatte auch Kämpfe mit Feinden, „barbarischen" Völkern, zu bestehen. Die Karthager, von den Römern auch „Poeni" = „Punier" genannt, hatten schon beim Anblick der Berge Angst:

Vor dem Aufstieg

46.1 —

Poeni cum altitudinem montium nivesque caelo prope immixtas ex propinquo viderant, metu atque terrore affecti sunt. Milites igitur legatos ad Hannibalem miserunt, qui ducem orarent, ut de consilio suo desisteret neve Alpes, montes caelo deisque propinquos,
5 transcenderet. Adiecerunt: „Nuda fere cacumina sunt, ut audivimus, et, si quid est pabuli, obruunt nives."

Quibus Hannibal respondit: „Nullae terrae profecto caelum contingunt! Montes faucesque, quae paucis hominibus perviae sunt, etiam exercitui nostro non sunt insuperabiles. An putatis nuntios
10 hos, qui hodie de Alpibus in castra nostra venerunt, pennis sublime Alpes transgressos esse?

Sint cacumina nuda – omnia nostra nobiscum
feremus!"

His et talibus orationibus impetravit, ut
15 milites metum abicerent.

quid pabulī:
etwas (an) Futter

▶ Terrakottastatuette eines Kampfelefanten; aus Pompeji (Neapel, Archäologisches Nationalmuseum)

46.2   Widerstand der Alpenbewohner

Alpenbewohner locken die Karthager mit List in einen Hinterhalt. Fast wäre es zu einer Katastrophe für die Eindringlinge gekommen. Sie verbringen in großer Sorge und fast ungeschützt die Nacht in einer Waldschlucht, in der die Einwohner in großer Zahl Stellung bezogen haben, und erwarten den Tagesanbruch:

Cum montani saltum ingenti hominum copiā occupavissent, Hannibal tamen copias suas iunxit et in hostes impetum fecit. Tantā vi homines artis militaris non peritos aggressus est, ut Alpini e saltu expellerentur. Inde montani – latrocinii magis quam belli more – concursabant modo in primum agmen, modo in novissimum et 5 Poenos magna clade affecerunt. Elephanti, quamvis per artas praecipitesque vias magna cum mora agerentur, tamen Poenis usui erant, cum montani insuetas bestias metuerent.

46.3   Auf dem Kamm

Nono die in iugum Alpium perventum est. Biduum in iugo stativa habita sunt, ut militibus labore et pugnando fessis quies daretur.

Signis datis cum agmen prima luce incederet pigritiaque et desperatio in omnium vultibus emineret, Hannibal milites in promunturio quodam, unde longe ac late prospectus erat, consistere iussit. Italiam 5 eis subiectosque Alpinis montibus campos ostentat. Nunc eos moenia transcendere non modo Italiae, sed etiam urbis Romae affirmat.

Procedere inde agmen coepit. Iter autem multo difficilius fuit quam

▶ *Hannibal bei seinem Marsch über die Alpen; Illustration zum Text des Livius aus einer älteren Schulausgabe*

◄ *Römerstraße im Aostatal (Oberitalien) auf dem Weg in die Alpen*

in ascensu. Omnis via enim praeceps, nive oppleta, angusta, lubrica
10 fuit, ut milites sustinere se a lapsu non possent aliique super alios et
iumenta in homines caderent.

nach Livius, XXI, 30–35

Die Germanen – ein „wildes" Volk   47 ▬

Es ging nunmehr schon auf den Herbst zu, als Gaius und Aristoxenus die Alpen
erreicht hatten; sie mussten sich also mit warmer Kleidung eindecken.

Die Alpenstraßen, oft gut ausgebaut und mit kühner Trassenführung, sind nicht
so befahren wie die im Flachland – sie müssen jetzt wieder oft zu Fuß gehen. Die
Landschaft ist rauer als die bisher durchwanderten Landstriche, dazu ganz
fremdartig für Gaius aus dem Süden der italischen Halbinsel und erst recht für
Aristoxenus von der Küste Kleinasiens!

ARISTOXENUS: „Via optima est et maximā arte munita. Vereor autem,
ne alii Carthaginienses, alii Galli nunc vivant, qui aliquando hac
viā bene cultā Italiam Romamque petant: Germani."

GAIUS: „Profecto hoc credis? Germani mirā diversitate naturae esse
5 dicuntur: Corpora eorum sunt ad impetum solum valida – sed la-
boris atque operum non iis eadem patientia est. Non puto istam
gentem Alpes transgressuram esse! Cum frigus atque inediam pati-
antur, sitim aestumque non tolerant. Ego equidem frigus, ut hic est
et nunc, vix patior, Germanis autem aestus certe molestus esset, si
10 in Italia essent. Ego Germanos non timeo."

ARISTOXENUS: „Sunt mirā diversitate naturae multis in rebus; sed ante
omnia bella et arma amant. Nihil neque publicae neque privatae rei
nisi armati agunt. Etiam ad concilium viri conveniunt armati:
Coëunt enim certis diebus, cum aut incohatur luna aut impletur
15 (nam superstitiosi sunt), ad concilia. Si displicuit sententia illius,

▶ *So sahen es die Römer gern: Kelten bzw. Germanen (ein Unterschied zwischen ihnen wurde nicht gemacht) werden von Römern vernichtend besiegt; Relief (Teilansicht) vom Ammendola-Sarkophag; Rom, Kapitolinische Museen (um 170 n. Chr.)*

Vārus: P. Quīnctīlius Vārus, römischer General unter Augustus, bekannt durch seine Niederlage gegen die Cherusker im „Teutoburger Wald"; der Schlachtort wurde jetzt nördlich von Osnabrück nachgewiesen.

qui in consilio est locutus, fremitu aspernantur; sin placuit, frameas concutiunt: honoratissimum assensūs genus est *armis* laudare."

GAIUS: „Bene, sint illi viri fortissimi et armorum amicissimi – certe autem feminae arma bellaque oderunt sicut mulieres Romanae!"

ARISTOXENUS: „Non ita! Si mariti filiique pugnant, familiae et pro- 20
pinquitates in proximo sunt: Feminarum ululatūs, vagitūs infantium pugnantes audire possunt; matribus, coniugibus viri vulnera ostendunt; nec illae numerare vulnera dubitant; cibosque etiam pugnantibus afferunt. Varus ille iis nimis confidebat, et – una cum militibus suis – clade atroci poenas credulitatis dedit. Ubi manu agi- 25
tur, pax ac ius nomina vana sunt. – Itaque tibi non assentior: Ego timeo Germanos!"

unter Verwendung von Tacitus, *Germania* 4, 7, 11, 13

PENSA EXERCITANDA

 Wh/Ü

Vorrang für Lohnarbeit

Eine Empfehlung Varros in seinem Werk „de re rustica":

Omnes agri coluntur hominibus servis aut liberis aut utrisque. De quibus universis hoc dicam: Gravia loca utilius esse mercenariis colere quam servis et in salubribus locis opera rustica maiora.

a a) Welcher Kasus muss hominibus, servis, liberis, utrisque und mercenariis sein?

b) Was ergibt sich daraus für eine Einstellung Varros zur körperlichen Arbeit und zu arbeitenden Menschen?

b Die Empfehlung Varros geht von zwei Möglichkeiten aus.

a) Welcher Begriff ist den „gravia loca" entgegengesetzt?

b) Welches weitere Attribut entspricht dem „gravia"?

c) Kannst du eine Art Klammerstellung erkennen?

d) Worin liegt der vermeintliche Nutzen (utilius esse) dieser Empfehlung?

S 1

Hīc Rhodus, hīc saltā!

Thraso in patriam suam revertit, unde aliquot ante annos profectus erat. Amicos domum suam invitavit, ut eis de itineribus suis narraret. „Cum in Rhodo insula essem", inter alia dixit, „vici omnes, qui arte saliendi inter ceteros excellebant!" Sed cum ostenderet longitudinem spatii, quam nemo praeter eum saluisset, unus ex amicis: „Si vera narrares, non multis verbis opus esset. Hic quoque Rhodus est, hic salta!"

Vergleiche die Funktionen der Konjunktive. Welche signalisieren eine bestimmte Redeabsicht, welche dienen nur der grammatischen Unterordnung (Subjunktiv)?

❖ S 2

Gliedsätze

An den beiden folgenden Texten kannst du dir noch einmal vergegenwärtigen, welche Aufgaben Gliedsätze in Texten haben:

1 **Künstlerwettstreit**

Zeuxis et Parrhesius Athenis vivebant; per iocum nonnumquam certabant, uter meliore arte pingeret.

Zeuxis, cum vites pinxisset, quibus uvae dependebant, Parrhesio: „Vide aves! Advolant et uvas decerpere student, cum pictae sint, non verae!" Postero die aves non iam advolare vidit. Stupuit – et linteum ante picturam pendēre vidit. Iratus Parrhesium advocavit: „Cur linteum ante tabulam pependisti? Cum invideas arti meae? Veni et abstrahe linteum!" Sed Parrhesius: „Cur non ipse detrahis? Tenue est; facile est id detrahere!" Zeuxis, cum linteum prope spectaret, „Vicisti!" clamavit – viderat enim linteum non verum esse, sed pictum tamquam uvas. „Vicisti!" iterum clamavit; „nam ego quidem arte meā aves vici, tu autem superavisti me, artificem non ignotum!"

2 **Hannibal schwört Hass**

Hannibal erzählt *(nach Nepos)*:

Cum puerulus – utpote non amplius IX annos natus – fui, pater meus Hamilcar Carthagine Iovi Optimo Maximo immolavit, cum in Hispaniam proficisci vellet. Quae divina res dum conficitur, quaesivit a me, vellemne secum in castra proficisci. Id cum libenter accepissem atque ab eo petere coepissem, ne ducere me secum dubitaret, tum ille: „Faciam, si mihi fidem, quam postulo, dederis!" Simul me ad aram adduxit, apud quam sacrificaverat, et iussit me aram tenentem iurare numquam me in amicitia cum Romanis fore."

Ordne die Gliedsätze der beiden Texte aufgrund ihrer Merkmale in einer Übersicht nach folgendem Muster:

Glied-satz	Kon-nektor	Sinn-richtung	Indi-kativ	Sub-junktiv	Kon-junktiv

◆ S/F

Demosthenes und die Richter

Von dem berühmten griechischen Redner *Demosthenes* wird die folgende Geschichte erzählt. Entscheide dich zunächst für die Indikativ- bzw. Konjunktivform, dann übersetze.

Demosthenes, cum causam (agebat/ageret), iudices parum attentos vidit. „Rogo", inquit, „ut paulisper aures mihi (praebetis/praebeatis)!" Cum aures (arrexerant/arrexissent), narravit: „Iuvenis, qui iter facere (voluit/voluerit), asinum conduxit. In itinere, cum sol (urebat/ureret), deposuit clitellas et sub asino consedit, ut eius umbrā (contegebatur/contegeretur). Id vero agaso vetuit clamans asinum locatum esse, non asini umbram. Alter contra disputabat. Cum consentire non (poterant/possent), in ius ierunt."

Omnes diligenter audiebant, quae Demosthenes (narraverat/narravisset). Sed Demosthenes, cum haec (erat/esset) locutus, abiit. Tum revocatus a iudicibus et rogatus, ut reliquam partem fabulae (narrabat/narraret), dixit ridens: „De asini umbra fabulam libet audire – causam hominis de vita periclitantis non audietis!?"

S 3
Ermutigender Blick
Eis und Schnee quälen die Soldaten Hannibals beim Marsch über die Alpen. Hannibal reagiert:

Hannibal militibus a promuntorio quodam Italiam ostentavit, ne animo deficerent. Hic prospectus Italiae et fiducia imperatoris milites tanta spe salutis et victoriae affecit, ut animo non defecerint.

Beschreibe die unterschiedliche Sinnrichtung der Gliedsätze.

❖ S 4
cum – „multifunktional"
Übersetze die folgenden kleinen Texte und erstelle anschließend eine Übersicht, in der du die Verwendungsarten der Konjunktion cum mit Indikativ denen mit Konjunktiv, gegliedert nach ihren Bedeutungen, gegenüberstellst.
a) Sprichwort
Duo cum faciunt idem, non est idem. *(nach Terenz)*
b) Mahnung zur Wachsamkeit
Nam tua res agitur, paries cum proximus ardet.
(Horaz)
c) Zweck und Mittel
Cum finis est licitus, etiam media sunt licita.
(Jesuitenpater Busenbaum, 1650)
Wie heißt die entsprechende deutsche Sentenz?

d) Echter Spartaner
Lacedaemonius quidam, cum rideretur, cum claudus in pugnam iret, „At mihi", inquit, „pugnare, non fugere in animo est."
e) Die „Himmelfahrt" des Romulus
Cum Romulus, ut exercitum recenseret, contionem in Campo Martio haberet, subito coorta tempestas cum magno fragore regem operuit nube densa. *(Livius)*
f) Paradox
Cum tacent, clamant.
In welcher Situation ist diese Paradoxie denkbar?
g) Der Gott Janus klagt über die Römer
Creverunt et opes et opum furiosa cupido,
et, cum possideant plurima, plura petunt.

▼ *Römische Kopie einer griechischen Statue des Demosthenes (um 280 v. Chr.)*

h) Über Freundschaft

Cum vita sine amicis metus plena sit, ratio ipsa monet amicitias parare. *(Cicero)*

i) Warnung bei Liebeskrankheit und anderen Übeln

Prīncipiīs obstā! Sērō mĕdicīna parātur,
    cum mălă per longās convaluēre mŏrās. *(Ovid)*

Ü 1

Der Wunsch des Diogenes

Der berühmte Philosoph Diogenes lehrte nicht nur die Bedürfnislosigkeit des Menschen, sondern versuchte auch selbst, seiner Lehre gemäß zu leben. Einst suchte Alexander d. Gr. ihn auf:

Alexander Magnus, ___, repperit eum sedentem pro dolio. Rex, postquam multa cum illo collocutus est, ___, dixit: „Cogita, Diogenes, quid a me velis petere; nam ___, feres". – „Secede", inquit, „paulum!" Rex, ___, repetivit: „Pete, ___, Diogenes!" Respondit philosophus: „Id ipsum volebam, ___. Volo enim apricari."

Setze die folgenden Gliedsätze in die Lücken, wie es der Kontext erfordert.

- quicquid optaveris
- quod vis
- cum viseret Diogenem
- cum abire pararet
- cum illum velle deliberare putans secessisset et Diogenes diutius taceret
- ne mihi faceres umbram

T

Der überführte Angeber

Sorgfältiges Lesen eines Textes erfordert, die innere Verknüpfung seiner Sätze zu erfassen. Bearbeite die am folgenden Text eingeschalteten Fragen, um das zu üben.

In einer fröhlichen Runde werden Reiseerlebnisse erzählt; ein Teilnehmer berichtet:

a) Quidam gloriatus est se vidisse totam fere Europam maximeque Italiam.

Wie wird der Sprecher charakterisiert? Welche Lesererwartung wird dadurch geweckt? Wie wird diese im Text erfüllt?

b) Interrogatur de Venetorum urbe magnificisque aedificiis.

Ad quod: „Non possum multa", inquit, „dicere

de Venetia. Eam enim urbem non nisi semel sub occasum solis transii equo."

Ein unkritischer Zuhörer/Leser könnte mit dieser Antwort zufrieden sein. Warum wäre ein solcher Schluss unbefriedigend?

c) Quod cum alii impossibile dicerent, quod urbs mari circumdata equorum ingressum et egressum non admitteret, dixi ego: „Fuit hiems eo tempore, cum transiit, atque super glacie equitavit ad urbem."

Wie könnte man aufgrund des Schlusses die Geschichte zusammenfassend charakterisieren?

◆ R 1

Aenigma Latinum
Akademische Bezeichnungen

Im akademischen Sprachgebrauch finden sich eine Reihe lateinischer Bezeichnungen, meist in abgekürzter Form. Vervollständige die folgenden Kurzformen und übertrage die gekennzeichneten Buchstaben auf die untere Zeile. Bei richtiger Lösung ergeben sie den lateinischen Ausdruck für die Bewertung „ausgezeichnet".

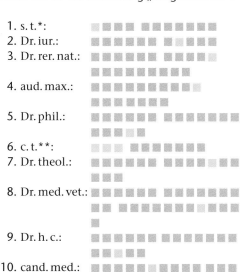

1. s. t.*:
2. Dr. iur.:
3. Dr. rer. nat.:
4. aud. max.:
5. Dr. phil.:
6. c. t.**:
7. Dr. theol.:
8. Dr. med. vet.:
9. Dr. h. c.:
10. cand. med.:
11. Prof. em.:

Lösung:

---

* sine tempore: d. h. „ohne akademisches Viertel"
** erschließe aus s. t.

◆ R 2
Eine Inschrift in Paris

> NAPOLIO IMP AUG
> MONUMENTUM BELLI GERMANICI
> ANNO MDCCCV
> TRIMESTRI SPATIO DUCTU SUO PROFLIGATI
> EX AERE CAPTO
> GLORIAE EXERCITUS MAXIMI DICAVIT

Wer ist mit Napolius gemeint?
Was an der Inschrift verweist darauf, dass hier an römische Kaiser erinnert wird?

Subjekt ist z. B. das französische Volk • trimestri spatio: innerhalb dreier Monate • ex aere capto: gemeint ist aus dem Kupfer erbeuteter Kanonen

◆ Ü 2
Rhythmisch-akustische Wortspielereien
Die folgenden Verse – Hexameter – musst du laut lesen, um die beabsichtigte Wirkung zu hören.
a) Der Dichter Ennius lässt die Tuba erschallen:
At tŭbă terrĭbĭlī sŏnĭtū tărătantără dīxit.

b) Bei Vergil galoppieren die Pferde:
Quadrŭpĕdante putrem sŏnĭtū quătit ungŭlă campum.
c) Im Vers Ovids ertönt das Gequake schimpfender Frösche:
Quamvīs sint sub aquā, sub aquā mălĕdīcere temptant.

◆ R 3
Latein in der Geschichtswissenschaft
a) Die folgenden Begriffe bezeichnen (kultur-) geschichtliche Strömungen oder Perioden. Versuche, sie sprachlich abzuleiten.

Antike – Feudalismus – Humanismus – Renaissance – Absolutismus – Empire – Nationalismus – Liberalismus – Sozialismus – Kommunismus – Imperialismus – Kolonialismus – Kapitalismus

b) Was bedeuten die Namen der folgenden Zeugnisse aus der Geschichte?

Toleranzedikt von Mailand (313) – Wormser Konkordat (1122) – Magna Charta Libertatum (1215) – Habeas-Corpus-Akte (1679) – Déclaration des droits de l'homme et du citoyen (1789) – UNO (1945)

◆ K
Aenigma Latinum
Domino
Bilde aus den vorgegebenen Silben Wörter folgender Bedeutung:
1. berühmter griechischer Philosoph – 2. durch den Zugang – 3. et – 4. griechischer Gott der Heilkunst *(dt. Form)* – 5. Herr! *(Vokativ)* – 6. Irrtum – 7. können – 8. laßt uns gehen! – 9. regiere! – 10. sie *(Nom. Sg. f.)* – 11. steh!
Setze die Wörter im Uhrzeigersinn so in die Felder, dass jeweils der letzte Buchstabe eines Wortes in ein Kästchen fällt und zugleich den Anfangsbuchstaben eines folgenden Wortes bildet. Bei richtiger Lösung ergeben diese doppelt verwendeten Buchstaben eine Aufforderung des Dichters Horaz, die durch Kant zum Wahlspruch der Aufklärung wurde. (Das „S", als Anfangs- und Schlussbuchstabe gegeben, ist kein Lösungsbuchstabe!)

Itinera Europaea
Triumphbögen

Der rechts abgebildete Triumphbogen steht auf dem Forum Romanum. Seine Inschrift lautet:

> SENATVS
> POPVLVSQVE ROMANVS
> DIVO TITO DIVI VESPASIANI F
> VESPASIANO AVGVSTO

Von wem wurde er errichtet? Wer wurde geehrt? Triumphbögen stellen eine typisch römische Schöpfung repräsentativer Staatsarchitektur dar. Sie fanden viele Nachahmungen: Auch in der Neuzeit dienten Triumphbögen dem Herrscherruhm. So wurde z. B. der Arc de Triomphe de l'Étoile in Paris (unten links) zu Ehren Napoleons konzipiert.

Ein moderner Reflex dieser Tradition ist das unten rechts gezeigte Gebäude in Paris, das durch eine Straßenachse mit dem Arc de Triomphe verbunden ist.

Überlege, wessen Triumph in dieser Architektur Ausdruck gewinnt.

▲ *Der Titusbogen in Rom*

▲ *Der „Arc de Triomphe de l'Étoile", Paris*

▲ *Der moderne Stadtteil „La Défense" in Paris*

159

Hannibal, der Karthager ▬▬▬▬▬

Zwei Mächte im Konflikt

Im 3. Jh. v. Chr. waren Rom und Karthago die stärksten Mächte im westlichen Mittelmeerraum. Karthago, gegründet von den Phöniziern (ansässig im Gebiet des heutigen Libanon), war eine bedeutende Hafen- und Handelsstadt an der nordafrikanischen Küste (Tunesien), nur 150 km von der Westspitze Siziliens entfernt. Anders als die Römer waren die Karthager erfahrene Schiffbauer und gute Seefahrer, doch im Laufe des **1. Punischen Krieges** (264–241 v. Chr.) holten die Römer diesen Rückstand auf.

Die Ursache für den Ausbruch des **2. Punischen Krieges** (218–201 v. Chr.), in dem **Hannibal** Feldherr der Karthager war, liegt in dem neuen Machtverhältnis zwischen Karthago und Rom nach dem 1. Punischen Krieg:

Die unterlegenen Karthager (Punier) hatten nicht nur ihre Städte auf Sizilien an die Römer verloren, sondern mussten zehn Jahre lang Kriegsentschädigung an Rom zahlen. Doch in den folgenden Jahren erholte sich Karthago und eroberte, als Ausgleich für den Verlust von Sizilien und Sardinien, Spanien bis zum Ebro (237), ein Land, das nicht nur reich und fruchtbar war, sondern auch ergiebige Silberminen hatte, deren Ausbeute Karthagos Wiederaufstieg begünstigte. Das punische Spanien unterstand seit 221 dem Feldherrn Hannibal (geb. 246), der die Eroberung weiterer Gebiete jenseits des Ebro plante. In dieser Situation war Rom alarmiert:

Hannibals Feldzug gegen Rom

Ein Vorwand zum erneuten Krieg mit Karthago war schnell gefunden. Im Zuge seiner Expansion hatte Hannibal nach achtmonatiger Belagerung die Stadt Sagunt eingenommen, eine Stadt, mit der Rom einen Bündnisvertrag geschlossen hatte. Rom kam der Stadt zwar nicht zu Hilfe, wie es seine Pflicht gewesen wäre; stattdessen verlangten Roms Gesandte in Karthago *nach* der Einnahme die Freigabe Sagunts und die Auslieferung Hannibals, der gerade mit 90 000 Fußsoldaten und 12 000 Reitern den Ebro überschritten hatte und sich anschickte, Nordspanien zu unterwerfen. So waren die römischen Forderungen völlig unannehmbar für Karthago und wurden abgelehnt; daraufhin erklärte Rom den Karthagern den Krieg. Die Absicht der Römer war es, Spanien zu erobern.

Um den Römern zuvorzukommen, überquerte Hannibal im Sommer 218 mit einer Streitmacht von 50 000

▲ *Afrikanischer Elefant mit Treiber auf einer punischen Münze aus Spanien*

Fußsoldaten, 9000 Reitern und 37 Elefanten Pyrenäen und Alpen. Mit nur noch 26 000 Soldaten und einigen überall Furcht erregenden Elefanten erreichte er im Herbst Oberitalien.

In den folgenden Schlachten am Tessin (218), am Trasimenischen See (217) und dann bei *Cannae* in Apulien (216) schlägt er die römischen Heere zwar vernichtend – in der Schlacht von Cannae fallen 70 000 römische Soldaten –, doch andererseits sind die Römer in Spanien, Sizilien und Afrika erfolgreich und können Nachschublieferungen aus Spanien verhindern. Schließlich wird Hannibal von den im eigenen Land bedrängten Karthagern zurückgerufen und in der Schlacht von Zama (Afrika) vom römischen Heer unter Scipio vernichtend geschlagen. Dies bedeutete das Ende der karthagischen Vorherrschaft im westlichen Mittelmeer.

Roms Sieg

Rom, das zuvor nur in Italien um Vorherrschaft gekämpft hatte, wurde im 3. Jh. v. Chr. durch die Siege über die Karthager zur stärksten Militärmacht im gesamten Mittelmeerraum. Durch die Eroberungen von Sizilien, Sardinien und Spanien sowie die Entschädigungszahlungen der Karthager nach beiden Kriegen gelangten Reichtümer unbekannter Dimension nach Italien und veränderten den römischen Staat grundlegend.

Römer und Germanen

In der Kaiserzeit waren die Germanen unmittelbare Nachbarn der Römer. Der Rhein bildete zunächst die östliche Grenze, die unter Hadrian am Oberrhein durch den Limesbau auf rechtsrheinisches Gebiet verschoben wurde. Das Siedlungsgebiet der germanischen Stämme erstreckte sich von der Donau im Süden bis zum „Ozean" im Norden.

Der Sammelbegriff Germānī für die Völker und Stämme im rechtsrheinischen Gebiet wurde von den Römern benutzt und wahrscheinlich erst von Caesar „erfunden", während die „Germanen" selbst sich als verschiedene Völker betrachteten. Der Begriff Germānia umfasste die beiden Provinzen Germānia superior (Schweiz, östliches Frankreich, Rhein bis südlich von Bonn), Germānia īnferior (Rhein ab Bonn bis zur Mündung) und das „freie Germanien" (Germānia lībera).

Die Erfahrungen der Römer mit diesen „Barbaren" waren ausgesprochen unerfreulich: Der Einfall der Kimbern und Teutonen, die 105 v. Chr. in der Schlacht von Aquae Sextiae besiegt wurden, hatte seinerzeit die Bewohner Italiens in Schrecken versetzt. Auch Caesar *(De Bello Gallico)* berichtete über ihre beängstigende Kampfeslust und Tapferkeit. Als das schlimmste Debakel blieb jedoch stets die Varusschlacht des Jahres 9 n. Chr. in Erinnerung, in der drei römische Legionen durch einen Hinterhalt des Cheruskerführers Arminius, eines ehemaligen Vertrauten des Statthalters Varus, vernichtet worden waren (der Schlachtort wurde in den letzten Jahren nördlich von Osnabrück bei *Kalkriese* identifiziert).

▼ *Römer und Gallier im Kampf; Relief (Paris, Louvre)*

▲ *Römischer Gesichtshelm, gefunden bei Kalkriese an der mutmaßlichen Stelle der Varusschlacht*

Im Bewusstsein der Römer waren die Germanen der ewige Angstgegner, den sie nie unterwerfen konnten. Der römische Historiker *Tacitus* hat in seiner Schrift *Germania – De origine et situ Germanorum* ein entsprechendes Bild der Germanenstämme hinterlassen, die über die Germanen selbst wenige Fakten enthält, dafür aber zeigt, welche von Vorurteilen geprägten Vorstellungen die Römer über ferne „Wilde" besaßen.

Die in Germanien lebenden Völker und Stämme hatten feste Wohnsitze; sie siedelten in Einzelgehöften und in Dörfern, die aus 20–40 Höfen bestanden, und lebten von Ackerbau und Viehzucht. Erzgewinnung und Metallverarbeitung waren ihnen nicht fremd. Sie trieben Handel, vor allem mit den Römern, in früherer Zeit mit den anderen Bewohnern des Mittelmeerraums. Gegen Bernstein, Nahrungsmittel, Tiere und Felle tauschten sie Keramik, Glas, Metallwaren und Wein.

Ein germanischer Stamm gliederte sich in Freie, Halbfreie (Unterworfene, die persönlich frei waren, jedoch an die Scholle gebunden) und Sklaven. Nur die Freien besaßen politische Rechte und waren zum Kriegsdienst verpflichtet. Aus ihren Reihen kam der jeweilige Herrscher und in Kriegszeiten der Heerführer.

► *Die Römerstraße über den St.-Bernhard-Pass („Summus Poeninus")*

▼ *Gesatteltes Maultier; von einer bronzenen Weihinschrift, gefunden auf dem Großen St. Bernhard. Die robusten Maultiere trugen wohl im wahrsten Sinn des Wortes die Hauptlast der Transporte über die Alpen.*

▬ 48   Nach Germanien

Ihr beschwerlicher, aber faszinierender Weg durch die grandiose Alpenlandschaft führt sie über die *Alpis Poenina,* den heutigen Großen St. Bernhard, in den Südostzipfel der Provinz Gallia Belgica. Zunächst erreichen sie den Lacus Lemannus, wo sie sich einige Tage des Ausruhens gönnen. Doch dann geht es schon wieder weiter; in Aventicum machen sie die Bekanntschaft eines Kaufmanns, der auf dem Weg nach Norden ist und sie gern bis nach Augusta Raurica (Kaiseraugst) mitnimmt. Er berichtet von seinen Erfahrungen mit den „wilden" Germanen.

Hermundūrī: germanisches Volk im Gebiet des heutigen Thüringen und Franken

Dānŭvius: die Donau an ihrem Oberlauf

Raetia: etwa die heutige Ostschweiz und Tirol

MERCATOR: „Quid faciam? Mercaturas cum Hermunduris, id est Germanorum genus, libenter facio. Ea civitas est fida Romanis. Iis igitur non solum in ripa Danuvii fluminis commercium est ut plerisque Germanorum gentibus, sed penitus hic in splendidissima Raetia provincia. Passim sine custode transeunt; et, cum ceteris genti   5 bus arma modo castraque nostra ostendamus, his domos villasque patefecimus."

ARISTOXENUS: „Certe periculosum est mercaturas facere cum populis barbaris?"

MERCATOR: „Hoc est officium meum. Emendo vendendo quaero pe   10 cuniam – vasis, ornamentis, vestibus vendendis, emendis pellibus, sucinis, crinibus flavis – et nonnumquam etiam servis. Mercator sum – ergo mihi negotiandum est."

ARISTOXENUS: „Servis emendis vendendisve? Nonne nunc pax est cum Germanis?"   15

MERCATOR: „Invenies Germanos, qui, ut ita dicam, se ipsos in voluntariam servitutem tradunt. Aleam enim tantā temeritate exercent, ut, cum omnia defecerunt, extremo iactu de libertate ac de corpore contendant! Victus servitutem adit – et vinciri se ac vēnire

20 patitur. Quid stupetis? Pacta sunt servanda – etiam barbaris, qui le-
ves aleam exercent!

Sed ut severius tibi respondeam, Aristoxene: Mercatura his in finibus sane nonnumquam periculosa est – sed aliter atque putatis. Ex-
emplum afferam: Servi cum desint in Italia, nuper profectus sum in

25 Raetiam provinciam ad servos emendos – at ne unum quidem inveni!"

GAIUS: „ ... neminem, qui in alea se perdidit ipsum?"

MERCATOR (ridens): „Ita est! Ne igitur maiorem iacturam acciperem,
pernas emi, quae perbonae sane sunt in Germania. Cum autem in

30 Italiam revertissem, quocumque perveni, nūndīnae plenae erant ...
pernarum! Putares Germanos omnes sues uno ictu cecidisse. Desperandum erat! Sed – semper dico: Post malam segetem serendum
est. Ut videtis, iterum profectus sum. Ursos – si minus servos – vel
alias bestias comparabo, quae vulgo necessariae sunt ad ludos eden-

35 dos!"

mit Tacitus, *Germania*, 41, 24

IOVI OPTIMO MAXIMO
POENINO CAIVS DOMITIUS
CARASSOUNUS HELVETIUS
MANGO VOTUM SOLVIT
LIBENS MERITO

*Dem Jupiter Poeninus erfüllte
C. Domitius Carassounus,
helvetischer Sklavenhändler,
sein Gelübde gern und wie es
sich gehört.*

Die Reisegefährten

49 ◆

Auf der Höhe von Argentorate (Straßburg) finden sie ein Schiff, das den Rhein
hinunterfährt – allerdings nur bis Bingium (Bingen). Die Nähe des Limes ist un-
übersehbar: Viele Soldaten, zuweilen eine Befestigungsanlage prägen die
Strecke. Auf dem Rhein herrscht reger Schiffsverkehr.

Sie beschließen, in Bingium nicht auf ein weiteres Schiff zu warten, um weiter
über den Rhein und dann über die Mosel Augusta Treverorum zu erreichen, sondern die Straße westwärts dorthin zu nehmen. Verglichen mit der bisher zurück-
gelegten Strecke liegt ihr Ziel jetzt geradezu nur noch einen Katzensprung entfernt! Und man hatte ihnen gesagt, dass die Fahrt über die Mosel einigermaßen
zeitaufwendig sei.

▲ *Inschrift der Weihetafel des
Sklavenhändlers C. Domitius
Carassounus, gefunden auf dem
Großen St. Bernhard*

◀ *Grenzübergang am rätischen
Limes zwischen der provincia
Romana und dem freien Germa-
nien; Diorama (Limesmuseum
Aalen)*

▶ *Ansicht einer villa rustica in der Gegend von Trier; Wandmalerei (3. Jh. n. Chr., Landesmuseum Trier)*

Auf dem Weg über den Hunsrück kehren Gaius und Aristoxenus in manch abgelegenen und ihnen nicht ganz geheueren Gasthäusern ein. Die folgende Geschichte scheint nicht ganz untypisch für diese Art Gasthäuser zu sein:

▼ *Bronzestatuette eines Kelten aus Aventicum (Avenches, Schweiz)*

Mercatorem, qui mercandi causā profectus est et aliquantum nummorum secum tulit, vir quidam comitatus est. Cum hōc, ut fere fit, in via sermonem contulit – ex quo factum est, ut iter communiter facere vellent. Qua re in eandem tabernam deverterunt, in eodem loco somnum capere voluerunt. 5

Caupo autem, cum illum, qui nummos habebat, animadvertisset, noctu – postquam illi artius, ut fit, ex lassitudine dormiverunt – clam accessit et alterius eorum, qui sine nummis erat, gladium e vagina eduxit et illum alterum, qui nummos habebat, occīdit. Nummos abstulit, gladium cruentum in vaginam condidit, ipse se in 10 suum lectum – ad dormiendum! – recepit.

Ille autem, cuius gladio caupo mercatorem occiderat, multo ante lucem surrexit; vocando primum, deinde inclamando socium suum excitare voluit. Illum somno impeditum non respondere existimavit, gladium et cetera, quae secum attulerat, sustulit et solus profec- 15 tus est.

Caupo non multo post conclamat hominem in deversorio suo esse occisum, et cum aliquot deversoribus illum, qui ante exierat, consequitur in itinere. Hominem comprehendit, gladium eius e vagina educit. Reperit cruentum. Homo in urbem deducitur et reus fit. 20

Damnatus esset, nisi caupo ipse paulo post, in alio maleficio depre-
hensus, forte et illius mortis convictus esset.

nach Cicero, De inventione II, 4,14

Am Ziel! 50 ▬

Aristoxenus und Gaius haben die Höhen des Hunsrücks hinter sich gebracht; vor
ihnen liegt nun das Moseltal, in der Ferne sichtbar ihr Ziel – die *colonia Augusta
Treverorum,* wo Aristoxenus endlich seinen Bruder Socrates zu finden hofft. Je
näher sie der Stadt kommen, umso mehr beschleunigen sich ihre Schritte.

Circum oppidi muros et Mosellam flumen vagabantur; aspiciebant
naves cupis vinariis onustas, audiebant remorum pulsūs et voces
claras nautarum. Non longe aberant a balneis, quae caminis suis va-
porem fumidum in auram exspirabant. Nonnulli quidem homines
5 de ripa in flumen ipsum saliebant, ut aquā vivā, flumine gelido
fruerentur.

▼ *Trier mit seiner Moselbrücke
in der Kaiserzeit; Rekonstruktionszeichnung*

Tandem per portam oppidum intraverunt, brevi basilicam
magnam splendidamque nacti sunt. Ante hanc – et in hac ipsa –
nūndĭnae habebantur. Aliae voces cum aliis miscebantur, sicut:
10 „Ecce! Rapas e Germania importatas! Emite rapas, quibus solis Tiberius imperator fruebatur!" „Videte vitrea pulcherrima in Gallia

Tĭbĕrius: römischer Kaiser
14–37, Nachfolger des Augustus (↗ Namensverzeichnis)

confecta!" Nonnulli Germani videbantur, qui, ut merces ex Italia Galliaque importatas emerent, Augustam Treverorum venerant. Vasa portabant, vestimenta, instrumenta varia.

Subito tumultus ortus est. E parte quadam basilicae, ubi, ut videba- 15 tur, causa acta erat, homines effluebant. Vir aliqui et commotus et perturbatus e basilica in aperta currens maxima voce clamavit: „En, cives! Ecce! Videtis unum ex illīs – pro pudor! – viris nefariis, qui patriam ab hostibus defendere recusent! Unum ex illīs, qui nihil aliud cogitent atque quomodo vitam suam civitati inutilem servare 20 possint ..."

Hunc usque clamantem magistratus quidam togatus interrupit: „Quas ineptias! Hadrianus Caesar sapientissimus lege novissima culpam huius viri exstinxit tamquam aliorum. Invēnimus Cae- sarem, qui curva corrigat. Tu autem tace!" 25

Aristoxenus, cum virum illum videret, qui cum magistratu basilicā egressus erat, primum stupuit, tum vocavit: „Socrates! En, Socra- tes!" et exclamans „Inveni fratrem meum!" viam per turbam fecit sibi et fratrem amplexus est.

mit Motiven aus Ausonius, *Mosella* 337–343

▶ *Weindiener bei seiner Tätig-keit; Relief aus Trier*

Socrates

Sie hatten Mühe, sich aus der Menschenmenge zu lösen, die immer größer geworden war, die Brüder und Gaius. Die vielen gegenseitigen Fragen ließen kaum die Zeit übrig, die nötig war zu antworten. Schließlich konnte Socrates etwas ausführlicher erzählen:

„Certe scis et tu, Gai, me praefectum fuisse praesidii parvi in Syria provincia prope fines Parthorum siti et hōc praesidio cum militibus meis decessisse – iniussū proconsulis nostri. Sed nos perpauci eramus et hostes maximā vi aggressi sunt. Ergo, qui vetitus essem de-
5 cedere, me recepi – quid facerem nisi me recipere? Accusatus sum, ut scitis, et ne in ius vocarer, me subduxi, primum Romam contendi ad Charicleam ...“

Aristoxenus interrupit fratrem: „Cuius maritus aegre tulit te Christianos, Caesari inimicos, secutum esse!“

10 Socrates: „Non secutus sum, at recte dixisti: Inimici sunt Caesari, itaque me adiuverunt, cum mihi Romā proficiscendum esset. Nam tempus apud Fulvium, cui valde displicerem, valde iniucundum erat. Obiciebat mihi, quod signa Romana sibi ipsi sacra deseruissem et fugissem. Qua de causa iterum me subduxi et huc me contuli in
15 finem quasi terrae ... Litteras nec parentibus nec tibi scribere ausus sum, veritus ne deprehendantur.

Hīc me mercator vinarius quidam muneri non levi, fructuoso quidem praeposuit, duos fere annos vitam tolerabilem egi; tandem etiam puellam perpulchram in matrimonium duxi. Barbaro genere
20 nata est, nec barbarā humanitate! Nomen ei est Bissula! Statim videbitis ...

Sed audite de die atro, quem vidi: Nuper, subito, cum totus in cogitationibus per oppidum ibam, me miles aliqui, qui mecum in Syria fuerat, medio in foro agnovit detulitque ad magistratum, quod
25 signa deserueram. Hodie autem mira evenerunt atque numquam speranda: Cum in iudicium venirem, praetori, qui iudicio praeerat, lex novissima Hadriani imperatoris tradita est de oblivione praeteritorum! Lēgit ille, iudicium clausit, me domum misit.“

Aristoxenus: „Gratias agamus deis et fruamur bono nostro!“

✽

30 Gaius, qui adhuc tacuerat, se interposuit: „Legite“, inquit, „verba, quae homo iocosus in muro illo inscripsit:

    Balnea vina venus corrumpunt corpora nostra.
    Sed – vitam faciunt balnea vina venus.

Inveni, puto, locum, ubi vivere volo!“

35 Socrates autem paulum severior Gaium interrupit et: „Cum Bissula“, inquit, „fratreque mox Ephesum proficiscar, bene tibi hoc conveniat: Alicui officia mea hac in civitate suscipienda erunt. Placeatne tibi, ais, hic Augustae Treverorum vivere? Si vis, instruam te, imponam te in negotiis meis.“

Sȳria: die römische Provinz etwa im Gebiet des heutigen Libanon und Syrien

Parthī: Bewohner Parthiens, einer Landschaft südlich des Kaspischen Meers (etwa heutiger Iran)

Lex Iulia maiestatis praecipit eum, qui maiestatem publicam laeserit, teneri. Qualis est ille, qui in bellis cesserit aut arcem temere aut castra concesserit. Eādem lege tenetur, qui iniussu principis bellum gesserit dilectumve habuerit, exercitum paraverit ... quive imperium exercitumve populi Romani deseruerit.

Quibus verbis valde gavisus Gaius clamavit: „Num interrogavisti, an   40
ego velim?"

„Bene, optime!" Socrates risit. „Nunc autem ad Bissulam meam
properemus:

Properate, festinate, festum celebremus!

Nunc est bibendum,   45
nunc pede libero
pulsanda tellus ...

Lied auf Bissula

Delicium, blanditiae, ludus, amor, voluptas,
barbara – sed quae Latinas vincis alumna pupas!
Bissula: nomen tenerae rusticulum puellae,   50
horridum non solitis, sed domino venustum."

mit *Carmina Latina epigraphica* 1499; Ausonius, *Bissula 7*; Horaz I, 37

▶ *Porträt einer Gallierin; römischer Denar der späten Republik (Staatliche Münzsammlung München)*

PENSA EXERCITANDA

8 **Wh/S**
Repetitio
Diogenes in der Tonne

Setze die folgenden Bildunterschriften zu den entsprechenden Bildern, die von Wilhelm Busch stammen:

a) Pueris digitis dolium pulsantibus philosophus somno excitatur.

b) Philosopho digito minitante pueri se recedunt – clam ridentes. Brevi revertentur Diogeni iterum illusuri.

c) Diogeni philosopho domus vel casa non erat. In dolium ad dormiendum se recedere solitus est. Pedes philosophi e dolio parvo spectant: nudi sunt; caelo enim sereno Diogenes vestimenta neglegebat. „Supervacua sunt omnia, quibus homines molliuntur!"

d) Puer dolium pedesque nudos videns digito amicum arcessit: „Veni!" dicit. „Veni! Diogenes, ut dormiat, in dolio iacet. Illudamus philosopho!"

Der Text enthält drei unterschiedliche Möglichkeiten, eine finale Redeabsicht auszudrücken. Beschreibe sie in grammatischer Hinsicht.

S 1
Zielbewusster Kaufmann

Welche Gerundiva des folgenden Textes bezeichnen ein Ziel bzw. eine Absicht? Woran kannst du dies erkennen?

a) Mediolano Augustam Rauricam veni mercaturae faciendae causā.

b) Certe iter valde periculosum est; sed mercator sum – mercatori negotiandum est.

c) Et servis et ursis emendis vendendisque pecuniam quaero.

d) Quotannis huc proficisci solitus sum ad negotia gerenda.

e) Hoc anno ne unus quidem servus invenitur: desperandum est.

f) Itaque iam paratus sum ad alias merces comparandas.

g) Spero me etiam pernis emendis pecuniam facturum esse!

▲ *Abb. aus: Wilhelm Busch, Die bösen Buben von Korinth; Kolorierung: M. Frei*

◆ T/Ü
Verzweiflungstat

a) Der Text 48 zeigt einen Kaufmann, für den Sklaven offenbar eine Ware wie jede andere sind. Aus welchen Äußerungen geht dies hervor?

b) Weitere Informationen über das Sklavenwesen konntest du schon aus Caput IV entnehmen. Die folgende Notiz zeigt schlaglichtartig die verzweifelte Lage, in der sich mancher Sklave befunden haben muss:

Nuper unus ex istis Germanis, qui ad matutina spectacula parabantur, in latrinam secessit sine custode „ad exonerandum ventrem", ut mentitus est. Ibi lignum, quod ad emundandum positum est et cui spongia adhaerebat, totum in gulam torsit, fauces eo modo perclausit vitamque suam finivit.

(nach Seneca, *Epistulae morales* 70,20)

S 2
Verzweifelte Situation

Im zweiten Jahr der Eroberung Galliens durch Caesar kam es zu einer großen Schlacht zwischen den Nerviern und den römischen Legionen; als diese für die Römer verloren zu gehen drohte, war Caesar als Feldherr in besonderer Weise gefordert:

Caesari omnia uno tempore erant agenda:
- vexillum proponendum,
- ab opere revocandi milites,
- qui paulo longius aggeris petendi causā processerant, arcessendi,
- acies instruenda,
- milites cohortandi,
- signum dandum.

Quarum rerum magnam partem temporis brevitas et incursus hostium impediebat.

Der Kontext lässt für das erste Gerundivprädikat (erant agenda) auch eine konjunktivische Übersetzung zu – begründe das.

Ü 1
Ein „wahrer" Traum

a) Unterscheide:

eundum est	↔	mihi eundum est
legendum est	↔	tibi legendum est
liber legendus est	↔	nobis liber legendus est

b) Übersetze:

Florentiis (Florenz) iuvenis in somnio vidit leonem lapideum, qui ante ecclesiam stabat, mordere se et necare.

Postero die amicis, cum otiosi per oppidum ambularent, subito dixit: „Puto vos non credere mihi – revera ridendum est! Illum leonem, quem ante ecclesiam videtis, hac nocte iam vidi ... et quamquam lapideus est, momordit me et necavit!"

Amici ei illudebant: „En! Propera! Fugiendum tibi est! Profecto bestia timenda! Vide fauces istas horribiles! Et profecto ... iam videmus eum loco lapideo evadere et te fugare!"

Iuvenis risit: „Cavete leonem ... sed iam res haec me lacessivit. Somniorum ignorantia mihi probanda est. Eamus et leonem aggrediamur!"

His verbis dictis leonem aggressus est, manum in fauces eius tetendit et clamavit: „Ecce manum meam dextram! Mordendum tibi est – sicut fecisti hac nocte!" Sed dum haec dicit, subito humi prostratus est – scorpio enim in faucibus leonis habitabat et morsu suo iuvenem necavit.

◆❖ Ü 2
Kriterien der Berufswahl

In dem folgenden Text erörtert Cicero die Schwierigkeiten der Berufswahl:

a) Nobis ipsis constituendum est, quos nos et quales et in quo genere vitae esse velimus. Haec autem deliberatio omnium est difficillima. Ineunte enim adulescentiā genus aetatis degendae constituere debemus.

b) Plerumque parentes nobis imitandos proponimus.

c) Alii multitudinis iudicio feruntur, et quae maiori parti pulcherrima videntur, ea maxime sequenda putant.

d) Sed in totā vitā constituendā imprimis cura est adhibenda, ut in perpetuitate vitae constare nobis ipsis possīmus.

e) Ad hanc autem rationem quoniam maximam vim habet natura nostra, ad eam praecipue consilium est revocandum eiusque habenda ratio in deligendo genere vitae.

• Unterscheide die Bedeutung der Gerundivformen.

• Diskutiert die Gesichtspunkte Ciceros in eurem Kurs aus eurer Sicht. Welche besonderen Probleme erschweren eure Berufsvorstellung? Welche Hilfen werden angeboten?

⓪ T
Erziehungsprobleme

Das folgende Emblem stammt ebenfalls von Mathias Holtzwart (✓ C. VIII, PE T 3 „Picta Poesis"). Auch hier kannst du die Bedeutung des Kontextes für die Übersetzung und Deutung eines Textes üben, indem du „inscriptio", „pictura" und „subscriptio" aufeinander beziehst.

Liberos in iuventute flectendos

In teneris puerum flecte et sub vincula mitte,
Ne mox tristitiae causa sit ille tuae!
Flectenti cedet facilis tibi virga, sed arbor
Haec robur vires spernet adepta tuas.

> *Lesehilfe zu Vs. 3/4:*
> sed haec arbor robur adepta vires tuas spernet.

S/Wh
Befragung der sibyllinischen Bücher anno 133 v. Chr.

Das Orakel hast du bereits kennen gelernt. Das folgende Beispiel einer Befragung der Sibylle (✓ L 21) berichtet Cicero. Fülle die Leerstellen des Textes mit den passenden Wörtern aus dem Kästchen – nach welchen Gesichtspunkten triffst du deine Wahl? Beachte insbesondere die unterschiedlichen Zeitverhältnisse.

commoti – consulibus – occiso – placandam

Tiberio Graccho ... res publica in magnam calamitatem incidit magnaque pericula ex portentis praedicta sunt; itaque Publio Mucio Lucio Calpurnio ... patres nostri metu ... libros Sibyllinos adierunt. Ex quibus inventum est Cererem antiquissimam esse ...

◆❖ Ü 3
Logisch – aber falsch!

Ein Syllogismus ist ein logisches Gedankengefüge, bei dem – nach bestimmten Regeln – aus mindestens zwei Vordersätzen (Prämissen) auf einen Schlusssatz (Conclusio) geschlossen wird. Wird gegen die Regeln – bewusst oder unbewusst – verstoßen, erweist sich der Syllogismus vielleicht als witzig, sicher aber als falsch. Kannst du bei den folgenden Beispielen Fehler im Schließen entdecken?

a) Seneca:

> Mus syllaba est.
> *Mus autem caseum rodit.*
> Syllaba ergo caseum rodit.

Sine dubio verendum est, ne quando in muscipulo syllabas capiam aut ne quando, si neglegentior fuero, caseum liber comedat, nisi forte illa acutior est collectio:

> Mus syllaba est.
> *Syllaba autem caseum non rodit.*
> Mus ergo caseum non rodit.

O pueriles ineptias!

b) Erasmus von Rotterdam:
Diogenes, quidquid per se turpe non esset, id ne in publico quidem dicebat esse turpe. Hunc igitur in modum ratiocinabatur:

> Si prandere malum non est, nec in foro prandere malum est.
> *Sed prandere nihil mali est.*
> Ergo nec in foro prandere malum est.

Hactenus tolerari potest Cynicus syllogismus, sed quis ferat similiter ratiocinantem?: ➡

> ...
> *Exonerare ventrem aut reddere lotium malum non est.*
> Ergo ... nec in publico malum est.

Ergänze die fehlenden Teile des zweiten Syllogismus.

◆ R 1
Trier

Trier, um 15 v. Chr. von Kaiser Augustus als „oppidum" angelegt, soll jedoch der Sage nach schon von Trebeta, dem Stiefsohn der Semiramis, der Königin von Babylon, gegründet worden sein. Darauf bezieht sich der Zweizeiler aus dem Jahre 1684, den man am „Roten Haus" auf dem Trierer Marktplatz lesen kann:

Ante Romam Treveris stetit annis mille

trecentis;

perstet et aeterna pace fruatur. Amen.

◆ Ü 4
(Er-)Mahnungen

a) Mahnung zum Handeln:

Ceterum censeo Carthaginem esse delendam! *(Cato)*

b) Mahnung zur Konsequenz:

Tute hoc intristi; tibi omne est exedendum! *(Terenz)*

(tute ≈ tu • intristi: Pf. von interere einbrocken • exedere aus-essen)

c) Mahnung zur Vorsicht:

Maximae cuique fortunae minime credendum est! *(Livius)*

d) Aufforderung zum Feiern:

Nunc est bibendum,

nunc pede libero pulsanda tellus! *(Horaz)*

e) Tröstung:

Ut desint vires, tamen est laudanda voluntas! *(Ovid)*

ut: wenn auch

S 3
Zeichensprache

Die Konjunktion „ut" ist ein multifunktionales Wort. Beschreibe ihre unterschiedlichen Bedeutungen im folgenden Text.

Darius, rex Persarum, cum magno exercitu in terram Scytharum invasit. Ut oppidis vicisque Scytharum appropinquavit, incolae fugiebant. Rex Persarum adeo studio pugnandi et vincendi flagravit, ut longius longiusque in terram longinquam procederet. Iam inopia in exercitu Persarum exsistere coepit, quod Scythae omnia secum portaverant.

Eo tempore legatus Scytharum advenit, qui avem, ranam, murem, quinque sagittas Dario tradidit. Ut rex gaudebat! Clamavit: „Ecce! Videte, amici! Vicimus! Non frustra deos imploravimus, ut Scythae se nobis darent!" At amicus quidam: „Ne speraveris hoc, rex! Scythae hoc dicere volunt: Nisi ut avis avolaveris aut ut rana in aquam immerseris aut per terram delapseris ut mus, hae sagittae te necabunt!"

◆ R 2
Latein in der Wirtschaft: Ein Werbebrief

> *Sehr geehrte/r ...,*
> *Investmentfonds gewinnen immer größere Beliebtheit. Die Anleger schätzen die attraktiven Ertragsperspektiven, die Flexibilität und besonders das professionelle Management.*
> *Die Idee ist einfach: Sie beteiligen sich z. B. an einem Vermögen in Aktien. Die Experten wägen Chancen und Risiken gegeneinander ab. Nähere Informationen enthält der beiliegende Prospekt.*
> *Wenn Sie also eine interessante Anlageform suchen, empfehlen wir Ihnen ...*
> *Mit freundlichen Grüßen*
> ....

Erkläre die Fremdwörter; nimm ggf. ein Fremdwörterlexikon zu Hilfe.

◆ S
Aenigma Latinum
Si quis iter fecerit ...

Ergänze die fehlenden Namen. Bei richtiger Lösung ergeben die Buchstaben in den gekennzeichneten Feldern Ciceros Übersetzung einer Inschrift, die am Apollotempel des Orakels zu Delphi stand und eine Aufforderung enthielt, die für jeden Menschen auf seiner Reise durchs Leben gilt.

◆ **R 3**

In vino veritas

Die abgebildeten Weinetiketten stammen aus
Frankreich und Italien. Während der Franzose
den Dichter Horaz ehrt, erinnert der Vernaccia

aus der Toskana an ein historisches Ereignis des
Mittelalters. Der Name des Weines aus Monte-
fiascone ist dagegen mit einer besonderen Geschichte verbunden.

Gaius epistulā parentibus scriptā multa et mira
de itinere cum Aristoxeno facto **rettulit; narravit**

① Aristoxenum in deversorio quodam fabulam iucundam de

■ ■ ■ ■ ■ ■ ■ ■

deo (nomen Graecum quaesitum) inventore vitium narravisse;

② ■ ■ ■ ■ ■ ■ ■ ■ ■,

in portu maximo Campaniae, se horrea ingentia negotiatoris divitis visitavisse;

③ Cumis speluncam

■ ■ ■ ■ ■ ■ ■ ■ ■,

illius feminae sapientis, quae Tarquinio Prisco
regi tres libros oraculorum vendidisse dicere-
tur, monstrari;

④ ■ ■ ■ ■ ■ ■ ■

decuriones urbis munera gladiatoria edidisse,
quibus interfuissent;

⑤ ■ ■ ■ ■ ■ ■ ■ ■

deum, cum praeter Campaniae oram naviga-
vissent, sibi iratum fuisse;

⑥ turrim magnam in portu ■ ■ ■ ■ ■ ■
a Claudio
principe exstructam esse; nautis illi turri gratias

agendas esse, quod inde noctu ad naves regen-
das ignes emicarentur;

⑦ se Romae ipso suo adventu in

■ ■ ■ ■ ■ ■ ■ ■ ■

poetam praeclarum incidisse;

⑧ se, cum Aristoxenus Romae Christianos
quaesivisset, solum „Mostellariam"

■ ■ ■ ■ ■ ■ ■

scriptoris comoediam spectavisse et

⑨ in bibliotheca Ulpia fabulas

■ ■ ■ ■ ■ ■ ■ ■

poetae legisse, quae sibi valde placuissent;

⑩ Romā iter sibi faciendum fuisse in Germa-
niam; qua de causa sibi aeque fere ac Hannibali

■ ■ ■ ■ ■

montes superandos fuisse;

⑪ Montibus altissimis superatis se per Raetiam provinciam Augustam Rauricam ad

■ ■ ■ ■ ■ ■ ■

flumen sitam pervenisse;

⑫ Augustae Treverorum, in urbe pulcherrima ad

■ ■ ■ ■ ■ ■ ■ ■

flumen sita, iter confectum esse, quod Aristoxenus Socratem fratrem invenisset.

⭐ Itinera Europaea
Sirmio – Sirmione

In Sirmione am Gardasee erinnern die Überreste einer antiken römischen Villa an **Catull**. Dieser Dichter, der zur Zeit Caesars zur künstlerischen Avantgarde in Rom gehörte, wurde vor allem durch seine Liebesgedichte berühmt. Mit dem folgenden Gedicht, in dem er seine Heimkehr nach einer langen Reise beschreibt, hat er seinem Sirmio ein Denkmal gesetzt. Wie erklärst du die „dichterischen Übertreibungen" der ersten Strophe?

> Paene insularum, Sirmio, insularumque
> ocelle, quascumque in liquentibus stagnis
> marique vasto fert uterque Neptunus,
> quam te libenter quamque laetus inviso,
> vix mi ipse credens Thuniam atque Bithunos
> liquisse campos et videre te in tuto!
>
> O quid solutis est beatius curis,
> cum mens onus reponit, ac peregrino
> labore fessi venimus larem ad nostrum
> desideratoque acquiescimus lecto?
> Hoc est, quod unum est pro laboribus tantis.
>
> Salve, o venusta Sirmio, atque ero gaude;
> gaudete vosque, Lydiae lacus undae:
> Ridete, quicquid est domi cachinnorum!

> *Mein Sirmio, Augenstern von all den Halbinseln*
> *und Inseln, über die in klaren Landseen,*
> *im weiten Meer Neptun als beider Herr waltet:*
> *Wie frohgemut, wie gern erblick' ich dich wieder!*
> *Mir selber glaub' ich's kaum, dass ich verließ Thynien,*
> *Bithyniens Flur und dich gesund und heil schaue!*
>
> *O was ist seliger, als wenn, der Pein ledig,*
> *der Geist die Bürden ablegt und wir dann, müde*
> *von ferner Fahrt, zum eignen Herd zurückkehren*
> *und im gewohnten, heiß ersehnten Bett ausruhn?*
> *Das ist allein schon Lohn, der harte Mühn aufwiegt.*
>
> *Ich grüß' dich, schönes Sirmio! Deines Herrn freu dich,*
> *freut ihr euch auch, des alten Lydersees Wellen,*
> *und was im Haus an Lachegeistern lebt, lächle!*

(Übersetzung von Otto Weinreich, Hamburg: Rowohlt 1960)

Ungefähr 2000 Jahre später fühlte sich der deutsche Dichter **Christoph Meckel** bei einem Besuch in Sirmione an Catull erinnert:

> **Sirmione, Zuflucht Catulls**
> *Wer außer Julia und mir*
> *liest lateinische Verse?*
> Sirmione, Zuflucht Catulls, des bekannten
> Poeten.
> Ein Name, ein Ruhm, an dem keine Verse
> mehr haften.
> Piazza Catull, Albergo Catull (dem Tourismus
> empfohlen)
> und irgendein Schinkensandwich à la Catul-
> lus.
> Mit ein paar Zitaten holten wir ihn in das klare
> Licht eines Morgens im März
> und aßen den namhaften Sandwich.

Wie versteht Meckel Catulls Nachruhm?

▼ *Idealbild eines Dichters; sog. „Menanderfresko" (Pompeji, Haus des Menander)*

P
Projektfinale

Vielleicht habt ihr Lust, zum Abschluss dieses Lehrgangs eure Eindrücke und Erfahrungen zu verarbeiten und zu präsentieren?! Ihr könntet z. B. mit Hilfe verschiedener Anregungen dieses Buches eine Illustrierte zusammenstellen, Jahreskalender zum Verkauf gestalten, Spiele oder Rätsel entwerfen, vielleicht eine kleine, schulinterne Ausstellung zum Thema „Fortleben der Antike" organisieren. Reizvoll ist es auch, eine „Taberna Romana" einzurichten, in der Speisen nach den Originalrezepten des Apicius verkauft werden, z. B. die folgende:

Isicia omentata

(Text und Übersetzung aus: Das römische Kochbuch des Apicius, hrsg., übers. und komment. v. R. Maier, Stuttgart 1991, S. 24/25)

Pulpam concisam teres cum medulla siliginei in vino infusi. Piper, liquamen, si velis, et bacam mirteam extenteratam simul conteres. Pusilla isicia formabis, intus nucleis et pipere positis. Involuta omento subassabis cum caroeno.

Frikadellen im Fettnetz

Zerstoße Hackfleisch mit in Wein eingeweichtem Weißbrot ohne Kruste. Zerstoße damit zugleich Pfeffer, Liquamen und, wenn du möchtest, auch entkernte Myrtenbeeren. Forme kleine Frikadellen, in die du (Pinien-)Kerne und Pfefferkörner hineinsteckst. Hülle es in Fettnetz und grille es leicht mit Caroenum.

Einige Hinweise:

a) Wein nur in **sehr** geringer Menge, er kann auch fehlen!

b) Liquamen, eine Gewürzsoße, kann durch Salz ersetzt werden.

c) Caroenum ist Traubenmost, der auf ca. zwei Drittel seines Volumens eingekocht ist. Wegen der Süße nur sparsam verwenden!

d) Wenn ihr statt des Fettnetzes Brötchen nehmt, in die ihr zum Schluss die Frikadellen steckt, sind die Isicia nicht nur gesünder, sondern feiern als moderne Speise fröhliche Auferstehung:

ISICIA HAMBURGENSIA!

Lob Triers (A)

Armipotens dudum celebrari Gallia gestit
Trevericaeque urbis solium, quae proxima Rheno
pacis ut in mediae gremio secura quiescit,
imperii vires quod alit, quod vestit et armat.
Lata per extentum procurrunt moenia collem,
larga tranquillo praelabitur amne Mosella
longinqua omnigenae vectans commercia terrae.

*Lange schon drängt es mich das waffenmächtige Gallien zu rühmen
und den königlichen Sitz der Stadt Trier, die – ganz nah am Rhein! –
doch sicher wie im Schoße eines Friedens ringsum ruht, weil sie die
Macht des Reiches stärkt, kleidet und bewaffnet. Weit laufen ihre
Stadtmauern am ausgedehnten Hügel entlang, breit fließt hier die
Mosel im ruhigen Flussbett – sie führt weither Waren der alles erzeu-
genden Erde.*

aus Ausonius, *Ordo urbium nobilium*

Die Mosel (B)

▼ *Moselschiff mit Weinfässern
und Matrosen (Trier, Rheini-
sches Landesmuseum)*

Der Eindruck, den Aristoxenus und Gaius von der Mosel hatten, wird dem des
Dichters Ausonius geglichen haben. Er schrieb in Trier um das Jahr 371 das
Landschaftsgedicht Mosella, aus dem einige Zeilen etwas über den damaligen
Moselfluss aussagen:

Phrȳgiī: Bewohner Phrygi-
ens, einer Landschaft Kleinasiens (heutige West-Türkei)

I nunc et Phrygiis sola levia consere crustis
tendens marmoreum laqueata per atria campum:
ast ego despecto, quae census opesque dederunt,
naturae mirabor opus, non cura nepotum
laetaque iacturis, ubi luxuriatur egestas.
Hic solidae sternunt umentia litora harenae,
nec retinent memores vestigia pressa figuras.
Spectaris vitreo per levia terga profundo,
secreti nihil, amnis, habens: utque almus aperto
panditur intuitu liquidis obtutibus aër

nec placidi prohibent oculos per inania venti,
sic demersa procul durante per intima visu
cernimus arcanique patet penetrale profundi,
cum vada lene meant liquidarum et lapsus aquarum
prodit caerulea dispersas luce figuras.

Geh nur, verlege auf glattem Estrich die Platten aus Phrygien,
spanne Kassettendecken aus Marmor über die Hallen:
Ich verzichte auf alles, was Stellung und Reichtum bescheren,
und bewundre das Werk der Natur. Dort macht nicht des Prassers
Aufwand sich breit, amüsiert sich Dürftigkeit nicht im Vergeuden.
Hier überzieht gefestigter Strand die benetzten Flussufer
und an den Abdruck der Sohle erinnert kein bleibender Umriss.
Durch deinen glatten Spiegel, mein Fluss, dringt der Blick in die Tiefe,
nichts Geheimes behältst du: Und wie bei offener Fernsicht
voll sich dem hellen Auge eröffnen erfrischende Weiten,
friedliche Lüfte die Blicke ins Unbegrenzte nicht sperren,
so ins Innerste sehn wir, erkennen tief unten Versenktes
und das letzte Geheimnis der Tiefe wird uns eröffnet,
wenn deine Strömung ruhig vorbeizieht, die gleitenden Wasser
Bilder uns zeigen, hingestreut im tiefblauen Lichte.

Ausonius, *Mosella* 48ff.; Übersetzung von Berthold K. Weis

▲ *Weinseliger Steuermann;*
Detail vom Moselschiff auf der
vorherigen Seite

Das Leben am Fluss (C)

Summis quippe iugis tendentis in ultima clivi
conseritur viridi fluvialis margo Lyaeo.   **Lyaeus:** Bacchus
Laetae operum plebes festinantesque coloni
vertice nunc summo properant, nunc deiuge dorso,
certantes stolidis clamoribus. Inde viator
riparum subiecta terens, hinc navita labens
probra canunt seris cultoribus: adstrepit ollis
et rupes et silva tremens et concavus amnis.

Sogar auf den obersten Kämmen, wo der Hang hoch in den Himmel
ragt,
ist der Saum des Flusses mit Bacchus' Grün bepflanzt.
Fröhlich sind die Leute bei ihren Geschäften; die flinken Bauern
eilen bald hoch oben auf dem Scheitel, bald auf dem abschüssigen
Kamm,
wetteifern miteinander in albernem Geschrei. Dort Wanderer,
die auf den Niederungen der Ufer spazieren, hier gleiten Matrosen ein-
her,
Spottverse singen sie den späten Landleuten hinüber; mit ihnen
stimmt ein
der Fels und der zitternde Wald und der gekrümmte Strom.

Ausonius, *Mosella* 161–168

▶ *Blick über das Theater und das ehemalige Küstengebiet von Ephesos. Vom Theater führte die „Arkadiané" genannte Straße zum seit Jahrhunderten verlandeten Hafen.*

▼ *Die Bibliothek des Celsus in Ephesos*

Ephesos und Trier ━━━━━━━━━━

Ephesos (an der Westküste der heutigen Türkei) und Trier, die Anfangs- und die Endstation dieser *Itinera*, waren Städte innerhalb eines Gebietes ohne trennende Staatsgrenzen, des römischen Imperiums. Ephesos war jahrhundertelang eine bedeutende griechische Stadt gewesen, als es dem Römerreich einverleibt wurde, Trier entwickelte sich erst durch das Römerreich zur Stadt und sogar zu einem regionalen Zentrum von einiger Bedeutung. So bestimmte Rom das Schicksal eines riesigen, die Mittelmeerwelt und Teile West- und Mitteleuropas umfassenden Raumes durch das Anwachsen seiner Macht, aber auch durch seinen Verfall … Seine Hinterlassenschaft ist überall sichtbar geblieben.

Ephesos

Die alte griechische Hafenstadt an der kleinasiatischen Küste war ein Kultzentrum der Artemis, einer Mutter- und Fruchtbarkeitsgöttin (zu unterscheiden von der griechischen Jagdgöttin). Der Tempel der ephesischen Artemis gehörte zu den sieben Weltwundern und war das Wahrzeichen der Stadt.

In römischer Zeit übertraf *„die erste und größte Metropole Asiens"* mit ungefähr 200 000 Einwohnern alle anderen Städte Kleinasiens. Ihrem Reichtum und ihrer Bedeutung entsprechend hatte sie prächtige öffentliche Einrichtungen: Es gab hier mehrere Thermenanlagen, Theater, Gymnasium, Stadion, Tempel, eine Bibliothek, Marktplätze und elegante Straßen mit Arkaden. Der private Luxus entfaltete sich in reich ausgestatteten Wohnhäusern. In Ephesos lebten viele Aus-

länder, darunter Römer, Syrer, Judäer. Schon früh, bereits im 1. Jh. n. Chr., gab es in der Stadt eine christliche Gemeinde, die der Apostel Paulus besuchte, wie das Neue Testament überliefert.

In Ephesos hatte es – wie in allen griechischen Gebieten überhaupt – durch die römische Unterwerfung Kleinasiens keinen Kulturbruch gegeben: Weiterhin wurde Griechisch gesprochen, die kommunalen Verwaltungen waren von den Römern nicht verändert worden. Dass die Steuerzahlungen nicht mehr an einheimische Potentaten, sondern an die römische Obrigkeit flossen, machte für den einzelnen Bürger wohl keinen wesentlichen Unterschied. Die Zeit der demokratischen Selbstverwaltung der griechischen Städte war ohnehin schon über Jahrhunderte vorbei.

Der Glanz der Stadt fand in der Spätantike sein Ende: Durch die fortschreitende Verlandung des Hafens,

◀ *Die Porta Nigra in Trier*

dem Ephesos seinen Reichtum ja verdankte, verlor die Stadt ihre Lebensbasis; im 6. Jh. wurden die Bewohner in einen neu gegründeten Ort umgesiedelt. Die Stelle des alten Ephesos wurde nicht neu besiedelt, so dass die Überreste seit dem letzten Jahrhundert ausgegraben werden konnten und uns heute das eindrucksvolle Bild einer antiken Großstadt vermitteln.

Trier

Die Ende des 1. Jh. v. Chr. unter dem Namen *Augusta Treverorum* von den Römern gegründete Stadt kann auf eine kontinuierliche Geschichte von etwa 2000 Jahren zurückblicken.

Die *Colonia Augusta Treverorum,* nach dem römischen Geographen Pomponius Mela eine „urbs opulentissima", gehörte zur Provinz Gallia Belgica mit der Hauptstadt *Durocortorum* (später *Remis* genannt, daher der heutige Name Reims). Dieses Gebiet war von Caesar im Gallischen Krieg (58–51 v. Chr.) unterworfen und in der Folgezeit romanisiert worden.

Das Amphitheater Triers aus dem 1. Jh. n. Chr. bot 20 000 Zuschauern Platz, die *Barabarathermen* aus dem 2. Jh. gehörten zu den größten des gesamten Reiches. Seit dem 1. Jh. wird Trier Sitz höchster Verwaltungsstellen. Der Weinanbau ist schon im 2. Jahrhundert so stark entwickelt, dass die Region damit den Import südländischer Weine übertrifft.

Triers Entwicklung und Wohlstand beruhten auf dem Flusshafen, mehr aber noch auf der günstigen Lage im Schnittpunkt der wichtigsten Straßen im Norden des Römischen Reiches, der von Metz nach Mainz und der

von Reims nach Köln über die Trierer Moselbrücke, die, um 120 n. Chr. aus Stein errichtet, eine ältere Holzbrücke ersetzte.

In *Augusta Treverorum* siedelten vorwiegend Treverer, Angehörige eines keltisch-germanischen Stammes, der im Raum Ardennen, Hunsrück und Eifel beheimatet war. Die Treverer sprachen einen keltischen Dialekt und galten als gute Reiter und Pferdezüchter. In Trier gab es bedeutende Wirtschaftsbetriebe: Töpfereien, kaiserliche Manufakturen und eine Münzprägestätte sind nachgewiesen.

Eine Vorstellung einstiger Größe vermittelt noch heute das nördliche Stadttor, die *Porta Nigra*, von der die Fernstraße Metz–Mainz ihren Ausgang nahm. Die *Porta Nigra* wurde ca. 170 n. Chr. errichtet und ist das besterhaltene Stadttor römischer Zeit.

Wie Heiligtümer und Weihestatuen belegen, verehrte man hier neben und mit den römischen Göttern noch die alten keltisch-germanischen, so die bärengestaltige *Artio, Epona,* die Pferdegöttin, *Sirma,* die Göttin der Gesundheit und *Rosmerta,* die mit Merkur zusammen ein Heiligtum hatte.

Im 3. Jh. wurde Trier Hauptstadt eines Teils des Römischen Reiches und blieb auch später eine von den Kaisern bevorzugte Stadt. Im 4. Jh. entstanden Gebäude, die noch heute das Stadtbild prägen, so die *Kaiserthermen* und die *Aula Palatina.* Doch als um 400 n. Chr. der kaiserliche Hof und die Staatsverwaltung Trier verließen, begann der wirtschaftliche und politische Niedergang der Römerstadt *Augusta Treverorum.* Anders als im Falle von Ephesos war Triers Schicksal damit jedoch nicht besiegelt.

179

◆ **52** **Die Via Domitiana**

P. Papinius Statius (ca. 40–96), aus Neapel gebürtig, war Dichter und
Lehrer, berühmt durch seine epischen Dichtungen zu Themen aus der
griechischen Mythologie. Das folgende Gedicht entstammt der von ihm
verfassten Gedichtsammlung „Silvae", die ganz verschiedenen Themen
gewidmet ist. Dieses Gedicht gilt der *Via Domitiana* im Süden Italiens,
an der die Geschichte dieses Buches ihren Ausgang nahm.

Vor dem Bau und jetzt

Hic quondam piger axe vectus uno	*Hier fuhr damals verdrossen auf dem Einachser*	
nutabat cruce pendula viator	*schwankend der Reisende mit pendelnder Deichsel*	
sorbebatque rotas maligna tellus,	*und in sich hinein sog die Räder die karge Erde;*	
et plebs in mediis Latina campis	*das Volk Latiums, mitten auf seinen Feldern,*	
horrebat mala navigationis;	*hatte Scheu vor den Übeln einer Seefahrt;*	5
nec cursus agiles, sed impeditum	*keine flinken Fahrten gab es, sondern schweigende*	
tardabant iter orbitae tacentes,	*Spuren hemmten die beschwerliche Reise.*	
dum pondus nimium querens sub alta	*Und klagend über die zu hohe Last kroch*	
repit languida quadrupes statera.	*unter dem hohen Joch träge das Zugtier.*	
At nunc, quae solidum diem terebat,	*Jetzt jedoch wird der Weg, der einen ganzen Tag*	10
horarum via facta vix duarum.	*verbrauchte, in kaum zwei Stunden gemacht.*	
Non tensae volucrum per astra pennae,	*Nicht schneller fliegt ihr, gespannte Flügel der Vögel*	
nec velocius ibitis, carinae.	*unter dem Himmel, nicht schneller segeln die Schiffe!*	

Der Bau der Straße

Hic primus labor: incohare sulcos	*Die erste Arbeit hier war, schnell Furchen zu ziehen*	
et rescindere limites et alto	*und Trassen zu öffnen und mit tiefem*	15
egestu penitus cavare terras;	*Aushub die Erdmassen im Innern auszuhöhlen;*	
mox haustas aliter replere fossas	*sodann die ausgehobenen Gräben anders wieder zu füllen*	
et summo gremium parare dorso,	*und eine Grundlage zu schaffen für den oberen Damm,*	
ne nutent sola, nec maligna sedes	*damit der Boden nicht schwankt und der schwierige Platz*	
et pressis dubium cubile saxis;	*den belasteten Steinen kein trügerisches Bett bietet.*	20
tunc umbonibus hinc et hinc coactis	*Dann galt es, überall die Buckelsteine zusammenzufügen*	
et crebris iter alligare gomphis.	*und mit zahlreichen Pflöcken den Weg zu verbinden.*	
O quantae pariter manus laborant!	*O, wie viele Hände gleichzeitig arbeiten!*	
Hi caedunt nemus exuuntque montīs*,	*Diese schlagen den Wald und entkleiden die Berge;*	
hi ferro scopulos trabesque levant;	*die glätten mit dem Eisen Felsen und Balken;*	25
illi saxa ligant opusque texunt	*jene verbinden die Steine und fügen zusammen den Mörtel*	
cocto pulvere sordidoque tofo;	*mit gebackenem Lehm und schwarzem Tuffstein;*	
hi siccant bibulas manu lacunas	*und die trocknen mit Händen feuchte Sümpfe,*	
et longe fluvios agunt minores.	*und weit herum führen sie kleinere Flüsse.*	

P. Papinius Statius, *Silvae* IV 3, 27–55

---

* montīs: montēs (Akk.)

„Animum dēbēs mūtāre, nōn caelum!" 53 ◆

L. Annaeus Seneca, einer der bedeutendsten Philosophen der römischen Kaiserzeit, war Erzieher und später Berater des Kaisers Nero, auf dessen Befehl er Selbst-
mord verübte, nachdem er in Ungnade gefallen war. Seneca schrieb moralische
Abhandlungen, Dialoge und Briefe, naturwissenschaftliche Untersuchungen,
Tragödien und eine Satire. Die *Epistulae morales* sind an seinen Freund Lucilius
gerichtet. Senecas ethische Lehren haben teils rigorosen Charakter, doch stellt er
stets menschliche Schwächen in Rechnung. Seneca beeindruckt dadurch, dass
seine Handlungen durchaus mit seinen Forderungen in Einklang gestanden zu
haben scheinen.

SENECA LUCILIO SUO SALUTEM

Hoc tibi soli putas accidisse, et admiraris quasi rem novam, quod
peregrinatione tam longā et tot locorum varietatibus non discussi-
sti tristitiam gravitatemque mentis?

5 *Animum* debes mutare, non caelum! Licet vastum transieris mare,
licet, ut ait Vergilius noster, *terrae urbesque recedant*, sequentur te,
quocumque perveneris, vitia. Hoc idem querenti cuidam Socrates
ait:

„Quid miraris nihil tibi peregrinationes prodesse, cum te circum-
10 feras? Premit te eadem causa, quae expulit!"

Quid terrarum iuvare novitas potest? Quid cognitio urbium aut locorum? In irritum cedit ista iactatio! Quaeris, quare te fuga ista non
adiuvet? Tecum fugis! Onus animi deponendum est: non ante tibi
ullus placebit locus.

15 Talem nunc esse habitum cogita, qualem Vergilius noster vatis in-
ducit iam concitatae et instigatae multumque habentis in se spiritus non sui:

„Bacchatur vates, magnum si pectore possit excussisse deum."

Vadis huc illuc, ut excutias insidens pondus, quod ipsā iactatione
20 incommodius fit, sicut in navi onera immota minus urgent, inae-
qualiter convoluta citius eam partem, in quam incubuerunt, de-
mergunt. Quidquid facis, contra te facis et motu ipso noces tibi; ae-
grum enim concutis. At cum istuc exemeris malum, omnis mutatio
loci iucunda fiet; in ultimas expellaris terras licebit, in quolibet bar-
25 bariae angulo conloceris – hospitalis tibi illa qualiscumque sedes
erit. Magis quis veneris quam quo interest; et ideo nulli loco addi-
cere debemus animum. Cum hac persuasione vivendum est: Non
sum uni angulo natus, patria mea totus hic mundus est.

Quod si liqueret tibi, non admirareris nil adiuvari te regionum va-
30 rietatibus, in quas subinde priorum taedio migras; prima enim quaeque placuisset, si omnem tuam crederes. Nunc non peregrinaris,
sed erras et ageris ac locum ex loco mutas, cum illud, quod quaeris
– bene vivere – omni loco positum sit. [...]

Seneca, *Epistulae morales* III, 28

Dein Zustand ist jetzt, über-
leg dir das, so, wie unser Vergil den Zustand der erregten,
ekstatischen Seherin darstellt,
als sie viel von dem Geist in
sich hatte, der nicht ihr eigener war:
*„Ekstatisch tobt die Seherin, ob
sie aus der Brust den mächtigen
Gott vertreiben kann."*

Reisen

Meinen Sie Zürich zum Beispiel
sei eine tiefere Stadt,
wo man Wunder und Weihen
immer als Inhalt hat?

Meinen Sie, aus Habana,
weiß und hibiskusrot,
bräche ein ewiges Manna
für Ihre Wüstennot?

Bahnhofstraßen und Rueen,
Boulevards, Lidos, Laan –
selbst auf den Fifth Avenuen
fällt Sie die Leere an –

ach, vergeblich das Fahren!
Spät erst erfahren Sie sich:
bleiben und stille bewahren
das sich umgrenzende Ich.

Gottfried Benn, *Sämtliche Werke*, hrsg. von Gerhard Schuster,
Bd. 1: Gedichte, Stuttgart 1986

◆ 54 Iam mēns avet vagārī

C. Valerius Catullus (87–54, aus Verona stammend) ist einer der vielseitigsten römischen Lyriker aus einem sich auch selbst als avantgardistisch verstehenden
Dichterkreis. Die Themen seiner Gedichte berühren zahlreiche Lebensbereiche,
von Tageserlebnissen über derbe Kritik bis hin zur Liebe.

Iam ver egelidos refert tepores,
iam caeli furor aequinoctialis
iocundis Zephyri silescit auris.
Linquantur Phrygii, Catulle, campi
Nicaeaeque ager uber aestuosae!
Ad claras Asiae volemus urbes!
Iam mens praetrepidans avet vagari,
iam laeti studio pedes vigescunt.
O dulces comitum valete coetūs!
Longe quos simul a domo profectos
diversae variae viae reportant.

Catull, carmen 46

▲ *Detail einer Wanddekoration in der Villa von Oplontis
(am Golf von Neapel)*
▶ *Blick auf das Forum Romanum*

Zĕphy̆rus: Westwind

Phry̆giī: Bewohner Phry-
giens, einer Landschaft Kleinasiens (heutige Westtürkei)

Nīcaea: Stadt in Bithynien
(Kleinasien, in der heutigen
Nordtürkei, jetzt Iznik)

Gewinn des Reisens

Dagegen finden wir, dass heute neue Gegenstände in auffallender
Mannigfaltigkeit, indem sie den Geist erregen, uns erfahren lassen,
dass wir eines reinen Enthusiasmus fähig sind, sie deuten auf ein
Höheres, welches zu erlangen uns wohl gegönnt sein dürfte. Das ist
der eigentliche Gewinn der Reisen und jeder hat nach seiner Art
und Weise genugsame Vorteile davon. Das Bekannte wird neu
durch unerwartete Bezüge und erregt, mit neuen Gegenständen
verknüpft, Aufmerksamkeit, Nachdenken und Urteil.

J. W. Goethe, aus: *Geschichte meiner botanischen Studien* (HA 13/162)

Abschied von Rom

55 ◆

Sextus Propertius (47–15, aus Asisium, heute Assisi) ist einer der bedeutendsten römischen Elegiendichter (Elegie: ursprünglich ein Klagelied, später Dichtung in Distichonform zu thematisch nicht festgelegten Themen). Properz verschrieb sich, ohne politische oder sonstige Karrieregedanken, ganz seiner Dichtung. Thema seiner Dichtung sind die Liebe und ihre Erfahrungen sowie nationale Stoffe.

Magnum iter ad doctas proficisci cogor Athenas,
    ut me longa gravi solvat amore via.
Crescit enim assidue spectando cura puellae:
    Ipse alimenta sibi maxima praebet Amor.
5 Omnia sunt temptata mihi, quacumque fugari
    possit; et ex omni me premit ipse deus.
Vix tamen aut semel admittit, cum saepe negarit;
    seu venit, extremo dormit amicta toro.
Unum erit auxilium: Mutatis, Cynthia, terris,
10   quantum oculis, animo tam procul ibit amor.
Nunc agite, o socii, propellite in aequora navem
    remorumque pares ducite sorte vices
iungiteque extremo felicia lintea malo:
    Iam liquidum nautis aura secundat iter.
15 Romanae turres et vos valeatis, amici,
    Qualiscumque mihi tuque, puella, vale!
Ergo ego nunc rudis Hadriaci vehar aequoris hospes,
    cogar et undisonos nunc prece adire deos.

Eine gewaltige Reise zum weisen Athen muß ich machen,
    Daß mir die Länge des Wegs die Last der Liebe vertreibt;
Wächst doch beständig durchs Sehn die Neigung zu der Geliebten,
    Amor bietet ja stets wirksame Nahrung sich selbst.
5 Alles ach! hab ich versucht, was nur möglich, um ihn zu verjagen;
    Aber nach allem Bemühn peinigt der Gott mich erst recht.
Kaum oder einmal nur läßt sie mich zu, während oft sie mich abweist.
    Kommt sie, so schläft sie verhüllt nur an dem Rande des Betts.
Eine Erlösung nur gibt's: wenn das Land ich, Cynthia, wechsle,
10   Dann ist die Liebe der Brust fern wie die Liebste dem Blick.
Auf, ihr Gefährten! Und bringt ins offene Meer unser Fahrzeug!
    Gleichen Wechsel auch lost nun für das Rudern euch aus!
Hoch zieht auf an dem Mast jetzt glückverheißende Segel!
    Heitere Fahrt verspricht gnädig den Schiffern die Luft.
15 Hohe Paläste von Rom, lebt wohl denn, und ihr auch, ihr Freunde,
    Wie du auch gegen mich warst, Liebste, auch du lebe wohl!
Also fahr' ich denn jetzt als der Hadria Gast, noch ein Neuling,
    Muß zu den Gottheiten jetzt beten, die wogenumrauscht.

Deinde per Ionium vectus cum fessa Lechaeo
    sedarit placida vela phaselus aqua,   20
quod superest, sufferre, pedes, properate laborem,
    Isthmos qua terris arcet utrumque mare.
Inde ubi Piraei capient me litora portus,
    scandam ego Theseae bracchia longa viae.
Illic vel stadiis animum emendare Platonis   25
    incipiam aut hortis, docte Epicure, tuis;
persequar aut studium linguae, Demosthenis arma,
    librorumque tuos, docte Menandre, sales;
aut certe tabulae capient mea lumina pictae,
    sive ebore exactae, seu magis aere, manus.   30
Aut spatia annorum aut longa intervalla profundi
    lenibunt tacito vulnera nostra sinu.
Seu moriar, fato, non turpi fractus amore;
    atque erit illa mihi mortis honesta dies.

Properz, carmen 3, 21; Übersetzung von Rudolf Helm (Berlin 1965)

Kam dann der Kahn durchs Ionische Meer und die Segel, die müden,
    Fanden in friedlichen Buchten drauf bei Lechaion die Ruh,   20
Dann, was noch bleibt, ihr Füße, beeilt euch die Arbeit zu leisten,
    Wo des Isthmos Land beiderseits fernhält das Meer;
Wenn darauf das Gestade des Hafens Piraeus mich aufnimmt,
    Schreit' ich des Theseuswegs mächtige Arme entlang.
Dort versuch' ich durch Lesen im Platon die Seele zu bessern   25
    Oder vielleicht, Epikur, Weiser, im Garten bei dir.
Oder ich geh' der Sprache auch nach, Demosthenes' Waffe,
    Und in den Dramen von dir, weiser Menander, dem Witz.
Oder es nehmen gewiß die Gemälde mein Auge gefangen,
    Werke aus Elfenbein auch oder noch mehr die aus Erz.   30
Dann wird die Spanne der Zeit und die trennende Tiefe des Meeres
    Mit vielleicht doch das Weh lindern in schweigender Brust.
Sterb' ich jedoch, dann ist es mein Los, nicht schmachvolle Liebe,
    Dran ich zerbrach, und mein Tod wird dann ein ehrbarer sein.

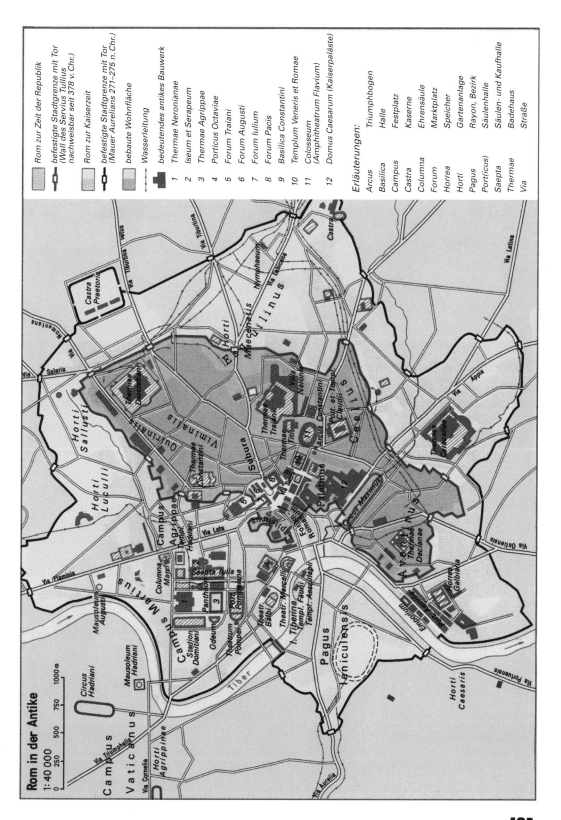

Rom in der Antike

1:40 000

0 250 500 750 1000 m

Rom zur Zeit der Republik

befestigte Stadtgrenze mit Tor
(Wall des Servius Tullius
nachweisbar seit 378 v.Chr.)

Rom zur Kaiserzeit

befestigte Stadtgrenze mit Tor
(Mauer Aurelians 271–275 n.Chr.)

bebaute Wohnfläche

Wasserleitung

bedeutendes antikes Bauwerk

1 Thermae Neronianae
2 Iseum et Serapeum
3 Thermae Agrippae
4 Porticus Octaviae
5 Forum Traiani
6 Forum Augusti
7 Forum Iulium
8 Forum Pacis
9 Basilica Constantini
10 Templum Veneris et Romae
11 Colosseum
   (Amphitheatrum Flavium)
12 Domus Caesarum (Kaiserpaläste)

Erläuterungen:

Arcus	Triumphbogen
Basilica	Halle
Campus	Festplatz
Castra	Kaserne
Columna	Ehrensäule
Forum	Marktplatz
Horrea	Speicher
Horti	Gartenanlage
Pagus	Rayon, Bezirk
Port(icus)	Säulenhalle
Saepta	Säulen- und Kaufhalle
Thermae	Badehaus
Via	Straße

Die Verfassungen der Republik und der Kaiserzeit

Die Verfassung der römischen Republik nach den Ständekämpfen

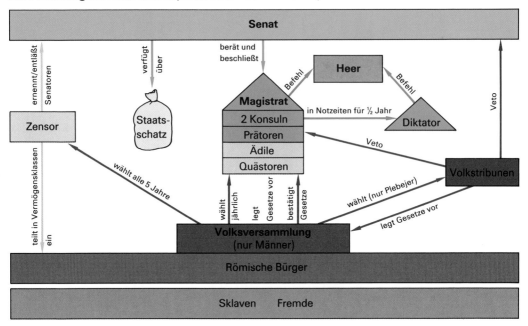

Die Verfassung des Prinzipats

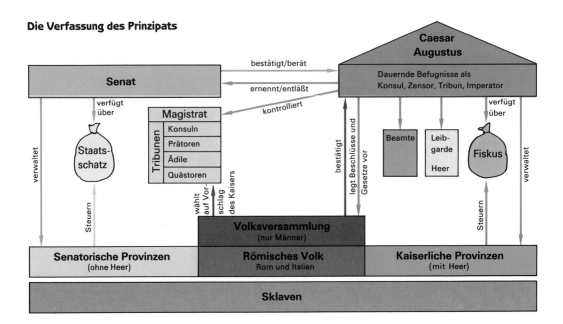

Rom	*Politik*	*Kultur*	**Griechisch-hellenistische Welt**
8./7. Jh. v. Chr.	753 (legendäre) Gründung Roms Herrschaft der 7 Könige (bis ca. 510)	Ende 7. Jh. Entwässerung des Forumgeländes durch ein Kanalsystem, v. a. Cloaca maxima	776 1. Olympische Spiele *Homer:* Ilias und Odyssee *Hesiod:* Götterabstammung Früheste Gründungen griechischer Städte in Kleinasien und Unteritalien/Sizilien
6. Jh. v. Chr.	Etruskische Hegemonie	Ende 6. Jh.: Tempel für Jupiter, Juno, Minerva auf dem Kapitol Kapitolinische Wölfin	Anf. 6. Jh.: *Thales, Anaximander* („Jonische Naturphilosophen") 560–510 Tyrannis des *Peisistratos* und seiner Söhne in Athen
5. Jh. v. Chr.	um 450 Zwölftafelgesetz		443–429 *Perikles,* Blütezeit Athens Dramatiker *Aischylos, Sophokles, Euripides* Komödiendichter *Aristophanes* Philosophie: *Sokrates, Demokrit, Empedokles* Medizin: *Hippokrates* Kunst der Klassik: Tempel der Akropolis; Bildhauer *Pheidias* und *Polyklet*
4. Jh. v. Chr.	387 Einnahme Roms durch die Kelten unter Brennus		Philosophie: *Platon, Aristoteles* Blüte der attischen Rhetorik: *Isokrates, Demosthenes* 336–323 Alexander d. Gr.
3. Jh. v. Chr.	264–241 1. Punischer Krieg 218–201 2. Punischer Krieg	254–184 *Plautus,* Komödiendichter 239–169 *Ennius,* bedeutendster Dichter der römischen Frühzeit	Mathematik und Physik: *Euklid, Archimedes,* *Eratosthenes* (Berechnung des Erdumfangs) Astronomie: *Aristarchos* von Samos (Erde kreist um die Sonne)
2. Jh. v. Chr.	146 Zerstörung Karthagos 133 Tribunat des *Tiberius Gracchus* 123/22 Tribunat des *Gaius Gracchus* 104 *Marius'* Heeresreform 102/1 Marius schlägt die Kimbern und Teutonen	161 Ausweisung griechischer Intellektueller aus Rom	146 Zerstörung von Korinth 146 Griechenland unter römischer Herrschaft 133 Attalos III. von Pergamon vererbt den Römern sein Reich
1. Jh. v. Chr.	82–79 Diktatur *Sullas* 73–71 Sklavenaufstand unter Spartacus 100–44 *C. Iulius Caesar* 58–51 Caesar erobert Gallien 49–46 Bürgerkrieg Caesars gegen Pompeius 31 Schlacht bei Actium 27 v.–14 n. Chr. Principat des *Augustus*	106–43 M. Tullius *Cicero* 70–19 P. *Vergilius* Maro („Aeneis") 65–8 Q. *Horatius* Flaccus, Lyriker 59 v.–17 n. Titus *Livius,* Historiker („Ab urbe condita") 43 v.–18 n. Chr. P. *Ovidius* Naso, Dichter Ende 1. Jh.: Marcus *Vitruvius* Pollio, Architekt („De architectura")	88 „Ephesische Vesper", Ermordung von ca. 80 000 Römern in Kleinasien 88–84 1. Mithridatischer Krieg Nach 2 weiteren Kriegen 66 endgültiger Sieg durch Pompeius
1. Jh. n. Chr.	14–68 Julisch-Claudische Dynastie 14–37 *Tiberius* 64 Brand Roms, Christenverfolgung in Rom 68/69 Vierkaiserjahr 69–96 Flavische Dynastie 70 Eroberung Jerusalems	*Petronius* Arbiter („Satyricon") Cornelius *Tacitus,* Historiker M. Valerius *Martialis,* satirischer Dichter 60–127 D. Junius *Iuvenalis,* satirischer Dichter 61–113 C. *Plinius* Caecilius *Secundus* (Briefe)	45–58 (?) Missionsreisen des Apostels *Paulus* vor allem im östlichen Mittelmeerraum, z. B. nach Ephesos, Philippi, Thessaloniki, Korinth
2. Jh.	96–192 Adoptivkaiser 98–117 *Trajan,* größte Ausdehnung des Imperium Romanum 117–138 *Hadrian* 138–161 *Antoninus Pius* 161–180 *Mark Aurel*	ca. 75–150 Gaius *Suetonius* Tranquillus („De vita Caesarum") *Apuleius* aus Madauros, Nordafrika (Der goldene Esel) *Ulpianus* (Jurist) *Gaius,* Jurist Neubau des Pantheon unter Hadrian	Astronom *Ptolemaios* *Galenos* aus Pergamon, Arzt und medizinischer Schriftsteller
3. Jh.	193–235 Dynastie der Severer 235–284 Soldatenkaiser 250/1 staatliche Christenverfolgung unter Decius 284–305 *Diokletian,* Christenverfolgung		
4. Jh.	306–337 *Konstantin I.* 312 Schlacht an der Milvischen Brücke 313 Toleranzedikt 361–363 *Julian Apostata* 391 Christentum wird Staatsreligion 394–395 *Theodosius d. Gr.* Alleinherrscher 395 Reichsteilung	Augusta Treverorum (Trier) wird unter Konstantin Residenz. Weitere Residenzstädte sind Konstantinopel, Sirmium und Mailand. 354–430 *Augustinus,* Kirchenschriftsteller lat. Fassung der Bibel („Vulgata")	330 Byzanz wird nach Umbenennung in Konstantinopel zum zweiten Rom 393 Letzte Olympische Spiele der Antike
	476 Ende des Weströmischen Reiches		527–565 Justinian, oström. Kaiser 533 Codex Iustinianus (Rechtssammlung) 395 (Reichsteilung)–1453 (Einnahme Konstantinopels durch die Türken): Byzantinisches (oström.) Reich

187

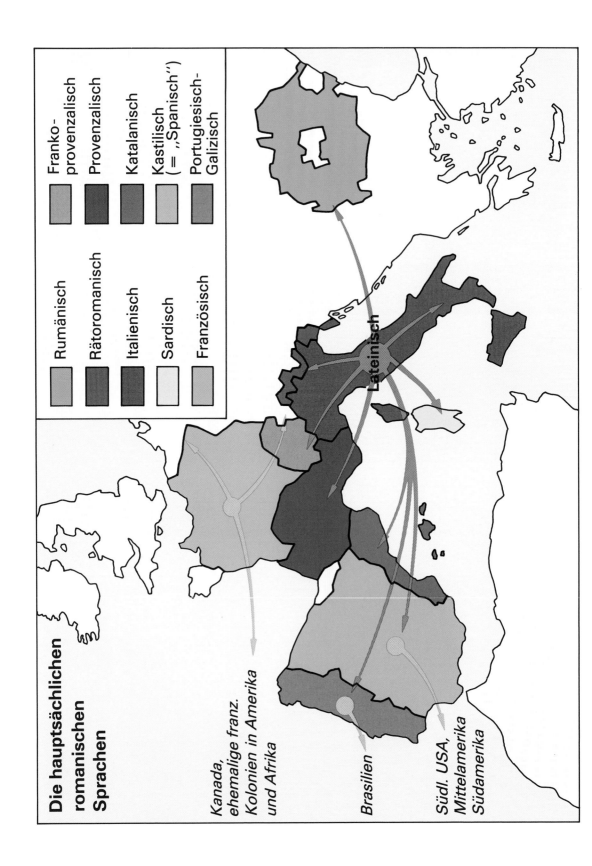

Die hauptsächlichen romanischen Sprachen

Legende	
Rumänisch	Franko-provenzalisch
Rätoromanisch	Provenzalisch
Italienisch	Katalanisch
Sardisch	Kastilisch (= „Spanisch")
Französisch	Portugiesisch-Galizisch

Lateinisch

Kanada, ehemalige franz. Kolonien in Amerika und Afrika

Brasilien

Südl. USA, Mittelamerika Südamerika

Aufgenommen sind *nur* die historischen Namen. Mit einem ↗ markierte Fundstellen verweisen auf ausführlichere Erläuterungen. Weitere Stellen, an denen der Name vorkommt, stehen in []. Die geographischen Namen befinden sich auch in den Karten.

**Abkürzungen
der gebräuchlichsten Vornamen**

A.	Aulus
App.	Appius
C.	Gāius
Cn.	Gnaeus
D.	Decimus
K.	Kaesō
L.	Lūcius
M.	Mārcus
M'.	Mānius
Mam.	Mamercus
N./Num.	Numerius
P.	Pūblius
Q.	Quīntus
Ser.	Servius
S.	Sextus
Sp.	Spurius
T.	Titus
Ti(b).	Tiberius

Achāia ↗ S. 131

Achātēs, einer der Gefährten des ↗ Aenēās [S. 145]

Achīvī, Bezeichnung für die Griechen [S. 143]

Actium, Vorgebirge im westl. Griechenland. Hier errang Octavianus (↗ Augustus) 31 v. Chr. den Seesieg über Antonius. [S. 49]

Aegyptus, -ī f., Ägypten; Einwohner: **Aegypt(i)ī** [S. 80, 106, 129]

Aenēās, -ae m. Sohn des Anchises und der Venus, einer der griechischen Helden vor Troja; nach der Zerstörung Trojas gelangte er auf Umwegen nach Latium und wurde Stammvater Roms. Diesen Mythos verarbeitet ↗ Vergil in seinem Epos „Aeneis". [S. 49, 117, 143f.]

Aethĭŏpēs, m. (griech.: *„mit verbranntem Gesicht"*), „Äthiopier", Bewohner Afrikas südlich der Gegenden des heutigen Ägyptens und Libyens [S. 45]

Aetna, Vulkan auf Sizilien [S. 131]

Āfrica, die römische Provinz Africa und der Erdteil [S. 45, 131]

Alexander d. Gr. (356–323 v. Chr.), König von Makedonien, eroberte ein Riesenreich, das bis nach Asien reichte; viele Städte trugen seinen Namen. [S. 146, 157]

Alexandrīa, von Alexander dem Gr. gegründete Stadt in Ägypten [S. 45, 80]

Alpēs, -ium f., Alpen ↗ S. 151 [S. 153]; Bewohner: **Alpīnī** [S. 152]

Alexandrīnus, Einwohner von A. [S. 83]

Amor, röm. Liebesgott (griech. Eros) [S. 31, 183]

Anaxagorās, -ae m., griechischer Philosoph (500–428 v. Chr.) [S. 72]

Antium ↗ S. 78

Apollō, -inis m., (griech. Apollon) Gott des Bogenschießens, des Ackerbaus, der Heilkunde, der Weissagung, der Künste und Wissenschaften; anderer Name Phoebus. [S. 66, 134]

Āpulēius aus Madauros in Nordafrika (geb. um 130 n. Chr.), röm. Schriftsteller, Redner und Philosoph, bekanntestes Werk ist der Roman „Metamorphosen" (oder „Der goldene Esel") [S. 93]

Aquīnum, Stadt in Latium, heute Aquino [S. 47]

Archelāus, König von Makedonien (413–399 v. Chr.) [S. 123]

Argentorāte, heute Straßburg [S. 163]

Aristarchos von Samos, griech. Naturforscher, lebte im 3. Jh. v. Chr. [S. 83]

Artemīsia II. (4. Jh. v. Chr.), Herrscherin in Karien (Südwestkleinasien); ließ für ihren verstorbenen Gatten Mausolos ein prächtiges Grabmal, ein „Mausoleum", errichten, das zu den sieben Weltwundern gezählt wurde [S. 106]

Asia, das heutige Kleinasien [S. 69, 102, 130, 131, 182]

Athēnae, -ārum f., Athen; Einwohner: **Athēniēnsēs** [S. 53, 131, 155, 183]

Augusta Raurica, heute Kaiseraugst, Stadt bei Basel, unter ↗ Augustus gegründet [S. 151, 162, 169, 173]

Augusta Trēverōrum, Colōnia A. T., unter ↗ Augustus gegründete Stadt im Gebiet des germanischen Stammes der Treverer, heute Trier ↗ S. 172, 179 [S. 142, 151, 165, 172f.]

Augustus, erster röm. Kaiser (63 v. Chr.–14 n. Chr.). Er hieß eigentlich C. Octāvius. Als er nach dem Tode seines Vaters von Caesar adoptiert worden war, nannte er sich C. Iūlius Caesar Octāviānus. Aus den Bürgerkriegswirren am Ende der Republik ging er schließlich als Sieger gegen Antōnius in der Schlacht bei ↗ Actium 31 v. Chr. hervor. Nach der blutigen Beseitigung seiner politischen Gegner war er Alleinherrscher, unter dem Schein der Aufrechterhaltung der republikanischen Staatsform. Im Jahre 27 v. Chr. erhielt er vom Senat den Ehrentitel Augustus („der Erhabene"). Ziel seiner Innenpolitik war die Wiederherstellung des inneren Friedens durch Propagierung traditioneller Werte, die Außenpolitik zielte auf die Sicherung der Grenzen. Er förderte daneben bedeutende zeitgenössische Dichter wie ↗ Ovid. – Von seinem Namen sind abgeleitet Städtenamen wie *Augs-burg* oder *Saragossa* (aus Caesarēa Augusta). – Der Monatsname (↗ CG Anhang) August wurde nach ihm benannt, weil er in diesem Monat sein erstes Konsulat angetreten hatte. [S. 89, 143, 172]

Augustus Caesar ↗ Augustus [S. 113, 143]

Aurōra, Göttin der Morgenröte [S. 144]

Ausōnius ↗ S. 176

Bacchus, (griech. Dionysos) Gott des Weines. Sein Kult mit ausschweifenden Feiern wurde um 200 v. Chr. in Rom eingeführt. Der röm. Staat schritt allerdings 186 v. Chr. streng dagegen ein: Die meisten von 7000 angeklagten Anhängern wurden hingerichtet. Trotzdem lebte der Kult wieder auf. [S. 31, 32, 60, 105]

Bāiae, ↗ S. 78

Bīthӯnia, Bithynien, Landschaft an der Nordküste Kleinasiens in der heutigen Türkei; Einwohner: **Bīthūnī** oder **Bīthӯnī** [S. 72, 174]

Caesar, -aris m., C. Iūlius Caesar (100–44 v. Chr.), der mächtigste römische Politiker und Feldherr am Ende der Republik; er unterwarf in den Gallischen Kriegen (58–49 v. Chr.) Gallien und verleibte es als Provinz dem Römischen Reich ein ↗ S. 149. Nach dem Beinamen Caesar trugen alle folgenden Herrscher den Titel, aus dem unser Wort „Kaiser" entstand. [S. 82, 92, 108, 118, 142f., 146, 170]

Calabrī, die Einwohner Kalabriens, in der Antike der Stiefelabsatz (heute Apulien; Kalabrien heißt heute die Stiefelspitze). [S. 144]

Campānia, Landschaft in Mittelitalien, besonders die Ebene um Capua; fruchtbares Land [S. 78, 173]

Capreae, -ārum *f.* Capri, Insel im Golf von Neapel [S. 56]

Capua, Zentrum Kampaniens in Mittelitalien [S. 53, 47, 65ff., 78]

Cāria, Landschaft im Südwesten Kleinasiens, in der heutigen Türkei [S. 106]

Carthāgō, inis *f.* (Karthāgō) Kolonie der Phönizier / Punier in der Gegend des heutigen Tunis (Nordafrika), 146 v. Chr. von den Römern zerstört, die Einwohner C.s hießen **Carthāginiēnsēs** [S. 45, 49, 151, 153, 155]

Casīnum, Ort in Latium am Fuß des mōns Casīnus, auf dem heute das Kloster Monte Cassino steht [S. 47]

Catilīna, L. Sergius C. (108–62 v. Chr.), stammte aus einem alten Adelsgeschlecht, beabsichtigte 63 den Senat zu stürzen; die nach ihm benannte Verschwörung wurde von ↗ Cicerō aufgedeckt. [S. 82]

Catō, -ōnis *m.,* M. Porcius C. (234–149 v. Chr.), heftiger Verfechter einer nationalrömischen, antigriechischen Haltung im Leben und in der Literatur. Sein Werk „Über den Ackerbau" (dē agrīcultūrā) ist erhalten. [S. 123, 172]

Catull, C. Valerius C. (87/84–54 v. Chr.), röm. Lyriker, vor allem durch seine Liebesgedichte berühmt ↗ S. 174

Cěrēs, griech. Demeter, Göttin der Fruchtbarkeit und des Ackerbaus [S. 104, 135]

Charōn ↗ S. 68

Cicerō, M. Tullius C. (106–43 v. Chr.), einer der bedeutendsten Redner und Politiker Roms. Sein umfangreiches Werk, bestehend aus Reden, philosophischen Schriften und Briefen ist großenteils erhalten. [S. 25, 35, 108, 120, 125, 143, 157, 170ff.]

Claudius, der vierte röm. Kaiser (41–54 n. Chr.), von seiner Gattin Agrippina vergiftet [S. 80]

Cōnfluentēs, -ium *f.,* Stadt am Zusammenfluß (cōnfluere) von

Mosel und Rhein, heute Koblenz [S. 151]

Crassus, M. Licīnius Crassus Dīves (115–53 v. Chr.), Konsul in den Jahren 70 und 55, schloß mit ↗ Caesar und Pompeius das erste Triumvirat. Er versuchte, mit Hilfe seines großen Reichtums Politik zu machen. [S. 92, 118]

Crēta, die Insel Kreta im Mittelmeer [S. 49, 104]

Croesus, Krösus, sagenhaft reicher König von Lydien im 6. Jh. v. Chr. [S. 147]

Cūmae, -ārum *f.,* älteste griech. Kolonie in Italien, in der ↗ Campānia, gelegen [S. 49, 65, 173]

Cyrīnus (Quirīnius), röm. Statthalter in Syrien zur Zeit von Christi Geburt [S. 118]

Dānŭvius, Oberlauf der Donau [S. 162]

Dārīus, pers. König (336–330 v. Chr.), unterlag ↗ Alexander dem Gr. bei Issos [S. 172]

Dēlus, -ī *f.,* Insel in der Ägäis [S. 49]

Demeter ↗ Cěrēs

Dēmocritus, griechischer Philosoph (4. Jh. v. Chr.), Begründer der Atomlehre [S. 72]

Dēmosthenēs, -is *m.,* athen. Staatsmann und Redner (384–322 v. Chr.) [S. 117, 155f., 183]

Diāna, ursprüngl. schützte sie als Fruchtbarkeitsgöttin die Geburt, später der griech. Artemis gleichgesetzt [S. 106]

Diogenēs, -is *m.,* griech. Philosoph, berühmt vor allem wegen seiner sprichwörtlichen Bedürfnislosigkeit [S. 93, 123, 157, 169]

Dionysos, ↗ Bacchus [S. 32, 105]

Dīus Fidius, ↗ S. 80

Ennius, (239–169) bedeutendster röm. Dichter der frühen Zeit, sein Hauptwerk ist das Epos „Annālēs", das die Geschichte Roms von der Flucht des ↗ Aeneas aus Troja bis zu seiner Zeit beschreibt. [S. 158]

Ephěsus -ī, *f.* (Ephesos), alte Küstenstadt in Cāria/Kleinasien, einer der bedeutendsten Hafenplätze der Antike. In der Nähe lag der berühmte Tempel der Artemis (↗ Diāna), den Herostratos 356 n. Chr. in Brand steckte, um durch diese Tat berühmt zu werden. Der Tempel wurde bald neu errichtet und als eines der sieben Weltwunder bestaunt. **Ephesiī,** ōrum, Einwohner

von Ephesus ↗ S. 178 [S. 8, 13, 69, 79, 102, 106]

Eumenēs ↗ S. 72

Euphrātēs, -is *m.,* der Fluß Euphrat [S. 106]

Eurōpa ↗ S. 104

Förmiae ↗ S. 78

Gallia, Land zwischen Rhein, Alpen, Pyrenäen und Atlantik (etwa heutiges Frankreich), seit dem 6. Jh. v. Chr. von den Kelten (**Gallī**) besiedelt. Auch die Po-Ebene (Norditalien) gehörte dazu, ab 200 v. Chr. unter röm. Herrschaft als **Gallia Cisalpīna.** Das Rhônetal (heute Provence: **Prōvincia**) war als **Gallia Nārbōnēnsis** seit 120 v. Chr. römisch; das übrige Gallien eroberte ↗ Caesar 58–51 v. Chr. **Gallia Belgica** hieß das Gebiet um den unteren Rhein. [S. 22, 108, 133, 170]

Gallus, Gallier, gallisch (= Kelten) [S. 23, 69, 118, 153]

Ganymēdēs ↗ S. 104

Germānia, die röm. Provinz Germanien; sie teilte sich auf in **Germānia superior** (das links- und rechtsrhein. Gebiet zwischen Koblenz und Basel) und **Germania īnferior** (Teile der heutigen Niederlande, Belgiens und das linksrhein. deutsche Niederrheingebiet) [S. 22, 162, 173]

Germānus, der Germane [S. 23, 69, 118, 153, 162, 170]

Gracchus, Tib. Semprōnius G., röm. Politiker, setzte sich für eine Landreform ein, 133 v. Chr. ermordet [S. 171]

Graecia, Griechenland [S. 53, 95, 107, 129]

Hadriānus, P. Aelius H., röm. Kaiser 117–138 ↗ S. 139 [S. 42, 48, 64, 129f., 131, 138]

Halicarnassus, -ī *f.,* Stadt in Kleinasien, berühmt durch das Grabmal des Mausolos, das Mausoleion, danach „Mausoleum" [S. 106]

Hamilcar, -aris, Vater des ↗ Hannibal [S. 155]

Hannibal, -alis, karthag. Feldherr, „Erzfeind Roms" (247–183) ↗ S. 151 [S. 72, 155f., 173]

Helvētiī, -ōrum *m.,* keltischer Volksstamm im Gebiet der heutigen Schweiz [S. 69]

Herculāneum, Stadt in Kampanien (↗ Campānia), wurde beim

Ausbruch des Vesuvs 79 n. Chr. wie ↗ Pompeji von einer meterhohen Ascheschicht begraben [S. 54]

Hermundūrī, germanisches Volk im Gebiet des heutigen Thüringens und Frankens [S. 162]

Hespěrĭdēs ↗ S. 105

Hippokrates ↗ S. 134

Homer, lat. **Homḗrus,** griech. Dichter um 700 v. Chr., Verfasser der Epen „Ilias" und „Odyssee". Die „Ilias" schildert die entscheidende Phase in der Belagerung Trojas durch die Griechen, die „Odyssee" Irrfahrten und Heimkehr des Trojakämpfers Odysseus [S. 81]

Horātius, Q. Horātius Flaccus (65–8 v. Chr.). Horaz gilt als einer der größten Lyriker Roms. [S. 81, 142f., 148, 156, 172]

Indus, Fluss in Indien [S. 134]

Īsis, -idis f., altägyptische Göttin ↗ S. 51 [S. 43]

Iūlius, Name einer patrizischen gēns, aus der z. B. Iūlius ↗ Caesar stammte. [S. 79]

Iūnō, -ōnis, altital. Göttin, nach der der Monat Juni heißt. Später der griech. Göttin Hera gleichgesetzt und damit Gattin ↗ Jupiters. [S. 34, 130]

Iūp(p)iter, Gen. Iŏvis; ursprüngl. Gott des Himmelslichts, später dem griech. Zeus gleichgesetzt und damit König der Götter. [S. 34, 55, 106, 131, 155]

Iuvenālis, D. Iūnius I., röm. Satiriker (ca. 60–127 n. Chr.) [S. 93, 102, 106]

Kirke, Zauberin, auf deren Insel ↗ Odysseus auf seinen Irrfahrten landete. Sie warnte Odysseus vor den ↗ Sirenen. [S. 81]

Kos, griech. Insel [S. 134]

Lārīsa, Stadt in Thessalien (Nordgriechenland) [S. 146]

Lātium, Gebiet an der Tibermündung, Heimat der Latiner. [S. 95]

Lāvīnium, Stadt in Latium, der Sage nach von ↗ Aeneas gegründet und nach seiner Frau Lavinia benannt [S. 49]

Līber, -erī m., lateinischer Name des ↗ Bacchus [S. 32]

Līvius, Titus L., (59 v. Chr. bis 17 n. Chr.), röm. Geschichtsschreiber, der in einem umfangreichen, nur zum Teil erhaltenen Geschichtswerk die römische Geschichte von der Gründung der Stadt („Ab urbe con-

ditā") bis 9 v. Chr. aufgezeichnet hat. [S. 120, 125, 156, 172]

Lūcīlius, Freund ↗ Senecas [S. 81]

Lūcānia, Landschaft in Unteritalien [Einf. S. 11]

Lūcrētius, T. Lūcrētius Cārus, (ca. 97–55 v. Chr.) römischer Philosoph, schrieb das umfangreiche philosophische Lehrgedicht „Dē rērum nātūrā", in dem er die materialistisch-mechanistische Naturphilosophie Epikurs in 6 Büchern darstellt. Durch die Erkenntnis der naturgesetzlichen Zusammenhänge können nach L. die Menschen von Götterfurcht und Aberglauben befreit werden. [S. 103]

Lȳdia, Landschaft im westl. Kleinasien [S. 174]

Macědŏnēs, Bewohner von Makedonien, einer Landschaft im Norden Griechenlands [S. 109, 123]

Mantua, Stadt in Oberitalien, Geburtsort Vergils [S. 143]

Mārcellus, M. Claudius M., röm. Politiker und Feldherr zur Zeit des Augustus, bekannt für die aufwendigen Spiele, die er ausrichtete. Nach seinem Tod ließ Augustus zu seinen Ehren das nach ihm benannte Theater errichten. [S. 113]

Mārs, Mārtis, ursprüngl. Gott des Wetters und Ackerbaus, später mit dem griech. Kriegsgott Ares gleichgesetzt; nach Iupiter die wichtigste Gottheit. Der Sage nach war M. Vater von ↗ Rōmulus und Rēmus und damit Stammvater der Römer. [S. 104]

Martial, M. Valerius Mārtiālis, (ca. 40–102 n. Chr.) röm. Epigrammdichter, Freund des ↗ Iuvenal, gefürchtet wegen seines Spottes ↗ S. 58 [S. 35, 83]

Mediōlānum, Stadt in Oberitalien, heute Mailand [S. 142, 169]

Měgără, -ōrum, Hauptstadt der Landschaft Megaris zwischen Korinth und Attika [S. 35, 53]

Melanchthon, Philipp (Schwarzerd), dt. Humanist und Reformator (1497–1560) [S. 72]

Menander, -drī, um 315 v. Chr., griech. Komödiendichter [S. 184]

Mercurius, der römische Schutzgott der Kaufleute und des Handels, dem griech. Hermes gleichgesetzt [S. 29]

Midās, -ae m., ↗ S. 105

Minerva, Göttin der Handwerker,

Künstler, Ärzte und Lehrer, der griech. Athene gleichgesetzt [S. 34]

Minturnae, -ārum f., Stadt im Süden ↗ Latiums [S. 47]

Mīsēnum, Stadt am Golf von Neapel gegenüber dem ↗ Vesuv; seit Augustus Kriegshafen für die kaiserl. Westflotte; heute: Miseno. [S. 55, 59, 64]

Mithrās, -ae m., altiran. Lichtgott, dessen Verehrung besonders unter den Soldaten verbreitet war; Hauptangriffsziel des erstarkenden Christentums. Man gewann z. B. die M.-Gläubigen, indem man das Weihnachtsfest auf seinen Geburtstag am 25. Dez. legte. Kulträume sind im ganzen röm. Reich noch erhalten (Mithraeum). ↗ S. 140 [S. 132, 136]

Mogontiācum, -i n., Mainz

Mosella, Mosel [S. 165, 176f.]

Naxos, -ī f., ↗ S. 32

Neāpolis, -is f., Seestadt in Kampanien, griech. Kolonie, heute Neapel [S. 64]

Něpōs, Cornelius Něpōs, -pōtis, ca. 100 bis ca. 24 v. Chr., röm. Biograph und Historiker, sein Werk „De virīs illustribus" ist teilweise erhalten. [S. 107, 120]

Neptūnus, urspr. nur Gott der Quellen und Flüsse, später durch Gleichsetzung mit dem griech. Poseidon auch Herr der Seen und Meere. [S. 80]

Něrō, Něrōnis, geb. 37 n. Chr., fünfter römischer Kaiser 53–68 n. Chr., beim Volk beliebt, galt später als unzurechnungsfähig [S. 70, 106, 113, 116]

Nīcaea ↗ S. 182

Nūcerīnus, Einwohner von Nūceria, einer Stadt in ↗ Kampanien in der Nähe von ↗ Pompeii [S. 70]

Octāvi(ān)us, der spätere Kaiser ↗ Augustus [S. 143]

Odysseus, König von Ithaka, einer der Helden des Trojanischen Krieges. Seine abenteuerliche Heimkehr über 10 Jahre ist Thema von ↗ Homers „Odyssee" ↗ S. 81

Olympia, ōrum n. heiliger Bezirk des Zeus auf der Peloponnes, Schauplatz der Olympischen Spiele, die dort alle vier Jahre stattfanden. Berühmt war der dortige Zeustempel mit der von ↗ Phidias geschaffenen Kultstatue des Zeus. **Olympius:** olympisch [S. 106, 131]

Olympus, -ī *m.*, höchster Berg Griechenlands, Sitz der Götter ↗ S. 104

Ōstia, -orum *n.* und -ae *f.*, die an der Tibermündung gelegene Hafenstadt Roms, Adj.

Ōstiēnsis, -e [S. 65, 78, 80, 102, 173]

Ovĭdius, P. Ovĭdius Nāsō, berühmter röm. Dichter („Metamorphosen", „Amores"), laut seinen eigenen Werken von Augustus ans Schwarze Meer verbannt [S. 31, 79, 143, 157, 172]

Pactōlus ↗ S. 105

Paestum, Stadt in Lukanien, urspr. griechische Kolonie; berühmt u. a. durch drei fast vollständig erhaltene griechische Tempel [S. 42, S. 43, S. 45]

Parrhesius (Parrhasius), griech. Maler aus ↗ Ephesus [S. 155]

Parthenopē, -ēs *f.* alter Name Neapels [S. 144]

Parthī ↗ S. 167

Persae, -ārum *m.*, Perser [S. 172]

Phaedrus, lat. Fabeldichter des frühen 1. Jh. n. Chr.; griech. Freigelassener des Augustus. Er schrieb fünf Bücher Fabeln in Versform, größtenteils nach dem griech. Fabeldichter Äsop. [S. 122, 124]

Phăros / Phărus, -ī, *f.*, ↗ S. 80

Phīdiās, -ae, *m.*, griech. Bildhauer, Zeitgenosse des Perikles, (5. Jh. v. Chr.). Seine berühmtesten Werke waren eine Sitzstatue des Zeus für den Tempel von Olympia und eine Athenastatue für den Parthenontempel auf der Akropolis von Athen. [S. 106]

Philippus, makedonischer König (359–336 v. Chr.), Vater Alexanders d. Gr. [S. 109]

Phrўgiī ↗ S. 176 [182]

Platō, -ōnis, (427–347) universaler athenischer Philosoph, Schüler des ↗ Sokrates; Seine Werke („Dialoge"), in denen P. Sokrates agieren und argumentieren läßt, sind größtenteils erhalten. [S. 93, 188]

Plautus, T. Maccius Plautus, gestorben 184 v. Chr., röm. Komödiendichter; eines seiner bekanntesten Stücke ist die Mŏstellāria. [S. 69, 113, 125]

Plīnius, ① C. P. Secundus d. Ä. (23–79 n. Chr.): Kaiserlicher Beamter und Schriftsteller. Sein Hauptwerk „Nātūrālis historia" (Natur-

kunde) ist erhalten. Er starb beim Ausbruch des Vesuvs. ↗ S. 55 [S. 25, 59, 83, 92, 134]

② C. P. Secundus d. J. (62–ca. 113 n. Chr.): Neffe und Adoptivsohn von ①. Wir besitzen von diesem kaiserlichen Statthalter der Provinz Bithynien im nordwestl. Kleinasien 120 Briefe, die ein Bild der vornehmen Gesellschaft zur Zeit des Kaisers Trajan vermitteln. P. war mit dem Historiker ↗ Tacitus befreundet. ↗ S. 55 [S. 25, 59, 83]

Poenī, Punier = Karthager. Hauptstadt: ↗ Karthāgō in Nordafrika. Die P. beherrschten um 600 v. Chr. den Handel im westl. Mittelmeer, kamen durch Ausweitung ihres Herrschaftsgebiets in Konflikte mit den Römern. Im Zeitraum 264–146 v. Chr. fanden drei sog. Punische Kriege statt, die mit der Zerstörung Karthagos und der Versklavung der überlebenden Einwohner endeten. ↗ Hannibal. [S. 151]

Pōlliō, C. Asinius P. (76 v. Chr. – 4 n. Chr.), röm. Geschichtsschreiber, Kritiker und Dichter, Gründer der ersten öffentl. Bibliothek [S. 146]

Pompēiī, -ōrum, Stadt in ↗ Kampanien südöstl. von Neapel, zusammen mit den Nachbarorten ↗ Herculāneum und ↗ Stabiae wurde es 79 n. Chr. beim Ausbruch des Vesuv verschüttet. [S. 54ff., 59ff., 71, 73]

Pompēiānī, Einwohner von ↗ Pompēiī [S. 58]

Pompēius, Cn. Pompēius Magnus, (106–48 v. Chr.), röm. Staatsmann, ↗ Caesars Gegner im Bürgerkrieg, [S. 118, 146]

Properz, Sextus P., Elegiker (47–15 v. Chr.) ↗ S. 183

Prūsias ↗ S. 72

Pŭtĕŏlī, -ōrum, Stadt nordwestlich von Neapel, heute Pozzuoli [S. 45, 53, 54, 64, 65, 78]

Pyrrhus, König von Epirus in Westgriechenland ≈ 319–272 v. Chr. Er wollte ein Weltreich gründen, wurde aber schließlich nach einigen Siegen von den Römern 275 geschlagen. Seine Siege waren so verlustreich, daß er ausgerufen haben soll: „Noch ein solcher Sieg und ich bin verloren" – sog. Pyrrhussieg. [S. 25]

Quīntiliānus, M. Fābius Q. (ca. 35–96 n. Chr.), röm. Rhetoriklehrer und Schriftsteller („Über die Erzie-

hung zum Redner": dē īnstitūtiōne ōratōriā). [S. 120]

Raetia, röm. Provinz, etwa im Gebiet der heutigen Ostschweiz [S. 162f., 173]

Rĕmus, Bruder von ↗ Rōmŭlus. [S. 91, 117]

Rhēnus, Rhein [S. 108, 117f., 176]

Rhŏdos, -ī *f.*, („Roseninsel"), Insel vor der Südwestküste Kleinasiens; Adj.: Rhodius, -a, -um. Zur Erinnerung an eine erfolglose Belagerung der Insel durch die Athener stellten die Rhodier um 300 v. Chr. eine ca. 30 m hohe Kolossalstatue des Sonnengottes Helios (lat. Sōl) auf. Sie stürzte 227 v. Chr. bei einem Erdbeben um. (Die Freiheitsstatue in New York ist 46 m hoch.) [S. 106, 155]

Rōmŭlus, nach der Sage mit seinem Zwillingsbruder Rĕmus (Vater: Mārs) im Tiber ausgesetzt und von einer Wölfin gesäugt. Er gründete auf dem Palātium die älteste Siedlung Roms. Als Remus höhnisch seine – sehr niedrige – Mauer übersprang, erschlug ihn Romulus. [S. 91, 117, 156]

Rubicō, -ōnis *m.*, Rubikon, Grenzfluß in Norditalien zwischen Gallia Cisalpīna und Italia [S. 142]

Salernum, Stadt an der Küste Kampaniens, heute Salerno [S. 53, 54]

Sallust, C. Sallustius Crispus (86–34 v. Chr.) röm. Historiker und Politiker [S. 81, 82, 125, 135]

Sāturnālia ↗ S. 23

Scythae, -ārum *m.*, Volk in Asien [S. 172]

Semīramis, -idis *f.*, assyrische Königin und mythische Gründerin Babylons; die von ihr angelegten „hängenden Gärten" galten in der Antike als eines der sieben Weltwunder. [S. 106]

Seneca, -ae, L. Annaeus S., (4 v. Chr.–65 n. Chr.) röm. Philosoph und Dichter, Erzieher Neros; eines seiner philosophischen Werke sind die „Epistulae ad Lūcīlium", die sich mit praktischen Fragen der Ethik befassen. [S. 25, 35, 45, 48, 81, 125, 135, 167f., 170]

Sĭbylla, weissagende Frau, die der Sage nach in einer Höhle in der Nähe von ↗ Cumae ihr Orakel gehabt haben soll. Ihre oft unklaren (daher der Name „sibyllinisch") Prophezeiungen wurden in den sibyllinischen Büchern gesammelt. Adj.: Sȳbyllīnus ↗ S. 77 [S. 65f., 171]

Sĭcĭlĭa, Sizilien, die größte Insel im Mittelmeer. Sie war Roms erste Provinz und eine seiner „Kornkammern". [S. 49, 131]

Sīrēnes, -um *f.,* Sirenen, in der griech. Sage Frauen mit Vogelköpfen, die durch ihren betörenden Gesang Seefahrer an die Klippen ihrer Insel lockten, wo diese dann Schiffbruch erlitten. [S. 81]

Sirmĭō, -ōnis, *f.,* Halbinsel im Gardasee, dort lag ein Landgut ↗ Catulls [S. 174]

Sŏcrātes, -is, (470–399 v. Chr.) Sokrates, Philosoph aus Athen; auf ihn führen sich viele nachfolgende, auch unterschiedliche, philosophische Schulen zurück. 399 v. Chr. aus (unausgesprochen) politischen Gründen zum Tode verurteilt. [S. 57]

Spartacus, ↗ S. 49

Spartiātae, -ārum *m.,* Einwohner Spartas, eines griech. Stadtstaates auf der Peloponnes [S. 92, 134]

Stabiae. -ārum *f.,* Stadt in Kampanien, ↗ Pompeii [S. 54, 59]

Stātius, P. Papinius Stātius, ca. 40–96 n. Chr., röm. Dichter ↗ S. 180

Sy̆ria ↗ S. 167 [S. 48]

Tăcĭtus, P. Cornēlius T. (ca. 55–ca. 120 n. Chr.), röm. Geschichtsschreiber, Redner und Politiker. Neben seinen historischen Werken (Historiae, Annāles) verfaßte er auch eine rhetorische Schrift, den „Dialogus dē ōrātōribus". [S. 59, 120]

Tantalus, Sohn Jupiters mit einer Sterblichen; versuchte die Götter zu täuschen, indem er ihnen seinen eigenen Sohn Pelops zum Mahl vorsetzte; dieses Frevels wegen wurde er zu ewigem Hunger und Durst in der Unterwelt verdammt [S. 121]

Tarquĭnius Superbus, letzter etruskischer König über Rom, zum Schluß vertrieben. Seit dieser Zeit war Rom Republik. [S. 117]

L. Tarquĭnius Prīscus, der fünfte römische König (etruskischer Herkunft) der Frühzeit [S. 66, 173]

Tempē *n. Pl.* ↗ S. 129

Terenz, P. Terentius Afer, (185–159 v. Chr.) röm. Komödiendichter [S. 35, 156, 172]

Tenctherī, -ōrum *m.,* german. Reitervolk am Niederrhein, eng mit den ↗ Usipitern verbunden [S. 118]

Thaenae, -ārum *f.,* im heutigen Tunesien gelegene römische Stadt [S. 45]

Theutonicī, -ōrum *m.,* (hier:) die Germanen, Adj.: Theutonicus, -a, -um [S. 117]

Thrācia, Landschaft im nordöstl. Griechenland [S. 49]

Tĭbĕris, -is *m.,* Hauptfluß Etruriens, heute: Tiber (ital. Tevere). Zwischen ↗ Ostia und Rom lebhafter Schiffsverkehr. [S. 106]

Tĭbērius, Tĭb. Claudius Nĕrō (42 v. Chr.–37 n. Chr.), zweiter röm. Kaiser (14–37); Nachfolger des Augustus. [S. 80, 92, 165]

Tĭtus, T. Flāvius Sabīnus Vespasiānus, röm. Kaiser (79–81 n. Chr.), in seine Regierungszeit fällt der Ausbruch des Vesuvs und die Fertigstellung des Colosseums. [S. 116, 159]

Trōia, Stadt im Norden Kleinasiens, Schauplatz des von Homer in der „Ilias" geschilderten Trojanischen Krieges, seit dem 19. Jh. (H. Schliemann) zahlreiche Ausgrabungen.

Trōiānī, die Trojaner, Einwohner Trojas [S. 49, 117, 134, 143]

Ūsipetēs, -um, germanischer Volksstamm am Niederrhein, 55 v. Chr.

von ↗ Caesar besiegt. [S. 118]

Varrō, -ōnis, M. Tĕrentius Varrō, 116–28 v. Chr.; vielseitiger Gelehrter und Schriftsteller, der in einem großen Werk (Antīquitātēs rērum hūmānārum et dīvīnārum, etwa: Menschen und Götter in der alten Zeit) alles Wissenswerte über die Römer gesammelt hat. [S. 48, 155]

Vārus, P. Quīnctīlius V., röm. Feldherr unter ↗ Augustus, fiel 9 n. Chr. im Kampf mit den Cheruskern unter deren Anführer Arminius; nach neuesten Grabungen fand die Schlacht bei Kalkriese bei Osnabrück statt [S. 154]

Vergilius, P. Vergĭlius Mărō (70–19 v. Chr.) berühmt durch sein Epos (Verserzählung) „Aenēīs", in dem die Friedenspolitik des ↗ Augustus als gottgewollt dargestellt wird, was er anhand von Sagen und Mythen aus Roms Vorgeschichte nachzuweisen trachtet. [S. 82, 143]

Vespasiānus, T. Flāvius Vespasiānus (9–79 n. Chr.) röm. Kaiser (69–79). Neuordnung von Finanzen, Justiz und Militär, Erweiterung des röm. Senats um die Aristokratie aus den Westprovinzen; die Provinzen förderte er durch Straßenbau; in Rom erbaute er mit dem Amphitheātrum Flāvium (seit dem Mittelalter Colosseum genannt) für 50 000 Zuschauer das erste steinerne Amphitheater (48,5 m hoch) für Tier- und Gladiatorenkämpfe. [S. 116, 159]

Vesŭvius, Vulkan am Golf von Neapel. Vor seinem Ausbruch 79 n. Chr. galt er als friedlicher Berg; letzter Ausbruch 1944, heute ruhig [S. 54, 59]

Zĕphy̆rus: Westwind [S. 182]

Zeuxis, -is *m.,* griech. Maler, um 400 [S. 155]

Übersicht über die Vokabularien

Die verschiedenen Wörterverzeichnisse in Itinera sollen dir helfen, mit der fremden Wörterwelt gut umgehen zu lernen. Im Einzelnen findest du:

in Teil 1

1. das Lernvokabular

Es enthält nur die Vokabeln, die du lernen sollst. Außerdem sind – zur Wiederholung – bei jedem Lesestück die Wörter aufgeführt, die im Text vorkommen und *vorher* schon als Lernvokabeln „dran" waren.

2. das alphabetische Vokabular

In ihm kannst du alle Wörter, die in Itinera vorkommen, nachschlagen.

in Teil 2

1. das Lesevokabular zu den Texten

Es enthält die neuen und unbekannten Wörter aus den Lesestücken in der Reihenfolge, wie sie im Text vorkommen. Du kannst also sozusagen „mit dem Finger" im Lesevokabular „mitlesen".

2. das Lesevokabular zu den Übungen

Es enthält die unbekannten Wörter der Übungen in *alphabetischer* Reihenfolge. Wenn du also ein Wort aus einer Übung nicht kennst, kannst du es hier nachschlagen.

3. das Stammformenverzeichnis

Es enthält die Stammformen wichtiger Verben, geordnet nach Konjugationsgruppen und nach der Art der Perfektbildung.

Dieses **Lernvokabular** enthält diejenigen Wörter aus den Lesestücken und Übungen, die du im Laufe des Lehrgangs lernen sollst. Du brauchst dieses Vocabularium also nur zu diesem Zweck. Ein Pfeil → vor einem Wort bedeutet, dass du dieses Wort schon kennst und dass das davor stehende Lernwort damit zusammenhängt.
So wird dir die neue „Wörterwelt" nach und nach immer durchsichtiger werden.
Die **fetten** Zahlen **1** bis **55** neben den Spalten bezeichnen das Lesestück, die normalen Ziffern verweisen auf die Zeilen des jeweiligen Lesestücks (die Wörter erscheinen in der Reihenfolge, wie sie in den Texten vorkommen).
Die Wörter ab dem Zeichen **PE** stehen in den Übungen (Pensa exercitanda).
Das Zeichen ◆ markiert die fakultativen (weglassbaren) Texte.

Am Fuß jeder Seite findest du in einem grauen Kasten Wörter aus dem **D**eutschen, **E**nglischen oder **F**ranzösischen, die auf lateinische Wörter zurückgehen. **Untersuche**
➤ zu welchem lateinischen Wort (auf derselben Seite) diese Wörter jeweils gehören;
➤ wie sich ihre Bedeutung zu der angegebenen Bedeutung des lateinischen Wortes verhält (ist sie gleich, verengt, erweitert, verändert?).

caput: (hier) Kapitel (Grundbedeutung: Kopf)
pēnsum: Aufgabe
pēnsa exercitanda: Übungen
cursus grammaticus: Grammatikkurs (Begleitgrammatik)
vocābulārium: Vokabular, Wörterverzeichnis
→ N 1.1, → V 1.1: Verweis auf den Tabellenanhang im Cursus grammaticus

Caput prīmum ━━━━━━━━━━━━━━━━━━

1 **ecce** — sieh da!
illīc (Adv.) — da, dort
casa — Hütte, Häuschen
parvus, -a, -um — klein
est — ‚ist' → V 1.1
esse — ‚sein', vorhanden sein → V 1.1
ager, agrum m. — Acker(land), Feld, Gebiet
et — und, auch
cingere — gürten, umgeben
3 **hīc** (Adv.) — hier
vīvere — leben
labōrāre — sich anstrengen, arbeiten, leiden
vīta — Leben, Lebensweise
agere — treiben, betreiben, handeln, verhandeln; vītam a.: Leben verbringen
dūrus, -a, -um — hart, beschwerlich
5 **sed** — aber, sondern
nōn — nicht
miser, -ra, -rum — elend, unglücklich
eam (Akk. Sg. f.) — sie, diese → N 3.1
incolere — bewohnen

praeter (beim Akk.) — außer
praeter fīliam — außer der Tochter
-que (angehängt) — und
Megilla Simylusque — Megilla und Simylus
līberī, -ōs m. (Pl.) — Kinder
quattuor (undekl.) — vier
fīlius — Sohn
duo, duae, duo — ‚zwei'
fīlia — Tochter
ūnus, -a, -um — ein, einzig(artig)
servus — Sklave, Knecht
8 **neque ... neque ...** — weder ... noch ...
vērō (Adv.) — wirklich, tatsächlich
possidēre — besitzen
colōnus — Bauer, Pächter
sunt — ‚sind' → V 1.1
10 **prope** (beim Akk.) — nahe bei, in der Nähe von
eō (Adv.) — dorthin, dort
frūmentum — Getreide, Feldfrucht
condere — verwahren, unterbringen
praintereā (Adv.) — außerdem
< praeter + eā
nōnnūllī, -ae, -a — einige, manche
īnstrūmentum — Werkzeug, Gerät
inesse, inest, īnsunt (mit Dat.) — enthalten sein, sich befinden
canis, canem m./f. — ‚Hund'
12 **validus**, -a, -um — gesund, stark

aedificium	Gebäude
cūstōdīre	bewachen
alius, alia, aliu**d**	ein anderer
bēstia	Tier (das wilde Tier)
etiam	auch, noch, sogar
terrēre	(er)schrecken, ab-schrecken
PE **serva**	Sklavin, Magd

---

2 *Zur Wiederholung*
ager, bestia, casa, liberi, servus; parvus
vero, etiam

---

māne	frühmorgens
et ... et	sowohl ... als auch
id est	das heißt
cūnctus, -a, -um	gesamt, ganz; cūnctī, -ae, -a: alle
familia	Hausgemeinschaft, Familie
labor, -ōrem *m.*	Arbeit, Mühe, Anstrengung
suus, -a, -um	‚sein‘, ihr
suscipere, -iō	unternehmen, auf-(sich) nehmen
iungere	verbinden, vereinigen; bovēs i.: anspannen
3 **in** *(beim Akk.)*	in ... hinein, nach ... hin, gegen
in casam	in die Hütte
in bēstiās	gegen die wilden Tiere
contendere	sich anstrengen, eilen, kämpfen, behaupten
īgnis, -nem *m.*	Feuer, Brand
excitāre	(auf)wecken, erregen, *(hier:)* entfachen
intereā *(Adv.)*	unterdessen, inzwischen
soror, -ōrem *m.*	‚Schwester‘
aqua	Wasser
miscēre	‚mischen‘
5 **tum** *(Adv.)*	da, dann; damals
orbis, orbem *m.*	Kreis, Scheibe, Erdkreis
dīvidere	trennen, teilen

īnferunt *(Inf.* **īn-ferre)**	sie tragen/legen hinein
sīc *(Adv.)*	so, auf diese Weise
parāre	(vor-)bereiten, (sich) verschaffen
quoque *(Adv.)*	auch
Tertius quoque	auch Tertius
relinquere	zurücklassen, verlassen
lūdus	Spiel, Schule
petere	streben (wohin, nach etw.), sich an jd. wenden, bitten
ut *(Adv.)*	wie
parentēs, -tes *(Pl.)*	Eltern
crēdere	glauben, anvertrauen
8 **neque**	und nicht, auch nicht
magister, -trum *m.*	Lehrer, ‚Meister‘
hodiē *(Adv.)*	heute
adīre, -eō	herangehen, aufsuchen, bitten
ad *(beim Akk.)*	bei, an, zu, nach
ad casam	beim/zum Häuschen
via	‚Weg‘, Straße
pūblicus, -a, -um	öffentlich, staatlich; via pūblica: Staatsstraße
currere	laufen, eilen
enim	denn, nämlich
aliēnus, -a, -um	fremd; Fremder
dūcere	‚ziehen‘, führen
11 **multī**, -ae, -a	viele
homō, hominem *m.*	Mensch, Mann; hominēs *(auch)*: Leute
adesse, adest, adsunt	anwesend sein, da sein
agmen, *(Pl.)* agmina *n.*	Zug, Heereszug
spectāre	betrachten, (zu)schauen
inter *(beim Akk.)*	zwischen, unter
inter līberōs	unter den Kindern
eōs *(Akk. Pl. m.)*	sie → N 3.1
adulēscēns, -ntem	junger Mann
habēre	haben, halten (für)
itaque *(Adv.)*	daher, und so
nōn modo ... sed etiam ... *(Adv.)*	nicht nur ... sondern auch ...
aspicere, -iō	anschauen, erblicken
PE **pater**, patrem *m.*	‚Vater‘
puella	Mädchen

1
D Bestie
E custody, beast, to terrify
F l'édifice, la bête, terrifier
2
D Familie, Labor, Junktion, Aquarium; Ortsnamen, z. B. Eich„ach", Mixtur, Orbit, dividieren, parat, Relikt (Überbleibsel), Reliquie, Prä-ludium, Petition, Kredit, Viadukt, publik, Kurier, multiplizieren, Multimedia, Spektakel, Pater

E family, labour, to join, to contend, to excite, to mix, to divide, to relinquish, parents, credit, master, public, alien, multiplication, spectacle
F la famille, labour, son, sa, joindre, en, exciter, la sœur, l'eau, mixte, l'orbite, diviser, ainsi; si, prêt, relique, petition, les parents, croire, le maître, à, la voie, publique, courir, multiplication, l'homme, on, spectacle, entre, adolescent, avoir, le père

3 *Zur Wiederholung*
habere
adulescens, homo
alienus, alius
hodie, sic, tum, etiam

appellāre	anreden, nennen, benennen
cīvis, cīvem *m./f.*	Bürger
audīre	hören
atque, ac	sowie, und, und auch
vel	oder (auch), oder sogar
tēctum	‚Dach‘, Haus
certē *(Adv.)*	sicherlich, gewiss, wenigstens
quaerere	suchen, fragen, erwerben
4 **statim** *(Adv.)*	sofort, auf der Stelle
vir, -um	Mann
respondēre	antworten
-ne *(angehängt)*	*(kennzeichnet Frage)*
bonus, -a, -um	gut
dēsīderāre	ersehnen, vermissen, wünschen
vīnum	Wein
optimus, -a, -um	der beste
venīre	kommen
pulcher, -chra, -chrum	schön, vortrefflich
6 **meus**, -a, -um	‚mein‘ → N 3.6c
proximus, -a, -um	nächster, sehr nahe
cēna	Mahlzeit, Hauptmahlzeit
undique *(Adv.)*	von allen Seiten, (von) überall
accēdere	herantreten, hinzukommen
clāmāre	schreien, rufen
rīdēre	lachen, verspotten
8 **dīcere**	sagen, sprechen, behaupten, nennen
īgnōrāre	nicht wissen, nicht kennen; nōn īgnōrāre: wohl wissen, gut kennen
tuus, -a, -um	‚dein‘ → N 3.6c
discēdere	auseinander gehen, weggehen, verschwinden

hinc *(Adv.)*	von hier
locus	Ort, Platz, Stelle
11 **vidēre**	sehen
nec ... nec ...	weder ... noch ...
(= neque ... neque ...)	
quid?	was?
ergō *(Adv.)*	also, deshalb
nunc *(Adv.)*	jetzt, nun
tamquam *(Adv.)*	so wie, als ob
dum	während, solange
eum *(Akk. Sg. m.)*	ihn → N 3.1
14 **scīre**	wissen, kennen
putāre	glauben, meinen, halten für
mēcum	mit mir → CG 4.1.1b
Vāde mēcum!	Geh mit mir!

4 *Zur Wiederholung*
clamare, invidere, manere, petere, ridere, videre, vivere
casa, homo, vir, vita
hīc, nunc, tamquam, id est, dum, etiam

hūc *(Adv.)*	hierher
ambulāre	(umher)gehen, spazieren gehen
terra	Erde, Land
extrēmus, -a, -um	äußerster, letzter
oppidum	Stadt, Befestigung
cōgnōscere	kennen lernen, erkennen, erfahren
ego	‚ich‘ → N 3.6
quia	weil
virgō, -ginem *f.*	Mädchen, junge Frau
domī *(Adv.)*	zu Hause
manēre	bleiben, warten
3 **dēbēre**	sollen, müssen, schulden, verdanken
exspectāre	ausschauen, (er)warten
meum est ...	es ist meine Aufgabe zu ...
Meum est domī manēre.	Meine Aufgabe ist es zu Hause zu bleiben.
tractāre	behandeln, verarbeiten
cōlere	bearbeiten, pflegen, verehren

3
D appellieren, zivil, Auditorium; Audio, ‚Wer'wolf, Bonus, Desiderat, Optimist, reklamieren, ignorieren, Video, Putativ-
E civic, question, to respond, wine, to accede, to claim, to ignore
F appeler, civil, le toit, question, viril, répondre, bon, désirer, le vin, l'optimiste, venir, mon, prochain, rire, dire, ignorer, ton, ta, le lieu, voire, que, putatif

4
D Ambulanz, terrestrisch, extrem, incognito, Egoist, Virginia, traktieren, Kultur
E extreme, debt, to expect
F ambulant, la terre, extrême, connaître, je, virginal, devoir, traiter

summa	Vorrang, Hauptsache; Gesamtheit, ad summam: also, kurzum
tū	‚du' → N 3.6 a
autem	aber
5 **pecūnia**	Geld, Vermögen
varius, -a, -um	verschieden(artig), bunt, vielfältig
potes	du kannst
māter, -trem f.	Mutter
semper (Adv.)	immer
per (beim Akk.)	durch, durch … hindurch
per hortum	durch den Garten
īre, eō	gehen, fahren, reisen → V 3.5
perīculum	Gefahr, Versuch
7 **noster**, -tra, -trum	unser → N 3.6c
beātus, -a, -um	gücklich, reich
tūtus, -a, -um	geschützt, sicher
dissentīre	uneins sein, anderer Meinung sein, widersprechen
valdē (Adv.)	sehr
nam	denn, nämlich
10 **iam** (Adv.)	schon, gleich; noch
timēre	(sich) fürchten
ubī (Adv.)	wo (Frage und relativisch)
ibī (Adv.)	dort
vērus, -a, -um	wahr(haft), echt
13 **nārrāre** (mit Akk.)	erzählen
intrāre (mit Akk.)	eintreten, betreten
num (Frage)	etwa?
Num servī sumus?	Sind wir etwa Sklaven?
impius, -a, -um	pflichtvergessen, gottlos
ūsque ad (beim Akk.)	bis zu
15 **nox**, noctem f.	Nacht; multa nox: tiefe Nacht
sedēre	sitzen
perdere	zugrunde richten, verlieren; oleum perdere: Öl verschwenden
malus, -a, -um	schlecht
17 **vōs** (Nom./Akk.))	ihr, euch → N 3.6a
deus	Gott, Gottheit
prīmum (Adv.)	zuerst
deinde (Adv.)	darauf, ferner
somnus	Schlaf

PE **aetās**, -tātem f.	Lebensalter, (Zeit)alter
capere, capiō	nehmen, fassen, fangen
clāmor, -ōrem m.	Geschrei, Lärm
dormīre	schlafen
fugere, iō (mit Akk.)	fliehen, meiden
posse, possum	können; Einfluss haben, gelten → V 1.1

Caput secundum

> **5** Zur Wiederholung
> audire, debere, dicere, dormire, putare, respondere, ridere
> homo, nox, terra, vir, vita
> beatus, meus, miser, parvus, tuus
> itaque, statim, tamquam, vero
> mecum, dum

vērē (Adv.)	wirklich, tatsächlich
surgere	aufstehen, sich erheben
ante (beim Akk.)	vor
lūx, lūcem f.	Licht, Helligkeit; ante lūcem: vor Sonnenaufgang
id (Nom./Akk. Sg. n.)	das, dies, es → N 3.1
officium	Dienstleistung, Dienst, Pflicht
cum (Konjunktion)	(dann,) wenn
3 **māgnus**, -a, -um	groß
tē (Akk.)	dich → N 3.6 a
iubēre	befehlen, auffordern
Iubeō eōs venīre.	Ich befehle, dass sie kommen. Ich befehle ihnen zu kommen.
mīrus, -a, -um	wunderbar, erstaunlich
dēnique (Adv.)	schließlich, endlich
5 **mē** (Akk.)	mich → N 3.6a
nē … quidem (Adv.)	nicht einmal …
nē magister quidem	nicht einmal der Lehrer
sentīre	fühlen, (be)merken, verstehen
tibī (Dat.)	dir → N 3.6a

4
D Summe, pekuniär, variabel, Matriarchat, Matrize, per Boten, Beate, Tutor, Dissens, narrativ, kapieren, potent
E sum, various, tutor, to dissent, to narrate, to enter, impious
F somme, tu, pécuniaire, varié, la mère, par, j'irai, péril, notre, tuteur, vrai, -e, narration, entrer, impie,

jusqu'à, la nuit, perdre, mal, mauvais, vous, le dieu, le sommeil, dormir, pouvoir, fuir, qui?
5
D Lux (Beleuchtungsstärke), Abk. i. e.
E i. e., office
F surgir, l'office, sentir, toi

nimis *(Adv.)* — zu sehr
8 **invidēre** *(mit Dat.)* — beneiden
　Invideō tibi vītam tuam. — Ich beneide dich um dein Leben.
appārēre — erscheinen, offenkundig sein
alius ... alius ..., alia, aliud — der eine … der andere …
10 **nōn iam** — nicht mehr
certus, -a, -um — sicher, gewiss
nihil — nichts
ita *(Adv.)* — so
solēre — gewohnt sein, pflegen
intermittere — unterbrechen
amīcus — Freund

PE **quem?** — wen? (→ N 3.2.2)
quis? — wer? (→ N 3.2.2)
quo? — wohin?
scrībere — ‚schreiben'

---

6 *Zur Wiederholung*
accedere, audire, clamare, dicere, exspectare, laborare, respondere, scire
amicus, civis, homo, liberi, magister, servus
alienus, alius ... alius ..., miser, multi, noster, parvus
ergo, hodie, semper, tamquam, ut
me, nihil, ante, dum, vel

---

appropinquāre — sich nähern
mūrus — ‚Mauer'
cōnspicere, -iō — erblicken
salūs, -ūtem f. — Wohlergehen, Heil, Rettung; salūtem dīcere: grüßen
malum — Übel, Leid
4 **aliquī, aliqua, aliquod** — (irgend)einer, eine, eines → N 3.7
vōx, vōcem f. — Stimme, Laut, Wort
dominus — Herr, Hausherr
servāre — behüten, bewahren, retten
pauper, -rem — arm
cūrāre *(mit Akk.)* — sorgen, sich kümmern
plēbs, plēbem f. — (einfaches) Volk, Volksmenge

facere, faciō — tun, machen, herstellen
8 **mihĭ** *(Dat.)* → ego — mir → N 3.6a
mihī est/sunt ... — ich habe …, mir gehört (gehören) → CG 2.2.2
　Mihi sunt casa parva et hortus fēcundus. — Ich habe ein kleines Häuschen und einen fruchtbaren Garten.
uxor, -ōrem — Ehefrau
cūr? *(Adv.)* — warum?
cōnsulere — um Rat fragen, sorgen für
eques, equitem m. — Reiter, Ritter
opēs f. *(Pl.)* — (Macht-)Mittel, Vermögen, Reichtum
omnēs, n. *(Pl.)* -ia — alle
eīs *(Dat. Pl.)* — ihnen → N 3.1
11 **dīves**, dīvitem — reich
adiuvāre, ádiŭvō — unterstützen, helfen
　Amīcus amīcum adiŭvat. — Ein Freund hilft dem Freund.
nōbīs *(Dat.)* — uns → N 3.6a
populus — Volk, Bevölkerung; *(Pl.:)* Leute
prōvidēre — vor(her)sehen, sorgen für, sich kümmern (um)
13 **ŏdium** — Hass
emere — kaufen
parvī emere — für wenig, billig kaufen
　Frūmentum parvī ĕmunt, māgnī vendunt. — Sie kaufen das Getreide billig ein und verkaufen es teuer.
apud *(beim Akk.)* — bei, nahe bei
　apud nōs — bei uns
vendere — verkaufen
ea *(Nom./Akk. Pl. n.)* — es, dies(es) → N 3.1
volunt, *(Inf.)* **velle** — sie ‚wollen' → V 3.5
praeferre, -ferō — vorantragen, vorziehen
15 **neglegere** — vernachlässigen, nicht beachten
fortūna — Schicksal, Glück
deesse, dēsum — abwesend sein, mangeln, fehlen
nēmō *Akk.:* nēminem — niemand, keiner
succurrere — zu Hilfe eilen, beistehen
eī *(Dat. Sg.; m./f./n.)* — ihm, ihr, dem → N 3.1
20 **cēterī**, -rae -ra — die übrigen
dīmittere — entsenden, entlassen
domum *(Adv.)* — nach Hause

5
D Nihilismus, Schrift
E invidious, to appear, certain, script
F apparaître, certain, l'ami, écrire
6
D Salutschüsse, Malheur, Vokal, dominant, kurieren, Plebiszit, konsultieren, populär, Provision, Fortuna, etc. (et cetera)

E conspicuous, voice, to cure, to consult, to aid, people, to provide, to prefer, to neglect, fortune
F le mur, salut, le malheur, la voix, pauvre, plébiscite, faire, moi, équestre, aider qn, le peuple, provision, odieux, vendre, vouloir, préférer, négliger, la fortune

ī → īre	*Imp. zu* īre: gehen → *V 3.5*
abīre, -eō → īre	weggehen
quī *(Adv.)*	wie, wie denn
22 **invenīre**	finden (hingelangen)
possum → posse	ich kann → *V 1.1*
cīvitās, -tātem *f.*	Stadt, Staat, Gemeinde, Bürgerrecht
crēscere	wachsen
PE **adesse**, adsum (*mit Dat.*)	anwesend sein, da(bei) sein; beistehen, helfen
cārus, -a, -um	lieb, teuer, wertvoll
citō *(Adv.)*	schnell
cui? *(Dat. von* quis?*)*	wem?
cupere, -iō	wünschen, wollen, begehren
dare, dō	geben, vītam dare: Leben schenken
discere	lernen
discipulus	Schüler
dolēre	schmerzen, bedauern
Doleō tē miserum esse.	Ich bedaure, dass es dir schlecht geht.
forte *(Adv.)*	zufällig
frāter, -trem *m.*	‚Bruder'
gaudium	Freude
Graecus, -a, -um	griechisch, Grieche
Rōmānus, -a, -um	römisch, Römer
salvē! salvēte!	sei(d) gegrüßt! Guten Tag!

iter facere	eine Reise machen
2 **vult**, *(Inf.)* **velle**	er, sie, es ‚will', wollen → *V 3.5*
necessārius, -a, -um	notwendig
ventus	‚Wind'
arcēre	abwehren, abhalten, fernhalten
sōl, sōlem *m.*	Sonne
prohibēre	fern halten, hindern, verbieten
5 **aestimāre**	schätzen, meinen; plūrimī aestimāre: äußerst hoch achten
auxilium	Hilfe
contrā *(beim Akk.)*	gegen
contra perīcula	gegen die Gefahren
8 **audēre**	wagen
sānctus, -a, -um	heilig, unverletzlich, erhaben
cum *(Konjunktion)*	wenn, als
cernere	wahrnehmen, sehen, erkennen
puer, -um *m.* → puella	Kind, Junge
10 **argentum**	Silber
ferrum	Eisen, Waffe, Schwert
fallere	täuschen, betrügen
ferōx, -ōcem	wild, trotzig
nocēre	schaden
12 **laedere**	verletzen
interficere, -iō	töten
avis, -em *m./f.*	Vogel
auxiliō esse *(mit Dat.)*	Hilfe sein, helfen

Caput tertium ▬▬▬▬▬▬

7 *Zur Wiederholung*
condere, cupere, dicere, posse, respondere
amicus, deus, homo, mater, pecunia, periculum, soror
alius, bonus, ceteri, parvus
ut, dum, etiam, vel

vestis, -em *f.*	Kleid
quī, quae, quod *(Relativpronomen)*	welcher, welche, welches; der, die, das
iter, *St.* itiner- *n.*	Weg, Reise; Tagesstrecke

8 *Zur Wiederholung*
adesse, parare
casa, cena, deus, filius, mater, via
bonus, malus, meus
deinde, ibi, nunc, qui (quae, quod), prope

interim *(Adv.)*	inzwischen
āra	Altar
3 **intendere**	anspannen, richten auf, beabsichtigen
ōrāre	bitten, beten; sprechen
dea	Göttin
5 **abesse**, absum	abwesend sein, fehlen
umbra	Schatten

6
D Abitur(ient), Datum, Gaudi
E to invent, city, to increase, date, joy
F inventer, la cité, croître, cher, fortuit, le frère, la joie
7
D Weste, Ventilator, solar-, Prohibition, contra, Sankt, Fe (chem. Zeichen), lädieren

E itinerary, necessary, prohibit, auxiliary, saint, ferocious
F vêtement, qui, l'itinéraire, nécessaire, le vent, le soleil, prohiber, contre, saint, l'argent, le fer, féroce
8
D Interimslösung, intendieren
E to intend
F entendre, la déesse, l'ombre

ferre, ferō — tragen, bringen, ertragen → V 3.5

PE **animal**, *St.* animāl- *n.* — Lebewesen, Tier
ars, artem *f.* — Kunst, Fertigkeit, Eigenschaft

pārēre — gehorchen

9 Ab dieser Lektion wird, wie allgemein üblich, bei den Substantiven der *Genitiv Singular* (statt des Akkusativs) angegeben.

Zur Wiederholung
audire, clamare, facere, fugere, videre
agmen, amicus, clamor, eques, homo, iter, lux,
populus, via
publicus, hīc, huc, illic, quoque
aliqui, aliqua, aliquod, qui (quae, quod), dum

impedīmentum — Hindernis; (Pl.) Gepäck
portāre — tragen, bringen
incipere, -iō — anfangen
plēnus, -a, -um — voll
(mit Gen.)
  Via est plēna — Die Straße ist voller
  plaustrōrum. — Wagen.
4 **praeterīre**, -eō *(mit* — vorübergehen
  Akk.) → īre
raeda — Kutsche, Reisewagen
nōbilis, -e — berühmt, adlig, vornehm

praesidium — Schutz, Besatzung
praesidiō esse — als Schutz dienen, schützen
5 **ingēns**, -ntis — ungeheuer, gewaltig
haerēre — hängen bleiben, stecken bleiben

frangere — zer‚brechen'
7 **subitō** *(Adv.)* — plötzlich
celer, -ris, -re — schnell
retinēre — festhalten, zurückhalten
cavēre *(mit Akk.)* — sich hüten, sich vorsehen
  Cavē canem! — Hüte dich vor dem Hund!
audāx, -ācis — kühn, frech, verwegen
medius, -a, -um — mittlerer, mitten
  mediā in viā — mitten auf dem Weg

PE **cōpia** — Vorrat, Fülle, Reichtum

10 *Zur Wiederholung*
audire, praeterire, scire, videre
cena, iter, lux, populus, raeda, via
malus, nonnulli, omnes, parvus, publicus, tutus
hīc, hodie, valde, nihil, qui (quae, quod)
ante, enim, neque

vix *(Adv.)* — kaum
quantus, -a, -um — wie groß, wie viel
multitūdō, tūdinis *f.* — Menge
3 **genus**, -eris *n.* — Geschlecht, Art
trānsīre, -eō → īre — hinübergehen, überschreiten; vorbeigehen

angustus, -a, -um — eng
5 **bene** *(Adv.)* — gut
potius *(Adv.)* — vielmehr, eher
9 **negāre** — nein sagen, verneinen, bestreiten

profectō *(Adv.)* — in der Tat, sicherlich
sordidus, -a, -um — schmutzig
11 **prōmittere** — versprechen
nisī — wenn nicht, außer
eōrum *(Gen. Pl. m./* — von ihnen, deren
  n.) → N 3.1
prĕtium — ‚Preis', Wert, Lohn
similis, -e *(mit Gen.* — ähnlich
  oder Dat.)

quīdam, quaedam, — (irgend)einer, ein bestimmter
  quoddam
postulāre — fordern

PE **bibere** — trinken
eius *(Gen. Sg.)* — von ihm, von ihr; sein, ihr → N 3.1

esse *(mit Gen.)* — jds. Aufgabe/Pflicht sein
  amīcī est amīcō adesse — Pflicht des Freundes ist es, dem Freund zu helfen

ōs, ōris *n.* — Mund, Gesicht

11 *Zur Wiederholung*
adire, bibere, clamare, credere, dicere, habere, intrare, narrare, praeterire, putare, ridere, transire, videre
amicus, aqua, bestia, deus, filius, homo, vinum
nonnulli, omnes, optimus, plenus, quantus
tamquam, ut, qui (quae, quod), ante, etiam, vel

sub *(beim Akk.)*	unter, unter … hin, unmittelbar vor/nach
eius *(Gen. Sg.)*	von ihm, von ihr; sein, ihr → N 3.1
porta	Tor, Pforte
mulier, -ris *f.*	Frau
stāre, stō	stehen
4 **nōlle**, nōlō < nōn velle	nicht wollen → V 3.5
cibus	Speise, Nahrung
lectus	Bett, Sofa
mercātor, -ōris *m.*	Kaufmann
mīles, mīlitis *m.*	Soldat
7 **nauta**, -ae *m. (griech.)*	Matrose, Seemann
iacere, iaciō	werfen
summus, -a, -um	oberster, höchster
poēta, *m. (griech.)*	Dichter, Schriftsteller
11 **gēns**, gentis *f.*	Geschlecht, Stamm, Volk
sīcut *(Adv.)*	so wie, gleich wie
iniūria	Unrecht
īnferre, īnferō	hineintragen, hineintun; *(jd. etw.)* antun
numquam *(Adv.)*	niemals
15 **tantus**, -a, -um	so groß, so viel
iīs *(Dat. Pl. f.)*	ihnen, diesen, für sie → N 3.1
satis *(Adv.)*	genug
sapiēns, -ntis	weise, vernünftig
īgnōscere	verzeihen
tēcum	mit dir → CG 4.1.1b
certāre	wetteifern, kämpfen
velle, volō	wollen → V 3.5
18 **mēns**, mentis *f.*	Verstand, Gedanke, Gesinnung
fābula	Erzählung, Geschichte
iūcundus, -a, -um	angenehm, erfreulich; interessant
amāre	lieben
sī *(Konjunktion)*	wenn, falls, ob
PE **cēnāre**	essen, speisen
quod *(Konjunktion)*	da, weil

12 ◆ *Zur Wiederholung*
appellare, bibere, clamare, condere, credere, crescere, dormire, facere, ferre, inferre, intendere, neglegere, portare, putare, ridere, sedere, sentire, stare, videre
avis, deus, filius, iniuria, insula, ludus, mercator, miles, nauta, pater, poeta, puer, sol, terra, via, vinum
alius, noster, parvus, pulcher
certe, domi, domum, ergo, hīc, illic, itaque, subito, tamquam, ut
me, qui (quae, quod)
apud, dum, etiam, prope, vel

Worterläuterungen im Lesevokabular!

13 ◆ *Zur Wiederholung*
audire, curare, petere, venire, vivere
amicus, sol, somnus, vinum, vox
adulescens
qui (quae, quod), dum

Worterläuterungen im Lesevokabular!

Caput quārtum ▬▬▬▬▬▬▬▬▬▬

14 *Zur Wiederholung*
appellare, contendere, debere, dicere, ferre, spectare, stare, transire, venire, videre
agmen, ars, instrumentum, sol, via, vir
alius, celer, magnus, medius, noster, omnes
forte, hodie, ita, tamquam, tum
aliqui, aliqua, aliquod, qui (quae, quod)
ante, atque, dum

altus, -a, -um	hoch, tief
in *(beim Abl.)*	in, an, auf, bei
in casā	im Haus
in itinere	auf dem Weg
caelum	Himmel; Wetter, Klima
legere	lesen, sammeln
decem	‚zehn'

11
D Statist, Militär, Nautik, Injektion, Poet, satt, Homo sapiens, mental, Fabel
E merchant, poet, injury, mind, fable
F sous, la porte, le lit, le marchand, jeter, le sommet, le poète, les gens, l'injure, tant, assez (ad + satis), mental, la fable, aimer, si

14
D dezimal
F haut, en, le ciel, lire, dix

mīlle, *(Pl.)* mīlia — tausend
   mīlle passuum — eine (römische) Meile (tausend Schritte)

passus, -ūs *m.* — Schritt, Doppelschritt
   mīlle passuum — tausend Doppelschritte (= eine Meile)

ā, ab *(beim Abl.)* — von, von … her
   ā colōniā — von der Siedlung
   ab oppidō — von der Stadt

5 **nōlī** *(Imp.)* → nōlle — wolle nicht!
      → CG 12.5.3; V 1.2

trēs, tria *(dekliniert)* — ,drei'
ferē *(Adv.)* — fast, etwa, ungefähr
   decem ferē hōrae — fast zehn Stunden
hōra — Stunde, Zeit
spatium — Raum, Strecke, Zeitraum
cōnficere, -iō — vollenden, bewältigen
verbum — Wort
cum *(beim Abl.)* — mit, zusammen mit
   cum amīcīs — mit den Freunden/Freundinnen

advĕnīre — (her)ankommen
sēcum *(Abl. Sg./Pl.)* — (= cum sē) bei sich, mit sich

pars, partis *f.* — Teil, Seite, Richtung
10 **reficere**, -iō — wiederherstellen, erneuern

dīligentia — Sorgfalt, Umsicht
īnspicere, -spiciō — ansehen, besichtigen
lapis, -idis *m.* — Stein
aptus, -a, -um — passend, geeignet
adulēscēns, -ntis — junger Mann; jung
15 **quam** *(Adv.)* — wie, als
mūnīre — bauen, befestigen
et … et … — sowohl … als auch …
bellum — Krieg
gerere — tragen, (aus)führen
imperium — Befehl, Herrschaft, Herrschaftsgebiet, Reich

sub *(beim Abl.)* — unter, unterhalb von
iacēre — liegen
18 **sine** *(beim Abl.)* — ohne
virtūs, tūtis *f.* — Tüchtigkeit, Tapferkeit, Tugend, Leistung

senex, sĕnis *m./f.* — alt; alte(r) Mann/Frau, Greis(in)

ōlim *(Adv.)* — einst
prae *(beim Abl.)* — vor, im Vergleich zu
   prae labōre — vor/im Vergleich zur Anstrengung

tam *(Adv.)* — so

PE **cēdere** — gehen, weichen
fŏrum — Marktplatz, Öffentlichkeit

---

15 ◆ *Zur Wiederholung*
abire, facere, ferre, gerere, parere, praeferre, ridere, videre
dea, homo, iter, lux, miles, mulier, oppidum, sol, vestis, via, vir, vita, vox
alius … alius …, alius, audax, magnus, omnis, summus, varius
hodie, tum, undique, qui (quae, quod)
atque, ac

Worterläuterungen im Lesevokabular!

---

16 *Zur Wiederholung*
aestimare, amare, audire, cenare, clamare, curare, dicere, emere, facere, habere, posse, ridere, solere, vendere, venire, videre, vivere
amicus, amor, civis, filia, filius, fortuna, homo, mulier, odium, oppidum, pecunia, puer, servus, verbum, vir, virgo, vox
alius, multi, nobilis, nonnulli, noster, omnes
cur?, ergo, fere, huc, ibi, non modo … sed etiam …, quam, tam, tum, qui (quae, quod)
cum, enim, et … et …, si, sine, vel

ostendere — zeigen, darlegen; sē ost.: sich erweisen
5 **asper**, -era, -erum — rau
nātus, -a, -um — geboren
   XVI annōs nātus, -a sum. — Ich bin 16 Jahre alt.
ē, ex *(beim Abl.)* — aus, aus … heraus, von … her
   ē patriā — aus der Heimat
   ex oppidō — aus der Stadt
aut — oder, oder aber
fortāsse *(Adv.)* — vielleicht
interrogāre — fragen
quōmodo *(Adv.)* — wie, auf welche Weise
9 **vōbīs** *(Dat. und Abl.)* — euch → N 3.6a

14
D Meile, Trio, Uhr, Konfektion, Verb, Advent, Part, partiell, inspizieren, Lapidarium, Imperium, virtuell, senil, Senior, prä-, Forum
E mile, hour, space, verb, part, diligence, to inspect, apt, empire, virtue, senior, pre-

F mille, le pas, trois, l'heure, l'espace, le verbe, la part(ie), la diligence, inspecter, apte, adolescent, munir, gérer, empire, sous, sans, la vertue, sénile, pré-, céder, la foire
16
D ostentativ, Interrogativ-
E asperity, interrogate
F l'ostentation, naître, ou, interroger, comme

rēx, rēgis *m.* — König
rēgnum — Königsherrschaft, Königreich

mittere — schicken, gehen lassen
vēnīre, vēneō — verkauft werden
Cur servī vēneunt? — Warum werden die Sklaven verkauft?

quamquam — obwohl
solvere — lösen, befreien, bezahlen
apertus, -a, -um — offen(kundig)
obscūrus, -a, -um — dunkel; unklar
13 **luxŭria** — Überfluss, Genusssucht, Luxus

egēre *(mit Abl.)* — nicht haben, brauchen
Egeō pecūniā. — Ich habe kein Geld.
quis *(unbetont, nachgestellt)* — irgendwer, jemand → N 3.7
amor, -ōris *m.* — Liebe
vincere — siegen, besiegen
turpis, -e — hässlich, schändlich
līber, -era, -erum — frei
19 **at** — aber, jedoch, dagegen
cōgitāre — denken, überlegen
Cōgitō, ergō sum. — Ich denke, also bin ich.
famĭliāris, -e — vertraut, freund(schaft)lich; Familien-
humilis, -e — niedrig, gering
licet — es ist erlaubt, es ist möglich, man darf
audācia — Kühnheit, Frechheit
23 **hostis**, -is *m.* — Feind
incitāre — antreiben, reizen

PE **aut ... aut ...** — entweder ... oder ...
cōnstāre *(mit AcI)* — feststehen → CG 2.1
effugere, -iō *(mit Akk.)* — entfliehen, entkommen
esse *(mit Dat.)* — haben, gehören
exīstimāre — (ein)schätzen, meinen
nōs *(Nom./Akk.)* — wir, uns → N 3.6a
potestās, -tātis *f.* — Macht, (Amts-)Gewalt
praeter *(beim Akk.)* — an ... vorbei; außer
praeter fīliam — außer der Tochter
praeter casam — am Haus vorbei
sē *(Akk./Abl.; Sg./Pl.)* — sich → N 3.6 b
servīre — Sklave sein, dienen

Caput quīntum

17 Ab dieser Lektion wird bei den Verben zusätzlich zum Infinitiv die 1. Pers. Sg. des *Perfekts Aktiv* angegeben, soweit die Verben nicht zum „Normaltyp" ihrer Konjugationsgruppe gehören.

Zur Wiederholung
adire, apparere, clamare, currere, dicere, facere, ostendere, petere, portare, venire, videre
amicus, iter, lectus, oppidum, porta, somnus, vox
duo, meus
nunc, statim, tum, me, secum, atque, ac, e/ex, nisi

---

aliquandō *(Adv.)* — irgendwann, einmal
ūnā *(Adv.)* — zusammen, zusammen mit
ūnā cum amīcā — zusammen mit der Freundin
facere, -iō, fēcī — tun, machen
vĕnīre, -vēnī — kommen
Graecia — Griechenland
alter ... alter ..., altera, alterum — der eine ... der andere ... *(von zweien)*
adīre, -eō, -iī — aufsuchen, herangehen, bitten

hospes, hospitis *m.* — Gast, Fremder
sibĭ *(Dat. Sg./Pl.)* — sich → N 3.6 b
nōtus, -a, -um — bekannt
petere, petīvī — bitten, streben, sich an jd. wenden

comes, comitis *m.* — Begleiter, Gefährte
vidēre, vīdī — sehen
4 **īnsidiae**, -ārum *f.* *(Pl.)* — Falle, Hinterlist
pōnere, pŏsuī — setzen, stellen, legen
velle, vŏlō, voluī — wollen → V 3.5
cōnsilium — Rat, Plan, Beschluss
ōmittere, -mīsī → mittere — loslassen, aufgeben
repetere, -petīvī — (wieder) aufsuchen, wiederholen; somnum r.: sich wieder schlafen legen

dīcere, dīxī — sagen, sprechen, behaupten, nennen
nīl — nichts
esse, sum, fuī — sein, vorhanden sein → V 1.1

16
D solvent, obskur, liberal, familiär, ‹Gast›, konstant, kosten, Potentat, servieren
E to solve, obscur, luxury, familiar, audacity, host, to incite, constant, to serve
F le roi, règne, mettre, ouvert, obscur, luxe, vaincre, libre, humilier, l'audace, hôte, inciter, coûter, nous, se, servir

17
D Hospiz, Hospital, Notiz, Petition, Video, Position, repetieren (wiederholen)
E noted, count, insidious, counsel, to omit, to repeat
F venir, l'hôpital, note, petition, le comte, voire, poser, le conseil, omettre, répéter, dire

8	**iterum** *(Adv.)*	wiederum, zum zweiten Mal
	mortuus, -a, -um	tot
	vulnus, -eris *n.*	Wunde
	gravis, -e	schwer, wichtig
	ostendere, -tendī	zeigen
	corpus, -oris *n.*	Körper; Leichnam
11	**tandem** *(Adv.)*	endlich
	currere, cucurrī	laufen, eilen
	invĕnīre, -vēnī	finden
	iūdex, -dicis *m.*	Richter
	trādere, trādidī	übergeben, überliefern, berichten

PE	**agere**, ēgī	treiben, betreiben, (ver)handeln
	clādēs, -is *f.*	Unglück, Niederlage, Katastrophe
	dē *(beim Abl.)*	von, von … herab; über
	discere, didicī	lernen
	legere, lēgī	lesen
	liber, -brī *m.*	Buch
	mănēre, mansī	bleiben

---

18 *Zur Wiederholung*
audire, narrare, putare, ridere
clades, dominus, homo, lapis, nox, oppidum, vita
alius, mille, nonnulli, tres, unus
bene, certe, fere, hīc, numquam, nunc
qui (quae, quod), ante

	annus	Jahr
	flōrēre	,blühen', in Blüte stehen
	silentium	Ruhe, Stille
5	**mōns**, montis *m.*	Berg
	dēlēre, -ēvī	zerstören, vernichten
	tacēre	schweigen, verschweigen
	pergere, perrēxī	fortsetzen, weitermachen
	mors, mortis *f.*	Tod
9	**nōnne** *(im Fragesatz)*	doch wohl
	Nōnne interfuistī?	Warst du etwa nicht dabei? Du warst doch wohl dabei?

	interesse, -sum , -fuī *(mit Dat.)*	dazwischen sein, teilnehmen
	Lūdō intersumus.	An dem Spiel nehmen wir teil.
	ridēre, rīsī	lachen
	accidere, accĭdit	sich ereignen, geschehen
13	**testis**, -is *m.*	Zeuge
	calamitās, -tātis *f.*	Schaden, Unglück
	nōvisse, nōvī	kennen, wissen

---

19 *Zur Wiederholung*
accedere, advenire, cingere, credere, dicere, discedere, dividere, excitare, iubere, relinquere, repetere, solere, surgere, videre, vivere
animal, annus, familia, frater, homo, hora, ignis, liberi, lux, mater, nox, oppidum, parentes, pars, servus, sol, tectum, terra, vox
alius … alius …, alius, altus, angustus, apertus, gravis, ingens, meus, multi, noster, omnes, plenus, tuus, verus
hīc, itaque, non modo … sed etiam …, nunc, sicut, tandem, tum, una, qui (quae, quod)
a/ab, apud, at, cum, dum, e/ex, et … et …, nam, quamquam, si

	annum X agere	im xten Jahr stehen
	stŭdium	Vorliebe, Bemühung, Beschäftigung, Studium
	ōtium	(arbeitsfreie Zeit:) Freizeit, Muße
	causā *(beim Gen.)*	wegen
	parentum causā	wegen der Eltern
	tempus, -oris *n.*	Zeit
	vehemēns, -ntis	heftig
	crēdere, -didī	glauben, anvertrauen
	movēre, mōvī	bewegen
	ēvertere, -vertī	umstürzen, zerstören
	surgere, surrēxī	aufstehen, sich erheben
6	**volēbam** → **velle**	ich wollte → V 3.5
	aedēs, aedis *(Sg.)*, aedium *(Pl.)* *f.*	*(Sg.)* Tempel, *(Pl.)* Haus
	relinquere, -līquī	zurücklassen, verlassen
	mare, maris *n.*	Meer

17
D iterativ, gravierend, ostentativ, Korpus, Kurier, tradieren, Tradition, agieren
E grave, corpse, judge, to act
F itératif, mort, vulnérable, grave, l'ostentation, le corps, courir, le juge, tradition, agir, de, lire, le livre
18
D florieren, Mortalität, Interesse, Testat
E silence, mount, to delete, interest, accident, to testify, calamity

F l'an, silence, le mont, se taire, la mort, l'interêt, rire, l'accident, calamité
19
D Studium, Tempus, vehement, Kredit, Motor, Relikt (Überbleibsel), Reliquie, Marine, maritim
E study, because of, (past) tense, vehement, credit, to move, to relinquish
F l'étude, à cause de, le temps, véhément, croire, mouvoir, surgir, relique, la mer

prīmus, -a, -um	erster	
adhūc *(Adv.)*	bis jetzt, noch	
dŭbius, -a, -um	zweifelhaft, unentschieden	
9 **prōdūcere**, -dūxī → dūcere	vorführen	
iubēre, -iūssī	befehlen, auffordern	
campus	freier Platz, Feld	
contrārius, -a, -um	entgegengesetzt	
quasi *(Adv.)*	wie wenn, als ob; gleichsam	
lītus, -oris *n.*	Küste, Strand	
prōcēdere, -cessī	voranschreiten, vorrücken	
15 **vivere**, vīxī	leben	
perīre, -eō, -iī	zugrunde gehen, umkommen	
turba	Gewühl, Menge, Masse	
coniŭnx, coniŭgis *m./f.*	Gatte, Gattin	
requīrere, -quīsīvī → quaerere	(auf)suchen	
advĕnīre, -vēnī	(her)ankommen	
20 **āter**, ātra, ātrum	schwarz, düster	
dēscendere, -ndī	herabsteigen	
cingere, cinxī	gürten, umgeben	
tergum	Rücken	
imminēre	(be)drohen	
rūrsus *(Adv.)*	wieder, wiederum	
discedere, -cessī	weggehen, verschwinden	
26 **tamen** *(Adv.)*	dennoch, (je)doch	
quālis, -e	wie beschaffen, (gleich) wie	
dēficere, -iō, -fēcī *(mit Akk.)* → facere	abfallen, schwinden, fehlen; *(hier:)* sich verfinstern	
occurrere, occurrī	entgegentreten, begegnen	
ŏculus	Auge	
mūtāre	tauschen, wechseln, ändern	
timor, -ōris *m.*	Furcht, Angst	
exigere, -ēgī → agere	vollenden; einfordern, verbringen	
PE **adesse**, -sum, -fuī *(mit Dat.)*	anwesend sein, da(bei) sein, beistehen, helfen	
adversus, -a, -um	gegenüberstehend, feindlich, ungünstig	

aspicere, -iō, -spexī	anschauen, erblicken
cadere, cecĭdī	fallen
capere, -iō, cēpī	fassen, fangen, nehmen
clārus, -a, -um	hell, klar, berühmt
claudere, -sī	abschließen, einschließen
colligere, collēgī	sammeln, folgern
ducere, dūxī	ziehen, führen
ēdere, ēdidī	herausgeben, vollbringen; veranstalten
effŭgere, -iō, -fūgī	entfliehen, entkommen
exīre, -eō, -iī	herausgehen
fīnīre	begrenzen, beenden
frūstrā *(Adv.)*	vergeblich, umsonst
mĕdicus	Arzt
mittere, mīsī	schicken, gehen lassen
posse, possum, potuī	können → V 1.1
scrībere, scrīpsī	schreiben

Caput sextum ▰▰▰▰▰▰▰▰▰

20 *Zur Wiederholung*
appropinquare, audire, bibere, capere, clamare, condere, deesse, dicere, inesse, ponere, reperire, ridere, solere, vendere, videre
aedificium, amicus, diligentia, fortuna, frumentum, mercator, miles, pars, vinum
dubius, magnus, meus, obscurus, omnes, plenus, quantus, itaque, potius, quam, tamen, tandem, qui (quae, quod)
a/ab, cum, e/ex, enim, inter, vel

aditus, -ūs *m.*	Zugang
hĭc, haec, hŏc	dieser (hier), der hier → N 3.3.1
inesse, -sum, -fuī *(mit Dat.)*	enthalten sein, sich befinden
ille, illa, illud	dieser (dort), der dort, jener → N 3.3.2
is, ea, id	er (sie, es), dieser, der(jenige) → N 3.1
4 **deesse**, -sum, -fuī	abwesend sein, fehlen

19
D Primus;
Prim, dubios, produzieren, Kampf, Campus (Universitätsgelände), konträr, quasi, Prozedur, Prozess, turbulent, Requisit, Advent, umzingeln, imminent, Qualität, Defizit, Okular, mutieren, exakt, Kadenz, kapieren, klar, Klause, Klausur, Kollekte, edieren, definieren, frustriert, potent

E prime, dubious, to produce, camp, contrary, to proceed, to perish, to require, to descend, imminent, to occur, eye, to mutate, exact, adverse, clear, to close, to collect, to edit, exit, to finish
F premier, -ère, produire, le champ, contraire, quasi, littoral, procéder, périr, réquisition, descendre, quel, qualité, l'occurence, l'œil, mutuel, exact, exiger, clair, clos, éditer, finir, frustrer, mettre, pouvoir

iste, ista, istud	dieser, diese, dieses (da) → N 3.3.3
reperīre, repperī	(wieder) finden
incendere, -ndī	anzünden, entflammen
10 **expōnere**, -pŏsuī	aussetzen, darlegen
condere, -didī	verwahren, unterbringen
exercitus, -ūs m.	Heer
collocāre	aufstellen, stationieren
frūctus, -ūs m.	‚Frucht', Ertrag, Gewinn
fructum capere	Gewinn ziehen, erzielen
classis, -is f.	Abteilung; Flotte
imperātor, -ōris m.	Befehlshaber, Feldherr, Kaiser
15 **portus**, -ūs m.	Hafen
cāsus, -ūs m.	Fall, Zufall
modicus, -a, -um	‚mäßig', bescheiden
bibere, bibī	trinken
sūmptus, -ūs m.	Aufwand, Kosten
21 **manus**, -ūs f.	Hand; Schar
inter manūs est	es liegt auf der Hand
ūsus, -ūs m.	Gebrauch, Nutzen, Umgang
ūsuī esse	von Nutzen sein

PE

abīre, -eo, -iī	weggehen
alere, -uī	nähren, ernähren, großziehen
dēns, dentis m.	‚Zahn'
emere, ēmī	kaufen
vendere, -didī	verkaufen

---

21 *Zur Wiederholung*
capere, condere, consulere, credere, ferre, haerere, interrogare, ostendere, providere, respondere, ridere, vendere, videre, vivere
annus, bellum, casus, fortuna, gens, liber, locus, manus, oculus, populus, pretium, puer, vita
magnus, mens, mille, multi, natus, nobilis, noster, omnes
adhuc, ergo, itaque, olim, potius, satis, tamquam, ut, vix
is (ea, id), hic (haec, hoc), ille (illa, illud), iste (ista, istud), nil = nihil, qui (quae, quod)
ante, dum, nisi, per, vel

sinister, -tra, -trum	links
situs, -a, -um	gelegen, liegend
inquit *(eingeschoben)*	sagt(e) er/sie
domus, -ūs f.	Haus
vātēs, -is m./f.	Weissager(in), Seher(in), Dichter(in)
nōmen, -minis n.	‚Name', Begriff
5 **ipse, ipsa, ipsum**	selbst (hoc ipsum: genau dies) → N 3.4
respondēre, -ndī	antworten
dēcēdere, -cessī	weggehen
dē vitā dēcēdere	aus dem Leben scheiden, sterben
proprius, -a, -um	eigen
lēgātiō, -ōnis f.	Gesandtschaft
admonēre → monēre	ermahnen, erinnern
10 **quiētus**, -a, -um	ruhig, still
haerere, haesī	hängen (bleiben), stecken bleiben
vīs, vim, vī; *Pl.:* virēs (f.)	Kraft, Gewalt, Macht
senectūs, tūtis f.	hohes Alter, (Greisen-)Alter
cornū, -ūs n.	‚Horn', Heeresflügel
cēnsēre	schätzen, meinen
modo *(Adv.)*	eben (gerade), nur
referre, referō, rettulī	bringen, berichten
ēventus, -ūs m.; → venīre	Ausgang, Ereignis
ratiō, -ōnis f.	Berechnung, Methode, Vernunft, Grund
hūmānus, -a, -um	menschlich, gebildet
15 **fāma**	Gerücht, Geschichte
saeculum	Zeitalter, Jahrhundert
prōvidēre, -vīdī	vor(her)sehen, sorgen für, kümmern um
dŭx, dŭcis m.	Führer, Feldherr
sēnsus, -ūs m.	Wahrnehmung, Empfindung, Sinn
carēre *(mit Abl.)*	frei sein von, nicht haben
Hodiē ōtiō careō.	Heute habe ich keine Zeit.
19 **pāx**, pācis f.	Frieden
māiōrēs, -rum	Vorfahren, Ahnen
templum	Heiligtum, Tempel
23 **pietās**, -tātis f.	Pflichtgefühl, Ehrfurcht

20
D Repertoire, exponieren, Klasse, Imperator, Kasus, Manual, manuell, Usus, Dentist
E to expose, to collocate, fruit, class, emperor, port, case, sumptuousness, use, dentist
F répertoire, incendier, exposer, le fruit, la classe, l'empereur, le port, le cas, modique, boire, somptueux, la main, l'usance, le dent, vendre

21
D Situation, Dom, Nomen, proper, Delegation, zensieren, referieren (über etw. berichten), eventuell, rational, human, Fama, Säkulum, Säkularisation, Provision, Her‚zog', Sensor, Pazifist, Pietät
E situation, noun, to respond, proper, to admonish, quiet, to adhere to, to refer, event, reason, human, fame, to provide, duke, sense, to care, peace, temple, piety
F situation, le nom, répondre, propre, légation, inquiet, -ète, la corne, référer, la raison, humain, fameux, le siècle, provision, le duc, sens, la paix, temple, la piété

cōnsulere, -suluī	um Rat fragen, sorgen für; befragen
magistrātus, -ūs *m.*	Amt, Amtsträger, Behörde, Beamter
fraus, fraudis *f.*	Betrug, Schaden, Täuschung

22 *Zur Wiederholung*

capere, dare, dicere, edere, nolle, novisse, putare, salve! salvete!, venire
adulescens, amicus, civis, civitas, forum, ludus, mulier, servus, tempus, vox
carus, celer, clarus, gravis, iucundus, omnes, optimus
hodie, num, quī, quoque, semper, tam, tamquam, tum, undique
aliquī (aliqua, aliquod), hic (haec, hoc), iste (ista, istud), mecum, qui (quae, quod), de, enim, et ... et ...

mūnus, -eris *n.*	Amt, Aufgabe, Geschenk; mūnus gladiātōrium: Gladiatorenspiel
beneficium	Wohltat, Großzügigkeit
sānē *(Adv.)*	gewiss, allerdings
5 **negōtium**	Geschäft, Aufgabe, Arbeit
occupāre	einnehmen, besetzen, beschäftigen
pūgnāre	kämpfen
convertere, -vertī	umwenden
sē convertere	sich verändern, wandeln
10 **quō** *(Adv.)*	wo
tōtus, -a, -um	ganz
vocāre	rufen, nennen, bezeichnen
ōrātor, -ōris *m.*	Redner
concurrere, -currī	zusammenlaufen
14 **sinere**, sīvī	(zu)lassen, erlauben
sēdēs, sēdis *f.*	Sitz, Wohnsitz
volvere, volvī	drehen; *(Pass.:)* sich drehen, ablaufen
suādēre, suāsī	raten
persuādēre, -suāsī *(mit Dat.)*	überreden, überzeugen
Tibi persuāsī.	Ich habe dich überzeugt.

23 Ab dieser Lektion wird bei den Verben, soweit sie nicht zum „Normaltyp" der jeweiligen Konjugation gehören, die vollständige Stammformenreihe aus *Infinitiv, Perfekt Aktiv, Partizip der Vorzeitigkeit Passiv* angegeben. Bei Verben, deren Bedeutung du bereits kennst, die jedoch im Perfekt Aktiv oder Perfekt Passiv unregelmäßig sind, werden die Stammformen zu Beginn des jeweiligen Lesestücks, in dem sie wieder auftreten, zur Wiederholung am Ende des Kastens in alphabetischer Reihenfolge aufgeführt.

Zur Wiederholung

audire, capere, clamare, crescere, dare, habere, iacere, incipere, intrare, mittere, movere, parare, petere
adulescens, clamor, dens, eventus, ferrum, homo, ludus, mors, munus, oculus, periculum, populus, servus, vox
audax, ingens, magnus, multi, similis
adhuc, bene, cito, cur?, deinde, huc, olim, statim, subito, tam, tamquam, tandem, hic (haec, hoc), ille (illa, illud), nihil, qui (quae, quod)
a/ab, cum, dum, enim, nisi, quamquam

Stammformen

agere, ēgī, actum	(be)treiben, (ver)handeln
capere, capiō, cēpī, captum	nehmen, fassen, fangen
colligere, -lēgī, -lectum	sammeln, zusammenbringen, folgen
concurrere, -currī, -cursum	zusammenlaufen
crēscere, crēvī, crētum	wachsen
dare, dō, dedī, datum	geben
dīcere, dīxī, dictum	sagen, sprechen, behaupten, nennen
dīvidere, -vīsī, -vīsum	trennen, teilen
ēdere, ēdidī, ēditum	herausgeben, vollbringen, veranstalten
facere, -iō, fēcī, factum	tun, machen, herstellen
frangere, frēgī, fractum	(zer)brechen
iacĕre, -iō, iēcī, iactum	werfen
incĭpere, -iō, coepī, coeptum	anfangen

---

invĕnīre, -vēnī, -ventum	finden, erfinden
iubēre, iūssī, iussum	befehlen, auffordern
legere, lēgī, lēctum	lesen, sammeln
mittere, mīsī, missum	werfen, schicken, gehen lassen
movēre, mōvī, mōtum	bewegen
neglegere, -lēxī, -lectum	vernachlässigen, nicht beachten
ostendere, -ndī, -ntum	zeigen, darlegen
petere, petīvī, petītum	streben, bitten, angreifen
relinquere, -līquī, -līctum	zurücklassen, verlassen
rīdēre, rīsī, rīsum	lachen, verspotten
scrībere, scrīpsī, scrīptum	schreiben
trādere, -didī, -ditum	übergeben, überliefern, berichten
vidēre, vīdī, vīsum	sehen
vincere, vīcī, victum	siegen, besiegen

concursus, -ūs m.	Auflauf
īnferre, īnferō, intulī, illātum	hineintun, antun; sē īnferre: sich begeben
omnis, -e	jeder, ganz; (Pl.) alle
cōnspectus, -ūs m.	Anblick
pēs, pĕdis m.	‚Fuß‘
5 **cūstōs**, -ōdis m.	Wächter
sanguis, sanguinis m.	Blut
plērīque, -aeque, -aque	die meisten
gladius	Schwert
sīgnum	Zeichen, Feldzeichen, Merkmal
pūgna	Kampf, Schlacht
adversārius	Gegner, Feind
10 **māximus**, -a, -um	der größte
recipere, -iō, -cēpī, -ceptum	zurücknehmen, aufnehmen; sē r.: sich zurückziehen
impetus, -ūs m.	Angriff
simulāre	darstellen, vortäuschen
simul (Adv.)	gleichzeitig, zugleich
aura	Luft, Hauch, Gunst
pellere, pepulī, pulsum	(ver)stoßen, schlagen
iactāre → iacere	schleudern, werfen
15 **quārē** (Adv.)	weshalb? warum?

timidus, -a, -um	furchtsam
parum (Adv.)	wenig, zu wenig
libenter (Adv.)	gern
20 **super** (beim Akk. oder Adv.)	über, über … hinaus, darüber
super capita	über die Köpfe
caput, capitis n.	Kopf, ‚Haupt‘; Hauptstadt
laudāre	loben, preisen
contrā (Adv.)	dagegen
egō contrā	ich dagegen
vultus, -ūs m.	(Gesichts-)Ausdruck, Miene
27 **iūdicāre**	urteilen, (be-)urteilen, richten
praemium	Belohnung, Prämie
ōrnāre (mit Abl.)	schmücken, ausstatten
grātus, -a, -um	angenehm, dankbar
vidērī, videor, vīsus, -a sum (Pass. zu vidēre)	gesehen werden, (er)scheinen
31 **necāre**	töten, hinrichten
post (beim Akk.)	hinter, nach
post Chrīstum nātum	nach Christi Geburt
nūntiāre	berichten, verkünden
perficere, -iō, -fēcī, -fectum	ausführen, vollenden
accipere, -iō, -cēpī, -ceptum	annehmen, vernehmen, empfangen
merēre	verdienen, sich verdient machen
PE antīquus, -a, -um	alt, altertümlich
compōnere, -pŏsuī, -pŏsitum	„zusammensetzen": ordnen, schlichten; abfassen
flūmen, -minis n.	Fluss, Strom
initium	Eingang, Anfang
postquam (Konj.)	nachdem
referre, -ferō, rettŭlī, relātum	bringen, berichten
sūmere, sūmpsī, sūmptum	nehmen, an sich nehmen
tantum (Adv.)	nur
ratiō tantum	nur die Vernunft

23

D Konkurs, Omnibus, Pedal, Kustos, Küster, Sanguiniker, Gladiole, Signal, Maximum, rezipieren, Rezeption, Impetus, simulieren, simultan, Aura, Puls, super, Kapitel, Kapitell, Laudatio, contra, judizieren, Prämie, Ornat, Vision, Perfekt, akzeptieren, Meriten, antik, komponieren, Initiale; initiieren, referieren (über etw. berichten)

E sign, adversary, maximum, to receive, impetus, to simulate, chief, to judge, premium, vision, perfect, to accept, to merit, to compose, to refer

F le concours, le pied, le sang, signe, le maximum, recevoir, simuler, simultané, timide, sur, chef, capitale, louer, contre, juger, orner, vision, parfait, accepter, mériter, antique, composer, référer

Caput septimum ▬▬▬▬▬▬

de, dum, et ... et ..., per, praeter, vel

Stammformen

cōnsulere, -suluī, -sultum	um Rat fragen, sorgen für
gerere, gessī, gestum	tragen, (aus)führen
īre, eō, iī, ītum	gehen, fahren, reisen
ōmittere, -mīsī, -missum	loslassen, aufgeben, wegwerfen
respondēre, -spondī, -spōnsum	antworten

24 *Zur Wiederholung*

dicere, facere, laborare, putare, ridere, suscipere
homo, iter, periculum, pes, vir, vita
ceteri, dives, iucundus, mirus, multi, nobilis,
noster, totus
hīc, nunc, quoque, sicut, vere, nihil, qui (quae,
quod)
atque, ac, nisi, a/ab, per, vel

Stammformen

suscipere, -io, -cēpī, -ceptum	übernehmen, auf sich nehmen

equidem (egō + quidem)	ich für meine Person
2 **loca**, -ōrum *n.* (*Pl. zu* locus)	Orte; Gegend; Gelände
inānis, -e	leer, wertlos, unnütz
6 **ūtilis**, -e	nützlich, brauchbar
nāvigāre → nāvis, agere	segeln, zur See fahren
necesse est	es ist nötig

PE animus	Geist, Seele, Mut
carmen, -inis *n.*	Lied, Gedicht
cupidus, -a, -um (*mit Gen.*)	begierig
cupidus glōriae	begierig auf Ruhm, ruhmsüchtig
prōdesse, -sum, -fuī (*mit Dat.*)	nützen, nützlich sein
scientia → scīre	Wissen, Kenntnis, Wissenschaft

diēs, diēī *m./f.*	Tag (*m.*); Termin (*f.*)
diēs āter	schwarzer Tag
tranquillus, -a, -um	still, windstill
nāvis, -is *f.*	Schiff
ēdūcere, -dūxī, -ductum → dūcere	herausführen, (hier:) auslaufen lassen
addūcere, -dūxī, -ductum → dūcere	heranführen, veranlassen; (*hier:*) zu jd. führen
speciēs, -iēī *f.*	Blick, Anschein, Gestalt
praebēre → habēre	gewähren, zeigen, (an)bieten
6 **rēs**, reī *f.*	Gegenstand, Sache, Angelegenheit
iuvenis, -is *m.*	junger Mann; jung
laetus, -a, -um	froh, fröhlich, heiter
ascendere, -ndī, -ēnsum	hinaufsteigen, besteigen
vehī, vehor, vectus, -a sum	fahren, befördert werden
Raedā vehor Rōmam.	Ich fahre mit einem Wagen nach Rom.
ōra	Küste
vīlla	Landhaus, Landgut
dēlectāre	erfreuen, unterhalten
10 **sevērus**, -a, -um	ernst, streng
tālis, -e	derartig, solch
habitāre	wohnen, bewohnen
quidem (*Adv.*)	gewiss, wenigstens, allerdings, zwar
spēs, speī *f.*	Hoffnung, Erwartung
14 **tenēre**, tenuī, tentum	(fest)halten, besitzen
fidēs, fideī *f.*	Treue, Zuverlässigkeit, Vertrauen
perniciēs, -iēī, *f.*	Verderben, Unglück
auctor, -ōris *m.*	Urheber, Schriftsteller
rēs adversae (*Pl.*)	Unglück

25 *Zur Wiederholung*

cogitare, credere, ducere, inquit, interrogare, laudare, narrare, nolle, parare, respondere, tradere
adulescens, aedes, amicus, frater, homo, mare,
nauta, orator, parentes, ventus, vir
dives, meus, mortuus, pulcher, tuus
certe, deinde, potius, quoque, statim, tam,
tamen
is (ea, id), hic (haec, hoc), ille (illa, illud), ipse
(ipsa, ipsum), me, secum, tecum

24
D lokal, navigieren, Sciencefiction
E local, to navigate, cupidity, science
F local, utile, naviguer, l'âme, science

25
D Tranquilizer, Spezies (Sorte), real, Aszendent (Aufgangspunkt eines Gestirns), Villa, sich delektieren, Autor, real
E tranquilizer, to adduce, species, to ascend, severe, to inhabit, faith, author
F tranquille, la nef (Kirchenschiff); le navire, l'espèce, ne ... rien, jeune, ascendant, la ville, sévère, tel, telle, habiter, ésperance, tenir, la foi, l'auteur, ne ... rien

PE **cūra**   Sorge, Pflege, Behandlung

cūrae esse   kümmern um
    X mihī cūrae est   ich kümmere mich um X
magis *(Adv.)*   mehr, eher
    magis magisque   mehr und mehr, immer mehr

rēs pūblica, reī pūblicae f.   Gemeinwesen, Staat
saepe *(Adv.)*   oft

vester, -tra, -trum   euer → N 3.6c
10 **fruī**, fruor, frūctus,   genießen, sich
    -a sum *(mit Abl.)*   erfreuen
sequī, sequor, secūtus,   folgen, sich
    -a sum *(mit Akk.)*   anschließen
querī, queror, questus,   klagen, sich beklagen
    -a sum

PE **adhibēre**, -hibuī,   hinzuziehen, anwen-
    -hibitum   den
ante *(Adv.)*   vorher, zuvor

---

26 *Zur Wiederholung*
adesse, aspicere, videri
dies, iuvenis, mare, nauta, navis, officium, poeta, vita
alius ... alius ..., ceteri, talis
sicut, statim, tamen, undique
hic (haec, hoc), ille (illa, illud), me, nihil, qui (quae, quod), dum, nisi

Stammformen
aspicere, -iō, -spēxī,   anschauen, erblicken
    -spectum
cōnspicere, -iō,   erblicken
    -spēxī, -spectum
cōnstāre, cōnstat,   es steht fest
    -stitit *(m. Acl.)*

27 *Zur Wiederholung*
appropinquare, aspicere, dicere, ostendere, servare, videre, videri
amicus, ignis, lapis, locus, lux, mare, mors, nauta, navis, nox, periculum, portus, tempestas
magnus, nonnulli, primus
tandem, ut, valde
is (ea, id), hic (haec, hoc), ille (illa, illud), qui (quae, quod), dum, a/ab, e/ex, quod, sub

Stammformen
pergere, perrēxī, per-   fortsetzen, weitermachen
    rectum   chen

loquī, loquor, locūtus/   sprechen, reden
    -a sum
tempestās, -tātis f.   Wetter, Unwetter, Sturm
ūtī, ūtor, ūsus, -a sum   gebrauchen, benutzen
    (mit Abl.)
    ratiōne ūtī   den Verstand gebrauchen
morārī → mora   sich aufhalten, verzögern
admīrārī → mīrus   bewundern, sich wundern
unda   Welle, Woge
persequī, -sequor, -secū-   (ver)folgen, einholen
    tus, -a sum
5 **recitāre**   vorlesen, vortragen
flūctus, -ūs m.   ,Flut'
dulcis, -e   süß, lieblich
uterque, utraque,   jeder *(von zweien)*,
    utrumque   beide
    uterque amīcus   beide Freunde

procul *(Adv.)*   fern (von), aus der Ferne
oblīvīscī, oblītus,   vergessen
    -a sum *(mit Gen.)*
īra → īrātus, -a, -um   Zorn
turris, -is f.   ,Turm'
5 **prīnceps**, -cipis m.   „erster": Fürst, Kaiser, Princeps
regere, rēxī, rēctum   lenken, leiten
fatērī, fateor, fassus,   gestehen
    -a sum
grātia   Beliebtheit, Ansehen; Gefälligkeit, Dank
grātiās agere, ēgī,   Dank abstatten, danken
    actum
dīligēns, -ntis   sorgfältig, gewissenhaft
dīrigere, -rēxī, -rēctum   lenken, steuern
10 **statuere**, -uī, -ūtum   aufstellen, beschließen
anteā *(Adv.)*   vorher, früher
proficīscī, -ficīscor,   aufbrechen, (ab)reisen;
    -fectus, -a sum   marschieren

25
D Kur, Republik
E cure, republic
F cure, mais, république
26
D Kolloquium, rezitieren, Fluktuation, Sequenz, Querulant
E tempest, to use, to admire, to persecute, to recite

F la tempête, user, admirer, l'onde, persécuter, réciter, doux, douce, votre, suivre, suite, la querelle
27
D Prinz, regieren, Regie, Grazie, gratis, Dirigent, Statut
E oblivion, tower, prince, grace, diligent
F oublier, la tour, prince, la grace, statut

PE **aspectus**, -ūs *m.* — Anblick, Aussehen
dolor, -ōris *m.* — Schmerz
intellegere, lēxī, -lēctum — erkennen, verstehen
pervĕnīre, -iō, -vēnī, -ventum — hinkommen, (hin)gelangen

Caput octāvum ▬▬▬▬▬▬▬▬▬▬

28 *Zur Wiederholung*
abire, adesse, audire, censere, clamare, claudere, exspectare, frangere, incendere, incitare, putare, recipere, retinere, terrere, venire, vocare
amicus, canis, homo, ira, manus, porta, sol, tempus, verbum
alius ... alius ..., alius, medius, meus, unus
adhuc, hīc, subito, hic (haec, hoc), ille (illa, illud), iste (ista, istud), me, qui (quae, quod)
a/ab, ante, aut, cum, e/ex, enim, etiam, num, vel

Stammformen
abīre, -eō, -iī, -ĭtum — weggehen
censēre, -uī, censum — schätzen, meinen
claudere, clausī, clausum — abschließen, einschließen
currere, cucurrī, cursum — laufen, eilen
gaudēre, gaudeō, gavisus, -a sum — sich freuen
incendere, -ndī, -nsum — entzünden, entflammen
prōdūcere, -dūxī, -ductum — vorführen
retinere, -tinuī, -tentum — festhalten, zurückhalten
vĕnīre, vēnī, ventum — kommen

exercēre — (aus)üben, bearbeiten
propinquus, -a, -um — nahe(liegend), benachbart; verwandt; Nachbar
6 **interdiū** *(Adv.)* — bei Tage
recēns, -ntis — neu, frisch
vehere, vēxī, vectum — ziehen, bringen, (etwas) fahren
Frūmentum plaustrō vehō. — Das Getreide bringe ich mit dem Wagen.
10 **senātor**, -ōris *m.* — Senator
aperīre, -ruī, -rtum — öffnen, aufdecken
an? — oder?

rūrī *(Adv.)* — auf dem Land
unde *(relativisch)* — woher, von wo
16 **dictum** → dīcere — Wort, Äußerung, Spruch

ōrātiō, -ōnis *f.* — Rede
superāre — überwinden, überwältigen

metus, -ūs *m.* — Furcht, Besorgnis

PE **dūcere**, dūxī, ductum — ziehen, führen; glauben, meinen

longus, -a, -um — lang, weit
minimus, -a, -um — der kleinste

29 *Zur Wiederholung*
accipere, cenare, cernere, conspicere, cupere, delectare, dicere, discedere, facere, ferre, frangere, iacere, inquit, intrare, iubere, laudare, loqui, necesse est, parēre, posse, praeterire, recitare, respondere, scribere, sinere, spectare, stare, tacere, venire, vivere
amicus, consilium, dens, homo, iter, malum, nox, odium, periculum, poeta, tectum, vir
alter ... alter ..., ceteri, duo, malus, miser, noster, omnes, propinquus, tuus, unus
certe, domum, hīc, modo, quam, sic, sicut, subito, tam, tamen, unde, valde
hic (haec, hoc), iste (ista, istud), me, mecum, nihil, qui (quae, quod)
ante, at, aut ... aut ..., a/ab, causā, cum, de, dum, e/ex, et ... et ..., nam

Stammformen
cernere, crēvī, crētum — wahrnehmen, sehen, erkennen
cupere, -iō, -ivī, -ītum — wünschen, wollen, begehren
discedere, -cessī, -cessum — auseinander gehen, weggehen, verschwinden
docēre, docuī, doctum — lehren, unterrichten
ferre, ferō, tŭlī, lātum — tragen, bringen, ertragen
praeterīre, -eō, -iī, -ĭtum — vorübergehen, *(zeitl.)* vergehen
sinere, sīvī, situm — (zu)lassen, erlauben
solēre, soleō, solitus, -a sum — gewohnt sein, pflegen
stāre, stō, stĕtī, (stātūrum) — stehen

27
D Aspekt, intelligent
E aspect
F aspect, la douleur

28
D Exerzizien, exerzieren, rezent, Vehikel, Senator, Aperitif, rustikal, Oratorium, minimal
E to exercise, recent, senator, oration, long, minimum
F exercer, récent, véhicule, sénateur, ouvrir, rural, long, le minimum

commovēre, -mōvī, -mōtum → movēre — bewegen, veranlassen

6 **tot** (nicht dekliniert) — so viele

saevus, -a, -um — wütend, grimmig

urbs, urbis f. — (Haupt-)Stadt; oft: Rom

incendium — Brand, Feuer

imprīmīs (Adv.) — besonders, vor allem

mēnsis, -is m. — Monat

8 **male** (Adv.) — schlecht

difficilis, -e — schwierig

13 **nūllus**, -a, -um — kein, keiner

arcessere, arcessīvī, arcessītum — herbeirufen, holen

dīversus, -a, -um — entgegengesetzt, verschieden

17 **animadvertere**, -vertī, -versum — Acht geben, bemerken

patēre — offen stehen, sich erstrecken

aliquis, aliquid — (irgend)jemand, (irgend)etwas → N 3.7

22 **perterrēre** — (sehr) erschrecken

īdem, éadem, īdem — der-, die-, dasselbe → N 3.5

-ve (angehängt) — oder

paucī, -ae, -a — wenige, nur wenige

revertī, -vertor, -vertī — zurückkehren

30 *Zur Wiederholung*
adiuvare, audire, cognoscere, delere, gaudere, habere, habitare, intrare, invenire, novisse, perdere, ponere, posse, respondere, ridere, solere, videre
amicus, caput, carmen, cibus, civis, dictum, homo, ignis, lectus, liber, poeta, populus, porta, tectum, urbs, verbum
meus, minimus, omnes, parvus, totus, unus
nunc, tamen, is (ea, id), hic (haec, hoc), ille (illa, illud), nemo, nihil, qui (quae, quod), ecce, prope

Stammformen

adiuvāre, -iūvī, -iūtum (mit Akk.) — unterstützen, helfen

cōgnōscere, -gnōvī, -gnītum — kennen lernen, erkennen, erfahren

delēre, delēvī, delētum — zerstören, vernichten

perdere, -didī, -ditum — zugrunde richten, verlieren

pōnere, pŏsuī, pŏsitum — setzen, stellen, legen

fēlīx, -īcis — glücklich, glückbringend, erfolgreich; felīciter! (hier): Glück und Wohlergehen!

2 **senātus**, -ūs m. — Senat

illūstris, -e — berühmt

7 **praeclārus**, -a, -um — ausgezeichnet, berühmt

9 **meminisse** (mit Gen.) — sich erinnern, daran denken

Clāmōris meminī. — Ich erinnere mich an den Lärm.

dīvīnus, -a, -um — göttlich

31 ◆ *Zur Wiederholung*
appellare, cadere, condere, constituere, cupere, exponere, fieri, interficere, ostendere, posse, salutare, tradere, venire
aetas, caedes, frater, loca, multitudo, murus, nomen, numerus, res, rex, turba, urbs
multi, novus, uterque
is (ea, id), ibi, ita, itaque, tum, a/ab, de, nec

Stammformen

possidēre, -sēdī, -sessum — besitzen

Worterläuterungen im Lesevokabular!

29
D urban, Menstruation, diffizil, Null, divers, Patent, reversibel
E commotion, difficult, diverse, to revert
F urbain, l'incendie, le mois, mal, difficile, nul, divers, patent, peu, réversion

30
D Felix, Senat, illuster, Diva
E felicitous, illustrious, divine
F illustre, divin

Caput nōnum

32 *Zur Wiederholung*

accipere, advenire, amare, audire, cedere, cognoscere, dare, dicere, discedere, ignorare, intrare, iubere, laborare, legere, loqui, manere, miscere, narrare, nolle, novisse, ostendere, parare, putare, quaerere, scribere, tacere, tradere, videre, vincere, vivere, vocare

amicus, animus, aqua, dominus, domus, filius, frater, gaudium, hospes, mater, oppidum, pater, poeta, porta, servus, turba, urbs, verbum, vinum, vir, virgo

gratus, magnus, malus, multi, nonnulli, omnis, parvus, tuus

adhuc, certe, deinde, fere, fortasse, forte, ita, non modo ... sed etiam ..., profecto, quoque, satis, semper, sicut, tum, ut, valde

is (ea, id), ipse (ipsa, ipsum), ante, atque, ac, cum, de, et ... et ..., neque, postquam, vel

Stammformen

advĕnīre, -vēnī, -ventum	(her)ankommen
cēdere, cessī, cessum	gehen, weichen
accedere, -cessī, -cessum	herantreten, hinzukommen
interficere, -iō, -fēcī, -fectum	töten
manēre, mansī, mānsum	bleiben, warten
quaerere, quaesīvī, quaesītum	suchenm, fragen, erwerben
sedēre, sēdī, sessum	sitzen
vivere, vīxī, (victurum)	leben

sērō *(Adv.)*	spät, zu spät
indūcere, -dūxī, -ductum	hineinführen
tumultus, -ūs *m.*	Lärm, Unruhe
ātrium	Atrium, Halle
5 **litterae,** -ārum *f. (Pl.)*	Schrift, Brief, Literatur, Wissenschaft
sānus, -a, -um	gesund, bei Verstand
patria → pater	Vaterland, Heimat, Heimatstadt
12 **diū** *(Adv.)*	lange
auris, auris *f.*	‚Ohr'
incĭdere, -cĭdī	in etw. geraten, auf jd./etwas stoßen; sich ereignen

incĭdere in amīcōs	(zufällig) auf die Freunde stoßen
19 **hūmānitās,** -tātis *f.*	Menschlichkeit, Bildung
placēre	gefallen
fēmina	Frau
studēre *(mit Dat.)*	sich bemühen, betreiben, studieren
quiēs, -ētis *f.*	Ruhe, Erholung

PE	**aedificāre** →aedificium	bauen
	aurum	Gold
	numerus	(An)Zahl, Reihe

33 *Zur Wiederholung*

accipere, adiuvare, advenire, appellare, contendere, credere, dare, dicere, habere, habitare, interesse, meminisse, mutare, necesse est, negare, ostendere, pergere, persuadere, petere, posse, proficisci, regere, respondere, scire, scribere, sedere, sequi, tractare, vocare

annus, aspectus, caelum, caput, consilium, custos, deus, fabula, fortuna, frater, homo, mensis, nomen, parentes, puer, tempus, vir, virgo

alius, bonus, certus, duo, malus, miser, multi, noster, omnes, omnis, proximus, tuus, unus, vester

aliquando, bene, certe, cur?, ergo, fere, frustra, huc, ita, numquam, vero

aliquis, aliquid, is (ea, id), ipse (ipsa, ipsum), me, nemo, nihil, qui (quae, quod)

a/ab, cum, de, etiam, nisi, si, sine, super, vel

Stammformen

contendere, -tendī, -tentum	sich anstrengen, eilen, kämpfen, behaupten
fallere, fefellī, (deceptum)	täuschen, betrügen
fierī, fīō, factus, -a sum	werden, geschehen, gemacht werden
intendere, -tendī, -tentum	anspannen, richten auf, beabsichtigen
laedere, laesī, laesum	verletzen
occurrere, -currī, -cursum	entgegentreten, begegnen
persuadēre, -suasī, -suasum *(mit Dat.)*	überreden, überzeugen
procēdere, -cessī, -cessum	voranschreiten, vorrücken
surgere, surrēxī, surrectum	aufstehen, sich erheben

nescīre	nicht wissen, nicht kennen
nōbīscum	mit uns → N 3.6a
concilium	Versammlung
6 **prōvincia**	Amtsbereich, Provinz
factum → facere	Handlung, Tat(sache)
10 **gravitās**, -tātis f.	Gewicht, Bedeutung
incertus, -a, -um	unsicher, ungewiss
verērī, veritus, -a sum	sich scheuen, fürchten (nē ...: dass ...), verehren
religiō, -ōnis f.	Gottes-/Götterverehrung, Religion, Aberglaube
prō (beim Abl.)	vor, für
certus, -a fierī, fīō, factus, -a sum	(einer Sache) sicher sein
Dē ēventū certus nōn fīō.	Über den Ausgang bin ich mir nicht sicher.
14 **prō** (beim Abl.)	vor, für
prō certō habēre	für gewiss halten
17 **contemnere**, -mpsī, -mptum	verachten, gering schätzen
regiō, -ōnis f.	Richtung, Gegend
mortālēs, -ium m./f.	die Sterblichen (d. h. die Menschen)
īnstāre, -stō, -stitī	drohen, bevorstehen
20 **memŏria**	Gedächtnis, Erinnerung
īnsula	‚Insel‘
rapere, -iō, rapuī, raptum	‚raffen‘, rauben
sacer, sacra, sacrum	geweiht, heilig, verflucht
intrā (beim Akk.)	innerhalb von, in
intrā mūrōs	innerhalb der Mauern
26 **suprā** (beim Akk.)	oberhalb, über
suprā montem	oberhalb des Berges; über den Berg hinaus
māgnificus, -a, -um	großartig, prächtig
ūnusquisque, -quae-que, -quodque	jeder Einzelne
aliī ... aliī ..., -ae, -a	die einen ... die anderen ...
PE **afficere**, -iō, -fēcī, -fectum	versehen mit etwas, antun, erfüllen (mit)
alter, -era, -erum	der eine (von zweien), der andere, der zweite
brevis, -e	kurz
cōnstituere, -uī, -ūtum	aufstellen, festsetzen, beschließen
cōnsul, -is m.	Konsul (höchster röm. Beamter; immer zwei, gewählt auf ein Jahr)

dīvitiae, -ārum f. (Pl.)	Reichtum
fore (Inf. d. Nachz. zu esse)	= futūrum, -am, -um esse → CG 12.3.2
honor, -ōris m.	Ehre, Ehrenamt
mīrārī	sich wundern, bewundern
patī, patior, passus, -a sum	(er)leiden, (er)dulden, (zu)lassen

34 ◆ Zur Wiederholung
abire, capere, cedere, credere, dare, dicere, dolere, effugere, fieri, gaudere, inquit, ire, necesse est, ponere, solvere, tenere
animus, aqua, arbor, aurum, caelum, copia, corpus, deus, fides, flumen, malum, manus, munus, opes, spes, unda, vinum, vis
dives, laetus, malus, miser, nullus, omnes, totus, tuus
ibi, modo, quoque, tamquam, tum, vero, vix
hic (haec, hoc), ille (illa, illud), ipse (ipsa, ipsum), me, qui (quae, quod), sibi, quamquam

Worterläuterungen im Lesevokabular!

Caput decimum ▬▬▬▬▬▬▬

35 Zur Wiederholung
adesse, amare, capere, claudere, condere, dare, dicere, fieri, invenire, licet, praeferre, simulare, videri
ars, civis, homo, honor, mors, pecunia, pes, populus, porta, princeps, vir, vita
ceteri, decem, laetus, mille, multi, nonnulli, praeclarus, tres
hodie, ibi, quoque, tum, vix
is (ea, id), ille (illa, illud), ipse (ipsa, ipsum), sibi, etiam, prae, vel

Stammformen

abesse, absum, āfuī	abwesend sein, fehlen
adīre, -eō, -iī, -ĭtum	herangehen, aufsuchen, bitten
exīre, -eō, -iī, -ĭtum	(her)ausgehen

33
D Konzil, Provinz, Fakt, Gravitation, Region, Memoiren, Insel, sakral, Affekt, Brief, Honorar, Mirakel, Patient, Passiv
E council, province, fact, gravity, religion, to contempt, mortal, memory, isle, sacred, magnificent, to affect, brief, honour, miracle, patient

F le concile, la province, La Provence, (le) fait, incertain, religion, la région, la mémoire, l'île, ravir, sacré, sur, magnifique, autre, bref, l'honneur, patient

colere, coluī, cultum — bearbeiten, pflegen, verehren

condere, -didī, -ditum — erbauen, gründen; verwahren, unterbringen

dēcēdere, -cessī, -cessum — weggehen

intermittere, -mīsī, -missum — unterbrechen

licet, licuit, licitum est — es ist erlaubt/möglich, man darf

5 **dēdere,** -didī, -ditum — übergeben, widmen

singulāris, -e — einzigartig

artificium — Kunstwerk

11 **excēdere,** -cessī, -cessum — hinausgehen, verlassen

complēre, -plēvī, -plētum — (an)füllen

corrumpere, -rūpī, -ruptum — verderben, bestechen

15 **ferunt** → ferre — (hier:) man berichtet

efferre, efferō, extulī, ēlātum — hinaustragen

reddere, reddidī, redditum — zurückgeben; zu etw. machen

PE **aestās,** -tātis f. — Sommer

cōnferre, -ferō, -tulī, collātum — zusammentragen, vergleichen

dēfendere, -ndī, -ēnsum — verteidigen, schützen

impōnere, -pŏsuī, -pŏsitum (mit Dat.) — einsetzen, auferlegen

invādere, -vāsī, -vāsum — eindringen, angreifen

deficere, -io, -fēcī, -fectum — abfallen, schwinden, fehlen

fugere, -io, fūgī, (fugitūrum) — fliehen, meiden

invĕnīre, -vēnī, -ventum — finden, erfinden

providēre, -vīdī, -vīsum — vor(her)sehen, sorgen für, sich kümmern

transīre, -eō, -iī, -ĭtum — hinübergehen, überschreiten, vorbeigehen

plūrimī, -ae, -a — die meisten, sehr viele

aestus, -ūs m. — Hitze, Glut

tuērī, tueor, tūtātus, -a sum — anschauen, beschützen

tegere, tēxī, tēctum — (be),decken', schützen

7 **opera** — Arbeit, Mühe

operam dare — sich bemühen

argūmentum — Beweis, Inhalt, Stück

13 **nōndum** (Adv.) — noch nicht

omnīnō (Adv.) — völlig, überhaupt

19 **levis,** -e — leicht, leichtsinnig

mōs, mōris m. — Sitte, Brauch

modus — ,Maß', Art, Weise

24 **fīnis,** -is m. — Grenze, Ende, Ziel, (Pl.) Gebiet

PE **absolvere,** -solvī, -solūtum — loslösen; beenden

hiems, -mis f. — Winter, Kälte

occāsiō, -ōnis f. — Gelegenheit

vīcīnus, -a, -um — benachbart; Nachbar

36 Zur Wiederholung
adiuvare, audire, clamare, dare, debere, defendere, facere, fieri, finire, incipere, iubere, placere, repetere, tacere, venire, vocare
adulescens, dominus, pars, pater, populus, puer, servus, silentium, sol, tumultus, vox
alii ... alii ..., magnus, maximus, medius, multi, nonnulli, plerique, severus, totus
cur?, domi, imprimis, iterum, nunc, tamen
hic (haec, hoc), ille (illa, illud), qui (quae, quod), a/ab, atque, ac, de, et ... et ..., etiam, nam

Stammformen
convertere, -vertī, versum — umwenden; se c.: sich verändern, wandeln

Caput ūndecimum ▬▬▬▬▬

37 Zur Wiederholung
clamare, dicere, inesse, inquit, novisse, ostendere, ponere, respondere, servire, uti, videre
discipulus, liber, litterae, orator, orbis, pars, patria, res, tempus, verbum, vir
alius, bonus, diligens, humilis, magnus, malus, minimus, nobilis, nonnulli, noster, omnes, optimus, pulcher, totus, unus
deinde, equidem, hīc, huc, nunc, quam, tum

35
D Singular, Exzess, komplett, korrupt, Elativ, Rendite (Ertrag), Konferenz, Defensive, imponieren, Invasion
E singular, complete, corrupt, to render, to confer, to defend, to impose, to invade
F singulier, l'artifice, l'excès, complet, rendre, l'été, conférer, défendre, imposer, envahir

36
D Intuition, Oper, Operation, Moral, Modus
E argument, mode, occasion
F intuition, l'operation, les moeurs, le mode, le fin, occasion, le voisin

hic (haec, hoc), ille (illa, illud), nihil, qui (quae, quod), atque, ac, cum, de, e/ex, sine, vel

Stammformen

nōvisse, nōvī, nōtum   kennen, wissen

---

  imāgō, -ginis f.   Bild; Büste, Statue
  doctus, -a, -um   gelehrt, gebildet
  nūper *(Adv.)*   neulich, unlängst
5 **ars ōrātōria**   Redekunst, Rhetorik
  dīgnitās, -tātis f.   Würde
11 **ingenium**   Begabung, Anlage, Talent

  dīgnus, -a, -um   würdig, wert
  longē *(Adv.)*   weit, bei weitem
  aequālis, -e   gleich(altrig); *(hier:)* Zeitgenosse
16 **causa**   Ursache, Grund; Streitsache
     quā dē causā   aus welchem Grund, weshalb?

  melior, melius; -ōris   besser → CG 11.1.4
  peior, peius; -ōris   schlechter → CG 11.1.4
  plūs, -ris; *(Pl.)* plūrēs, -ra; -ium   mehr; mehrere, Mehrheit
20 **merērī,** meritus, -a sum   verdienen, sich verdient machen
     Dē litterīs bene meritus est.   Er hat sich um die Literatur sehr verdient gemacht.
  quisque, quaeque, quidque   (ein) jeder
     optimus quisque   gerade die Besten → N 3.7

  maximē *(Adv.)*   am meisten, besonders
  ars dīcendī   Redekunst, Rhetorik

PE **māior,** māius; -ōris   größer
  minor, minus; -ōris   kleiner, geringer
  rogāre   fragen, bitten

---

38 *Zur Wiederholung*
abire, adesse, adhibere, audire, bibere, clamare, facere, incipere, interrogare, intrare, necesse est, nolle, posse, recitare, ridere
amor, aqua, caput, discipulus, fabula, homo, ingenium, liber, manus, poeta, senex, turba, vita, vox, bonus, dives, divinus, humilis, magnus, malus, miser, nonnulli, omnes, parvus, tuus, unus

---

ante, ergo, fere, fortasse, maxime, quam, tam, ut, vix
hic (haec, hoc), ille (illa, illud), ipse (ipsa, ipsum), nemo, qui (quae, quod)
at, aut, cum, de, e/ex, inter

Stammformen

sentīre, sēnsī, sēnsum   fühlen, (be)merken, verstehen

---

  disputāre   auseinander setzen, für und wider sprechen
  spērāre   hoffen, erwarten
  propter *(beim Akk.)*   wegen
     propter hōc ipsum   gerade deswegen
5 **umquam** *(Adv.)*   jemals
  carpere, -psī, -ptum   pflücken, abreißen
  vōtum   Gelübde, Wunsch
10 **premere,** pressī, pressum   drücken, drängen

PE **ācer,** ācris, ācre   spitz, scharf, feurig

---

39 *Zur Wiederholung*
accipere, bibere, facere, incitare, inquit, legere, posse, queri, recipere, respondere, scribere, stare, timere, venire
aqua, causa, fabula, mensis, pater, vis
meus, natus, situs, tuus
contra, cur?, equidem, ita, longe, quī
hic (haec, hoc), idem, eadem, idem, ille (illa, illud), qui (quae, quod), a/ab, ante, atque, ac, propter

---

  superior, -ius; -ōris   weiter oben
4 **improbus,** -a, -um   schlecht, boshaft, gierig
  vēritās, -tātis f.   Wahrheit
11 **āit, āiunt**   sagt(e) er/sie, sag(t)en sie
  fingere, fīnxī, fictum   bilden, darstellen, (sich) ausdenken
  opprimere, -pressī, -pressum   bedrängen, unterdrücken
  nāscī, nāscor, nātus, -a sum   geboren werden, entstehen

PE **facilis,** -e   leicht

37
D imaginär, kausal, Plural, Meriten, maximal, Majorität
E image, dignity, engineer, equal, cause, to merit, major
F l'image, docte, l'ingenieur, digne, égal, la chose, plusieurs, mériter, majeur
38
D Disput, Exzerpt, pressen, Presse

E to dispute, vote, to press
F espérer, vote, presser
39
D fingieren
E superior, verity, fiction, to oppress, facility
F supérieur, vérité, fiction, opresser, naître, facile

mālle, mālō, māluī < magis velle	lieber wollen, vorziehen
novus, -a, -um	neu
redīre, -eō, -iī, -ĭtum	zurückgehen, zurückkehren
rumpere, rūpī, ruptum	(zer)brechen, zerreißen
vitium	Fehler, Untugend, Schaden

Caput duodecimum ▬▬▬▬▬▬

40 *Zur Wiederholung*

adducere, adesse, aedificare, amare, ascendere, debere, delectare, dolere, exspectare, fieri, gaudere, inquit, inspicere, iubere, legere, licet, loqui, posse, proficisci, putare, reperire, reverti, salve! salvete!, scire, sequi, solere, tenere, tradere, venire, videre

amicus, ars, causa, hospes, liber, loca, locus, mensis, miles, mons, munus, occasio, pes, porta, princeps, provincia, senator, templum, villa
alius, alter, altus, duo, improbus, maximus, nobilis, noster, notus, omnes, parvus, pulcher, tres, unus, vester
adhuc, certe, fortasse, forte, frustra, hīc, huc, ibi, itaque, libenter, longe, non modo ... sed etiam ..., nonne, quoque, statim, una, ut
hic (haec, hoc), idem, eadem, idem, ille (illa, illud), is (ea, id), me, qui (quae, quod)
atque, ac, cum, de, e/ex, enim, et ... et ..., nam, per, quod, si, vel

Stammformen

īnspicere, -iō, -spēxī, -spectum	ansehen, besichtigen
reperīre, repperī, repertum	(wieder) finden

fungī, fūnctus, -a sum Officiō meō fungor.	verwalten, ausüben Ich walte meines Amtes.
arbor, arbŏris *f.*	Baum
4 **lingua**	,Zunge', Sprache
salūtāre	grüßen, begrüßen
quod *(Konjunktion)*	*(Inhaltssatz:)* dass; *(kausal:)* da, weil
10 **vallis**, -is *f.*	Tal
imitārī	nachahmen

perdūcere, -dūxī, -ductum	hinführen
15 **fluere**, flūxī, flūxum	fließen, strömen
sōlus, -a, -um	allein
23 **invenīre**, -vēnī, -ventum	finden (hingelangen); *(Pass.:)* sich (be)finden
quaerere, quaesīvī, quaesītum	suchen, fragen *(ex...:* jd.); erwerben
29 **cohors**, -rtis *f.*	Kohorte, Leibwache
lātus, -a, -um longē latēque	weit, breit weit und breit
33 **sapientia**	Einsicht, Weisheit
valēre	gesund sein (valē, valēte: leb(t) wohl!); Einfluss haben, wert sein

PE **dēpōnere**, -pŏsuī, -pŏsitum	niederlegen, aufgeben
interīre, -eō, -iī, -ĭtum	zugrunde gehen, untergehen
iūdicium	Gericht, Urteil; Ansicht, Meinung
secundum *(beim Akk.)*	an ... entlang, nach, gemäß
ūllus, -a, -um	(irgend)ein → N 3.8
vetus, veteris	alt

41 *Zur Wiederholung*

abire, conferre, dicere, facere, incipere, mori, navigare, proficisci, redire, solere, suscipere, transire, venire, videre
aedes, ara, beneficium, comes, corpus, hospes, insula, iter, loca, modus, mons, nomen, princeps, provincia, sol, templum, terra, celer, multi, tantus
deinde, fere, inde, nunc, statim, tam, ut
hic (haec, hoc), idem, eadem, idem, qui (quae, quod), sibi
apud, atque, ac, nec, per, quod

Worterläuterungen im Lesevokabular!

42 *Zur Wiederholung*

advenire, amare, animadvertere, appropinquare, clamare, credere, dicere, ducere, facere, incipere, inquit, intrare, legere, loqui, necare, orare,

---

39
D Novum, abrupt
F neuf, -ve, rompre, vice
40
D Funktion, Linguistik, salutieren, imitieren, Solo, deponieren, Veteran

E language, to salute, valley, to imitate, fluid, sole, to invent, question, to depose
F l'arbre, la langue, saluer, vallée, imiter, fluide, seul, inventer, question, latitude, déposer, vétéran

ostendere, prohibere, putare, rogare, superare, vincereannus, calamitas, canis, civitas, deus, dies, filius, homo, lux, malum, mulier, salus, sol, veritas, vir, vis, vox
alter ... alter ..., clarus, divinus, duo, malus, meus, noster, nullus, obscurus, omnes, pauci, primus, tuus, verus
deinde, sicut
hic (haec, hoc), ille (illa, illud), is (ea, id), iste (ista, istud), nihil, qui (quae, quod), ante, e/ex, postquam, pro

3	**utinam**	wenn doch! (o) dass doch!
	nē *(mit Konj. im Hauptsatz)*	(ja) nicht! hoffentlich nicht
	morī, morior, mortuus, -a est	sterben
5	**morbus**	Krankheit
	cōnsistere, -stitī	sich aufstellen, Halt machen, stehen bleiben
16	**liberāre**	befreien
	damnāre	verurteilen, verdammen
19	**excipere**, -iō, -cēpī, -ceptum	ausnehmen
	extrā *(beim Akk.)*	außerhalb von
	extrā mūrōs	außerhalb der Mauern
PE	**lēx**, lēgis f.	Gesetz, Gebot
	nec = neque	und nicht, auch nicht
	parere, -iō, peperī, partum → parentēs	gebären, hervorbringen, erwerben

fortasse, hīc, nunc, quoque, simul, tam, tum, umquam
hic (haec, hoc), ille (illa, illud), ipse (ipsa, ipsum), is (ea, id), iste (ista, istud), qui (quae, quod), a/ab, ante, contra, de, quod, si, vel

Stammformen

vendere, -didī, -ditum	verkaufen

	pōns, pontis m.	Brücke
	pervěnīre, -vēnī, -ventum	hinkommen, (hin)gelangen
	bellum cīvīle	Bürgerkrieg
4	**optāre**	wünschen
	nē *(mit Konj.)*	dass nicht, damit nicht
10	**quō** *(Adv.)*	wohin
	crūdēlis, -e	grausam
16	**iūs**, iūris n.	Recht, Gericht
	iūre *(Abl.)*	mit Recht
	monēre	erinnern, ermahnen, warnen
	rēs novae *(Pl.)*	Umsturz, Revolution
21	**imperāre** *(mit Dat.)*	befehlen, (be)herrschen
	quisquis, quidquid	wer/was auch immer; jeder, der; alles, was
PE	**arma**, -ōrum n. *(Pl.)*	Waffen, Gerät
	cum ... tum ...	wenn ..., dann ...; sowohl ... als auch ...
	Cum deī, tum hominēs errāre possunt.	Sowohl die Götter als auch die Menschen können sich irren.

Caput tertium decimum

43 *Zur Wiederholung*
adesse, audire, debere, dicere, ferre, iacěre, incitare, inferre, inquit, ire, neglegere, parěre, reverti, tacere, timere, venire, vereri, videre, vivere, vocare
bellum, civis, deus, dux, flumen, gratia, locus, mens, miles, mors, oculus, patria, pax, poeta, populus, res, rex, salus, tempus, verbum
cupidus, inimicus, noster, notus, parvus, tuus

44 *Zur Wiederholung*
fieri, gerere, inferre, invenire, perdere, pergere, pervenire, posse, scribere, studere, tenere
amicus, bellum, beneficium, civis, imperium, iniuria, liber, memoria, patria, populus, portus, res publica, senator, senatus, tempus, vis
clarus, multi, noster, plurimi, solus, tantus, unus
fere, numquam, nunc, ut, valde
hic (haec, hoc), ille (illa, illud), is (ea, id), qui (quae, quod), apud, aut ... aut ..., de, enim, et ... et ..., nisi, pro, vel

sollicitāre	erregen, beunruhigen

42
D morbid, Konsistenz, extra, legal
E morbid, to consist, to liberate, to damn, except, extra, law
F mourir, morbide, consister, libérer, damner, excepter, la loi

43
D Pontonbrücke, optieren, Option, Iura, Justiz, monieren, Imperativ
E cruel, arms
F le pont, l'option, cruel, les armes
44
F solliciter

status, -ūs *m.*	Zu,stand', Lage
6 **sŏcius**	Gefährte, Begleiter, Bundesgenosse
nātiō, -ōnis *f.*	Volks(stamm), Herkunft
vexāre	quälen
commemorāre	erwähnen, berichten
11 **scelus**, -eris *n.*	Verbrechen, Frevel
licentia	Willkür, Macht

PE **nē** *(mit Konj.)*	*(nach Ausdrücken des Fürchtens:)* dass
timeō, nē cadam	ich fürchte, dass ich falle/ zu fallen

45 *Zur Wiederholung*
adiuvare, audire, clamare, colere, delere, dicere, ĕdere, florere, imperare, iubere, legere, mori, narrare, nolle, ostendere, pergere, prohibere, rapere, reverti, salutare, tacere, tenere, vereri, videre
ars, bellum, carmen, clamor, dux, homo, imperium, ius, litterae, mare, modus, patria, pax, princeps, socius
adulescens, humilis, laetus, maximus, mirus, multi, novus, obscurus, primus, pulcher
certe, fere, nunc, procul, quoque, tandem, tum, una, valde
hic (haec, hoc), ille (illa, illud), is (ea, id), me, qui (quae, quod), apud, at, cum, de, enim, etiam, per, si, sine, vel

caedēs, -is *f.*	Mord, Gemetzel, Schlacht
4 **restituere**, -stituī, -stitūtum	wiederherstellen
12 **assequī**, -sequor, -secūtus, -a sum	erreichen
22 **iussū** *(Abl.)*	auf Befehl
PE **melior**, melius; -ōris	besser

Caput quārtum decimum ▬▬▬▬▬▬

46 *Zur Wiederholung*
afficere, audire, cadere, consistere, dare, facere, ferre, habere, incipere, iubere, iungere, mittere, occupare, orare, pervenire, posse, procedere, pugnare, putare, respondere, venire, videre
agmen, bellum, bestia, caelum, campus, clades, consilium, copia, deus, dies, dux, exercitus, homo, hostis, impetus, iter, labor, lux, metus, miles, mons, mos, oratio, signum, terra, urbs, usus, via, vis, vultus
alius, angustus, difficilis, ingens, latus, magnus, noster, nullus, omnes, omnis, pauci, primus, propinquus, talis, tantus
fere, hodie, longe, magis, non modo ... sed etiam ..., nunc, profecto, quam, tamen, unde
hic (haec, hoc), is (ea, id), nobiscum, qui (quae, quod), a/ab, an, atque, ac, cum, de, e/ex, enim, etiam, per, quamquam, si, super

Stammformen

invidere, -vīdī, -vīsum *(mit Dat.)*	jmdn. beneiden
iungere, iūnxī, iunctum	verbinden, vereinigen

altitūdō, tūdinis *f.*	Höhe, Tiefe
prope *(Adv.)*	beinahe *(b. Akk.: L 1)*
terror, -ōris *m.*	Schrecken
igitur *(Adv.)*	also, folglich
lēgātus	Gesandter, hoher Offizier, Bevollmächtigter
ut *(Konj. mit Konjunktiv)*	dass *(Inhaltssatz)*
5 **adicere**, -iciō, -iēcī, -iectum	hinzufügen
nūdus, -a, -um	nackt, unverhüllt
contingere, -tigī, -tactum	berühren
nūntius	Bote, Nachricht
10 **castra**, -ōrum *n. (Pl.)*	Lager
impetrāre	erlangen, durchsetzen
16 **cum** *(Konj. mit Konjunktiv)*	*(konzessiv:)* obwohl
cōpiae, -ārum *f. (Pl.)*	Truppen, Streitkräfte
aggredī, -gredior, -gressus, -a sum	herangehen, angreifen

44
D Status, sozial, Sozius, Nation, Lizenz
E status, social, nation, to commemorate, license
F l'état, social, nation, licence
45
D restituieren
E restitution

F restituer
46
D Terror, Legat, Adjektiv, Nudist, Nuntius, Kastell, aggressiv
E altitude, nude, in Städtenamen, z. B: Lan-caster
F l'altitude, terreur, nu

ut *(Konj. mit Konjunktiv)*	*(konsekutiv:)* so dass	
19 **expellere**, -pulī, -pulsum	vertreiben, verbannen	
inde *(Adv.)*	von dort	
praeceps, -cipitis	steil	
22 **mŏra**	Aufenthalt, Verzögerung	
cum *(Konj. mit Konjunktiv)*	*(kausal:)* da	
metuere, -uī	fürchten	
iugum	‚Joch', Bergrücken	
ut *(Konj. mit Konjunktiv)*	*(final:)* dass, damit *(oft: um zu …)*	
28 **ac = atque**	sowie, und	
subicere, -iciō, -iecī, -iectum	unterwerfen	
moenia, -ium *n.*	Stadtmauern	
32 **sustinēre**, -tinuī, -tentum	aufrecht halten, aushalten	

PE **cum** *(Konj. mit Konjunktiv)* — *(zeitlich:)* als, nachdem

dubitāre → dubius	zweifeln, zögern
-ne *(angehängt)*	ob *(im Gliedsatz)*
prope *(Adv.)*	nahe, in der Nähe
uter?, utra, utrum	wer *(von beiden)*?
vetāre, vetuī, vetĭtum	verbieten, verhindern

6 **opus**, -eris *n.*	Mauerwerk; Werk; Arbeit	
cum *(Konj. mit Konjunktiv)*	*(adversativ:)* während, wenn auch	
frīgus, -oris *n.*	Kälte, Frost	
tolerāre	ertragen, er‚dul'den	
12 **prīvātus**, -a, -um	privat, persönlich	
convenīre, -vēnī, -ventum	zusammenkommen, sich einigen	
lūna → lūcēre	Mond	
15 **sententia**	Meinung, Ansicht	
sīn *(Konj.)*	wenn aber	
fortis, -e	tapfer, mutig	
amīcus, -a, -um	befreundet, *(hier:)* vernarrt, begeistert	
19 **ōdisse**, ōdī	hassen	
Ōdī et amō.	Ich hasse und ich liebe.	
afferre, afferō, attulī, allātum	herbeibringen, melden	
cōnfīdere, -fīdō, -fīsus, -a sum	vertrauen	
25 **poena**	Buße, Strafe	

PE **aes**, aeris *n.* — Kupfer, Bronze

---

47 *Zur Wiederholung*

amare, audire, colere, credere, dicere, dubitare, laudare, loqui, munire, ostendere, pati, petere, placere, posse, pugnare, putare, scire, timere, vereri, vivere

aestus, arma, ars, bellum, cibus, clades, concilium, coniunx, consilium, corpus, dies, familia, femina, filius, gens, genus, impetus, ius, labor, manus, mater, miles, mulier, nomen, pax, res, via, vir, vulnus

alii … alii …, bonus, certus, maximus, mirus, multi, omnes, publicus, solus, validus

aliquando, bene, certe, equidem, hīc, ita, itaque, nunc, profecto, sicut, una, ut, vix

hic (haec, hoc), idem, eadem, idem, ille (illa, illud), is (ea, id), iste (ista, istud), nihil, qui (quae, quod)

ante, atque, ac, aut … aut …, cum, enim, etiam, nam, nec, nisi, si

nātūra	Natur, Wesen

Caput quīntum decimum ━━━

48 *Zur Wiederholung*

adire, afferre, contendere, deesse, deficere, dicere, edere, emere, exercere, facere, invenire, ostendere, pati, pervenire, proficisci, putare, quaerere, respondere, reverti, ridere, servare, tradere, transire, vendere, vēnire, videre, vincere

arma, bestia, castra, civitas, corpus, custos, domus, finis, flumen, gens, genus, ludus, mercator, officium, pax, pecunia, populus, provincia, servus, vestis, villa

alius, ceteri, extremus, levis, maior, malus, meus, necessarius, noster, omnes, plenus, plerique, severus, solus, tantus, unus

bene, certe, hīc, igitur, ita, iterum, libenter, modo, ne … quidem, nonne, nunc, nuper, sane, semper, tum

hic (haec, hoc), ipse (ipsa, ipsum), is (ea, id), qui (quae, quod), ac = atque, at, atque, ac, cum, de, enim, etiam, si, sine, vel

---

46

D Moratorium, Subjekt, Veto

E to expel, precipitous, (to) subject, to sustain, to doubt

F précipiter, sujet, soutenir, douter

47

D Opus, frigid, tolerieren, privat, Konvention, Sentenz, forte, Pein

E nature, frigid, to tolerate, private, to convene, sentence, pain

F la nature, frigidaire, tolérer, privé, la convention, la lune, sentence, fort, l'ami, se confier, peine

Stammformen

cavēre, cāvī, cautum (mit Akk.)	sich hüten, sich vorsehen (vor)

	fīdus, -a, -um	treu, ergeben
3	**rīpa**	Ufer
11	**ōrnāmentum**	Schmuck, Verzierung
17	**servitūs**, tūtis f.	Sklaverei, Knechtschaft
	lībertās, -tātis f.	Freiheit
23	**aliter** (Adv.)	anders
	aliter atque …	anders als …
	exemplum	Beispiel, Vorbild
31	**caedere**, cecīdī, caesum	fällen, niederhauen, töten
	dēspērāre → spērāre	die Hoffnung aufgeben, verzweifeln
	comparāre → parāre	beschaffen, erwerben
	vulgus, vulgī n.	Volk, die breite Masse
PE	**adulēscentia**	Jugend

49 ◆ *Zur Wiederholung*
accedere, animadvertere, condere, damnare, dormire, educere, excitare, exire, existimare, facere, ferre, fieri, habere, proficisci, recipere, reperire, respondere, surgere, vocare
gladius, homo, iter, lectus, locus, lux, mercator, mors, socius, somnus, urbs, via, vir
alius, alter, ceteri, solus, ante, deinde, fere, forte, post, primum, qua re, ut
hic (haec, hoc), idem, eadem, idem, ille (illa, illud), ipse (ipsa, ipsum), is (ea, id), qui (quae, quod), secum
ante, causā, cum, e/ex, nisi, postquam, sine

Worterläuterungen im Lesevokabular!

50 *Zur Wiederholung*
abesse, aspicere, audire, clamare, cogitare, commovere, currere, defendere, emere, facere, frui, habere, intrare, invenire, miscere, portare, posse, servare, tacere, venire, videre, videri, vocare
aqua, aura, causa, civis, civitas, flumen, frater, homo, hostis, imperator, instrumentum, lex, magistratus, murus, nauta, navis, oppidum, pars, patria, porta, ripa, tumultus, turba, via, vir, vita, vox
alius, clarus, longus, magnus, maximus, meus, nonnulli, novus, pulcher, sapiens, solus, unus, varius
primum, quomodo, sicut, tamquam, tandem, tum, ut
ille (illa, illud), ipse (ipsa, ipsum), iste (ista, istud), nihil, sibi
a/ab, ante, atque, ac, cum, de, e/ex, ecce, et … et …, per

Stammformen

cōnficere, -iō, -fēcī, -fectum	vollenden, bewältigen

5	**vīvus**, -a, -um	lebendig, am Leben
	nāncīscī, nāncīscor, nā(n)ctus, -a sum	bekommen, (durch Zufall) erlangen; auf etw. stoßen
15	**orīrī**, orior, ortus, -a sum	entstehen, abstammen
	perturbāre	beunruhigen, in Verwirrung bringen
	pudor, -ōris m.	Scham, Scheu, Ehrgefühl
	prō pudor!	welche Schande!
22	**ūsque** (Adv.)	ohne Unterbrechung (Präp.: ūsque ad → L4)
	culpa	Schuld
	exstinguere, -stīnxī, -stīnctum	löschen, tilgen
27	**ēgredī**, -gredior, -gressus, -a sum	hinausgehen, verlassen
PE	**quisque**, quaeque, quidque	(ein) jeder, (beim Superlativ:) gerade der
	ut (Konj. mit Indikativ)	(„wie":) als (temporal)
	ut (Konj. mit Konjunktiv)	(konzessiv:) auch wenn

51 *Zur Wiederholung*
adiuvare, aggredi, amare, audere, audire, bibere, clamare, claudere, conferre, contendere, convenire, corrumpere, decedere, dicere, facere, ferre, fugere, gaudere, imponere, inquit, interrogare, invenire, ire, legere, mittere, nasci, placere, proficisci, putare, recipere, ridere, scire, scribere, sequi, solere, sperare, suscipere, tacere, tradere, venire, vereri, vetare, videre, vincere, vivere, vocare
amor, annus, causa, civitas, corpus, dies, dominus, finis, forum, frater, genus, homo, hostis, humanitas, imperator, iudicium, ius, lex, litterae, locus, ludus, magistratus, mercator, miles,

---

48
D Ornament, Exempel, desperat, vulgär, Adoleszenz
E servitude, liberty, example, to despair, to compare
F fidèle, la rive, l'ornement, servitude, la liberté, l'exemple, désespérer, comparer, vulgaire

50
D Vivisektion, ‚quick'lebendig, Orient
E to extinguish
F vif, vive, l'orient, perturber, pudeur, éteindre

munus, murus, negotium, nomen, officium, oppidum, parentes, pes, praesidium, provincia, puella, si
gnum, tempus, terra, verbum, vinum, vis, vita
ater, duo, levis, liber, maximus, medius, meus, mirus, noster, novus, optimus, parvus, sacer, severus, situs, totus
adhuc, bene, certe, domum, ergo, hīc, hodie, huc, itaque, iterum, numquam, nunc, nuper, primum, quasi, statim, subito, tandem, valde
aliquis, aliquid, hic (haec, hoc), ille (illa, illud), ipse (ipsa, ipsum), is (ea, id), me, mecum, qui (quae, quod)
apud, at, atque, ac, cum, de, etiam, nam, nec, nisi, per, prope, quod, si

✳

alere, celebrare
imperium, moenia, pax, terra, vis
latus, medius, proximus, tranquillus
qui (quae, quod), per, quod

✳

aperire, cernere, curare, dare, habere, iacere, ire, mirari, patere, premere, prohibere, retinere, spectare, sternere, venire
aqua, atrium, campus, cura, litus, lux, natura, oculus, opes, opus, tergum, ventus
apertus, laetus, hīc, nunc, procul, sic
hic (haec, hoc), nihil, qui (quae, quod), cum, nec, per

Stammformen

alere, aluī, altum	(er)nähren, großziehen
audēre, audeō, ausus, -a sum	wagen
solvere, solvī, solūtum	lösen, befreien, bezahlen

5 **accūsāre**	anklagen, beschuldigen
inimīcus , -a, -um *(mit Dat.)* → amīcus	feindlich, Feind
13 **obicere,** -iciō, -iēcī, -iectum	entgegenwerfen, entgegnen, vorwerfen
dēserere, -seruī, -sertum	im Stich lassen, verlassen
16 **dēprehendere,** -prehendī, prehēnsum	ergreifen, ertappen, abfangen
24 **dēferre,** -ferō, -tulī, -lātum	hinbringen, melden, berichten
25 **ēvenīre,** -vēnī, -ventum	ablaufen, sich ereignen
praetor, -ōris *m.*	Prätor (höchster Beamter in Rom nach den Konsuln, Funktion etwa „oberster Richter")

praeesse, -sum, -fuī *(mit Dat.)*	voranstehen, befehligen
38 **īnstruere,** -strūxī, -strūctum	aufstellen, ausrüsten, unterrichten
an *(Konj. in einer indirekten Frage)*	ob …?; oder ob … ?
43 **properāre**	eilen, sich beeilen
celebrāre	feiern, verherrlichen, zahlreich besuchen
tellūs, -ūris *f.*	Erde, die Mutter Erde
voluptās, -tātis *f.*	Freude, Vergnügen, Lust

Iam mēns avet vagārī… ━━━━━

52 ◆ *Zur Wiederholung*
alere, caedere, currere, fieri, ire, laborare, parare, premere, queri, tacere, vehere, vehi
campus, dies, ferrum, hora, iter, labor, malum, manus, mons, opus, plebs, sedes, tellus, terra, via, altus, dubius, duo, longus, malus, medius, minor, primus, quantus, sordidus, summus, unus
aliter, hinc, hīc, nunc, vix
hic (haec, hoc), ille (illa, illud), qui (quae, quod), at, dum, nec, per, sub

Worterläuterungen im Lesevokabular!

53 ◆ *Zur Wiederholung*
accidere, adiuvare, admirari, ait, aiunt, cedere, cogitare, credere, debere, deponere, expellere, facere, fieri, fugere, habere, inducere, licet, mirari, mutare, nasci, nocere, pervenire, placere, ponere, posse, premere, prodesse, putare, quaerere, queri, sequi, transire, venire, vivere
animus, caelum, causa, deus, gravitas, loca, locus, malum, mare, mens, navis, pars, patria, regio, res, salus, sedes, terra, urbs, vates, vitium
iucundus, longus, magnus, meus, noster, novus, nullus, omnis, primus, qualis, solus, talis, tot, totus, tuus, ullus, unus
ante, bene, contra, huc, magis, nunc, quam, quasi, quo, sicut, tam, ut
hic (haec, hoc), idem, eadem, idem, ille (illa, illud), ipse (ipsa, ipsum), is (ea, id), iste (ista,

51
D Objekt, desertieren, instruieren, zelebrieren, ‚Diele'
E to accuse, enemy, to object, to desert, to defer, to instruct, to celebrate

F accuser, l'ennemi, objecter, déserter, instruire, célébrer, volupté

223

istud), nihil, nil = nihil, qui (quae, quod), tecum
at, atque, ac, aut, contra, cum, e/ex, enim, quod,
si

Worterläuterungen im Lesevokabular!

54 ◆ *Zur Wiederholung*
proficisci, referre, valere
ager, aura, caelum, campus, comes, mens, pes,
studium, urbs, via
clarus, diversus, dulcis, iucundus, laetus, longus,
varius
simul, qui (quae, quod)

Worterläuterungen im Lesevokabular!

55 ◆ *Zur Wiederholung*
adire, amare, arcere, capere, crescere, dormire,
ducere, exigere, frangere, incipere, ire, iungere,
mori, mutare, negare, persequi, posse, praebere,
premere, proficisci, properare, solvere, spectare,
valere, vehere, vehi, venire
aes, amor, animus, annus, aqua, arma, aura, auxilium, cura, deus, dies, hospes, iter, labor, liber,
lingua, litus, manus, mare, mors, nauta, navis,
oculus, pes, portus, puella, socius, spatium, studium, terra, turris, via, vulnus
amicus, doctus, extremus, felix, gravis, longus,
magnus, maximus, meus, noster, omnes, omnis,
quantus, turpis, tuus, unus, uterque
certe, deinde, ergo, illic, inde, magis, nunc, procul, saepe, tam, tamen, vix
ille (illa, illud), ipse (ipsa, ipsum), me, sibi
a/ab, atque, ac, aut, aut ... aut ..., e/ex, enim, per

Worterläuterungen im Lesevokabular!

Dieses **alphabetische Wörterverzeichnis** enthält sämtliche im Lehrwerk Itinera vorkommende Wörter, einschließlich verschiedener Eigennamen (↗ auch Verzeichnis der Eigennamen).
Die **Lernwörter** sind **fett** gedruckt.
Angegeben wird bei allen Wörtern die Lektion, in der sie das erste Mal vorkommen (außer bei den fakultativen Lesestücken).
Ein Asterisk * bedeutet, dass das Wort das erste Mal in einer Übung auftritt.
Die Wörter, die nur in einem der fakultativen Lesestücke vorkommen, sind mit dem Zeichen ♦ markiert (auch hier ist nur das erste Auftreten angegeben).

A

ā, ab	von, von … her 14
abdere	verbergen, verstecken 16*
abdūcere	wegführen, entführen 23
abesse	abwesend sein, fehlen 8
abī	geh fort! 3*
abicere	wegwerfen, ablegen 32*
abigere	forttreiben, vertreiben 32*
abīre	weggehen 6
abscēdere	fortgehen 28
abscondere	verbergen 19
absolvere	loslösen; beenden 36*
absque	fern von, ohne, außerhalb 40*
abstrahere	wegziehen 46*
ac = atque	sowie, und 46
accēdere	herantreten, hinzukommen 3
accidere	sich ereignen, geschehen 18
accipere	annehmen, vernehmen, empfangen 23
accipiter	Habicht 6*
acclāmāre	zurufen, bejubeln 35
acclāmātiō	Zuruf; Beifall 23
accurrere	herbeieilen 9*
accūsāre	anklagen, beschuldigen 51
ācer	spitz, scharf, feurig 38*
acerbus	herb, bitter 39*
acētum	Essig 3
aciēs	Schlachtordnung, Heer 48*
acquiēscere	ausruhen 51*
āctiō	Tätigkeit; Gerichtsverhandlung, Rede 40*
āctum	Tat, Verhalten 29*
āctum est dē mē	es ist um mich geschehen 23
āctus	Tätigkeit, Handlung 33*
acūtus	scharf(sinnig) 50*
ad	bei, an, zu, nach 2
addīcere	hingeben, überlassen 53♦
addūcere	heranführen, zuführen, veranlassen 25

adeō	so sehr 50*
adesse	anwesend sein, da(bei) sein 2; beistehen, helfen 6*
adferre	herbeibringen 49♦
adfīgere	anheften 33*
adhaerēre	an etw. hängen, haften 48*
adhibēre	hinzuziehen, anwenden 26*
adhūc	bis jetzt, noch 19
adicere	hinzufügen 46
adipīscī	erringen, erlangen 50*
adīre	herangehen, aufsuchen, bitten 2
aditus	Zugang 20
adiūtor	Helfer 42
adiuvāre	unterstützen, helfen 6
adminiculum	Stütze 16*
admīrārī	bewundern, sich wundern 26
admittere	zulassen, hinzuziehen 47*
admodum	ziemlich, sehr 11
admonēre	ermahnen 21
admovēre	heranbringen, hinzuziehen 36*
adnuere	beistimmen 34♦
adōrāre	anbeten, zu jd. beten, anflehen 8
adquīrere	(hinzu)erwerben, gewinnen 16*
adscrībere	zuschreiben 39*
adspicere = aspicere	anschauen, erblicken 19*
adstāre	dabeistehen 33*
adstrepere	lärmend zustimmen 51C
adsurgere	sich erheben 19*
adulēscēns	junger Mann; jung 2, 14
adulēscentia	Jugend 48*
advehere	etw. heranfahren, heranschaffen 27
advenīre	(her)ankommen 14
adventus	Ankunft 33*
adversārius	Gegner, Feind 23
adversus	gegenüberstehend, feindlich, ungünstig 19*

advertere	hinwenden, richten auf; animum adv.: Gedanken, Aufmerksamkeit richten auf, aufmerken 36
advocāre	herbeirufen 4
advolāre	herbeieilen 9
aedēs	(Sg.) Tempel, (Pl.) Haus 19
aedificāre	bauen 32*
aedificium	Gebäude 1
aedīlis	Ädil 23*
aeger	krank, bekümmert 53♦
aegrē	kaum, mit Mühe 51
aegrōtus	krank 19*
aequālis	gleich(altrig); (hier:) Zeitgenosse 37
aequē ac …	in gleicher Weise wie… 51*
aequinoctiālis	zur Zeit der Tag- und Nachtgleiche 54♦
aequor	Meer, Wasserfläche, Ebene 55♦
āēr	Luft 23*
aerārium	Staatskasse 36*
aes	Erz, (Kupfer-)Geld 47*
aestās	Sommer 35*
aestimāre	schätzen, meinen; plūrimī aest.: äußerst hoch achten 7
aestuāre	glühen, kochen; aestuans (hier:) keuchend, brennend, glühend 19*
aestuōsus	glühend (heiß) 54♦
aestus	Hitze, Glut 36
aetās	Lebensalter, (Zeit)alter 4*
aeternus	ewig, unvergänglich 19*
afferre	herbeibringen, melden 47, anführen 48
afficere	versehen mit etwas, antun, erfüllen (mit) 33*
affirmāre	bekräftigen 32
agāsō	Eselstreiber 46*
age!	Los! 39*
ager	Acker(land), Feld, Gebiet 1
agere	treiben, betreiben, handeln, verhandeln; vitam a.: Leben verbringen 1, spielen 35

agger	Dammerde, Erdwall 48*		ambitiō	Ehrgeiz 16*		apportāre	(herbei)bringen 8*

agger — Dammerde, Erdwall 48*
aggredī — herangehen, angreifen 46
agilis — beweglich, schnell 52♦
agitāre — eifrig betreiben, erwägen; hin und her bewegen, antreiben 25*
agite! — los!, vorwärts! 23
agmen — Zug, Heereszug 2
agmen prīmum, a. novissimum — Vorhut, Nachhut (einer militärischen Einheit) 46
agnōscere — erkennen 51
agnus — Lamm 8
agrestis — ländlich 31*
āh — ah!; ach! 13♦
āis — ... sagst du 51
āit, āiunt — sagt(e) er/sie, sag(t)en sie 39
āla — Flügel 42*
alacer — lebhaft 22
ālea — Würfel(spiel) 28
alere — nähren, ernähren, großziehen 20*
alibi — anderswo 42*
aliēnus — fremd; Fremder 2
alii ... alii ... — die einen ... die anderen ... 33
alimentum — Nahrung 55♦
aliquamdiū — eine Zeit lang 6
aliquandō — irgendwann, einmal 17
aliquantum — ziemlich viel (an); a. temporis: ziemlich lange Zeit 19
aliquantus — ziemlich viel, beträchtlich 49♦
aliquī, aliqua, aliquod — (irgend)einer, eine, eines 6
aliquis, aliquid — (irgend)jemand, (irgend)etwas 29
aliquot — einige 46*
aliter — anders, sonst 48
aliter ac ... — anders als ... 16
alius — ein anderer 1
alius ... alius ... — der eine ... der andere ... 5
alligāre — anbinden 52♦
ällium — Knoblauch 28
alloquī — ansprechen, anreden 29
almus — erquickend 51B
altāria — Opferaltar, Brandgerüst (zum Verbrennen der Opfertiere) 15♦
alter — der andere, der zweite 33*
alter ... alter ... — der eine ... der andere ... (von zweien) 17
altitūdō — Höhe, Tiefe 46
altus — hoch, tief 14
alumna — Zögling, Pflegetochter 51
alveāria — Bienenstöcke 36*
amāre — lieben 11

ambitiō — Ehrgeiz 16*
ambitiōsus — ehrgeizig 39*
ambulāre — (umher)gehen, spazieren gehen 4
Āmēn — Amen (hebräisch: fürwahr! es geschehe!) 50*
amīca — Freundin 20*
amicīre — anziehen, einhüllen 55♦
amīcitia — Freundschaft 25*
amīcus — Freund; befreundet 5, 47
amnis — Strom, Fluss 51A
amoenus — lieblich, reizend gelegen 40
amor — Liebe 16
amphitheātrum — Amphitheater 19*
amphora — Amphore 9*
amplecti — umarmen 50
amplus — weit, groß 46*
ampulla — Fläschchen 21
āmūlētum — Amulett 7
an? — oder? 28; ob, ob nicht? 51
ancilla — Magd, Dienerin 32
angelus — Gottesbote, Engel 27*
angulus — Ecke, Winkel 20
angustus — eng 10
anīlis — altweiberhaft, Ammen- 33
animadvertere — Acht geben, bemerken 29; einschreiten gegen, (be)strafen 43*
animal — Lebewesen, Tier 8*
animō dēficere — den Mut verlieren 46*
animula — anima: Seele 41♦
animus — Geist, Seele, Mut 24*
annōrum X esse — X Jahre alt sein 10*
annuere — nicken, zustimmen 25
annum X agere — im xten Jahr stehen 19
annus — Jahr 18
annuus — jährlich 36*
ante — vor 5
— — vorher, zuvor 26*
ante lūcem — vor Sonnenaufgang 5
anteā — vorher, früher 27
antelūdium — Vorspiel 15♦
antepōnere — vorziehen 10
antīquus — alt, altertümlich 23*
änus — alte Frau, Greisin 21
aperīre — öffnen, aufdecken 28
aperta — das Freie 50
apertum est — es ist offenkundig 6
apertus — offen(kundig) 16
apis — Biene 36*
appārēre — erscheinen, offenkundig sein 5
appellāre — anreden, nennen, benennen 3
appellere — (etw.) herantreiben; (Passiv) landen 27
appetere — begehren 39*
applaudere — Beifall klatschen 15♦

apportāre — (herbei)bringen 8*
appropinquāre — sich nähern 6
aprīcārī — sich sonnen 46*
aptus — passend, geeignet 14
apud — bei, nahe bei 6
aqua — Wasser 2
Aquārius — Wassermann 27*
aquila — Adler 6*
āra — Altar 8
arbor — Baum 40
arcānum — Geheimnis 51B
arcēre — abwehren, abhalten, fernhalten 7
arcessere — herbeirufen, holen 29
ārdēre — brennen 39*
arduus — steil, schwierig 38
ārea — freier Platz, Fläche 19
argentātus — versilbert 4*
argentum — Silber 7
argūmentum — Beweis, Inhalt, Stück 36
aridus — trocken, ausgedörrt 34♦
arista — Ähre 34♦
arma — Waffen, Gerät 43*
armāre — bewaffnen, ausrüsten 23
armārium — Schrank, Bücherregal 37
armātus — bewaffnet 9
armipotēns — waffenmächtig 51A
arridēre — zulächeln 16
arrigere — aufrichten, „spitzen" 46*
arrogantia — Anmaßung 16
ars — Kunst, Fertigkeit, Eigenschaft 8*
ars dīcendī — Redekunst, Rhetorik 37
ars mīlitāris — Kriegskunst 46
ars ōrātōria — Redekunst, Rhetorik 37
articulatio cubiti — Ellenbogengelenk 30*
artifex — Künstler 32*
artificium — Kunstwerk 35
artus — eng, fest 46
arvum — Feld 40
arx — Schutzwehr, Burg 51
as — As (Münzeinheit von kleinem Wert) 10*
ascendere — hinaufsteigen, besteigen 25
ascēnsus — Anstieg 46
asinus — Esel 2
aspectus — Anblick, Aussehen 27*
asper — rau 16
aspernāri — verschmähen 47
aspicere — anschauen, erblicken 2
asportāre — wegbringen 32*
assensus — Zustimmung 47
assentīrī — zustimmen 47
assequi — erreichen 45
assiduē — beharrlich, unablässig 55♦
assiduus — beständig, unablässig 29
assuēscere — sich gewöhnen 32
ast — aber, doch 51B

astāre	dabeistehen, stehen bleiben 32*	balneum	Bad 32	calidus	warm 23*
astrum	Stern 52♦	barba	Bart 15♦	cālīgō	Dunkel, Finsternis; Rauch, Qualm 19
at	aber, jedoch, dagegen 16	barbaria	die Fremde 53♦		
		barbarus	fremd, ausländisch, un-	callidus	schlau 36
āter	schwarz, düster 19		zivilisiert; Barbar, Aus-	calor	Wärme, Glut 12♦
āthlēta	Athlet 38*		länder 39*, 48	calvus	glatzköpfig 38
atque, ac	sowie, und, und auch	basilica	Halle, Basilika 50	calx	Ferse; Huf; (hier:) Fuß-
	3; (bei Vergleich:) als	**beātus**	gücklich, reich 4		tritt 29
	48	bellicōsus	kriegerisch 14	camēlus	Kamel 2
atquī(n)	aber doch, allerdings	**bellum**	Krieg 14	camīnus	Kamin 50
	36*	**bellum**	Bürgerkrieg 43	**campus**	freier Platz, Feld 19
ātrium	Atrium, Halle 32	**cīvīle**		Campus	Marsfeld 46*
atrōx	schrecklich, grässlich	bellus	hübsch, nett 11	Mārtius	
	23*	**bene**	gut 10	candidatus	weiß gekleidet, Amts-
attentē	aufmerksam 7*	beneficiāri-	Gendarm, Unteroffizier		bewerber 47*
attentus	aufmerksam 46*	us	5*	candidus	strahlend, schneeweiß
attonitus	bestürzt, entsetzt 26*	**benefici-**	Wohltat, Großzügigkeit		15♦
attribuere	zuteilen 41♦	**um**	22	canere	singen, (hier:) krähen 5;
auctor	Urheber, Schriftsteller	benīgnus	gütig 34♦		(Instrument) spielen 45
	25	**bēstia**	Tier (das wilde Tier) 1	**canis**	Hund 1
audācia	Kühnheit, Frechheit 16	betula	Birke 4*	cantāre	singen 11
audāx	kühn, frech, verwegen	**bibere**	trinken 10*	cantor	Sänger 35
	9	bibliothēca	Bibliothek 37	cantus	Gesang 24*
audēre	wagen 7	bibulus	trinkfreudig; Säufer	caper	Ziegenbock, Bocksge-
audientia	Gehör, Aufmerksamkeit		11, durstig, feucht		ruch 28
	36		52♦	**capere**	nehmen, fassen, fan-
audīre	hören 3	bīduum	die Frist von zwei Ta-		gen 4*; einnehmen,
auditorium	Hörsaal 47*		gen 46		anziehen 21; animo
auferre	wegbringen, entfernen,	bīnī	je zwei, zwei 36*		capere: sich vorstellen
	rauben 49♦	bipēs	zweifüßig 28*		34♦
augurium	Vorzeichen 31♦	bis	zweimal 12*	capitāneus	Offizier 36*
augustus	erhaben 47*	blanditiae	Lockung, Schmeichelei	**caput**	Kopf, Haupt; Haupt-
Augustus	(Monat) August 29		51		stadt 23
aulaeum	Theatervorhang 35	blandulus	schmeichlerisch, zärt-	caput rērum	Haupt(stadt) der Welt
aura	Luft, Hauch, Gunst 23		lich 41♦		25
aureātus	vergoldet 15♦	bona	das Hab und Gut; Ver-	**carēre**	frei sein von, nicht ha-
aureus	golden; (hier:) Gold-		mögen 33*		ben 21
	stück 43*	bonum	Gut, das Gute 6*	carīna	Kiel, Schiff 52♦
auris	Ohr 32	**bonus**	gut 3	**carmen**	Lied, Gedicht 24*
aurum	Gold 32*	bōs	Rind, Kuh 2	caroenum	(auf die Hälfte eingekoch-
auspicium	Vogelschau 31♦	bracchium	Arm, Hand; Mauer 55♦		ter) Most 51*
aut	oder, oder aber 16	brevī	in kurzem, bald darauf	**carpere**	pflücken, abreißen 38;
aut … aut	entweder … oder …		48*		genießen 45*
…	16*	**brevis**	kurz 33*	carrūca	(vierrädriger) Wagen;
autem	aber 4	brevitās	Kürze 48*		carrūca dormītōria:
auxilia	Hilfstruppen 10*	bucca	Backe, (panis) Bissen		Schlafwagen, Sänfte
auxiliārī	helfen 26		6		15♦
auxiliō esse	Hilfe sein, helfen 7			carrus	Karren, Wagen 9
auxilium	Hilfe 7			**cārus**	lieb, teuer, wertvoll 6*
avāritia	Habgier, Geiz 10*	**C**		casa	Hütte, Häuschen 1
avārus	habgierig, geizig 10			cāseolus	kleines Stück Käse 32
ave	sei gegrüßt! 40*	cachinnus	lautes Gelächter 51*	cāseus	Käse 13♦
avēre	begehren 54♦	cacūmen	Gipfel 46	(nux) casta-	Kastanie 13♦
avidus	gierig 35*	cadāver	Leichnam, Kadaver 23	nea	
avis	Vogel 7	**cadere**	fallen 19*	castellum	Festung, Bollwerk 4
āvolāre	wegfliegen, davoneilen	caecus	blind 38*	**castra**	Lager 46
	40	**caedere**	fällen, niederhauen, tö-	castra nautica	Marinestützpunkt 23*
avunculus	Onkel 11*		ten 48	cāsū	zufällig 39*
axis	Wagenachse, Himmels-	**caedēs**	Morden, Gemetzel,	**cāsus**	Fall, Zufall 20
	pol 52♦		Schlachten 45	catasta	Schaugerüst 16
		caelum	Himmel; Wetter, Klima	Caucasius	kaukasisch 4*
			14	cauda	Schwanz 6
B		caeruleus	himmelblau, dunkel-	caupō	Gastwirt 10
bāca	Beere 51*		blau 51B	caupōna	Wirtshaus 11*
bacchārī	verzückt, in Ekstase	Caesar	Caesar (als Titel), Kaiser	**causa**	Ursache, Grund; Streit-
	sein 53♦		21		sache 37, Prozessrede
balneae	Bad 50	**calamitās**	Schaden, Unglück 18		46*
		calciāmen-	Schuh(werk) 40*	**causā**	wegen 19
		tum			

causam īnferre	einen Vorwand suchen 39
cautus	vorsichtig 12♦
cavāre	aushöhlen 25*
cavea	Zuschauerraum; Publikum 23, 36
cavēre	sich hüten, sich vorsehen 9
cēdere	gehen, weichen 14*
celeber	berühmt, weitverbreitet, viel besucht 10
celebrāre	feiern, verherrlichen, zahlreich besuchen 51
celebritās	(hier:) Gesellschaft, Öffentlichkeit 32*
celer	schnell 9
celeritās	Schnelligkeit 43*
cēna	Mahlzeit, Hauptmahlzeit 3
cēnāre	essen, speisen 11*
cēnsēre	schätzen, meinen 21
cēnsus	Zählung, (hier:) Vermögen 51B
centum sēdecim (CXVI)	einhundertsechzehn (116) 32*
centum septendecim (CXVII)	einhundertsiebzehn (117) 32*
centum sexāgintā septem (CLXVII)	einhundertsiebenundsechzig (167) 32*
centuriō	Zenturio, Hauptmann 20
cēra	Wachs 24*
cerebrum	Gehirn, Kopf 29
cernere	wahrnehmen, sehen, erkennen 7
certāmen	Wettstreit, Kampf 31♦
certāre	wetteifern, kämpfen, streiten 11
certē	sicherlich, gewiss, wenigstens 3
certus	sicher, gewiss 5
certus, -a fierī	(einer Sache) sicher sein 33
cessāre	zögern, aufhören 19
cēterī	die übrigen 6
cēterum	übrigens, im Übrigen 50*
charta	Blatt, Papier, Urkunde 47*
Chrīstiānus	christlich; Christ 33
cibāria	Lebensmittel 20
cibus	Speise, Nahrung 11
cingere	gürten, umgeben 1
cinis	Asche 18
circā	um … herum 40*
circum	um … herum 19*
circumcingere	umgeben, umschließen 1*
circumdare	umgeben 47*
circumdūcere	herumführen 40
circumferre	herumtragen 53♦
circumīre	herumgehen, bereisen 20*

circumsistere	umringen, umdrängen 16
circumspicere	umherschauen, sich umschauen 4
circumstantēs	die Um(her)stehenden 3
circumstāre	um(her)stehen, umringen 15
circus	Kreis, Rennbahn, Zirkus 35
cisium	Reisewagen 9
cista	Kiste 30
citāre	antreiben; equō citātō: im Galopp 43*
citius	schneller, zeitiger 53♦
citō	schnell 6*
cīvis	Bürger 3
cīvitās	Stadt, Staat, Gemeinde, Bürgerrecht 6
clādēs	Unglück, Niederlage, Katastrophe 17*
clam	heimlich 7
clāmāre	schreien, rufen 3
clāmitātiō	(heftiges) Geschrei, Lärm 28
clāmor	Geschrei, Lärm 4*
clāritūdo	Helligkeit, Glanz 33*
clārus	hell, klar, berühmt 19*
classis	Abteilung; Flotte 20; (Schul-)Klasse 43*
claudere	abschließen, einschließen 19*
claudus	lahm, hinkend 46*
clāvicula	Schlüsselchen, Schlüsselbein 30*
clāvus	Nagel 40*
clēmatis	Waldrebe 4*
clītellae	Packsattel 46*
clīvus	Anhöhe, Abhang 51C
coelum (mittellat.)	= caelum 23*
coemētērium	Friedhof 43*
coepisse, coepī	anfangen 41♦
coetus	Zusammenkunft, Versammlung 54♦
cōgere	zusammentreiben, sammeln, zwingen 33*
cōgitāre	denken, überlegen 16
cōgitātiō	Gedanke, Überlegung 11*
cōgnātiō	Verwandschaft 32*
cōgnitiō	Erkenntnis, Untersuchung 53♦
cōgnōscere	kennen lernen, erkennen, erfahren 4
cohors	Kohorte, Leibwache 40
cohortārī	ermuntern, Mut machen 48*
coīre	zusammenkommen, sich versammeln 47
colere	bearbeiten, pflegen, verehren, bewirtschaften 4, 46*
collēctiō	Schluss(folgerung) 50*

collēga	Kollege, Kamerad 43*
colligere	sammeln, zusammenbringen, folgern 19*
collis	Hügel 45
collocāre	aufstellen, stationieren 20
colloquī	sich besprechen, sich unterhalten 28
colōna	Bäuerin, Pächterin 1*
colōnia	Siedlung 14
colōnus	Bauer, Pächter 1
color	Farbe 40*
colossus	Koloss, Riesenstandbild 32*
columba	Taube 12♦*
columna	Säule 19*
comedere	aufessen, verzehren 50*
comes	Begleiter, Gefährte 17
comitārī	begleiten 49♦
comitātus	Begleitung, Geleit 43*
commemorāre	erwähnen, berichten 44
commercium	Handel, (Pl.:) Waren 48
commiscēre	vermischen, vermengen 28
committere	veranstalten, beginnen 23*
commodum	Vorteil, Nutzen 6*
commodus	angemessen, gefällig, angenehm 32*
commovēre	bewegen, veranlassen 29
commūnis	gemeinsam, allgemein 23*
cōmoedia	Komödie 35
comparāre	beschaffen, erwerben 48
compellere	(zusammen)treiben; zwingen 39
complānāre	einebnen 14
complēre	(an)füllen 35
compōnere	„zusammensetzen": ordnen, schlichten; abfassen 23*
comprehendere	ergreifen, festnehmen 42*
comprimere	unterdrücken 28
computāre	rechnen, berechnen 6*
concavus	ausgehöhlt, gekrümmt 51C
concēdere	sich entfernen, fortgehen, verlassen 51
concidere	zusammenfallen, -brechen 19*
concilium	Versammlung 33
concīsus	gehackt 51*
concitāre	antreiben, aufregen 16*
conclāmāre	laut rufen, zusammenrufen 45
conclūdere	(ab)schließen, folgern, beweisen 42*
concordāre	übereinstimmen, harmonieren 47*
concordia	Eintracht, Einigkeit 6*
concurrere	zusammenlaufen 22

concursāre	wiederholt angreifen 46	contegere	bedecken 46*	crēdibilis	glaublich, glaubhaft 10; vix credibile: kaum zu glauben 21
concursus	Auflauf 23	**contemne-re**	verachten, gering schätzen 33		
concutere	schütteln, erschüttern 47	**contendere**	sich anstrengen, eilen, kämpfen, behaupten 2	crēdulitās	Leichtgläubigkeit 47
condere	verwahren, unterbringen 1; erbauen, gründen 35			crēdulus	(leicht)gläubig, vertrauensselig 16*
		contentus	zufrieden 20	cremāre	verbrennen 40*
conditiō/ condiciō	Bedingung, Lage, Stellung 42*	conterere	fein mahlen, zerreiben 51*	**crēscere**	wachsen 6
		contingere	berühren 46	crīnis	Haar 48
condūcere	anwerben, mieten 46*	cōntiō	(Heeres-)Versammlung 46*	crocodīlus	Krokodil 28*
cōnfectus	annīs cōnfectus: erschöpft, altersschwach 14*			**crūdēlis**	grausam 43
		contrā	gegen 7; dagegen 23	crūdēlitās	Grausamkeit 45
cōnferre	zusammentragen, vergleichen 35*	**contrārius**	entgegengesetzt 19	cruentus	blutig, blutbefleckt 23
		contrōversia	Meinungsverschiedenheit, Streit 33*	crūsta	(Marmor-)Platte 51B
cōnficere	vollenden, bewältigen 14; anfertigen 50	convalēscere	stark werden, sich vermehren 46*	crux	Kreuz, Kreuzigung, Marter 52
cōnfīdere	vertrauen 47			cubiculum	Schlafzimmer 11*
cōnfingere	erfinden, erdichten 33*	**convenīre**	zusammenkommen, sich einigen 47, passen 51	cubīle	Bett, Lager 35*
cōnfluere	zusammenströmen 15*			cúcumis	Gurke 13♦
		convenit	es passt 51	**cui?**	wem? 6*
conicere	werfen 23*	**convertere**	umwenden; se convertere: sich verändern, wandeln 22	culex	Mücke 6*
coniungere	verbinden, vereinigen 32*			culīna	Küche 8
		convincere	überführen 49♦	**culpa**	Schuld 50
coniunx	Gatte, Gattin 19	convīva	Gast 10*	**cultor**	Landmann, Bauer 51C
conlocārī/ collocārī	sich niederlassen, sich ansiedeln 53♦	convīvium	Gastmahl 32	**cum**	mit, zusammen mit 14
		convocāre	zusammenrufen 23*		
conquīrere	zusammensuchen, sammeln 7	convolvere	umherrollen 53♦	**cum**	(dann,) wenn 5 als 7
cōnscendere	besteigen 41♦	coorīrī	entstehen 46*	—	konzessiv: obwohl *(mit Konj.)* 46
cōnscrīptiō	Schriftstück, Urkunde 40*	**cōpia**	Vorrat, Fülle, Reichtum 9*; *(Pl.:)* Truppen 36*; Menge 46		
				—	kausal: da *(mit Konj.)* 46
cōnsecrāre	weihen, heiligen 41♦	**cōpiae**	Truppen, Streitkräfte 46	—	zeitlich: als, nachdem *(mit Konj.)* 46*
cōnsentīre	übereinstimmen, zustimmen 29				
		coquere	kochen 4	—	adversativ: während, wenn auch *(mit Konj.)* 47
cōnsequī	verfolgen, einholen 49♦	cor	Herz 6*		
cōnserere	belegen 51B	cōram	in Gegenwart von 35	**cum ... tum ...**	wenn ..., dann ...; sowohl ... als auch ... 43*
cōnserere	bepflanzen, anpflanzen 51C	cornīx	Krähe 12♦*		
		cornū	Horn, Heeresflügel 21	**cūnctus**	gesamt, ganz 2; cūnctī: alle 2
cōnservāre	bewahren 42*	corōllārium	Kränzchen, Trinkgeld 32		
cōnservus	Mitsklave 16*			cūpa	Fass 50
cōnsīdere	sich niederlassen, sich lagern 19*	**corpus**	Körper; Leichnam 17	**cupere**	wünschen, wollen, begehren 6*
		corrigere	berichtigen, zurechtweisen, gerade biegen 11		
cōnsilium	Rat, Plan, Beschluss 17; cōnsilia dare: Ratschläge erteilen			cupiditās	Wunsch, Begierde 27*
		corripere	ergreifen 39	cupīdō	Begierde, Leidenschaft 46*
cōnsistere	sich aufstellen, Halt machen, stehen bleiben 42	corruere	(einstürzen), pleite sein 6		
		corrum-pere	verderben, bestechen 35	**cupidus**	begierig 24*
				cūr?	warum? 6
cōnspectus	Anblick 23	corruptīvus	empfängnisverhütend 40*	**cūra**	Sorge, Pflege, Behandlung 25*
cōnspicere	erblicken 6				
cōnspicuus	sichtbar, auffällig 2	costa	Rippe 30*	**cūrae esse**	kümmern um; X mihi curae est: ich kümmere mich um X 25*
cōnstāre	feststehen 16*; gleichbleiben 48*	cottīdiānus	täglich 20*		
		cottīdiē	täglich 26*		
cōnstituere	aufstellen, festsetzen, beschließen 33*	cranium	Schädel 30*	**cūrāre**	sorgen, sich kümmern 6
		crās	morgen 32		
constringere	zusammenschnüren, festbinden 24*	crassus	fett, plump; (caligo) dicht 19*	cūrātor	Wärter 10
				cūriōsus	sorgfältig, neugierig 5*
cōnstruere	bauen 25	crāstinum	der morgige Tag 13♦	**currere**	laufen, eilen 2
cōnsuētūdō	Gewohnheit, Brauch 39*	crāstinus	morgig 40*	cursus	Lauf, Kurs 52♦
		creāre	hervorbringen, erschaffen 26*; gebären 32*	curvātus	gebeugt, gekrümmt 21
cōnsul	Konsul 33*			curvus	krumm 50
cōnsulere	um Rat fragen, sorgen für; befragen 6, 21	crēber	zahlreich, häufig 52♦	**cūstōdīre**	bewachen 1
		crēdere	glauben, anvertrauen 2; glauben an 42	**cūstōs**	Wächter 23
cōnsūmere	verbrauchen, verzehren 26*			cutis	Haut 39*
				Cynicus	kynisch 50*

D

daemōn — Dämon, Götze 42
damnāre — verurteilen, verdammen; capitis damnare: zum Tode verurteilen 42
damnōsus — schädlich, verderblich 39*
damnum — Schaden, Unheil, Fehler 34♦
Dānŭvius — Donau 48
daps — Speise 34♦
dare — geben, vitam dare: Leben schenken 6*
dē — von, von … herab; über 17*
dea — Göttin 8
dēbēre — sollen, müssen, schulden 4
dēbilitāre — schwächen 45*
dēcēdere — weggehen 21
decem — zehn 14
dēcerpere — abpflücken, abreißen 34♦
dēcipere — täuschen, betrügen 36
dēclāmāre — (laut) vortragen 22
declārāre — öffentlich erklären, verkünden 47*
dēcūriō — Ratsherr 6
dēcurrere — herablaufen 15♦
decus — Anstand, Ehre, Zierde 32*; Ruhm 42*
dēdere — übergeben, widmen 35
dēdicāre — weihen, widmen 32*
dēdūcere — wegführen, hinführen 27*
deesse — abwesend sein, mangeln, fehlen 6
dēfendere — abwehren, verteidigen, schützen 35*
dēferre — hinbringen, melden, berichten 51
dēfessus — müde, erschöpft 3
dēficere — abfallen, schwinden, fehlen 19
dēfīnīre — bestimmen, definieren 28*
dēfīnītiō — Definition 28*
dēflēre — beweinen 23*
dēfluere — herabfließen 34♦
dēfodere — vergraben 11*
defungī — verscheiden, sterben 32*
dēgere — verbringen, verleben 28
dehinc — von hier aus, hierauf 15♦
deinde — darauf, ferner 4
dēiugis — abwärts geneigt 51C
dēlābī — (herab-)gleiten 50*
dēlectāmentum — Vergnügen, Zeitvertreib 10*
dēlectāre — erfreuen, unterhalten 25
dēlectātiō — Vergnügen, Genuss, Zeitvertreib 39*
dēlēre — zerstören, vernichten 18

dēlīberāre — überlegen, bedenken 46*
dēlīberātiō — Überlegung 48*
dēlicium — Genuss, Liebstes 51
dēligere — wählen, auswählen 48*
dēlīrāre — wahnsinnig sein, Dummheiten begehen 43
delphīnus — Delphin 26*
dēmere — wegnehmen 34♦
dēmergere — untertauchen, versenken; (Pass.) untergehen 27
dēnique — schließlich, endlich 5
dēnotāre — bezeichnen, ankündigen 42*
dēns — Zahn 20*
dēnsus — dicht 19
dēnuō — von neuem, nochmals 40*
dēpalmāre — schlagen (mit der flachen Hand) 10*
dēpellere — vertreiben 33*
dēpendēre — herabhängen 46*
dēpōnere — niederlegen, aufgeben 40*
dēportare — fortschaffen 23*
dēprehendere — ergreifen, ertappen, abfangen 51
deripere — entreißen 27
dēscendere — herabsteigen 19
dēscrībere — aufschreiben, beschreiben, in Listen erfassen 18
dēscrīptiō — (hier:) Schätzung, Zählung 36*
dēserere — im Stich lassen, verlassen 51
dēsīderāre — ersehnen, wünschen, vermissen 3
dēsidēre — untätig herumsitzen 39*
dēsiderium — Sehnsucht 26*
dēsīgnāre — bezeichnen, bestimmen 42*
dēsinere — aufhören, ablassen 12♦
dēsistere — aufhören, ablassen 46
dēspectāre — verachten, herabblicken 51B
dēspērāre — die Hoffnung aufgeben, verzweifeln 48
dēspērātiō — Verzweiflung 46
dētinēre — festhalten, zurückhalten 19
dētrahere — herabziehen, entreißen, wegschleppen 46*
deus — Gott, Gottheit 4
dēversor — Gast 49♦
dēversōrium — Gasthaus, Herberge 3
dēvertere — absteigen, einkehren 49♦
dēvorāre — verschlingen 6*
dexter — rechts 48*
dī — = dei 33*
diaetātiō — (natürliche) Lebensweise, (sanfte) Verordnung 40*

diálogus — Dialog 37
dicāre — weihen 47*
dīcere — sagen, sprechen, behaupten, nennen 3
dicitur, dicuntur — er, sie, es soll; sie sollen 41♦
dictāre — diktieren 28*
dictum — Wort, Äußerung, Spruch 28
dīcunt — (die Leute) sagen, man sagt 21
diēs — Tag (m.); Termin (f.) 25
differentia — Unterschied 28*
differre — aufschieben; (inter se) sich unterscheiden 37*
difficilis — schwierig 29
digitus — Finger, Zehe 14*
dignitās — Würde 37
dignus — würdig, wert 37
dīgressus — Weggang, Trennung 29
dīlābī — zerfallen 39*
dīlēctus — Aushebung, Rekrutierung 51; dilectum habēre: eine Aushebung durchführen 51
dīligēns — sorgfältig, gewissenhaft 27
dīligenter — sorgfältig 33*
dīligentia — Sorgfalt, Umsicht 14
dīligere — hochachten, lieben 32*
dīmidium — Hälfte 12*
dīmittere — entsenden, entlassen 6
dīrigere — lenken, steuern 27
dirimere — (ent)scheiden 31♦
discēdere — auseinander gehen, weggehen, verschwinden 3
discēns — Lehrling, Schüler 6
discere — lernen 6*
discipulus — Schüler 6*
discordia — Zwietracht, Uneinigkeit 39*
discrīmen — Unterschied, Entscheidung 31♦
discurrere — hin und her laufen, sich ausbreiten 26
discus — Diskus, Scheibe 30*
discutere — zerschlagen, vertreiben 53♦
dispergere — zerstreuen, ausbreiten 51B
displicēre — missfallen 32
dispōnere — verteilen, (an)ordnen 20
disputāre — auseinander setzen, für und wider sprechen 38
disputātiō — Erörterung, Unterredung 33
dissentīre — uneins sein, anderer Meinung sein, widersprechen 4
dissimulāre — verheimlich, sich verstellen 23

dissuādēre	abraten 33	duplex	doppelt 31♦	ēligere	auswählen, aussuchen 35*
distribuere	verteilen, einteilen 22	dūrāre	dauern, ausdauern, aushalten 51B	ēlīmināre	ausstoßen, beseitigen 42*
distringere	vielseitig beschäftigen 33*	**dūrus**	hart, beschwerlich 1	ēlinguis	sprachlos, stumm 28*
diū	lange 32	**dux**	Führer, Feldherr 21	ēmendāre	verbessern 45
Dīus Fidius	mē Dīus Fidius: so wahr mir (der) Gott (F. = Gott der Treue) helfe! 26			**emere**	kaufen 6
		E		ēmerērī	ausdienen, abdienen 47*
		ē, ex	aus, aus … heraus, von … her 16, nach 32*, von … an 33*	ēmicāre	aufleuchten, aufblitzen 27
diūtius	länger 46*			ēminēre	hervorragen, sichtbar werden 46
dīversitās	Verschiedenheit, Unterschied 47	**ea**	es, dies(es) (n. Pl.) 6	ēmundāre	säubern 48*
dīversus	entgegengesetzt, verschieden 29	**eam**	sie, diese (Akk. Sg. f.) 1	ēn	siehe (da)! auf! 4*
		ebur	Elfenbein 32*	**enim**	denn, nämlich 2
dīves	reich 6	ecce	sieh da! 1	ēnumerāre	aufzählen 29
dīvidere	trennen, teilen 2	ecclēsia	Kirche 42*	**eō**	dorthin, dort 1
dīvīnitus	durch göttliche Eingebung, Fügung 16*	edāx	gefräßig, verzehrend 31♦*	**eōrum** (Gen.)	von ihnen, deren 10
dīvīnus	göttlich 30	**ēdere**	herausgeben, vollbringen; veranstalten 19*; von sich geben 32*; bewirken 43*	**eōs**	sie (Akk. Pl. m.) 2
dīvitiae	Reichtum 33*			Ēōus	Morgen-; östlich; Ēous orbis: Morgenland 29*
dīvus	göttlich, vergöttlicht 47*	**ēdere**	essen, verzehren 27*	episcopus	Bischof 43*
dixerim	ich möchte sagen 33*	ēdictum	Anordnung 36*	epistula	Brief 23*
docēre	lehren, unterrichten 29*	ēditor	Veranstalter 23	epulae	Mahl(zeit), Essen 44*
		ēducāre	aufziehen, erziehen 31♦	**eques**	Reiter, Ritter 6
doctus	gelehrt, gebildet 37	**ēdūcere**	herausführen, (hier:) auslaufen lassen 25	**equidem**	ich für meine Person 24
documentum	Lehre, Beispiel 29*	**efferre**	hinaustragen 35	equitāre	reiten 47*
dolābra	Hacke, Brechaxt 14	efficax	wirksam 11*	equitātus	Reiterei 33*
dolēre	schmerzen, bedauern 6*	effingere	abbilden, darstellen 7	equus	Pferd 14*
dōlium	Fass 46*	effluere	herausfließen 50	ērēctus	aufrecht; erhaben 15♦
dolor	Schmerz 27*	**effugere**	entfliehen, entkommen 16*	**ergō**	also, deshalb 3
dolus	List 35*			**ēripere**	entreißen, befreien 34♦
domāre	bezwingen, besiegen 31*	effulgēre	hervorleuchten, aufstrahlen 19	errāre	irren, sich irren 33*
domī	zu Hause 4	effundere	ausgießen, ausschütten 28	ērudītus	gebildet 32
domicilium	Wohnstätte, Wohnung 30	effūtīre	ausschwatzen, nachplappern 29*	erunt	sie werden sein 23*
dominātiō	Gewaltherrschaft 36*	ēgelidus	lau, mild 54♦	erus	Herr 51*
dominus	Herr, Hausherr 6	**egēre**	nicht haben, brauchen 16	ervilia	(Kicher)Erbse 3
domitor	Dompteur, Tierbändiger 2	egestās	Mangel, Armut 51B	**esse**	sein, vorhanden sein 1
domō	von zu Hause 54	ēgestus	Aushub 52	**esse** (mit Dat.)	haben, gehören 16*
domum	nach Hause 6	**ego**	ich 4	**esse** (mit Gen.)	jds. Aufgabe/Pflicht sein 10*
domus	Haus 21	**ēgredī**	hinausgehen, verlassen 50	**est**	ist 1
domus urbāna	Stadthaus, Stadtvilla 32	ēgregius	hervorragend, ausgezeichnet 10	ēsurīre	hungern 3
dōnāre	schenken 42*	ēgressus	Ausgang, (hier:) Ausritt 47*	**et**	und, auch 1
dōnum	(Weih)Geschenk, Gabe 42	eho	He! Hör mal! 5	et … et …	sowohl … als auch … 14
dormīre	schlafen 4*	**ei**	ihm, ihr, dem (Dat. Sg.) 6	**etiam**	auch, noch, sogar 1
dorsum	Rücken, Kamm 51C	ēicere	hinauswerfen, sē ē.: herausstürzen 26*	etiamnunc	auch jetzt noch, noch immer 21
dubitāre	zweifeln, zögern 46*	**eīs**	ihnen 6	**eum**	ihn 3
dubium	Zweifel 16	**eius** (Gen.)	von ihm, von ihr; sein, ihr 10*	Eurōpaeus	europäisch 4*
dubius	zweifelhaft, unentschlossen; dubia lux Zwielicht 19	ēlegāns	geschmackvoll, fein 29	ēvādere	herauskommen, entkommen 4*
		elementa	Buchstaben, Alphabet 6*	ēvānēscere	verschwinden 38
dūcere	ziehen, führen 2; glauben, meinen 28*	elementum	Grundstoff, Element 23*	ēvellere	herausziehen 27*
ductus	Führung, Leitung 47*	elephantus	Elefant 2	**ēvenīre**	ablaufen, sich ereignen 51
dūdum	längst 51A	Eleusīnius	eleusinisch 41♦	**ēventus**	Ausgang, Ereignis 21
dulcis	süß, lieblich 26	ēlevāre	aufheben, herabsetzen 39*	**ēvertere**	umstürzen, zerstören 19
dum	während, solange 3			ēvolvere	aus(einander)rollen 38
duo	zwei 1			exactus	vollkommen 55♦
duodēquinquāginta	achtundvierzig 28*			ex(s)culpere	auskratzen 28*
duodēvīcēsimus	der achtzehnte 19				

excēdere	hinausgehen, verlassen 35	
excellere	hervorragen, sich auszeichnen 46*	
excipere	ausnehmen 42	
excitāre	(auf)wecken, erregen, (hier:) entfachen 2	
exclāmare	(aus)rufen 29	
excusāre	entschuldigen, vorschützen 42*	
excūsātiō	Entschuldigung 36*	
excutere	herausschlagen, abschütteln 19	
exedere	verzehren, ausessen 50*	
exemplum	Beispiel, Vorbild 48	
exenterare	ausnehmen, entkernen 51*	
exercēre	(aus)üben, bearbeiten 28; aleam e.: würfeln 48	
exercitātiō	Übung 39*	
exercitus	Heer 20	
exigere	vollenden; einfordern, verleben 19	
exilium	Verbannung 23*	
eximere	wegnehmen, beseitigen 53♦	
eximius	außerordentlich 42*	
exīre	herausgehen 19*	
exīstimāre	(ein)schätzen, meinen 16*	
exonerāre	entleeren, entlasten 48*	
exoptāre	herbeiwünschen, sehnen 19*	
exōrdīrī	beginnen, einleiten 36	
exornāre	ausschmücken 35	
expellere	vertreiben, verbannen 46	
expertus	erfahren, kundig 21	
explicāre	erklären 19*	
expōnere	aussetzen, darlegen 20	
exportāre	herausschaffen, ausführen 35*	
ex(s)culpere	auskratzen 28*	
exsībilāre	auspfeifen 23	
exsistere	hervortreten, eintreten 50*	
exspectāre	ausschauen, (er)warten 4	
exspīrāre	ausblasen, sterben 26*	
ex(s)tāre	bestehen, existieren 21	
exstinguere	löschen, tilgen 50	
exstruere	errichten 27; beladen 51*	
exsultāre	jubeln 15♦	
exsurgere	sich erheben, aufstehen 33	
extendere	ausdehnen, ausbreiten 51A	
extenterāre	ausnehmen, entfernen 51*	
exterus	auswärtig, ausländisch 44	
extrā	außerhalb von 42	
extrēmus	äußerster, letzter 4	
exuere	entkleiden 52♦	

F

faber	Handwerker 24*	
fābrica	Werkstatt 2	
fābula	Erzählung, Geschichte 11	
facere	tun, machen, herstellen 6	
faciēs	Gestalt, Anblick 25	
facile	leicht 23	
facilis	leicht 39*	
factum	Handlung, Tat(sache) 33	
fallāx	trügerisch 10	
fallere	täuschen, betrügen 7	
falsus	falsch 43*	
fāma	Gerücht, Geschichte 21	
famēs	Hunger 32	
familia	Hausgemeinschaft, Familie 2	
familiāris	vertraut, freund(schaft)lich, Familien- 16	
famōsus	berühmt 40	
fānāticus	rasend, fanatisch 16*	
farcīmen	Wurst 32	
farīna	Mehl 2	
phármacon/ fármacum	Gift, Heilmittel 40*	
fās	(göttliches) Recht; fas est: es ist erlaubt 33*	
fascēs	Rutenbündel (Zeichen der staatl. Strafgewalt) 15*	
fatērī	gestehen 27	
fatīgāre	ermüden 35*	
fātum	Götterspruch, Schicksal 55	
faucēs	Rachen, Schlucht, (Eng)Pass 46	
faustus	günstig 20*	
fautor	Anhänger 35	
faux	Rachen, Fressgier 39	
favēre	begünstigen, favorisieren 23	
fax	Fackel 53	
fēcundus	fruchtbar 1	
fēlis	Katze 4*	
fēlīx	glücklich, glückbringend, erfolgreich; feliciter! (hier:) Glück und Wohlergehen! 30	
fēmina	Frau 32	
fēminīnus	weiblich 32*	
femur	(Ober-)Schenkel 30*	
fenestra	Fenster 29	
ferē	fast, etwa, ungefähr 14	
fēriae	Feiertage, Ferien 4	
fēriās agere	Ferien machen 4	
ferīre	schlagen, treffen 23	
ferōx	wild, trotzig 7	
ferre	tragen, bringen, ertragen; berichten 8; ferri: sich fortreißen lassen 48*	

ferrum	Eisen, Waffe, Schwert 7	
ferunt	(hier:) man berichtet 35	
ferus	wild, roh 31*	
Fescennīnus	aus Fescennia (hier: versus F.: Spottlieder) 44*	
fessus	ermüdet, erschöpft 46	
festīnare	eilen, sich beeilen 22	
fēstum	Fest(tag) 15♦	
fēstus	festlich, Fest- 8*	
feudum	Lehngut 47*	
fībula	Spange, Wadenbein 30*	
fictilis	tönern, aus Ton 23*	
fidēlis	treu 12♦	
fidēs	Treue, Zuverlässigkeit, Vertrauen 25; Schutz, Beistand 27*; Ehrenwort 46*	
Fidius	↗ Dīus Fidius	
fidūcia	Zuversicht 46*	
fīdus	treu, ergeben 48	
fierī	werden, geschehen, gemacht werden 33	
figūra	Gebilde, Gestalt 7; Abdruck 51	
fīlia	Tochter 1	
fīlius	Sohn 1	
fingere	bilden, darstellen, (sich) ausdenken 39; vorgeben, vortäuschen 15♦	
fīnīre	begrenzen, beenden 19*	
fīnis	Grenze, Ende, Ziel, (Pl.) Gebiet 36	
firmāre	festigen, (be)stärken 43*	
fistula	Röhre, Hirtenpfeife 15♦	
fit	(er, sie, es) wird, es geschieht 25*	
fīunt	(sie) werden 12♦	
flagrāre	lodern, brennen 50*	
flamma	Flamme, Feuer 16*	
flāvus	goldgelb, blond 48	
flectere	beugen, biegen 50*	
flēre	weinen 28*	
floccus	Flocke, Kleinigkeit 6	
flōrēns	blühend 18	
flōrēre	blühen, in Blüte stehen 18	
flōs	Blume, Blüte 15♦	
flūctus	Flut 26	
fluere	fließen, strömen 40	
flūmen	Fluss, Strom 23*	
fluviālis	Fluss- 28*	
fluvius	Fluss 43	
fŏcus	Herd, Feuer, Glut 2	
foedus	Vertrag, Bündnis; foedus facere: ein Bündnis schließen 40*	
fōns	Quelle 34♦	
fore	= futurum esse (Inf. d. Nachz. Akt.) sein werden 33*	

forīs	draußen, von draußen 4
formāre	bilden, gestalten 51*
formōsus	wohlgestaltet, schön 38*
fortāsse	vielleicht 16
forte	zufällig 6*
fortis	tapfer, mutig 47
fortitūdō	Tapferkeit 14
fortūna	Schicksal, Glück 6
fortūnātus	glücklich, begütert 5
fŏrum	Marktplatz, Öffentlichkeit 14*
fossa	Graben 52♦
fragor	Krachen, Getöse 32
framea	Wurfspieß 47
frangere	zerbrechen 9
frāter	Bruder 6*
fraus	Betrug, Schaden, Täuschung 21
fremitus	das Brummen 47
frequēns	zahlreich, häufig 44*
frequentāre	zahlreich bzw. oft besuchen, bevölkern 9
frīgidus	kalt 19*
frīgus	Kälte, Frost 47
frūctuōsus	ertragreich, nützlich 51
frūctus	Frucht, Ertrag, Gewinn 20
fruī	genießen, sich erfreuen 26
frūmentārius	zum Getreide gehörig, Getreide-, 43*
frūmentum	Getreide, Feldfrucht 1
frūstrā	vergeblich, umsonst 19*
fuga	Flucht 19*
fugāre	vertreiben, in die Flucht schlagen 1
fugere	fliehen, meiden 4*
fulgēre	glänzen 42
fūmidus	rauchend 50
fūmus	Rauch, Dampf 19
fundere	gießen, ausgießen, zerstreuen 16*; verschwenden 42*
fungī	verwalten, ausüben 40
fūr	Dieb 36*
furcifer	Galgenstrick 16
furere	rasen, toben 54
furiōsus	rasend, wütend 46*
furor	Raserei, Wut 16*
fūrtum	Diebstahl 36*
fūrunculus	Dieb, Spitzbube 1
futūrus	künftig: res futurae: Zukunft 43

G

galea	Helm 39*
Gallī	Gallier 6
Gallia	Gallien 36*
gallus	Hahn 5
garrīre	schwatzen 4
garrulus	geschwätzig, Schwätzer 37*
gaudēre	sich freuen 28*

gaudiō esse	Spaß machen, erfreuen 20*
gaudium	Freude 6*
gélidus	kalt 50
gemere	stöhnen 14
geminī	Zwillinge 31♦
gener	Schwiegersohn 35
génetrīx	Gebärerin, Mutter 42*
gēns	Geschlecht, Stamm, Volk 11
genū	Knie 44*
genus	Geschlecht, Art 10
gerere	tragen, (aus)führen 14
Germānī	Germanen 6
Germānicus	germanisch; (hier:) deutsch 47*
Germānus	germanisch, Germane 32
gestīre	begehren 51A
gestus	Gebärde 22
gignere	erzeugen, hervorbringen 45
glaciēs	Eis 43*
gladiātor	Gladiator 22
gladiātorius	Gladiatoren- 19*
gladius	Schwert 23
glōria	Ruhm, Ehre 43*
glōriārī	sich rühmen 33*
glōriōsus	ruhmreich, prahlerisch 20*
gnātus	= natus: Sohn, Kind 32*
gomphus	Pflock, Nagel 52♦
gracilis	schlank, dünn 16
Graecia	Griechenland 17
Graeculus	Griechlein (abschätzig) 29
Graecus	griechisch, Grieche 6*
grammaticus	(Sprach)Lehrer 32
grātia	Beliebtheit, Ansehen; Gefälligkeit, Dank 27
grātiās agere	Dank abstatten, danken 27
grātus	angenehm, dankbar 23
gravis	schwer, wichtig 17
gravitās	Gewicht, Bedeutung 33; Schwere, Gedrücktheit 53♦
gregārius	Mannschafts-, 20
grĕmium	Schoß 15♦, das Innerste 52
grex	Herde; Schar; Trupp 9
grundītus	Grunzen 36*
gubernātor	Steuermann 25
gula	Kehle, Schlund 48*
gutta	Tropfen 25*
guttur	Kehle 34♦
gynaecōnītis	Frauengemach 32*

H

habēre	haben, halten, halten für 2, pro certo habēre: für gewiss halten 4
habitāre	wohnen, bewohnen 25
habitus	Zustand, Verfassung 53♦
hāctenus	bis jetzt, insofern 50*

Hadriacus	adriatisch 55
haerēre	hängen bleiben, stecken bleiben 9
haesitāre	festhängen, zögern 22
Hamburgēnsis	hamburgisch, Hamburger 51*
hara	(Schweine-)Stall 28
harēna	Sand, Arena 19
hau	= haud: nicht 32*
haurīre	schöpfen, trinken 19*
haustus	Schöpfen, Schluck 39
heia!	ei! sieh an! he! 7
herba	Kraut, Gras 12♦
hercle	beim Hercules! bei Gott! 5
herī	gestern 17*
hesternus	gestrig 2
hiāre	den Rachen aufsperren 28*
hīc	hier 1
hīc, haec, hōc	dieser, diese, dieses (hier) 20
hiems	Winter, Kälte 36*
hinc	von hier 3
hinc et hinc	hier und da 52♦
hircus	Ziegenbock 3
hirūdō	Blutegel 28*
Hispānia	Spanien 46*
histriō	Schauspieler 35
hoc	dies 11*
hodiē	heute 2
homicīdium	Mord 39*
homō	Mensch, Mann; hominēs (auch): Leute 2
honestus	angesehen, anständig 55♦
honor	Ehre, Ehrenamt 33*
honōrātus	ehrenvoll, angesehen 47
hōra	Stunde, Zeit 14
horrēre	starr sein, (zurück-) schaudern vor 29
horreum	Scheune, Lagerhaus 20
horribilis	schrecklich 16*
horridus	rau, schrecklich 43*
hortus	Garten 1
horunc	= horum 32*
hospes	Gast, Fremder 17
hospita	Wirtin 11
hospitālis	gastfreundlich 53♦
hospitium	Gastfreundschaft, Herberge 30
hostia	Opfertier 8
hostis	Feind 16
hūc	hierher 4
hūmānitās	Menschlichkeit, Bildung 32
hūmānus	menschlich, gebildet 21
(h)umerus	Oberarm(bein) 30*
humī	am Boden, zu Boden 12♦
(h)umidus	feucht 23*
humilis	niedrig, gering 16
humus	Erdboden, Erde; humo: vom Boden, von der Erde 34♦

I

ī	*Imp. zu* ire: geh! 6
iacere	werfen 11
iacēre	liegen 14
iactāre	schleudern, werfen 23
iactātio	Erschütterung, Prahlerei 53♦
iactūra	Verlust 48
iactus	Wurf 48
iam	schon, gleich; noch 4
iānua	Tür, Tor 42*
Iānuārius	Januar 33
ibī	dort 4
ibidem	ebendort, an derselben Stelle 40*
ictus	getroffen 31♦
ictus	Stoß 38
id	das, dies, es 5
id est	das heißt 2
īdem, éadem, īdem	der-, die-, dasselbe 29
ideō	deshalb 53♦
ieiūnus	nüchtern, hungrig 27*
igitur	also, folglich 46
ignis	Feuer, Brand 7
ignōrantia	Unkenntnis 48*
ignōrāre	nicht wissen, nicht kennen; nōn ignōrāre: wohl wissen, gut kennen 3
ignōscere	verzeihen 11
ignōtus	unbekannt 20*
iis	ihnen, diesen 11
ille, illa, illud	dieser (dort), der dort, jener 20
illīc	da, dort 1
illūc	dahin, dorthin 4
illūdere	verspotten 3
illūstrāre	erhellen 27
illūstris	berühmt 30
imāgō	Bild; Büste, Statue 37
imitāns	nachahmend 29*
imitārī	nachahmen 40
immānis	ungeheuer, riesig 10*
immātūrus	unreif, vorzeitig 18
immemor	nicht dankend an, vergessend 22
immēnsus	unermesslich, riesig 20
immergere	eintauchen 50*
imminēre	(be)drohen 19
immiscēre	einmischen, verbinden 46
immō	ja (sogar), ja vielmehr 16*
immō vērō	ja (sogar), ja vielmehr 39*
immōbilis	unbeweglich 26*
immolāre	opfern 40*
immortālis	unsterblich 19*
immōtus	unbewegt, unbeweglich 53♦
impedī-mentum	Hindernis; (*Pl.*) Gepäck 9
impedīre	hindern, verhindern 15♦
impellere	anstoßen, veranlassen 36*

impendēre	über etw. hängen, drohend bevorstehen 6
imperāre	befehlen, (be)herrschen 43
imperātor	Befehlshaber, Feldherr, Kaiser 20
imperātor histricus	Theaterdirektor 36
imperātōrius	des Feldherrn, Feldherrn- 43*
imperfectus	unvollkommen 45
imperium	Befehl, Herrschaft, Herrschaftsgebiet, Reich 14
impetrāre	erlangen, durchsetzen 46
impetus	Angriff 23
impius	pflichtvergessen, gottlos 4
implectere	verflechten, umschlingen 28*
implēre	anfüllen 47
implōrāre	anflehen 42
impōnere	einsetzen, auferlegen 35*
importāre	einführen 35*
impossibilis	unmöglich 42*
imprīmīs	besonders, vor allem 29
improbus	schlecht, boshaft, gierig 39
imprōvīsō	unversehens, unvermutet 23
impūnītus	ungestraft, ungesühnt 44
īmus	unterster; ad īmōs tālōs: bis unten an die Knöchel 14; ex īmō: aus der Tiefe 26*
in (*b. Akk.*)	in … hinein, nach … hin, gegen 2
in (*b. Abl.*)	in, an, auf, bei 14
in diēs	von Tag zu Tag 25*
inaequālis	ungleichmäßig 53♦
ināne	das Leere, Luftraum 51B
inānis	leer, wertlos, unnütz 24
inaudītus	unerhört 16
incēdere	(einher)schreiten, gehen, vorbeiziehen 14
incendere	anzünden, entflammen 20
incendium	Brand, Feuer 29
incertus	unsicher, ungewiss 33
incessus	Gehen, Zugang 32*
incidere	in etw. geraten, auf jd./ etwas stoßen; sich ereignen 32
incipere	anfangen 9
incitāre	antreiben, reizen 16
inclāmare	(an)schreien, (an)rufen 28
incohāre	beginnen 47
incola	Einwohner 16
incolere	bewohnen 1
incommodus	unbequem 53♦
increpāre	jd. anfahren, schelten 39*

incultus	schmucklos, einfach 20
incumbere	schwer lasten (incubuēre = incubuerunt) 53♦
incurrere	hineinlaufen, (*hier:*) hineinreiten 9
incursus	Ansturm 48*
inde	von dort 46
indīcere	ansagen, ankündigen 40*
indignārī	sich entrüsten 36*
indignātus	entrüstet 39*
indīviduus	unteilbar; indīvidua corpora: Atome 23*
indūcere	hineinführen 32
induere	bekleiden; anziehen, anlegen 35*
inedia	Hungern, Fasten 47
ineptiae	Albernheiten, Unsinn 21
inesse	enthalten sein, sich befinden 1
īnfāns	Kleinkind 19*
īnfectus	ungetan, unausführbar 33
īnfēlīx	unglücklich 16
īnferior	tiefer gelegen 39
īnferre	hineintragen, hineinlegen; (jd. etw.) antun 2, 11; sē īnferre: sich begeben 23; bellum īnferre: Krieg beginnen 43
īnficere	(ver)mischen, überziehen 28*
īnfīnītus	unbegrenzt 23*
īnflāre	aufblasen 39*
īnfundere	eingießen, einströmen 33*
ingemiscere	aufstöhnen, aufseufzen 23
ingenium	Begabung, Anlage, Talent 37
ingēns	ungeheuer, gewaltig 9
ingredī	hineingehen, betreten 28*
ingressus	Eintritt, Zugang 47*
inhorrēscere	erbeben, rau werden 26
inhumānus	unmenschlich, hart 39*
inimīcus	feindlich, Feind 51
inīquitās	Ungleichheit, Ungerechtigkeit 43
inīre	hineingehen, beginnen; cōnsilia inīre: Pläne fassen 36*
initiō	anfangs (initium) 36*
initium	Eingang, Anfang 23*
iniūcundus	unangenehm 51
iniūria	Unrecht 11
iniussū	ohne Weisung, ohne Befehl 51
iniustus	ungerecht 39
innatāre	hinein-, heranschwimmen 28*
innocēns	unschuldig 39
inopia	Mangel, Not 25*

inopīnātus	unerwartet 32
inpeträre/ impeträre	erlangen, durchsetzen 42*
inpudenter/ impudenter	unverschämt 33*
inquiētus	unruhig 33*
inquīrere	untersuchen, nachforschen 33*
inquit	sagt(e) er/sie 21
inrumpere/ irrumpere	hineinstürzen 19
īnsānus	wahnsinnig 9
īnscrībere	daraufschreiben, betiteln 38*
īnscrīptiō	Inschrift 42
īnservīre	zu Diensten stehen, sich fügen 33*
īnsidēre	drinnen sitzen 53♦
īnsidiae	Falle, Hinterlist 17
īnsigne	Kennzeichen, Ehrenzeichen 16*
īnsolentia	Unverschämtheit 12♦*
īnspicere	ansehen, besichtigen 14
īnspīrāre	einatmen, (hier:) verschlucken 16*
īnstāre	drohen, bevorstehen 33
īnstīgāre	antreiben 53♦
īnstituere	unterweisen, (aus)bilden 39*
īnstruere	aufstellen, ausrüsten, unterrichten 51
īnstrūmentum	Werkzeug, Gerät 1
īnsuētus	ungewohnt 46
īnsula	Insel 33
īnsuperābilis	unüberwindbar 46
intellegere	erkennen, verstehen 27*
intendere	anspannen, richten auf, beabsichtigen 8
intentus	aufmerksam 23
inter	zwischen, unter 2
interdiū	bei Tage 28
interdum	manchmal 40
intereā	unterdessen, inzwischen 2
interere	(hin)einreiben, einbrocken 50*
interesse	dazwischen sein, teilnehmen 18; dabei, zugegen sein 33*
interest	es ist ein Unterschied, es ist wichtig 53♦
interficere	töten 7
interim	inzwischen 8
interior	innerer 32*
interīre	zugrunde gehen, untergehen 40*
intermittere	unterbrechen 5
internus	der innere, einheimisch 43
interponere	dazwischenstellen, einwenden; se int.: sich einmischen 51

interrogāre	fragen 16
interrumpere	unterbrechen 32
intervallum	Zwischenraum, Zwischenzeit 55
intervertebrālis	zwischen den Wirbeln liegend; discus intervertebralis: Bandscheibe 30*
intimus	innerster, eng befreundet 20, 51
intrā	innerhalb von, in 33
intrāre	eintreten, betreten 4
introitus	Eingang 27
intuērī	betrachten, anschauen 26
intuitus	Blick, Sicht 51B
intus	drinnen 51*
inundāre	überschwemmen 29
inūsitātus	ungewöhnlich 26*
inūtilis	unnütz, überflüssig 14
invādere	eindringen, angreifen 35*
invalēscere	zunehmen, stärker werden 19
invalidus	schwach 19*
invehī	jd. anfahren, (be)schimpfen 26
invenīre	finden (hingelangen) 6; (Pass.:) sich finden, befinden 40
inventor	Erfinder 11
invictus	unbesiegt, unbesiegbar 16*
invidēre	beneiden 5
invidia	Neid, Missgunst 39*
invidus	missgünstig, feindlich 45*
invīsere	aufsuchen, erblicken 51*
invītāre	einladen, auffordern 11
invītus	unwillig, ungern 36*
invius	unwegsam, unzulänglich 19*
involvere	einwickeln, umwickeln 23
iocōsa	Witze, Späße 41♦
iocōsus	scherzhaft 10*
iocus	Scherz, Spaß; iocōs dāre: Scherze machen 41♦
Iōnium	mare Ionium: das Ionische Meer 55
ipse, ipsa, ipsum	selbst (hoc ipsum: genau dies) 21
ipsī	(sie) selbst 19*
īra	Zorn 27
īrāscī	zürnen 24
īrātus	zornig, aufgebracht 12♦*
īre	gehen, fahren, reisen 4
irrīdēre	verlachen, verspotten 33*
irritum	Erfolglosigkeit 53♦
is, ea, id	er (sie, es), dieser, der(jenige) 6; 20

is, quī ...	derjenige, der ... 12*
isicium	Fleischbällchen 51*
iste, ista, istud	dieser, diese, dieses (da) 20
Isthmos	Isthmus (Landenge, bes. die Landenge v. Korinth) 55
istūc	dorthin 53♦
istum	diesen da 9
ita	so 5
Italia	Italien (ohne das heutige Norditalien) 16
Italicus	italisch 20*
itaque	daher, und so 2
iter	Weg, Reise; Tagesstrecke 7
iter facere	eine Reise machen 7
iterum	wiederum, zum zweiten Mal 17; iterum iterumque: immer wieder 36
iubēre	befehlen, auffordern 5
iūcundus	angenehm, erfreulich; interessant 11
iūdex	Richter 17
iūdicāre	urteilen, beurteilen, richten 23
iūdiciō convenīre	gerichtlich belangen 44*
iūdicium	Gericht, Urteil; Ansicht, Meinung 40*
iugulāre	die Kehle durchschneiden, erstechen 23
iugum	Joch, Bergrücken 46
iūmentum	Zugvieh 46
iungere	verbinden, vereinigen; boves i.: anspannen 2
Iunius (mensis)	Juni 40*
iūrāmentum	Eid 40*
iūrāre	schwören 40*
iūrgium	Zank, Streit 39
iūs	Recht, Gericht; iūre: mit Recht 43; in ius: vor Gericht 51
iussū	auf Befehl 45
iustus	gerecht 45*
iuvāmentum	Hilfe, Linderung 40*
iuvāre	unterstützen, helfen 53♦
iuvenis	junger Mann 25
iuventūs	Jugend 6*
iuxtā	(dicht) neben, in der Nähe 40*
IX (novem)	neun 46*

K

Kalendae	Kalenden (der erste Monatstag) 23*

L

labāre	schwanken, wanken 19
labefactāre	erschüttern, zum Einsturz bringen 26*
lābī	gleiten, stürzen 51C

labor	Arbeit, Mühe, Anstrengung 2
labōrāre	sich anstrengen, arbeiten, leiden 1; sich bemühen 33*
Lacedaemonius	spartanisch, Spartaner 46*
lacerāre	zerfleischen 23
lacessere	reizen 48*
lacūna	Lache, Sumpf 52
lacus	See, Teich 51*
laedere	verletzen 7
laetus	froh, fröhlich, heiter 25
lāna	Wolle 4
languidus	matt, schlaff 52
lāniger	Schaf (Wolleträger) 39
lapideus	steinern, aus Stein 48*
lapidōsus	steinig, voller Steine 1
lapis	Stein 14
lapsus	Fall, (Ein-)Sturz 29; Gleiten, Bewegung 51B
laqueātus	getäfelt 51B
Lār	Lar (Hausgott); Haus, Wohnung 51*
largus	freigebig 51A
larus	Möwe 4*
lascīvia	Ausgelassenheit, Zügellosigkeit 23*
lassitūdō	Ermüdung, Ermattung 49♦
Latīnē	lateinisch 12♦
Latīnus	latinisch, lateinisch 36
lātrāre	bellen 4*
lātrīna	Klo(ake), Toilette 48*
latrō	Räuber 29
latrōcinium	Raubzug 46
lātus	weit, breit 40
laudāre	loben, preisen 23
laus	Lob, Ruhm 42*
lautus	(gewaschen), sauber, fein 11
lavāre	waschen 23*
lavārī	baden 23*
lectus	Bett, Sofa 11
lēgātiō	Gesandtschaft 21
lēgātus	Gesandter, hoher Offizier, Bevollmächtigter 46
legere	lesen, sammeln 14
lēgēs XII tabulārum	das Zwölftafelgesetz 10*
legūmen	Hülsenfrucht (bes. Bohne, Erbse) 20
lēnīre	mildern, lindern 55♦
lēnis	lind, mild, langsam 25
lentē	langsam 6
lentus	langsam, ruhig 25
leō	Löwe 2
lepidus	zierlich, geistreich 32*
lepus	Hase 4*
levāre	glätten 52
levis	leicht, leichtsinnig 36
lēvis	glatt 51
lēx	Gesetz, Gebot 42*
Lēx Iūlia	Name eines Gesetzes 25
libenter	gern 23

liber	Buch 17*
līber	frei 16
liberālis	freigebig 47*
līberāre	befreien 42
līberī	Kinder 1
lībertās	Freiheit 48
lībertus	Freigelassener 28*
lībet	es beliebt, es gefällt 46*
libīdō	Lust, Begierde 16*
licentia	Willkür, Macht 44
licet	es ist erlaubt, es ist möglich, man darf 16; (mit Konjunktiv): mag auch 53
licitus	erlaubt 46*
ligāre	(ver-)binden 52♦
ligneus	hölzern 16
lignum	Holz, Holzstück 48*
līmes	Pfad, Trasse 52♦
lingua	Zunge, Sprache 6; linguam tenēre: schweigen 40
linquere	zurücklassen, verlassen 32*
linteum	Leinentuch, Segel 19*
liquāmen	Fischsauce 51*
liquāre	flüssig machen, klären 45*
liquēns	flüssig, klar 51*
liquet	es ist klar 53♦
liquidus	flüssig, klar 51B
liquor	Flüssigkeit 39
littera	Buchstabe 6*
litterae	Schrift, Brief, Literatur, Wissenschaft 32
litterātus	gebildet, gelehrt 45
lītus	Küste, Strand 19
loca	Orte; Gegend; Gelände 24
locāre	(auf)stellen, vermieten 32*
locus	Ort, Platz, Stelle 3
longē	weit, bei weitem 37
longinquus	weit entfernt, entlegen 50*
longitūdō	Länge 46*
longus	lang, weit 28*; longē latēque: weit und breit 40
loquāx	geschwätzig, redselig 38*
loquī	sprechen, reden 26
Lōthāringia	Lothringen 36*
Lotharingius	lothringisch 36*
lōtium	Urin 36*
lūbricus	schlüpfrig, glatt 46
lucerna	Leuchte, Lampe 15♦
lūdere	spielen 12♦
lūdibriō habēre	Spaß treiben (mit jd.) 14*
lūdibrium	Spiel, Spott 11
lūdus	Spiel, Schule 2
lūmen	Licht, Leuchte, Auge 55♦
lūna	Mond 47
lūnāris	Mond-, (hier:) monatlich 16*

lupus	Wolf 1
lūridus	blass(gelb), fahl 19
lūx	Licht, Helligkeit 5
luxŭria	Überfluss, Genusssucht, Luxus 16
luxuriārī	üppig (vorhanden) sein, ausschweifen, schwelgen 51B
luxuriōsus	ausschweifend, übermütig 39*

M

macte	Bravo! 23
maestus	traurig 32*
magis	mehr, eher 25*
magister	Lehrer, Meister 2
magistrā-tus	Amt, Amtsträger, Behörde, Beamter 21
māgnificus	großartig, prächtig 33
māgnitūdō	Größe 26*
māgnus	groß 5
maiestas	Würde, Hoheit; Hochverrat, Majestätsbeleidigung 51
maior	größer 37*
māiōrēs	Vorfahren, Ahnen 21
male	schlecht 29
maledīcere	beschimpfen, schlecht reden, beleidigen 39
maleficium	Übeltat 49♦
maleficus	bösartig, schädlich 8
malīgnus	böse, schlecht, karg 52♦
mālle	lieber wollen, vorziehen 39*
malum	Übel, Leid 6
mālum	zum Henker, zum Teufel! 28
mālum	Apfel 13♦
malus	schlecht 4
mālus	Mast 24*
mānāre	fließen, rinnen 14
mandibula	Unterkiefer 30*
māne	frühmorgens 2
manēre	bleiben, warten 4
mangō	Sklavenhändler 16
manus	Hand; Schar; inter manūs est: es liegt auf der Hand 20; Arbeit, Werk 55*
Marathōnius	marathonisch, bei Marathon 28*
mare	Meer 19
margō	Rand, Ufer 51C
marinus	Meer-, See- 28*
maritimus	am Meer gelegen 25
marītus	Ehemann 4
marmoreus	marmorn 51B
marsūpium	Geldbeutel 7
martyr	(Blut-)Zeuge, Märtyrer, 42*
mǎssa	Teig 12
māter	Mutter 4
māter familiās	Herrin (des Hauses, vgl. pater familias) 32*
mathēmaticus	Mathematiker 26*

mātrimō-nium — Ehe, in m. ducere: heiraten 51

mātrōna — Ehefrau 36

mātūrus — reif, (früh)zeitig 19*

mātūtīnus — Morgen-, morgendlich 48*

mausōlēum — (prächtiges) Grabmal 32*

maxilla — Oberkiefer 30*

māximē — am meisten, besonders 37

māximus — der größte 23

mē — mich 5

meā refert — mich interessiert 14

meāre — wandern, gehen, fließen 51B

mēcum — mit mir 3

medicīna — Heilkunst, Arznei 46*

medicus — Arzt 19*; medicus dentarius: Zahnarzt

mediocris — mittelmäßig, gewöhnlich 18*

meditātiō — Nachdenken 39*

medium — Mitte, Mittel 46*

medius — mittlerer, mitten 9

medulla — Mark, Kern 51*

melior — besser 45*

mementō (meminisse) — denk daran … 35

meminisse — sich erinnern, daran denken 30

memor — an etw. denkend 51B

memŏria — Gedächtnis, Erinnerung 33

mendācium — Lüge 42

mēns — Verstand, Gedanke, Gesinnung 11

mēnsa — Tisch, Essen 30

mēnsis — Monat 29

mentīrī — lügen, vorgeben 48*

mercārī — Handel treiben 49♦

mercātor — Kaufmann 11

mercātūra — Handel 48

mercēnārius — Tagelöhner, Lohnarbeiter 46*

merēre — verdienen, sich verdient machen 23

merērī — verdienen, sich verdient machen 37

merīdiānus — mittäglich, Mittag- 39*

merīdiēs — Mittag 39*

merum — (nicht mit Wasser vermischter) Wein 13♦

merus — unvermischt, rein 39*

merx — Ware 16

messis — Ernte, Ertrag 34♦

metropolis — Hauptstadt 27*

metuere — fürchten 48

metus — Furcht, Besorgnis 28

meum est … — es ist meine Aufgabe zu … 4

meus — mein 3

micāre — leuchten, strahlen 27

migrāre — auswandern, wandern 53♦

mihī — mir 6

---

mihi est/ sunt — ich habe, mir gehört (gehören) 6

mīles — Soldat 11

mīlia passuum — Meilen 14

mīlitāre — Soldat sein, dienen 23*

mīlitāris — soldatisch, militärisch; res militares: Kriegswesen 25*

mīlle — tausend 14

mīlle centum sescentī (MCLX) — 1160 28*

mīlliārium — Meilenstein 14

minārī — drohen 36

mināx — drohend 26

minimē — am wenigsten, ganz und gar nicht 50*

minimī aestimāre — sehr gering achten 37

minimus — der kleinste 28*

minister — Diener 34♦

minitārī — drohen 48*

minor — kleiner, geringer 37*

minus — weniger 53♦

minūtulus — ganz klein 36

mīrābilis — wunderbar 32*

mīrāculum — Wunder 16*

mīrārī — sich wundern, bewundern 33*

mirteus/ mu(y)rteus — von Myrten 51*

mīrus — wunderbar, erstaunlich 5

miscēre — mischen 2

miser — elend, unglücklich 1

miserērī — sich erbarmen 34♦

mittere — schicken, werfen, gehen lassen 16

modicus — mäßig, bescheiden 20

modo — eben (gerade), nur 21

modo … modo … — bald … bald … 20

modulus — Maß, Rhythmus, Melodie 15♦

modus — Maß, Art, Weise 36

moenia — Stadtmauern 46

mōlēs — Masse, Steindamm 26*

molestus — beschwerlich, lästig 10

mollīre — erweichen, besänftigen 48*

Molossus — Molosserhund 1

monēre — erinnern, ermahnen, warnen 43

mōns — Berg 18

mōnstrāre — zeigen 14*

mōnstrum — (Wunder-)Zeichen, Ungeheuer 28*

montānī — Bergbewohner 46

montānus — Berg-, Gebirgs- 4*

monumentum — Denkmal 47*

mŏra — Aufenthalt, Verzögerung 46; Zeit(raum) 46*

---

morārī — sich aufhalten, verzögern 26

morbus — Krankheit 42

mordēre — beißen 17*

morī — sterben 42

mors — Tod 18

morsus — Biss 48*

mortālēs — die Sterblichen (d. h. die Menschen) 33

mortālis — sterblich, tödlich 40*

mortuus — tot 17

mōs — Sitte, Brauch 36

mōtus — Bewegung; terrae motus: Erdbeben 23*

movēre — bewegen 19

mox — bald 15♦

mūgītus — das Brüllen 35

mulier — Frau 11

mūliō — Maultiertreiber 28

multāre — bestrafen 23*

multī — viele 2

multiplicāre — vervielfältigen, vermehren 42*

multitūdō — Menge 10

multō — viel, um vieles 32*

multum — viel, oft, sehr 6*

multus — viel 19

mundus — Welt, Weltall 19

mūnīmentum — Schutz 39*

mūnīre — bauen, befestigen 14

mūnus — Amt, Aufgabe, Geschenk; mūnus gladiātōrium: Gladiatorenspiel 22

murmurāre — murmeln 7

mūrus — Mauer 6

mūs — Maus 30

mūscipulum — Mausefalle 50*

mūsēum — Museum, Bibliothek 27*

mūsica — Musik 17*

mūtāre — tauschen, wechseln, ändern 19

mūtātiō — Veränderung 53♦

mūtus — stumm 16*

N

nam — denn, nämlich 4

nancīscī — bekommen, (durch Zufall) erlangen; auf etw. stoßen 50

Napolius — Napoleon 47*

nāre — schwimmen 52

nāris — Nase 36*

nārrāre — erzählen 4

nasālis — Nasen- 30*

nāscī — geboren werden, entstehen 39

natāre — schwimmen 36*

nātiō — Volk(stamm), Herkunft 44

nātūra — Natur, Wesen 47

naturālis — Natur-, natürlich 47*

nātus — alt (an Jahren) 16

nātus — Sohn; (hier: Pl.) Kinder 39*

nauta	Matrose, Seemann 11		niveus	(schnee-)weiß 20*	**nūntius**	Bote, Nachricht 46
nauticus	See- 23*		nix	Schnee, Schneemasse	**nūper**	neulich, unlängst 37
nāvālis	See- 20			19	nusquam	nirgends 19*
nāvigāre	segeln, zur See fahren		**nōbilis**	berühmt, adlig, vor-	nūtāre	schwanken 52♦
	24			nehm 9	nūtrīx	Amme 36
nāvigātiō	Schifffahrt 52		**nōbīs**	uns 6	nux	Nuss 16♦
nāvis	Schiff 25		**nōbīscum**	mit uns 33		
nāvis onerā-	Frachtschiff 25		**nocēre**	schaden 7	**O**	
ria			noctū	nachts 49♦		
navita	= nauta 51C		nocturnus	nächtlich 4	ō(h)	o, oh, ach 11
-ne *(ange-*	*(kennzeichnet Frage)* 3;		**nōlī**	wolle nicht! 11	ob	wegen 25*
hängt)	ob *(im Gliedsatz)* 46*		**nōlle**	nicht wollen 11	obdūcere	überziehen 19
nē	(ja) nicht! hoffentlich		**nōmen**	Name, Begriff 21	obeliscus	Obelisk, Spitzsäule 27
	nicht 42		nōmināre	(be)nennen 31♦	**obicere**	entgegenwerfen, ent-
—	dass nicht, damit nicht		**nōn**	nicht 1		gegnen, vorwerfen
	43		**nōn iam**	nicht mehr 5		51
—	*(nach Ausdrücken des*		**nōn modo**	nicht nur … sondern	obīre	entgegengehen; aufsu-
	Fürchtens:) dass 44*		**… sed**	auch … 2		chen; mortem obi.:
nē … qui-	nicht einmal … 5		**etiam …**			den Tod finden, ster-
dem			**nōndum**	noch nicht 36		ben 18
nĕbula	Nebel 19		**nōnne**	doch wohl 18		suum diem obire: dem
nec	= neque: und nicht,		**nōnnūllī**	einige, manche 1		letzten Tag entgegen-
	auch nicht 42*		nōnnum-	manchmal 11		gehen, sterben 33*
nec … nec	weder … noch … (=		quam		obitus	Tod 45
…	neque … neque …) 3		**nōnus**	der neunte 46	oblectātiō	Unterhaltung, Vergnü-
necāre	töten, hinrichten 23		Norvēgicus	norwegisch 4*		gen 15♦
necessārius	notwendig 7		**nōs**	uns 16*; wir 23*	obligātiō	Verpflichtung 42*
necesse est	es ist nötig 24		nōscitāre	(wieder) erkennen 19*	oblīviō	Vergessen, oblivio
nefārius	frevelhaft, schändlich		nōsse (=	kennen 33*		praeteritorum: Am-
	44		nōvisse)			nestie 51
nefās	Unrecht, Frevel 45*		**noster**	unser 4; nostri: die	**oblīvīscī**	vergessen 27
negāre	nein sagen, verneinen,			Unsrigen, unsere Leu-	oboedīre	gehorchen, sich fügen
	bestreiten 10			te 43*		17
negārunt	= negaverunt 39*		**nōtus**	bekannt 17	obolēre	riechen nach 28
neglegēns	nachlässig 50*		novem	neun 28*	obruere	überschütten, verhüllen
neglegenter	nachlässig 14		**nōvisse**	kennen, wissen 18		26
neglegere	vernachlässigen, nicht		novissimē	zuletzt, jüngst 39*	**obscūrus**	dunkel; unklar 16
	beachten 6		novissimus	neuester; letzter 19	observāre	beobachten, beachten
negōtiārī	Geschäfte machen,		novitās	Neuigkeit, Neuartigkeit		23
	Handel treiben, 48			24*; Neuheit 34♦	observātor	Beobachter 33
negōtiātor	Händler 51*		**novus**	neu 39*	obstāre	entgegenstehen, be-
negōtium	Geschäft, Aufgabe, Ar-		**nox**	Nacht; multa nox: tiefe		hindern 42*
	beit 22			Nacht 4; media nox:	obtūrāre	verstopfen 24*
nēmō	niemand, keiner 6			Mitternacht 14*	obtūtus	Betrachtung, Blick 51B
nemus	Wald, Hain 52♦		nūbere	heiraten (nur von der	**occāsiō**	Gelegenheit 36*
nepōs	Enkel, Neffe, *(hier:)* Ver-			Frau) 42*	occāsus	Untergang 47*
	schwender 51B		nūbēs	Wolke 19	occidere	niederhauen, töten 17
neque	und nicht, auch nicht		nucleus	(Nuss)Kern, *(hier:)* Stra-	occultāre	verbergen, verstecken
	2			ßenkern 14		20
neque …	weder … noch … 1		nūdāre	entblößen 28*	occultus	verborgen, geheim
neque …			nūdulus	nackt 41♦		33*
nervus	Muskel 25*		**nūdus**	nackt, unverhüllt 46	**occupāre**	einnehmen, besetzen,
nescīre	nicht wissen, nicht ken-		nūgātor	Schwätzer, Aufschnei-		beschäftigen 22
	nen 33			der 38*	**occurrere**	entgegentreten, be-
nēve	und nicht 46		**nūllus**	kein, keiner 29		gegnen 17
nex	Tod, Mord 16*		num	etwa? 4	oceanus	Ozean, (Welt)Meer
nīdus	Nest 40*		nūmen	die göttliche Macht;		42*
niger	schwarz 12*			Gottheit 15♦	ocellus	Äuglein 51*
nihil	nichts 5		numerāre	(auf)zählen 47	**öculus**	Auge 19
nihilōmĭnus	trotzdem 21		**numerus**	(An)Zahl, Reihe 32*	odiō esse	X mihi odio est: ich
nīl	nichts 17		nummus	Münze, Geld 49♦		hasse X 6
nīmīrum	allerdings 21		**numquam**	niemals 11	**ōdisse**	hassen 47
nimis	zu sehr 5		numquid	etwa? 4	**ödium**	Hass 6
nimium	zu viel, übermäßig 12		**nunc**	jetzt, nun 3	odor	Geruch 19*
nimius	sehr groß, zu groß,		nūndĭnae	Markt(tag), Wochen-	offendere	anstoßen, beleidigen
	übermäßig 12*			markt 16*		36*
nisī	wenn nicht, außer 10		**nūntiāre**	berichten, verkünden	offerre	anbieten 13♦
nīsus	Anstrengung 39*			23	officīna	Werkstatt 6

officium	Dienstleistung, Dienst, Pflicht 5	ōrnāre	schmücken, ausstatten 23	pāstor	Hirte 35*
ōh	o! ach! 20	ortus	gebürtig 16	patefacere	öffnen 48
oleārius	Öl- 20	ortus	Aufgang, Ursprung 41*	patella	Kniescheibe 30*
olēre	riechen, stinken 36*	os	Knochen 12♦; os sacrum: Kreuzbein; ossa digitorum: Fingerknochen 30*	pater	Vater 2*; p. familiās: Familienoberhaupt 8
oleum	Olivenöl 4			patēre	offen stehen, sich erstrecken 29
ōlim	einst 14			patī	(er)leiden, (er)dulden, (zu)lassen 37*
ollīs	= illīs 51C			patientia	Ausdauer, Geduld 47
Olympius	olympisch 41♦	ōs	Mund, Gesicht 10*	patrēs	(„Väter":) Senatoren, Vorfahren 14*
ōmentātus	in Fettnetz gewickelt 51*	ostendere	zeigen, darlegen; sē ost.: sich erweisen 16	patria	Vaterland, Heimat, Heimatstadt 32
ōmentum	Fettnetz, Wursthaut 51*	ostentāre	zeigen, hinweisen 46	paucī	wenige, nur wenige 29
ōmittere	loslassen, aufgeben 17; wegwerfen 25*	ostentum	(Wunder-)Zeichen 43	paulātim	allmählich 15♦
		ōtiōsus	unbeschäftigt, untätig, friedlich 4	paulisper	ein Weilchen 46*
omnēs	alle 6	ōtium	(arbeitsfreie Zeit:) Freizeit, Muße 19	paul(l)um	= paulum: (nur) wenig 32*
omnigena	allerlei, jeder Art 51A	ovis	Schaf 35*	paulō	(um) ein wenig 14*
omnīnō	völlig, überhaupt 36			paulō post	ein wenig später 14*
omnipotēns	allmächtig 42*	**P**		paulum	(nur) ein wenig 5
omnis	jeder, ganz; (Pl.) alle 23	pābulum	Futter 46	pauper	arm 6
onerāre	beladen, belasten 28	pactum	Vertrag 6*	pāvō	Pfau 12*
onus	Last 14*	paene	beinahe, fast 28	pāx	Frieden 21
onustus	bepackt, beladen 27	paenīnsula	Halbinsel 51*	peccāre	sündigen, sich irren 34♦
opera	Arbeit, Mühe; operam dare: sich bemühen, aufpassen 36	paenula	Reisemantel 7	pectus	Brust 53♦
		pāla	Spaten 14	pecūnia	Geld, Vermögen 4
		palatium	Palast 27*	pedes	Soldat zu Fuß, Infanterist 9
operārius	Arbeiter 6	pallēscere	bleich/gelblich werden 34♦		
operīre	bedecken, verbergen, verschließen 20	pallidulus	ziemlich blass 41♦	Pēgasus	Pegasus 27*
opertus	bedeckt 17	pallium	Mantel 15♦	peior	schlechter 37
opēs	(Macht-)Mittel, Vermögen, Reichtum 6	palma	Hand(innenfläche) 10*	pellegere	= perlegere: mustern, genau betrachten 32*
ophthalmi-cus	Augenarzt 26*	palma	Palmzweig 15♦		
(h)oplóma-chus	schwer bewaffneter Gladiator 26*	pandī	(Pass.:) sich öffnen, sich ausdehnen 51B	pellere	(ver)stoßen, schlagen 23
oppidānus	städtisch 23*	pānis	Brot 2	pellis	Fell, Haut 35*
oppidum	Stadt, Befestigung 4	panthera	Panther 2	penātēs	Penaten (Hausgötter) 4
opplēre	(an)füllen 46	pār	gepaart, paarweise 55♦	pendere	(auf-)hängen 46*
oppōnere	entgegensetzen, einwenden 33	parāre	(vor-)bereiten, (sich) verschaffen 2; vorhaben, rüsten 51	pendēre	hängen, schweben 21
opprimere	bedrängen, unterdrücken 39; überfallen, überraschen 36*			pendulus	hängend, schwebend 4*
		parātus	bereit 48*	penetrāle	das Innere, das Geheime 51B
		parcus	sparsam, spärlich 36*		
optāre	wünschen 43	parēns	Vater, (fem.: Mutter) 23*	penitus	tief hinein, völlig 48
optimus	der beste 3			penna	Feder 12*; Flügel 46
opus	Mauerwerk; Werk; Arbeit 47; Bau-, Kunstwerk 32*	parentēs	Eltern 2	pēnsilis	aufgehängt, Hänge-32*
		parere	gebären, hervorbringen, erwerben 42*		
		pārēre	gehorchen 8*	pēnsiō	Zahlung 36*
opus est	es ist notwendig, man braucht 40*	pariēs	Wand 21	per	durch, durch … hindurch 4
		pariter	gleich, ohne Unterschied 33*		
ōra	Küste 25			peragrāre	durchwandern 40
ōrāculum	Götterspruch, Orakelstätte 21	pars	Teil, Seite, Richtung 14	pérbonus	sehr gut, ausgezeichnet 7
		partēs	Partei 14*		
ōrāre	bitten, beten; sprechen 8	partēs agere	eine Rolle übernehmen, spielen 35	perclaudere	verschließen 48*
ōrātiō	Rede 28			percutere	erschüttern, schleudern 19*
ōrātor	Redner 22	parum	wenig, zu wenig 23		
orbis	Kreis, Scheibe, Erdkreis 2	parvī eme-re	für wenig, billig kaufen 6	perdere	zugrunde richten, verlieren; oleum perdere: Öl verschwenden 4
orbīta	Gleis, Bahn, Pfad 52♦	parvus	klein 1		
oriēns	(Land des Sonnenaufgangs:) Osten, Orient 41♦	pāscī	weiden 35*	sē perdere	(sich) verlieren 48
		pāscuum	Weide 45	perdūcere	hinführen 40
orīrī	entstehen, abstammen 50	passer	Sperling, Spatz 6*	peregrīnārī	umherreisen 53♦
		passim	überall 48	peregrīnātiō	Reise, Auslandsaufenthalt 53♦
ōrnāmen-tum	Schmuck, Verzierung 48	passus	Schritt, Doppelschritt 14		

peregrīnus	fremd, ausländisch; Fremder, Ausländer 2*
pererrāre	durchirren, durchschweifen 45
perferre	ertragen, aushalten 39*
perficere	ausführen, vollenden 23
pergere	fortsetzen, weitermachen 18
perīclitārī	in Gefahr sein, riskieren 46*
perīculōsus	gefährlich, riskant 42
perīculum	Gefahr, Versuch 4
perīre	zugrunde gehen, umkommen 19
perītia	Kenntnis, Erfahrung 27*
perītus	erfahren 14
permāgnus	riesig 12♦
permanēre	verweilen, fortdauern, verbleiben 19*
permittere	überlassen, erlauben 43*
permovēre	bewegen, veranlassen 27*
permultī	sehr viele 16*
perna	Hinterkeule, Schinken 48
perniciēs	Verderben, Unglück 25
perparvus	sehr klein 21
perpaucī	sehr wenige 51
perpetuitās	Fortdauer, Beständigkeit 48*
perpetuō	fortwährend, beständig 36
perpetuus	fortdauernd, beständig 12*
perpulcher	bildschön 51
Persae	die Perser 40*
persaepe	sehr oft 25*
perscribere	aufschreiben, genau aufzeichnen 25*
persequī	(ver)folgen, einholen 26
persevērāre	verharren, fortdauern 19
Persicus	persisch 4*
persōnāre	erschallen, widerhallen 15*
persōnātus	maskiert, verkleidet 15♦
perstāre	fortbestehen 50*
persuādēre	überreden, überzeugen 22
persuāsiō	Überzeugung 53♦
perterrēre	(sehr) erschrecken 29
perterritus	sehr erschreckt 23*
perturbāre	beunruhigen, in Verwirrung bringen 50
pervalidus	sehr stark 42
pervenīre	hinkommen, (hin)gelangen 43
pérvius	zugänglich, gangbar 46
pēs	Fuß 23; Takt, Versart 50*
pessārium	Pessar, „Mutterring' 40*
pestis	Unheil, Untergang 38
petāsus	Reisehut 7
petere	streben (wohin, nach etw.), sich an jd. wenden, bitten 2; angreifen 23*
phasēlus	Boot 55♦
philosophia	Philosophie 47*
philosophus	Philosoph 15♦
pictura	Gemälde 46*
pietās	Pflichtgefühl, Ehrfurcht 21
piger	faul, träge 52♦
pigritia	Faulheit, Unlust 46
pila	Ball, Kugel 19*
pilleus	(Filz-)Kappe, Mütze 36
pīlum	Wurfspieß 25*
pingere	malen, bemalen 46*
piper	Pfeffer 51*
Pīraeus	Piräus 55
piscārī	fischen 44*
piscis	Fisch 23
pius	fromm 19*
plācāre	besänftigen 50*
placēre	gefallen 32; placet: es beliebt, man beschließt 19*
placidus	sanft, friedlich 51B
plāga	Schlag, Hieb 39*
plānus	flach, eben 19
platēa	Straße, Gasse 15♦
plaustrum	(Last-)Karren (zweirädrig) 9
plausus	Beifall 23
plēbs	(einfaches) Volk, Volksmenge 6
plectī	geschlagen werden, Prügel beziehen 43
plēnus	voll 9
plērīque	die meisten 23
plērumque	meistens 48*
plūma	Feder 12♦*
plūrēs	mehrere, Mehrheit 37
plūrimī	die meisten, sehr viele 36
plūris aestimāre	höher (ein)schätzen 37
plūs	mehr 37
plŭvia	Regen 7
pōculum	Becher 10*
poena	Buße, Strafe 47
poenās dăre	bestraft werden 47
poēta	Dichter, Schriftsteller 11
poēticus	dichterisch 45
pollicērī	versprechen 34♦
polluere	besudeln, beschmutzen 3
pompa	Umzug, Prozession 15♦
pōmum	Obstfrucht, (Pl.) Obst 28
pondus	Gewicht 52♦
pōnere	setzen, stellen, legen 17
pōns	Brücke 43
pontus	Meer 26
populus	Volk, Bevölkerung; (Pl.:) Leute 6
porcus	Schwein 36*
porrigere	ausstrecken 36
porrō	weiter 37
porta	Tor, Pforte 11
porta decumāna	(hinteres) Lagertor 43*
portāre	tragen, bringen 9
portentum	Vorzeichen; Missgeburt, Scheusal 33*
portus	Hafen 20
poscere	fordern 19*
posse	können; Einfluss haben, gelten 4*
possibilitās	Möglichkeit 40*
possidēre	besitzen 1
possum	ich kann; Inf. posse 6
post	nachher, später 41♦; nach 12
posteritās	Nachwelt 37
posterus	nachfolgend 45*
postquam	nachdem 23*
postrēmō	zuletzt, schließlich 23*
postulāre	fordern 10
pōtāre	trinken, zechen, saufen 11
potestās	Macht, (Amts-)Gewalt 16*
potius	vielmehr, eher 10
prae	vor, im Vergleich zu 14
praebēre	gewähren, zeigen, (an)bieten 25
praecēdere	vorangehen, übertreffen 15♦
praeceps	steil 46
praeceptor	Lehrer 5
praeceptum	Lehre 11*
praecinere	vorhersagen 29*
praecipere	vorschreiben, verordnen 51
praecipuē	vor allem, besonders 43*
praeclārus	ausgezeichnet, berühmt 30
praecō	Ausrufer 36
praeda	Beute 6*
praedīcāre	rühmen 15♦
praedicere	vorhersagen, vorschreiben 21
praeesse	vorstehen, befehligen 51
praefectus	Vorgesetzter, Befehlshaber 14
praefectus bibliothēcae	Bibliotheksdirektor 37
praefectus hortōrum	Parkaufseher 40
praeferre	vorantragen, vorziehen 6
praeficere	an die Spitze stellen, voranstellen 23*
praelābī	vorübergleiten 51A
praemium	Belohnung, Prämie 23
praepōnere	vorziehen, an die Spitze stellen, voranstellen 51

praepositus Vorsteher (praeponere) 18

praesēns anwesend, gegenwärtig 33*

praeses Vorgesetzter, Statthalter 36*

praesidiō esse als Schutz dienen, schützen 9

praesidium Schutz, Besatzung 9

praeter außer 1; an … vorbei 16*

praetereā außerdem 1

praeterīre vorübergehen 9

praeterĭtum Vergangenheit 51

praetermittere vorbeigehen lassen, übergehen 35*

praetor Prätor 51

praetoriānus Prätorianer- 40

praetōrium Amtshaus, (Herren-)-haus 44*

praetrepidāre im Voraus zittern, in hastiger Eile sein 54♦

prandēre frühstücken, essen 50*

prandium Frühstück 3

prātum Wiese 39*

precāri bitten 34♦

premere drücken, drängen 38

prětium Preis, Wert, Lohn 10

prex Bitte, Gebet 55♦

pridie tags zuvor, am Tag vorher; pridie Kalendas Iunias: am Tag vor dem 1. Juni 23*

primō anfangs, zuerst 31♦

prīmum zuerst 4

prīmus Erster 19

prīnceps „Erster": Fürst, Kaiser, Princeps 27

prīncipium Anfang, Grundlage 42*

prior der vorige 53♦

prīscus altehrwürdig, streng 13♦

prīvātus privat, persönlich 47

prō vor, für 33

prō dolor! O weh! Tut mir Leid! 33

prō(h) o! ach! bei …! 5

prō(h) Iuppiter! Bei Jupiter! 5

prōavus Vorfahr 45

probāre prüfen, beweisen 25*

probrum Vorwurf, Schmähung 23*

probus tüchtig, brav 24

prōcēdere voranschreiten, vorrücken 19

prōcessus Krankheitsverlauf, Heilungsprozess 36*

prōclāmāre ausrufen 40*

prōcōnsul Prokonsul 51

procul fern (von), aus der Ferne 27

prōcūrāre versorgen, verwalten 36

prōcurrere hervorlaufen 51A

prōdere hervorbringen 51B

prōdesse nützen, nützlich sein 24*

prōdīre hervortreten 36

prōdūcere vorführen 19

proelium Kampf 20*

profectō in der Tat, sicherlich 10

prōferre hervorheben, vorführen 32*

professor Lehrer, Professor 47*

proficīscī aufbrechen, (ab)reisen; marschieren 27

prōflīgāre niederschlagen 47*

profugere sich flüchten 38

profugus flüchtig 25

profundum (Meeres-)Tiefe 51B

profundus tief 27

prohibēre fernhalten, hindern, verbieten 7

proinde also 19

prōmere hervorholen 37

prōmittere versprechen 10

prōmuntōrium Vorgebirge, Bergvorsprung 46

prōnūntiāre verkünden, bekanntmachen 36

prope nahe bei, in der Nähe von 1; beinahe 33*; nahe, in der Nähe 46*

prōpellere vorantreiben 55♦

properāre eilen, sich beeilen 51

propinquitās Verwandtschaft 47

propinquus nahe (liegend), benachbart; verwandt; Nachbar 28

propior näher 39*

propitius gnädig 42

prōpōnere ausstellen, aufstellen, (sich) vorstellen 48*

proprius eigen 21

propter wegen 38

prōrumpere hervorbrechen; (Pass.:) hervorstürzen 23

prōscrībere öffentlich bekannt machen, ächten 44*

prōsilīre herausspringen 17

prōspectus Aussicht, Anblick 46

prōsternere niederstrecken; (sē p.:) sich niederwerfen 23

prōtinus vorwärts, sofort 43*

prout so wie 33

prōvidēre vor(her)sehen, sorgen für, sich kümmern 6

prōvincia Amtsbereich, Provinz 33

proximum Nachbarschaft, Nähe 19*

proximus nächster, sehr nahe 3

prūdēns klug, umsichtig 42*

prūdentia Klugheit, Umsicht 43*

prūnus Pflaumenbaum 4*

psittacus Papagei 29*

pūblicē öffentlich 40

pūblicum Öffentlichkeit 50*

pūblicus öffentlich, staatlich; via pūblica: Staatsstraße 2

pudet es erfüllt mit Scham; me pudet: ich schäme mich 32*

pudor Scham, Scheu, Ehrgefühl, pro pudor: welche Schande! 50

puella Mädchen 2*

puer Kind, Junge; Diener 7

puerīlis kindlich, jungenhaft 50*

puerulus kleiner Junge, Kind 21

pugil Faustkämpfer, Boxer 38*

pūgiō Dolch 23

pūgna Kampf, Schlacht 23

pūgnāre kämpfen 22

pulcher schön, vortrefflich 3

pulchritūdō Schönheit 40

pullus Junges, junges Tier (Huhn) 40*

pulpa Fleischstück, Filet 51*

pulsāre schlagen, prügeln 29; stampfen 35

pulsus Schlag 50

pultāre klopfen 28

pulvis Staub, Asche 18

pūmex Bimsstein, Lava(stein) 18

pūnctum Punkt, Augenblick; in horae punctum: pünktlich 43*

pūnīre bestrafen, strafen 33*

pūpa Puppe, Mädchen 51

puppis Achterdeck, Schiff 23*

pūrgāre reinigen 23

purpura Purpur, Purpurstreifen (eines Amtsträgers) 15♦

pūrus rein 40*

pusillus klein 51*

putāre glauben, meinen, halten für 3; (Pass.:) gelten 32*

puter mürbe, locker 47*

pȳramis die Pyramide 32*

Q

quā wo 55♦

quācumque wie auch immer 55

quadrāgintā vierzig 10*

quadrupedāns auf vier Füßen gehend, galoppierend 47*

quadrupēs vierfüßig, Vierfüßer 52♦

quaerere suchen (ex…: jd.); erwerben 3, 40

quaesītiō Untersuchung, Sache 33

quaesō bitte 11

quālis wie beschaffen, (gleich) wie 19

quāliscumque ein wie auch immer beschaffener 53♦

quālitās Beschaffenheit, Eigenschaft 23*

quam wie, als 14; (beim Superlativ): möglichst 45*

quam ob rem? weswegen, weshalb?; deshalb 23*

quamdiū wie lange; solange 44

quamobrem weswegen; deswegen 43

quamquam	obwohl 16		**quōmodo**	wie, auf welche Weise 16		**religiō**	Gottes-/Götterverehrung, Religion, Aberglaube 33

quamquam — obwohl 16
quamvīs — wie sehr auch, obwohl 46
quandō — wann 44*; irgendwann 50*
quandōcumque — wann nur immer, sooft 43
quantī — (hier:) für so viel, wie … 6
quantō — um wie viel 33*
quantus — wie groß, wie viel 10
quārē — weshalb?, warum? 23; daher 7
quārtus — der vierte 32*
quasi — wie wenn, als ob; gleichsam 19
quatere — schütteln, erschüttern 47*
quattuor — vier 1
-que — und 1
quemque — jeden 24*
querī — klagen, sich beklagen 26
quī — wie, wie denn 6
quī, quae, quod — welcher, welche, welches; der, die, das 7
quia — weil 4
quīcumque — wer auch immer; jeder, der 51*
quid? — was? 3
quid — (= aliquid); (irgend)etwas 46
quīdam, quaedam, quoddam — (irgend)einer, ein bestimmter (2), 10
quidem — gewiss, wenigstens, allerdings, zwar 25
quidquid — was auch immer; jeder, alles was 43
quiēs — Ruhe, Erholung 32
quiēscere — ruhen 12♦
quiētus — ruhig, still 21
quīlibet — jeder Beliebige 53♦
quīn etiam — ja sogar 35
quīngentī — fünfhundert 40*
quīnquāgintā — fünfzig 18
quīnque — fünf 6
quīnque et vīgintī — fünfundzwanzig 10*
quīntus — der fünfte 32*
quippe — freilich, allerdings 51C
Quirītēs — Quiriten (Anrede der röm. Bürger) 37*
quis (unbetont, nachgestellt) — irgendwer, jemand 16; irgendeiner 33
quis? — wer? 5*
quisquam — jemand 41♦
quisque — (ein) jeder, (beim Superlativ:) gerade die 37, 50*
quisquis — wer auch immer; jeder, der 43
quō — wohin? 5; wo? 22; wozu? 39*
quōcumque — wohin auch immer 26
quod — da, weil 11*; (Inhaltssatz:) dass 40

quōmodo — wie, auf welche Weise 16
quondam — einst 18
quoniam — da ja 31♦
quoque — auch 2
quot? — wie viele? 23*
quotannis — alljährlich 8*

R

rādere — kratzen, rasieren 37*
rādīcitus — mit der Wurzel 27*
radius — Speiche 30*
rādīx — Wurzel 36*
raeda — Kutsche, Reisewagen 9
rāna — Frosch 39*
rāpa — Rübe 50
rapere — raffen, rauben 33
rapidus — reißend schnell, reißend 6
rārus — selten 6*
ratiō — Berechnung, Methode, Vernunft, Grund 21
ratiōcinārī — (be)rechnen 50*
rattus — Ratte 4*
recēdere — zurückweichen, sich zurückziehen 29
recēns — neu, frisch 28
recēnsēre — mustern 46*
receptāculum — Schlupfwinkel, Behälter 10
recipere — zurücknehmen, aufnehmen; sē r.: sich zurückziehen 23; übernehmen 29*
recitāre — vorlesen, vortragen 26
recompōnere — wieder in Ordnung bringen 14
recreāre — erfrischen, sē r.: sich erholen 24
rēctē — richtig 42*
rēctor — Lenker, Leiter 43*
recubāre — (zurückgelehnt) liegen 19*
recūsāre — zurückweisen, sich weigern 50
reddere — zurückgeben; zu etw. machen 35
redīre — zurückgehen, zurückkehren 39*
redundāre — überfließen 39*
referre — bringen, berichten; se referre: sich zurückziehen 21; Antwort geben, erwidern 29*
refert — es liegt daran, macht aus 14
reficere — wiederherstellen, erneuern 14
reformāre — umgestalten 42*
refugium — Zufluchtsort 44
regere — lenken, leiten 27
rēgīna — Königin 12*
regiō — Richtung, Gegend 33
rēgius — königlich 36*
rēgnum — Königsherrschaft, Königreich 16
relevāre — lindern, mildern 34♦

religiō — Gottes-/Götterverehrung, Religion, Aberglaube 33
relinquere — zurücklassen, verlassen 2
reliquiae — Überreste 9
reliquus — übrig 20*
relūcēscere — wieder hell werden 19
Remediātia — Personifikation des remedium: Heilmittel 40*
rēmus — Ruder 26
renāscī — wieder geboren werden 47*
renovāre — erneuern 17*
repellere — zurücktreiben, abweisen 19
repente — plötzlich, unerwartet 33*
rēpere — kriechen 52♦
reperīre — (wieder) finden 17
repetere — (wieder) aufsuchen, wiederholen; (somnum r.) sich wieder schlafen legen 17; zurückkehren 27*
replēre — (an)füllen 44*
repōnere — zurücklegen, niederlegen 51*
reportāre — zurücktragen, berichten 54♦
requīrere — (auf)suchen 19
rēs — Gegenstand, Sache, Angelegenheit 25
rēs adversae — Unglück 25
rēs dīvīna — gottesdienstliche Handlung, Opfer 46*
rēs familiāris — Hauswesen, Vermögen 25*
rēs gestae — Taten 25*
rēs nāvālēs — Seewesen 25*
rēs novae — Umsturz, Revolution 43
rēs pūblica — Gemeinwesen, Staat 25*
rēs rūsticae — Landwirtschaft 25*
rescindere — aufreißen 52♦
resecāre — zurückschneiden 45*
residere — sich setzen, sich legen 19
resistere — widerstehen 42*
respicere — zurückschauen, berücksichtigen 19; sorgen für 42*
respondēre — antworten 3
respuere — ausspucken, (hier:) abstoßen 40*
restāre — übrig bleiben 26*
restituere — wiederherstellen 45
rēte — Netz 23
retinēre — festhalten, zurückhalten 9
retrōversus — rückwärts 6
reus — Angeklagter 42*
rēvērā — wirklich, tatsächlich 20
revertī — zurückkehren 29
revocāre — zurückrufen 36
rēx — König 16

rhētor	Redner, Redelehrer 32	salvus	wohlbehalten, unverletzt 19	sēdāre	beruhigen, (Segel) einziehen 55♦
rīdēre	lachen, verspotten 3	sānāre	heilen 33*	**sedēre**	sitzen 4
rīdiculus	lächerlich 21	**sānctus**	heilig, unverletzlich, erhaben 7	**sēdēs**	Sitz, Wohnsitz 22
rigidus	starr, fest 41♦			seges	Saat 48
rīpa	Ufer 48	**sānē**	gewiss, allerdings 22	semel	einmal 19*
rīsus	Lachen, Gelächter 28	**sanguis**	Blut 23	sēmivīvus	(halblebendig:) halbtot 23
rīvus	Fluss 39	Sānitia	Personifikation der sanitas: Gesundheit 40*	
rīxa	Streit 29			sēmivōcālis	(nur) halb mit Sprache begabt 16*
rōbur	Kraft 50*	**sānus**	gesund, bei Verstand 32	
robustus	kräftig 16			**semper**	immer 4
rōdere	(an)nagen 30	sapere	schmecken, verständig sein 45*	**senātor**	Senator 28
rogāre	fragen, bitten 37*			**senātus**	Senat 30
Rōma	Rom 14	**sapiēns**	weise, vernünftig 11	**senectūs**	hohes Alter, (Greisen-)Alter 21
Rōmānus	römisch, Römer 6*	**sapientia**	Einsicht, Weisheit 40	
rōstrum	Schnabel, Schnauze 28*	sarcóphagus	fleischverzehrend, (hier:) Fleischfresser 40*	senex	alt; alte(r) Mann/Frau, Greis(in) 14
rōta	Rad 9			**sēnsus**	Wahrnehmung, Empfindung, Sinn 21
ruber	rot 13♦	sat	genug 6*	
rubēscere	rot werden 45	**satis**	genug 11	**sententia**	Meinung, Ansicht 47
rūderātiō	Estrich(masse) 14	satisfacere	Genugtuung, Genüge leisten 39*	**sentīre**	fühlen, (be)merken, verstehen 5
rudis	unbearbeitet, roh 31*; rau 55♦			
		satur	satt 36	sepelīre	bestatten 23*
ruere	stürzen, eilen 43	satūra	Satire 29	septem	sieben 28*
rugitus	Brüllen 35	Sāturnālia agere	die Saturnalien feiern 6	septimus	der siebte 32*
rugōsus	faltenreich, runzelig 21			sepulcrum	Grab, Grabmal 32*
ruīna	Einsturz 26*	saxum	Fels(block), Stein 23*	sepultūra	Begräbnis 43*
rumpere	(zer)brechen, zerreißen, (zer)platzen 39*	scaena	Bühne, Szene 36	**sequī**	folgen, sich anschließen 26
		scandere	hinaufsteigen 42*	
rūpēs	Fels, Klippe 51C	scapha	Kahn, Boot 23*	serēnus	heiter, hell 48*
rūrī	auf dem Land 28	scapula	Schulterblatt 30*	serere	säen 48
rūrsus	wieder, wiederum 19	scelestus	frevelhaft, verbrecherisch; Frevler, Verbrecher 43	sēricus	seiden 15♦
rūs	Land, Feld 44*			sēriō	ernsthaft, streng 43*
	Land, (Pl.) Ländereien 45	**scelus**	Verbrechen, Frevel 44	sērius	spät 51C
	(Akk.) aufs Land 28	schola	Schule 4*	sermō	Gespräch, Sprache 32*
		scientia	Wissen, Kenntnis, Wissenschaft 24*	
rūstica	Bäuerin 1			sermōnem cōnferre	ein Gespräch führen 49♦
rūsticulus	ungehobelt 51	scīlicet	natürlich, selbstverständlich, nämlich 23*	
rūsticus	ländlich; bäurisch, Bauer 1			**sērō**	spät, zu spät 32
		scīre	wissen, kennen 3	serpēns	Schlange 23*
		scopulus	Felsen 52♦	sērus	spät 51C
S		scorpiō	Skorpion 48*	**serva**	Sklavin, Magd 1*
		scrībere	schreiben 5*	
sacculus	Säckchen 10*	scrīptor	Verfasser, (Geschichts-)Schreiber 51*	**servāre**	behüten, bewahren, retten 9
saccus	Sack 7			
sacellum	Kapelle 42			**servīre**	Sklave sein, dienen 16
sacer	geweiht, heilig, verflucht 33	scūtum	Schild 23	**servitūs**	Sklaverei, Knechtschaft 48
		sē	sich 16*	
sacerdōs	Priester 15♦	sē committere	sich begeben 4	**servus**	Sklave, Knecht 1
sacrificāre	opfern 8	sē cōnferre	sich begeben 30	sescentī et nōnāgintā	sechshundertundneunzig 33*
sacrum	Heiligtum, Opfer 15♦	**sē dāre**	sich hingeben 48	
saeculum	Zeitalter, Jahrhundert 21	sē iactāre	sich brüsten, prahlen 38*	sēsē	= sē: sich 39*
				sēstertia	Sesterze 16
saepe	oft 25*	sē in viam dāre	sich auf den Weg begeben, aufbrechen 8	seu	oder, oder wenn 55♦
saevīre	wüten, rasen 23			seu ... seu ...	... oder sei(en) es ... 45*
saevus	wütend, grimmig 29	sēcēdere	weggehen, sich entfernen 46*	
sagitta	Pfeil 6*			sevēritās	Härte, Strenge 45
sāl	Salz, Witz 2, 55♦	sēcrētum	Geheimnis 33*	**sevērus**	ernst, streng 25
salīre	springen, tanzen 23*	**sēcum**	(= cum se) bei sich, mit sich 14	sex	sechs 31♦
saltāre	springen, tanzen 46*			sexāgintā	sechzig 16*
saltus	Sprung 38*	secundāre	begünstigen 55	sextus	der sechste 32*
saltus	(Wald-)Schlucht, Pass 46	**secundum**	an ... entlang, nach, gemäß 40*	**sī**	wenn, falls, ob 11
				sī minus	wenn nicht, wo nicht 48
salūber	heilsam, gesund 46*	secundus	der zweite, günstig, glücklich 32*	
salūs	Wohlergehen, Heil, Rettung; salutem dicere: grüßen 6			si quidem	wenn wirklich, wenn nämlich 44
		sēcūrus	sorglos, sicher 35*	**sibǐ**	sich 17
salūtāre	grüßen, begrüßen 40	**sed**	aber, sondern 1	sībilāre	zischen, pfeifen, flüstern 35
salvē!	sei(d) gegrüßt! Guten Tag! 6*			
salvēte!	Tag! 6*			**sīc**	so, auf diese Weise 2

siccāre	austrocknen 52♦	speciēs	Blick, Anschein, Gestalt 25	**sub** (b. Akk.)	unter, unter … hin, un-mittelbar vor/nach, gegen 11
siccus	trocken 19	specificus	besonders, eigentüm-lich 28*		
Sicilia	Sizilien 16*			**sub** (b. Abl.)	unter, unterhalb von 14
sīcut	so wie, gleich wie 11	speciōsus	schön, blendend, täu-schend 34♦		
sigillum	Siegel 27*			sub noctem	spätabends 27
sīgnificāre	bezeichnen 27*	spectāculum	Schauspiel 19*	subassāre	schwach (an)braten 51*
sīgnum	Zeichen, Feldzeichen, Merkmal 23	**spectāre**	betrachten, (zu)schau-en 2	subdere	untersetzen, untertau-chen 34♦
silentium	Ruhe, Stille 18	spectātor	Zuschauer 23		
silēre	schweigen 36	speculātor	Zuschauer, Aufseher 33*	subdūcere	entziehen (vor etw.), einziehen 26
silēscere	verstummen 54♦			**subicere**	unterwerfen 46
silīgineus	aus Weizen(mehl) 51*	specus	Höhle 21	subiecta	Niederungen 51C
silvestris	Wald- 4*	spēlunca	Höhle 26*	subiectus	unterhalb liegend 46
similis	ähnlich 10	**spērāre**	hoffen, erwarten 38	subinde	oft 53
simplex	einfach, natürlich 23*	spernere	verachten, ablehnen 50♦	**subīre**	darunter gehen, sich aussetzen 44*
simplicitās	Schlichtheit 31*				
simul	gleichzeitig, zugleich 23	**spēs**	Hoffnung, Erwartung 25	**subitō**	plötzlich 9
simul ut	sobald (als) 39*	spīritus	Hauch, Atem, Geist 33	subitus	plötzlich, unerwartet 23
simulācrum	Bildnis 15♦	splendēre	glänzen 23*		
simulāre	darstellen, vortäuschen 23	splendidus	glänzend, prächtig 15♦	sublīme	durch die Luft 46
				subrēpere	(sich) einschleichen 39*
sīn	wenn aber 47	spongia	Schwamm 38		
sine	ohne 14	spurcitia	Schmutz, Anstößigkeit 42*	subtrahere	wegziehen 14
sinere	(zu)lassen, erlauben 22			subvenīre	kommen, beistehen 17
		squālor	Schmutz 28*		
singulāris	einzigartig 35	stabilis	fest, standhaft 42*	succēdere	(nach)folgen 15♦
singulī	einzelne, je ein 33*	stābulum	Stall 1	**succurrere**	zu Hilfe eilen, beiste-hen 6
sinister	links 21	stadium	Stadion, Rennbahn 28*; Akademie 55♦		
sinus	Busen, Brust 55			sūcinum	Bernstein, (Pl.) Bern-steinschmuck 48
siquidem	wenn wirklich, wenn nämlich 33*	stāgnum	Teich 51*		
		stāre	stehen 11	sucula	Schweinchen 36*
sitis	Durst 32	statēra	Deichsel, Joch 52♦	sūdor	Schweiß 14
situs	gelegen, liegend 21	**statim**	sofort, auf der Stelle 3	sufferre	ertragen 55♦
sīve … seu	sei es … oder … 55♦	statiō	Standort, (Wach-)Pos-ten, Wache 14	sufficere	standhalten, genügen 33*
sīve … sīve	sei es, dass … oder dass … 34♦				
		statīva	Standlager, Standquar-tier 44	sulcus	Furche 52♦
sōcius	Gefährte, Begleiter, Bundesgenosse 44			sulphur	Schwefel 16*
		stātua	Standbild, Statue 19*	**sūmere**	nehmen, greifen zu 23*
sōl	Sonne 7	**statuere**	aufstellen, beschließen 27		
solēre	gewohnt sein, pflegen 5			summa	Vorrang; Hauptsache; Gesamtheit, ad sum-mam: also, kurzum 4
		status	Zustand, Lage 44		
solidus	fest, dauerhaft 51B	stēlla	Stern 45		
sōlium	Thron, königlicher Sitz 51A	stercus	Kot, Mist 17	**summus**	oberster, höchster 11
		sternere	(aus)streuen, ausbrei-ten 15	sūmptuōsus	aufwendig 40*
sollicitāre	erregen, beunruhigen 44			**sūmptus**	Aufwand, Kosten 20
		sternum	Brustbein 30*	**sunt**	sind 1
solum	Boden, Fußboden; Plat-te, Stein 51B	stīpāre	zusammenpressen, vollstopfen 16*	**super** (b. Akk.)	über, über … hinaus, darüber 23
sōlus	allein 40	stolidus	dumm, albern 51C		
solvere	lösen, befreien, bezah-len 16	stomachus	Magen; (hier:) Kehle, Luftröhre 19*	super (b. Abl.)	über, oben auf 47*
				superāre	überwinden, überwälti-gen 28
somnium	Traum 11*	strātus	(hier:) gepflastert 10		
somnum ca-pere	einschlafen 11*; schla-fen gehen 49♦	strepere	lärmen, tosen 32	superbia	Hochmut, Stolz 33*
		studēre	sich bemühen, betrei-ben, studieren 32	superbus	hochmütig, stolz 14*
somnus	Schlaf 4			supercilium	Augenbraue 13♦
sonitus	Laut, Geräusch 47*	studiōsus	Student 20*	superesse	übrig sein, überlegen sein, überleben, über-treffen 55♦
sophōs	Bravo! Gut! 36	**studium**	Vorliebe, Bemühung, Beschäftigung, Studi-um 19		
sorbēre	(ein)schlürfen, ver-schlingen 52♦				
				superior	weiter oben 39
sordidus	schmutzig 10	stultitia	Torheit, Dummheit 26*	superstes	überlebend 19
soror	Schwester 2			superstitiō	Aberglaube 33
sors	Los, Schicksal 55♦	stultus	töricht, dumm 12♦	superstitiō-sus	abergläubisch 47
spargere	(aus)streuen, verspren-gen 15♦; (aus)gießen 33*	stupēre	stutzen, staunen 3		
		suādēre	raten 22	supervacuus	überflüssig 48*
spatium	Raum, Strecke, Zeit-raum 14	suāvis	süß, angenehm 15♦	suppeditāre	liefern, reich vorhan-den sein 20
		suāvitās	Reiz, Lieblichkeit 24*		

suppetere	(ausreichend) zur Verfügung stehen 10	tendere	spannen, strecken, streben 48*	**trānsīre**	hinübergehen, überschreiten; vorbeigehen 10
suprā	oberhalb, über 33	tenebrae	Dunkelheit 19	trecentī	dreihundert 28*
surgere	aufstehen, sich erheben 5	tener	zart, weich 50*	trecentī vīgintī septem	327 32*
sūs	Schwein 28	**tenēre**	(fest)halten, besitzen 25; einnehmen 32*	tremere	zittern, beben 51C
suscipere	übernehmen, auf(sich)nehmen 2	tenuis	dünn, fein 46*	tremor	Zittern, Beben 5
sustentāre	hochhalten, (er)tragen 26*	tepor	Wärme 54	trepidāre	zittern, zappeln 23
sustinēre	aufrecht halten, aushalten 46	terere	reiben, verbrauchen, zubringen 51*; tempus terere: Zeit verbringen 51C	**trēs**	drei 14
susurrāre	flüstern, summen 6*			tribuere	zuteilen, zuweisen 45*
suus	sein, ihr 2; suī (hier:) seine Leute 43*	**tergum**	Rücken 19; Fläche, Oberfläche 51B	tribūtum	Abgabe, Steuer 10
sýllaba	Silbe 50*	terminus	Grenzstein, Grenze 27*	tridēns	Dreizack 23
syllogismus	Syllogismus, logischer Schluss 50*	**terra**	Erde, Land 4	trigintā	dreißig 43*
symphōnia	Harmonie, Klang 15♦	**terrēre**	(er)schrecken, abschrecken 1	trimēstris	dreimonatig 47*
		terribilis	schrecklich 47*	trīstis	traurig 26*
T		**terror**	Schrecken 46	trīstitia	Traurigkeit 50*
tabellārius	Briefbote 23*	tertius	der dritte 32*	triumvirālis	des Dreimännerkollegiums, der Triumvirn 44*
taberna	Laden, Kneipe 3	tessera	Marke, Eintrittskarte 22	**tū**	du 4
tabula	Tafel, Gemälde 46*	testa	Ziegelstein, Scherbe 29	tuba	Tuba 47*
tacēre	schweigen, verschweigen 18	testāmentum	Testament 43*	**tuērī**	anschauen, beschützen 36
tacitus	schweigend, verschwiegen 4*; tacito pede: auf leisen Sohlen 4*	**testis**	Zeuge 18	**tum**	da, dann; damals 2
		texere	zusammenfügen, weben 52♦	tumidus	aufgewühlt, stürmisch 26
taediō esse	Ekel erregen, anekeln 29	theātrum	Theater 35	**tumultus**	Lärm, Unruhe 32
taedium	Ekel, Widerwillen 29	theologia	Theologie 47*	tunc	damals, da 23*
tālis	derartig, solch 25	thermopōlium	Imbissstube, Gastwirtschaft 28	tunica	Tunika, Untergewand, Hemd 39*
tālus	(Fuß-)Knöchel, Würfel 11	**tibī**	dir 5	**turba**	Gewühl, Menge, Masse 19
tam	so 14	tībia	Flöte, Pfeife 15♦	turbulentus	aufgewühlt, trübe 39
tamen	dennoch, (je)doch 19	tībia	Schienbein 30*	**turpis**	hässlich, schändlich 16
tamquam	so wie, als ob 3	**timēre**	(sich) fürchten 4	turpiter	hässlich, schändlich, unsittlich 39*
tandem	endlich 17	**timidus**	furchtsam 23	**turris**	Turm 27
tangere	berühren 34♦	**timor**	Furcht, Angst 19	tūtor	Beschützer 43*
tantum	nur 23*	tīrō	Rekrut, Anfänger 11*	tūtum	Sicherheit, sicherer Ort 51*
tantundem	ebensoviel 16	tōfus	Tuff(stein) 52♦	**tūtus**	geschützt, sicher 4
tantus	so groß, so viel 11	togātus	mit der Toga bekleidet 50	**tuus**	dein 3
tardāre	aufhalten; (ver)zögern 42	tolerābilis	erträglich 29	tyrannus	Gewaltherrscher, Tyrann 26*
tardus	langsam, träge 27	**tolerāre**	ertragen, erdulden 47	Tyrrhēnus	tyrrhenisch, etruskisch 45*
Taurus	Stier (Sternbild) 27*	tollere	(auf)heben, beseitigen 12♦		
taurus	Stier 33	tōnsor	Barbier 37*	**U**	
tē	dich 5	torquēre	drehen 48*	über	reich an, üppig, fruchtbar 38*
tēctum	Dach, Haus 3	torus	Polster, Bett 55♦	**ubī**	wo (Frage und relativisch) 4
tēcum	mit dir 11	**tot**	so viele 29	ubī	sobald, (als) 34♦
tegere	(be)decken, schützen 36	totidem	ebenso viele 16	ubicumque	wo auch immer, überall 11
tēgula	Dachziegel 28	**tōtus**	ganz 22	ubicumque gentium	überall auf der Welt 11
tellūs	Erde, die Mutter Erde 51	trabs	Balken 52♦	ubinam	wo denn? 40
temere	planlos, blindlings 51	**tractāre**	behandeln, verarbeiten 4	ubīque	überall; ubique terrarum: überall auf der Welt 6*
temeritās	Unbesonnenheit, Leichtfertigkeit 48	**trādere**	übergeben, überliefern, berichten 17	**ūllus**	(irgend)ein 40*
tempestās	Wetter, Unwetter, Sturm 26	tragoedia	Tragödie 35	ulmus	Ulme 4*
templum	Heiligtum, Tempel 21	**tranquillus**	still, windstill 25	ulna	Ellenbogen, Elle 30*
temptāre	betasten, versuchen, auf die Probe stellen 34♦	trāns	über … hinaus, jenseits von 12*	Ulpius	des Ulpius (Traianus) 51*
		Trānsalpīnus	jenseits der Alpen wohnend 33		
tempus	Zeit 19	trānscendere	übersteigen 46		
		trānsgredī	überschreiten 43 ♦		
		trānsilīre	(hin)überspringen 31♦		

ultimus	entferntester, äußerster, letzter 15♦
ultrix	Rächerin, Bestraferin 38*
ululātus	Geheule, Jammern 32*
umbella	Sonnenschirm 36
umbō	Buckel, Krümmung, Gefälle 52♦
umbra	Schatten 8
umēre	feucht sein 51B
umerus	Schulter 26*
(h)ūmidus	feucht 23*
umquam	jemals 38
ūnā	zusammen, zusammen mit 17
unctiō	Salbung; Einreiben mit Öl (vor der sportlichen Übung) 39*
unda	Welle, Woge 26
unde	woher, von wo 28
undique	von allen Seiten, (von) überall 3
undisŏnus	wogenrauschend 55♦
undōsus	wogend 38*
unguentum	Salböl, Parfum 15♦
unguis	Nagel, Kralle 35*
ungula	Huf, Pferd 47*
ūnicus	einzig, ungewöhnlich 23*
ūniversum	Weltall 33*
ūniversus	gesamt, allgemein 23*
ūnus	ein, einzig(artig) 1
ūnusquis- que	jeder Einzelne 33
urbānus	städtisch, fein 20*
urbs	(Haupt-)Stadt; *(oft:)* Rom 29
ūrere	versengen, verbrennen, brennen 23
urgēre	drängen, bedrängen 53♦
ūrīna	Harn, Urin 36*
Ursa māior	Großer Bär (Sternbild) 27*
ursus	Bär 39*
ūsque	ohne Unterbrechung 50
ūsque ad	bis zu 4
ūsuī esse	von Nutzen sein 20
ūsus	Gebrauch, Nutzen, Umgang 20
ut	wie 2
—	dass *(mit Konj.; Inhaltssatz)* 46
—	*(konsekutiv:)* so dass *(mit Konj.)* 46
—	*(final:)* dass, damit *(oft: um zu …; mit Konj.)* 46
—	(„wie":) als *(temporal)* 50*
—	*(konzessiv:)* auch wenn *(mit Konj.)* 50*
ut ita dīcam	(um es so zu sagen), sozusagen 48
ut prope dixerim	fast möchte ich sagen 33*
uter?	wer (von beiden)? 46*

uterque	jeder (von zweien), beide 26
utī	gebrauchen, benützen 26
ūtilis	nützlich, brauchbar 24
ūtilitās	Nutzen, Vorteil 39*
utinam	wenn doch! (o) dass doch! 42
utpote	nämlich, ja 46*
ūva	Traube 39*
uxor	Ehefrau 6

V

vacāre	frei sein von 14*
vācuum	die Leere 23
vacuus	leer, frei von 38*
vādere	schreiten, gehen 3
vādum	Untiefe, *(hier:)* Gewässer 51B
vae!	wehe! 42
vagārī	umherziehen 36*; umherschweifen 54♦
vāgīna	Scheide 49♦
vāgītus	Wimmern, Schreien 47
vagulus	umherschweifend, unbeständig 41♦
valdē	sehr 4
valē	leb wohl! 55
valeātis	lebt wohl! (valete!) 55
valēre	gesund sein (vale, valete: leb(t) wohl!); Einfluss haben, wert sein 40
validus	gesund, stark 1
vallis	Tal 43*
vallum	Wall 43*
vānitās	Nichtigkeit, Eitelkeit 23*
vānus	leer, nichtig 17
vapor	Dampf, Rauch 50
varietās	Mannigfaltigkeit, Abwechslung, Vielfalt 20
varius	verschieden(artig), bunt, vielfältig 4
vās	Gefäß 15♦
vāstāre	verwüsten 38*
vāstus	öde, wüst, ungeheuer weit 19*
vātēs	Weissager(in), Seher(in), Dichter(in) 21
-ve	oder (angehängt) 29
vēcordia	Verrücktheit, Wahnsinn 10*
vectāre	tragen, transportieren 51A
vectīgal	Steuer, Abgabe 36*
vector	Passagier 25
vehemēns	heftig 19
vehementer	heftig, stark 12♦
vehere	ziehen, bringen, (etwas) fahren 28
vehī	fahren, befördert werden 25
vehiculum	Fahrzeug 9
vel	oder (auch), oder sogar 3

vel … aut …	entweder … oder … 55♦
vel … vel …	entweder … oder … 35
velle	wollen 11
vellere	zupfen 13♦
vēlōciter	schnell, rasch 26*
vēlōx	schnell, rasch 52♦
vēlum	Segel, Tuch; *(Pl.)* Sonnensegel 23♦
vēnābulum	Jagdspieß 15♦
vēnālis	käuflich 25
vēnātiō	Jagd, Tierhetze 2
vēnātor	Jäger 6*
vēndere	verkaufen 6
venēficus	Giftmischer 3
venēnātus	giftig; serpens v.: Giftschlange 23*
venerābilis	ehrwürdig, verehrt 15♦
venerārī	verehren 38*
venia	Gnade, Verzeihung; veniam dare: verzeihen 34♦
venīre	kommen 3
venīre in mentem	in den Sinn kommen, einfallen 11
vēnīre	verkauft werden 16
venter	Bauch 37*
ventilāre	anfachen, behandeln 36*
ventus	Wind 7
vĕnus	Liebe; Venus (Liebesgöttin) 38*
venustus	lieblich, reizend 38*
vēr	Frühling 54♦
verberāre	schlagen 10*
verbum	Wort 14
vērē	wirklich, tatsächlich 5
verērī	sich scheuen, fürchten (nē …: dass …), verehren 33
vēritās	Wahrheit 39
vermiculus	Würmchen 40*
vērnāns	blühend, leuchtend 38*
vērō	aber, wirklich, tatsächlich 1
verriculum	Fischerreuse; v. dūcere: eine Reuse auslegen 44*
versārī	sich aufhalten; sich bewegen in 32*
versus	Vers 26
vertebra	Wirbel, Gelenk 30*
vertere	wenden, drehen 19*; terga vertere: fliehen 33*
vertex	Gipfel, Höhe 51C
vērus	wahr(haft), echt 4
vesper	Abend 11; sub vesperum: gegen Abend 14*
vester	euer 26
vestibulum	Vorhalle, Eingang 32
vestīgium	Fußspur 51B
vestīmentum	Kleidungsstück 48*
vestīre	(be)kleiden 23

vestis	Kleid 7	vīnētum	Weingarten 38*	volāre	fliegen, eilen 12♦*
vetāre	verbieten, verhindern 46*	vīnolentus	betrunken 12♦	**volō**	↗ velle: ich will 11
veterānus	Veteran, altgedienter Soldat 14	**vīnum**	Wein 3	volūbilis	wandelbar, unbestän-dig 38*
		violāre	verletzen 33*	volucris	Vogel 52♦
veterīnārius	Tier- 47*	**vir**	Mann 3	**voluit**	↗ velle: er, sie, es wollte 17
vetus	alt 40*	virēns	grün, blühend 34♦		
vetustus	alt 38*	virētum	grüner Platz, Wiese 38*	volūmen	(Schrift-)Rolle, Buch 37
vexāre	quälen 44	virga	Rute, Zweig 34♦		
vexillum	Fahne 48*	**virgō**	Mädchen, junge Frau 4	**volunt**	↗ velle: sie wollen 6
via	Weg, Straße 2			voluntārius	freiwillig 48
Via Lāta	„Broadway" 17*	viridis	grün, grünlich 51C	voluntās	Wille, Zustimmung 38*
viam faci-lem dāre	Weg bahnen, Platz ma-chen 15♦	**virtūs**	Tüchtigkeit, Tapferkeit, Tugend, Leistung 14	**voluptās**	Freude, Vergnügen, Lust 51
viāticus	zur Reise gehörig; cēna v.: Abschiedsessen 8	vīrulentus	giftig 38*		
		vīs	Kraft, Gewalt, Macht 21	**volvere**	drehen; (Pass.:) sich drehen, ablaufen 22
viātor	Wanderer, Reisender 10	viscera	Eingeweide 38*	vomere	ausspeien 38*
vicēs	Wechsel 55	vīsere	besichtigen, besuchen 46*	vorāginōsus	voller Abgründe, ab-grundtief 38*
vīcīnus	benachbart; Nachbar 36*				
		vīsitāre	besuchen 17*	vorāre	verschlingen 38*
vicissitūdō	Wechsel, Abwechslung 38*	vīsitātor	Besucher 19*	vorāx	gefräßig 38*
		vispillō	Leichenträger 19*	**vōs**	ihr 4; euch 19
victor	Sieger 31♦*	vīsum	Traumbild 35*	**vōtum**	Gelübde, Wunsch 38
victōria	Sieg 28*	vīsus	Anblick 51B	vovēre	wünschen; feierlich ver-sprechen, geloben 34♦
victus	besiegt 23	**vīta**	Leben, Lebensweise 1		
vīctus	Lebensunterhalt, Nah-rung 20*	vītāre	(ver)meiden, aus dem Wege gehen 39*	**vōx**	Stimme, Laut, Wort 6
		vitiōsus	fehlerhaft, lasterhaft 45	vulcānius	vulkanisch 38*
vīcus	Dorf 16*			**vulgus**	Volk, die breite Masse 48
vidēre	sehen 3; erleben 51	vītis	Weinstock, Rebe 12		
vidērī	gesehen werden, (er)-scheinen 23	**vitium**	Fehler, Untugend, Schaden 39*	vulnerāre	verwunden 23*
				vulnus	Wunde 17
vigēscere	lebhaft werden, erstar-ken 54♦	vitreum	Glas(-waren) 50	vulpēs	Fuchs 35*
		vitreus	gläsern, aus Glas 23*	**vult**	↗ velle: er, sie, es will 7
vigil	Wächter 20	vitrum	Glas, Kristall 6		
vīlla	Landhaus, Landgut 25	vitulus	Kalb 6	vultur	Geier 31♦
vīnārius	Wein- 50	**vīvere**	leben 1	**vultus**	(Gesichts-)Ausdruck, Miene 23
vincere	siegen, besiegen 16	**vīvus**	lebendig, am Leben 50		
vincīre	binden, fesseln 48	**vix**	kaum 10		
vincula	(Pl.:) Gefängnis 50*	**vōbīs**	euch 16		
vinculum	Band, Fessel 50*	vōcālis	mit Stimme begabt 16*	**Z**	
vindex	Beschützer, Rächer, Richter 38*			Zéphyrus	Zephyr, Westwind 54
		vocāre	rufen, nennen, be-zeichnen 22		
vīnea	Weingarten; Weinstock 39*				

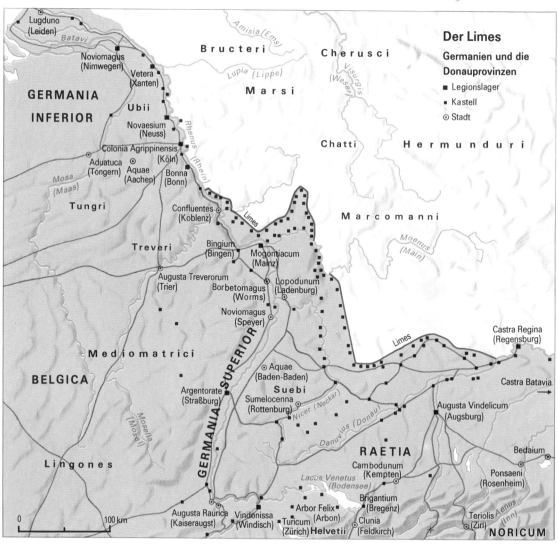

Der Limes

Germanien und die Donauprovinzen

- ■ Legionslager
- ▪ Kastell
- ⊙ Stadt

Lugduno (Leiden)

Batavi

Noviomagus (Nimwegen)

Vetera (Xanten)

GERMANIA INFERIOR

Ubii

Novaesium (Neuss)

Colonia Agrippinensis (Köln)

Aduatuca (Tongern)

Aquae (Aachen)

Bonna (Bonn)

Mosa (Maas)

Tungri

Confluentes (Koblenz)

Treveri

Bingium (Bingen)

Mogontiacum (Mainz)

Augusta Treverorum (Trier)

Borbetomagus (Worms)

Lopodunum (Ladenburg)

Noviomagus (Speyer)

Mediomatrici

BELGICA

Argentorate (Straßburg)

Aquae (Baden-Baden)

Suebi

Sumelocenna (Rottenburg)

Nicer (Neckar)

Moselle (Mosel)

GERMANIA SUPERIOR

Lingones

Danuvius (Donau)

RAETIA

Castra Regina (Regensburg)

Castra Batavia

Augusta Vindelicum (Augsburg)

Bedaium

Cambodunum (Kempten)

Ponsaeni (Rosenheim)

Lacus Venetus (Bodensee)

Augusta Raurica (Kaiseraugst)

Vindonissa (Windisch)

Arbor Felix (Arbon)

Turicum (Zürich)

Helvetii

Brigantium (Bregenz)

Clunia (Feldkirch)

Teriolis (Zirl)

Aenus (Inn)

NORICUM

0   100 km

Bructeri

Amisia (Ems)

Lupia (Lippe)

Marsi

Cherusci

Visurgis (Weser)

Rhenus (Rhein)

Chatti

Hermunduri

Marcomanni

Moenus (Main)

Limes